少数民族地区图书馆特色资源建设

楠丁 张瑞卿 春艳 主编

远方出版社

编委会名单

主　编：楠　丁　内蒙古医科大学图书馆
　　　　张瑞卿　内蒙古医科大学图书馆
　　　　春　艳　内蒙古医科大学图书馆
副主编：花　拉　内蒙古医科大学图书馆
　　　　阿茹娜　内蒙古医科大学蒙医药学院
　　　　兰　杰　内蒙古医科大学图书馆
　　　　綦同彦　内蒙古医科大学图书馆

　　本书为2017年度内蒙古自治区教育厅高等学校科学研究项目《中医古籍同书异名、同名异书数字化导读系统建设与研究》（项目编号：NJTZ1716）的阶段性成果。

1/ 第一章　前言
　　1/ 第一节　少数民族地区图书馆概述
　　3/ 第二节　少数民族地区图书馆建设的意义
　　　　3/ 一、弘扬主旋律
　　　　4/ 二、有利于提高少数民族地区群众的
　　　　　　　文明素质和道德教育
　　　　4/ 三、有利于我国数字图书馆的发展
　　5/ 第三节　少数民族地区图书馆数字化建设

7/ 第二章　少数民族文献特色资源建设
　　9/ 第一节　少数民族文献概述
　　　　9/ 一、民族文献的特点
　　　11/ 二、民族文献的价值
　　16/ 第二节　少数民族文献数字化建设
　　　17/ 一、少数民族文献数字化建设的意义
　　　19/ 二、少数民族文献数字化的途径
　　　30/ 三、少数民族文献特色数据库建设现状
　　51/ 第三节　少数民族文献数字化的标准化建设
　　　51/ 一、元数据概述
　　　54/ 二、元数据标准和解决方案
　　　59/ 三、少数民族语言文字的规范化、标准化和信息化
　　　60/ 四、少数民族文献知识分类体系的研究

62/第三章　少数民族地区图书馆特色资源建设现状

    62/　第一节　蒙古族语言地区图书馆特色资源建设现状

    62/　　一、蒙古文文献概述

    91/　　二、蒙古文文献数字化建设

    95/　　三、蒙古文信息处理研究

    107/　第二节　藏族语言地区图书馆特色资源建设现状

    107/　　一、藏文文献概述

    126/　　二、藏文文献数字化建设

    130/　　三、藏文信息处理研究

    138/　第三节　新疆地区图书馆特色资源建设现状

    138/　　一、维哈柯文文献概述

    141/　　二、维哈柯文文献知识分类体系研究

    142/　　三、维哈柯文数字化建设与信息处理研究

    148/　第四节　朝鲜族语言地区图书馆特色资源建设现状

    149/　　一、朝鲜族文献概述

    155/　　二、朝鲜文文献数字化建设

    157/　　三、朝鲜文信息处理研究

    162/　第五节　壮族语言地区图书馆特色资源建设现状

    163/　　一、壮族文献概述

    170/　　二、壮族文献数字化建设与信息处理研究

    174/　第六节　彝族语言地区图书馆特色资源建设现状

    174/　　一、彝族文献概述

    183/　　二、彝族文献数字化建设与信息处理研究

195 / 第四章　智库服务模式下的少数民族地区图书馆特色资源建设

　　195 /　第一节　智库服务概述
　　195 /　　一、什么是智库
　　197 /　　二、智库的发展历史
　　201 /　　三、智库服务的类型
　　204 /　第二节　智库服务模式下的图书馆
　　205 /　　一、高校图书馆智库型服务
　　213 /　　二、高校智库建设的现状及意义
　　217 /　　三、高校图书馆智库建设的内容
　　243 /　第三节　智库服务模式下的少数民族地区
　　　　　　　　图书馆特色资源建设
　　244 /　　一、智库服务模式下少数民族地区
　　　　　　　图书馆特色资源建设的必要性
　　248 /　　二、少数民族地区图书馆开展智库服务现状
　　251 /　　三、少数民族地区图书馆特色资源
　　　　　　　建设中智库建设存在的问题

260 /第五章　大数据背景下少数民族地区图书馆特色资源建设

　　260 /　第一节　什么是大数据
　　260 /　　一、大数据概述
　　267 /　　二、大数据产生的影响
　　273 /　第二节　大数据背景下的图书馆
　　274 /　　一、大数据背景下图书馆建设现状
　　275 /　　二、大数据背景下图书馆建设的原则与应用技术
　　289 /　　三、大数据背景下图书馆建设内容

309 / 四、大数据背景下图书馆建设存在的问题

311 / 第三节 大数据背景下少数民族地区
图书馆特色资源建设

311 / 一、大数据背景下少数民族地区
图书馆特色化资源建设现状

319 / 二、大数据背景下少数民族地区图书馆馆员能力的提升

325 / 第六章 社会化服务背景下少数民族地区图书馆特色资源建设

326 / 第一节 社会化服务的概念与特征

326 / 一、社会化服务的概念

326 / 二、社会化服务的特征

327 / 第二节 社会化服务下的图书馆

327 / 一、公共图书馆社会化服务

338 / 二、高校图书馆社会化服务

381 / 第三节 社会化服务背景下少数民族地区
图书馆特色资源建设

381 / 一、社会化服务背景下少数民族地区
公共图书馆特色资源建设

391 / 二、社会化服务背景下少数民族地区
高校图书馆特色资源建设

398 / 第七章 信息资源共建共享背景下少数民族
地区图书馆特色资源建设

398 / 第一节 信息资源共建共享概述

398 / 一、信息资源共建共享的概念

399 / 二、信息资源共建共享的理念

400 /　　三、信息资源共建共享的"5A 理论"

401 /　　四、信息资源共建共享的意义

403 /　第二节　信息资源共建共享背景下的图书馆

403 /　　一、图书馆信息资源共建共享发展历程

411 /　　二、图书馆特色资源共建共享

422 /　第三节　信息资源共建共享背景下少数民族
　　　　　　　地区图书馆特色资源建设

422 /　　一、少数民族地区图书馆特色资源共建共享的现状

424 /　　二、共建共享背景下少数民族文献资源
　　　　　　　共建共享的总体思路

427 /第八章　"双一流"背景下少数民族地区图书馆特色资源建设

427 /　第一节　"双一流"建设概述

428 /　　一、"双一流"建设的提出

430 /　　二、"双一流"建设的基本内涵

432 /　　三、"双一流"建设的根本价值目的

435 /　　四、"双一流"建设的的根本立足点

437 /　第二节　"双一流"背景下高校图书馆特色资源建设

437 /　　一、"双一流"高校图书馆特色资源建设概况

444 /　　二、"双一流"高校图书馆特色数字资源
　　　　　　　建设中存在的问题

449 /　　三、"双一流"高校图书馆特色数字资源建设的建议

455 /　第三节　"双一流"背景下少数民族地区
　　　　　　　图书馆特色资源建设

456 /　　一、各民族地区关于"双一流"建设的政策

463 / 二、"双一流"背景下少数民族地区高校
图书馆特色资源建设存在的问题

464 / 三、"双一流"背景下少数民族地区高校
图书馆特色资源建设的意见及建议

466 /附录1

477 /附录2

491 /附录3

511 /附录4

525 /参考文献

第一章 前言

第一节 少数民族地区图书馆概述

我国是一个多民族的国家,少数民族大多数居住在边疆的高原、牧区和森林地带以及邻省交界的山区。我国地广人稀,人口密度小,在其漫长的2.2万千米的陆地边境线上,几乎都居住着少数民族。我国的少数民族地区按省区来分,主要有内蒙古、广西、西藏、宁夏、新疆、贵州、云南、青海等省(区);按民族自治地方来分,包括5个自治区、30个自治州、120个自治县。"十一五"期间,在党和国家的大力扶持下,少数民族地区经济、文化发展迅速,人民的精神文明和物质生活得到明显改善,但少数民族地区发展与全国平均水平相比差距仍然很大。加快少数民族地区的发展是贯彻落实科学发展观、全面建设小康社会、构建社会主义和谐社会的需要,也是促进民族团结、维护祖国统一和社会稳定的需要。

我国各民族都有悠久的历史和灿烂的文化，少数民族中53个有本民族的语言，21个有本民族的文字，建立少数民族地区图书馆可以更好地保护和继承发展少数民族文化。少数民族地区图书馆多分布在偏远地区和经济欠发达地区，农牧民因生产生活特点，居住在离县城中心较远的地区，从而使得图书馆职能得不到有效发挥。因此，少数民族地区加强图书馆建设，对于繁荣我国边疆少数民族的文化教育事业，增强各民族的团结，增进各民族的文化交流，发展民族地区经济都具有重要的意义。

和其他地区图书馆相比较，少数民族地区图书馆具有明显特征：所处的位置为边远山区或内陆山区，和发达地区相比较为滞后，规模小，设备简陋，管理手段和服务呈散漫趋势；管理没有严格的体系，管理措施的制定没有依据，服务单一，职能作用难以发挥。少数民族地区图书馆要想发展，搞好自身的建设，就必须注重参照发达地区图书馆的建设经验，发挥自身的特点和优势。我国图书馆长期以来实行以图书为主的管理模式，图书馆工作人员以书籍的采购、编目、分类、借阅为主要工作内容，图书馆内部实行层次管理、部门管理。随着信息社会的到来，传统图书馆的社会职能及服务方式、服务手段、服务领域均面临着严峻的挑战。图书馆因读者而产生，也因读者而发展，读者的需求是图书馆赖以生存和发展的生命线。进入21世纪，随着科技突飞猛进的发展，数字图书馆将是未来图书馆的发展方向。在发达地区建立数字图书馆的浪潮正席卷着各社会领域，反映出图书馆从封闭走向开放的发展趋势。

第二节 少数民族地区图书馆建设的意义

社会主义城市化建设已经进入向内涵式发展的重要战略期，加强文化建设不仅有助于提高城市的核心竞争力，也有助于提高全民族的文明素质。

加强少数民族地区图书馆的工作，是提高少数民族地区群众的科学文化素质和精神文明素质的一项重要内容，也是加快少数民族地区经济社会发展、实现各民族共同繁荣发展的基础性社会工程。

一、弘扬主旋律

《图书馆工作条例》中明确规定：图书馆的主要任务是宣传马克思列宁主义、毛泽东思想，宣传党的路线、方针、政策和国家法律、条令以及宣传人类科学文化的优秀成果，推进社会主义精神文明建设。以马克思主义为指导是民族地区图书馆现代化建设的灵魂。在少数民族地区，图书馆应积极地宣扬党的民族政策，让少数民族地区的群众更好地了解党中央对少数民族地区的方针、原则和政策。坚持宣传科学理论，传播先进文化，塑造美好心灵，弘扬社会正气，大力宣传体现时代精神的道德行为和高尚品质。这点在少数民族地区尤为重要。图书馆在我国是宣传、倡导、组织、形成学习型社会的重要力量，图书馆并非是一种摆设。党中央对民族地区的方针政策是：紧密结合少数民族地区和少数民族的实际，从民族平等、民族团结、民族进步、相互学习、共同致富出发，以经济建设为中心，全面发展少数民族的政治经济和文化，不断巩固社会主义的新型民族关系，实现各民族的共同繁荣。

图书馆应积极配合为党政、科研、教育、生产单位、社会公众服务,把科技转化为生产力。开展相关活动,以科学的理论武装人,以正确的舆论引导人,为四化建设保驾护航。

二、有利于提高少数民族地区群众的文明素质和道德教育

边疆民族地区地处边远、经济发展比较滞后,与发达地区相比,群众受教育时间相对较短、文化程度偏低、知识面偏窄,陈规陋习比较突出,思想比较落后。一些地区迷信思想严重,阻碍和束缚着积极文化的发展。近几年来,少数民族地区各级党委和政府非常重视图书馆的建设工作,加强队伍建设,创新管理手段,从人力、物力、财力等方面提供了一定的条件,在软硬件建设上增加投入方面做了大量的工作,并取得了一定的成效,形成了较为完善的机制,形成了具有民族地方特色的模式,群众的文明素质和道德教育得到了一定的提高。

三、有利于我国数字图书馆的发展

少数民族数字图书馆是我国数字图书馆体系的重要组成部分,其所处地域和服务对象的广泛性、多样化,使民族数字图书馆建设更具有重要意义。地方文献是民族地区图书馆馆藏资源建设中一种独特的文献资源,其功能是收藏和开发特定区域里人类社会实践的文化成果而形成的一种区域性文献资源,是一个地区政治、经济、文化发展的缩影,具有重要的历史信息价值,也有"一地之百科"的称誉。民族数字图书馆建设是保存和延续发展民族文献遗产的最佳手段,所有的珍贵资料都可以经数字化处理后,将原件保存在更适宜的环境中,而数字化的资料由于实现原件的复制,并不影响一般意义上的查阅。它可以通过Internet传送到世界各地,扩大少数民族文化在全世界的影响,为人类的文明进步和发展做出应有的

贡献。

我国不少民族地区已将特藏民族文献做了数字化处理。相信不久的将来，真正意义上的少数民族地区数字图书馆的建设一定可以通过数字化转接等来实现。

第三节　少数民族地区图书馆数字化建设

数字图书馆（Digital Library）是进入20世纪90年代以后产生的一个全新的概念。它是指以组织数字化信息及其技术进入图书馆并进行有效服务，图书馆的所有载体的信息均能以数字化的形式获得，包括所有联机采购、编目、公共查询；对各种信息资源的检索，通过网络组织读者访问外界数字图书馆和文献信息数据库系统，如电子杂志、电子图书、声像资料、动画片、影视片、多媒体资料等；用计算机系统管理图书、期刊等的读者服务。

数字图书馆通过宽带高速互联的计算机网络，把大量分布在一个地域或一个国家的众多图书馆或信息资源单位组成联合体，把不同地理位置上及不同类型的信息按统一标准加以有效存储、管理并通过易于使用的方式提供给读者，超越空间和时间的约束，实现资源共享。数字图书馆的阅读空间不再局限于屋里的阅览室，通过计算机网络可以把大量的网络信息资源传送到用户的家里或办公室内，用户可以同时存取不同地点的数字图书馆信息资源，使异地信息本地化，从而加强与读者的沟通。

数字图书馆的服务方式与传统图书馆有着重大的差别，它变传统图书馆的被动式服务为主动服务。它通过网络随时发布和传播各种文献资源的信息,对读者进行"引导"或"导航",向读者提供多种语言兼容的多媒体远程数字信息服务。

根据《关于实施"数字图书馆推广工程"的通知》,"十二五"期间,我国将有大批量的数字图书馆建设项目。同时,国家在数字图书馆建设项目上的投入也将加大,数字图书馆行业将迎来新一轮的建设高潮。数字图书馆的建立能为实施科教兴国战略和提高全民族素质提供强有力的文化基础支持。数字图书馆工程将会从根本上改变我国文化信息资源保存、管理、传播、使用的传统方式和手段,克服我国文化信息资源得不到有效利用和共享的弊病,为知识创新和"两个文明"建设营造一个汲取文化信息的良好环境。特别是对于信息不畅通和文化比较落后的少数民族地区,只要联通数字图书馆的网络系统,都能方便地使用丰富多彩的文化信息资源。

第二章　少数民族文献特色资源建设

"文献"一词，在汉文古书中最早见于《论语·八佾》："子曰：夏礼，吾能言之，杞不足征也。殷礼，吾能言之，宋不足征也。文献不足故也。足，则吾能征之矣。"礼，指典章制度、社会规范，大家共同遵守的一整套社会制度。杞，国名，夏禹后代，周武王封，在今河南杞县。征，征验、证明。文献，朱熹《论语集注》解释《八佾》时说："文，典籍也。献，贤也。"近现代中国传统"文献"一词，除了仍保留原来指古代的典籍及当时熟悉历史、掌故的贤者含义，主要有两种含义：一是指具有一定的历史价值的图书档案资料；二是指具有某种学术价值的专著、论文等。这里"文献"一词，主要指具有一定的历史价值的图书档案资料。

文献是人类文明的产物，是人类智慧的结晶。文献的诞生与文字的神奇功能有密切关系。文字的产生，使最初以文字为符号的文献诞生成为可能。随着人类生产技术的发展变化，文献自诞生以来大体经历了四个发展阶段：第一代文献，是基本上与采集渔猎经济相适应的"原始文献",例如原始图画与刻符等;第二代文献,是以手工业为基础的古代手工文献;第三代文献,是以机器生产为标志,反映近代人类文明的近代文献;第四代文献,是以电子技术为核心的现代文献。

中国是统一的多民族国家,在国家通用的汉语和规范汉字之外,55个少数民族绝大多数都有自己的传统语言文字。通常认为,我国境内正在使用的少数民族语言①在100种以上,正在使用的少数民族文字有30种左右。其中,蒙古语、藏语、维吾尔语、哈萨克语、柯尔克孜语、壮语、彝语、傣语、朝鲜语等少数民族语言文字具有相对较长的发展历史和较大的社会影响力,它们与国家通用语言文字相互配合,广泛应用于各民族自治地方的政治、经济、文化和社会生活当中。少数民族语言文字是少数民族日常生产生活的重要交际工具,也是民族文化的载体、民族情感的纽带,是中华文化的重要组成部分。

少数民族文献资源是少数民族产生、发展、变化的间接体现,它忠实地记录了我国各民族从古到今发展演变的历史面貌。也可以说,各具特色的少数民族文献是民族文化传承的重要形式和途径。我国各少数民族文献中保存了大量的传统文化史料。如蒙古族的《蒙古秘史》《蒙古源流》《蒙古黄金史》,藏族的《红史》《西藏通史》,傣族的《贝叶经》《孟连宣抚史》,新疆的《新疆风物志》《新疆通志》、《新疆两千年》等民族文献中,记载了大量的各民族的历史、语言、文化和民族关系等史料,同时也叙述了这些民族的产生、发展及其政治、经济、文化的演变。它们不仅是辨别少数民族族源、

---

① 孙宏开,胡益增,黄行. 中国的语言[M]. 北京:商务印书馆,2007.6:3.

进行民族识别的重要依据，而且也是我国统一的多民族国家疆域的重要见证。

第一节 少数民族文献概述

民族文献又称少数民族文献，是指用少数民族语言文字、汉字或用简易的图形符号来研究和记载我国各少数民族的政治、经济、历史、地理、教育、文化、生活等方面的文献。民族文献是一种独特的反映各少数民族政治、经济、文化等发展历史与现状的文献资源，是中华民族文献资源中一枝独特的奇葩。民族文献不仅反映少数民族在各个学科领域积累的一切知识，而且也反映各少数民族灿烂的文化，是研究少数民族历史文化的重要文献资源。

一、民族文献的特点

（一）地域性

我国少数民族居住的地域非常辽阔，具有大杂居、小聚居的分布特点，各少数民族的历史和文化有较大的差异，这就使得任何一种民族文献都具有明显的、较强的地域性。例如，在我国新疆维吾尔自治区主要分布有维吾尔族、哈萨克族、柯尔克孜族等少数民族，因此，反映这些少数民族的历史、生活、宗教、文化等的文献也就相对集中在该地区。

（二）民族性

各少数民族在历史的发展长河中保存有大量原始的、传统的文化遗产。这些文献资料不论是从内容上还是从形式上看，都具有浓郁的民族特点，并且民族文献反映的语言文字、风俗习惯、宗教信仰是特定少数民族所特有的，是不同于其他民族的，因此，民族文献都表现出了极其鲜明的民族性。

（三）内容的原始性和广泛性

民族文献的内容往往来自于民间，并与少数民族的生活紧密相连。这些文献通常属于最原始的记录，信息鲜活，并且针对性很强。再加上印刷的数量又比较少，一般不再版，这些原因使得民族文献具有很强的原始性。同时，民族文献的内容十分广泛，包括历史文献类、宗教经典类、文学类、医学类、传统工艺类等多种类型，所以内容又表现出广泛性的特点。

（四）表现形式的多样性

民族文献不仅内容丰富，而且表现形式多样。主要包括：

一是口头文献。因为多数民族文献来自于民间，不少民族文献是以口头形式传承至今。例如，哈萨克族的阿肯阿依特斯就是一种口头传承的诗歌形式。有些少数民族的早期文学作品的原型就是以口头传承的形式来延续的。比如早期的哈萨克族民间文学作品《迦萨甘创世》就是哈萨克民众口头创作的。这部作品也是哈萨克族文学的源头之一。

二是简易的图符文献。一些少数民族在历史上常用一些简易的图符来记录和传递文化信息。如反映少数民族生产和生活以及表现宗教传说的木刻、石刻、青铜器图案、铭文等。这些图符文献往往可以通过复制而得到拓片或照片来加以收集。

三是少数民族文字文献。包括古代少数民族语言文字和现代少数民族语言文字。譬如，5—8世纪的突厥民族用古突厥语书写的毗伽可汗碑、厥特勤碑、暾欲谷碑等都属于少数民族文字文献。此外，还有各个少数民族图书馆所收藏的用现代少数民族语言文字发行的图书、期刊也都属于少数民族文献。

四是用汉语言文字或其他民族语言文字记载的关于某一少数民族文化信息的文献。如反映各个少数民族的起源、迁徙、历史人物及历史事件的用汉语言文字编著的图书等。

（五）信息的回溯性

民族文献具有信息的回溯性特点。民族文献记载有最原始的反映少数民族发展史和现状的信息，这些信息对后人研究少数民族的历史具有重要参考价值。

二、少数民族文献的价值

少数民族文献是反映我国少数民族产生、发展、变化的信息资源，是反映我国几千年灿烂文化的国家文献的重要组成部分，是少数民族长期发展中形成的文化典籍，是各民族集体智慧的结晶。其重要的文献价值具体体现在以下几方面。

（一）有利于研究各民族的发展历史

在漫长的历史岁月中，各少数民族既有自己源远流长的本民族发展史，又有在同一国家中参与整个国家政治、经济、军事、文化交往等活动的历史，也有因地域和地理条件的差异，对自然界和社会现象不同的认识。这些信息都被少数民族用传统的习惯记载、积累和传递着，从而形成了各个少数民族不同的独特的文化体系。从不同的视角客观地记录和保存下来的民族文献是各个少数民族繁衍和进步的见证，是研究少数民族最确切的历史档案，也是识别少数民族的起源和流向的有力参考依据。因此，少数民族文献对于各民族历史的研究具有重要的学术价值。

（二）有利于相关学科的研究与发展

由于民族文献的内容具有多样性、广泛性的特点，也就使得对民族文献的研究，变成了对少数民族历史、哲学、法律、宗教、文化艺术、军事、地理、语言文字、天文历法、医药、生产技术等多种学科的研究。比较突出的，有以下几类文献。

1. 在历史、政治、社会文化等领域发挥着重要研究价值的文献

优秀传统文化是我们国家和民族发展、传承的基础，不能丢掉。在中国历史上，有一些少数民族的历史文献，在历史、政治、社会文化等领域发挥着重要的研究价值。在这里，我们选择著名史籍《满文老档》为例来说明。《满文老档》使用老满文和加圈点新满文，记载了清人入关前努尔哈赤、皇太极两朝的东北地域历史、经济、军事、文化等史料。《满文老档》是清代官修的第一部历史档案，在清一代乃至整个古代的历史著作中，都占有极其重要的位置。后金汗皇太极于天聪三年（1629年）四月设文馆，命儒臣分为两直，翻译典籍，记注政事。巴克希库尔缠等奉命用老满文纂修史书，遂以为制。天聪六年（1632年）改用有圈点满文（新满文）修撰，岁岁相继，至崇德年间蔚为巨帙。

《满文老档》详细记录了满族首领努尔哈赤和他的继承人皇太极在东北广大地区统一女真各部，建立八旗兵制和后金政权等一系列活动，进而与明王朝相抗衡，以及入扰京师周围各城镇屯堡，以逼明廷的史事。内容翔实，多为清入关以后官撰史书所未载，对清实录等书的校订补遗，具有十分重要的意义，为研究清朝历史、满族历史提供了丰富的资料。

2. 文学、艺术类文献

长期以来，我国各少数民族在创造物质文明的同时，也创造了相应的精神文明。各少数民族都留下了数量丰富、内容广泛、语言生动的民族文学、艺术类文献，这类文献也是在众多领域的民族文献中数量最多的一类文献。民族文学、艺术类文献是祖国历史文学、艺术遗产不可分割的重要部分，直到现在这些文献还在各个民族中流传，经久不衰。比如，柯尔克孜族文学作品中的经典之作——《玛纳斯》，就是一部介绍柯尔克孜族人民不畏艰险，奋勇拼搏，创造美好生活，歌颂伟大爱情的英雄史诗。这部史诗不仅在我国国内文坛上获得了很高的评价，而且在国外也享有很高的声望。再有，新疆少数民族的刺绣工艺、建筑工艺等，在国内外也都具有一定的影响力。

少数民族的文学、艺术类文献为我国的文艺百花园贡献了一份力量。学习、借鉴其他民族的思想文化，对于建设文化强国有着重要的意义。少数民族在这方面有极多的文献可供学习借鉴，在思想文化、语言学、民俗学等领域发挥着重要的研究价值。博大精深的藏学已为大家所熟知，其他民族的经典之作我们也应当去了解。成书于11世纪70年代的《突厥语大词典》是一部用阿拉伯语注释突厥语的词典，作者麻赫穆德·喀什噶里是伟大的语言学家。他著书的目的自然是当时政治的需要，也方便了阿拉伯人学习突厥语。《突厥语大词典》反映了维吾尔族的古老传统和灿烂文化，是维吾尔族人民智慧的结晶，为我们研究当时有关突厥各部落的社会、历史提供了宝贵的材料。

少数民族在艺术领域的强项并不是只有歌舞，他们创造的文学作品在人类艺术文化史上也有着重大价值。如蒙古族英雄史诗《江格尔》，讲述了以江格尔为首的英雄，与黑暗势力进行斗争，收复部落，建立国家的故事。《江格尔》产生于氏族社会末期到奴隶社会初期，是在蒙古族古代短篇英雄史诗的基础上形成的。篇章结构、故事情节具有蒙古说唱艺术的特点。除了丰富的思想内容，《江格尔》风格豪迈，想象大胆，语言精练，富有浪漫主义色彩。《江格尔》不愧为蒙古族民间文学的瑰宝，是蒙古族传统民间韵文创作的高峰，在蒙古族文学发展史上具有重要的意义。

　　历史上我国各少数民族多是开朗外向、自由奔放、能歌善舞。各族人民共同创造了绚丽多姿的歌舞艺术，蜚声中外。能传于后世，文献记录功不可没。如新疆歌舞多彩多姿，具有鲜明的民族特点，是祖国民族文化的宝贵财富。新疆音乐蓬勃舒展，直抒胸臆，热烈绮丽，如太阳般光辉明朗，壮美绚丽。新疆歌舞艺术历史悠久，远在西汉时期，新疆于阗乐、健舞、软舞、习俗舞、模拟舞及拓枝舞、胡旋舞、胡腾舞等西域舞蹈，相继传入中原。这些西域舞乐通过中原传至日本等亚洲邻国，对他们的音乐、舞蹈的发展有一定影响。古代新疆还产生了像苏抵婆、白明达、裴兴奴、何妥、尉迟青、尉迟章等一大批音乐演奏家、作曲家和音乐理论家，他们曾就职朝廷，掌管音乐，传艺演奏。

3. 宗教及民族风俗类文献

　　民族文献中保存着大量传统的、原始的文化遗产，保存着少数民族特有的风俗习惯、宗教信仰等方面的资料，这些资料是研究少数民族的风俗习惯和宗教信仰传统的活标本。各少数民族的风俗、信仰有所不同，在民族宗教文献中，除了大部分是宣传宗教内容的经文，还涉及很多关于各民族的政治、历史、地理、天文、历法等方面的珍贵资料，这在研究少数民族宗教基础上又为其他学科的研究提供了资料。

4. 医学类文献

　　在我国古代历史中，各个民族都留下了大量不朽的医学类文献。为了满足自身的发展和需求，各少数民族不同程度地摸索和整理出了一套属于本民族体系的医药卫生类的文献，较有影响的如有关蒙医药、维吾尔医、哈萨克医、藏医的图书文献。少数民族对于中国科学技术发展的贡献是多方面的，他们在这方面以丰富的文献充分反映了这一点，并且在今天仍有着重要的研究价值。例如藏族和蒙古族的医药科技。历史记载藏医已有2300多年的历史，它对世界屋脊上的藏族人民的生存、繁衍生息以及生产力发展等方面做出了巨大贡献。藏医学鼻祖宇妥云丹贡布（708－833年）集古代藏医之大成，吸收四方医学的精华，编著了《四部医典》，该巨著是80幅唐卡的最早来源。史籍记载，唐卡画图是为了使四部医典通俗易懂，从学识渊博者到初学的童龄均能理解，犹如一颗掌上透明珠宝，一目了然。藏医80幅唐卡是祖国医学宝库的璀璨明珠，凝结了藏族人民的聪明才智。藏药已经拥有上千年的历史，它融合了印度医药学、中医药学和大食医药学，在实践中形成了独特的医药体系。藏药历史上有许多经典著述，成为今天研究藏药的主要文献和藏药种类发展的历史记录。例如，《月王药诊》收载药物329种；《四部医典》收载药物1002种，收载方剂400个；《四部医典蓝琉璃》收载药物2294种；《晶珠本草》收载药物2294种；《正确认药图鉴》收载药物580多种。蒙医是蒙古族的传统医学，具有鲜明的民族和地域特点，是蒙古族人民智慧的结晶。在诊治疾病中具有药量少、疗效好、经济简便等特点。蒙医蒙药是我国药学不可或缺的一部分。《西勒嘎日·莫隆》（《识药晶鉴》），收载蒙药390种。《曼奥·西吉德》（《药物识别》），收载药物678种。《李斯尔·米格金》（《本草图鉴》），收载蒙药879种，是学习和研究蒙药的主要经典。

（三）有利于民族地区经济、文化的建设

民族文献资料一般反映的都是本地区社会经济、文化发展的情况，是对少数民族地区经济发展的描述和记载，也是某一历史时期

该地区社会发展的缩影。在民族文献中，还有一些文献是在自然科学和社会科学研究领域具有一定影响力的文献。比如说在建筑学方面，专门研究少数民族建筑学的图书就有《维吾尔族民居》《哈萨克族毡房》等。还有研究气象学、天文学的哈萨克文版图书《民间天文学》，维吾尔语的图书《天文》《气象》等，突厥语民族的百科全书《突厥语大辞典》中也涉及关于各个学科领域的知识。通过研究这些具有重要参考价值的资料，可以使人们总结历史经验，少走弯路，加快本地区的社会、经济、文化发展。

总之，深刻认识、理解少数民族文献的特点和价值，有利于更好地开发和利用少数民族文献资源，有利于各少数民族更好地利用民族文献资源创造出更多的精神财富和物质财富。

第二节 少数民族文献数字化建设

民族是树，文化是根，在信息网络全球化的时代，国家文化事业的发展也必须适应时代的要求。[①] 为了提升国家的文化实力，2011年，文化部、财政部启动了数字图书馆推广工程，数字图书馆已成为现代图书馆的重要组成部分和发展趋势。如今，国内图书馆数字化的纵向发展已形成一定规模，在数字图书馆建设大潮中，少数民族地区数字图书馆的建设数量还不多，且大多集中在民族院校和部分少数民族自治区，在部分经济文化发展相对落后的少数民族地区，数字图书馆的建设依然任重而道远。

---

① 包和平，刘斌．中国民族数字图书馆建设研究［J］．图书情报工作，2003（12）：102－106．

一、少数民族文献数字化建设的意义

少数民族地区虽然经济相对落后，文化发展相对薄弱，但却有着丰富的文化底蕴和多彩的民族文化资源。由此，具有民族区域特色的文献资源就显得弥足珍贵。少数民族地区图书馆拥有得天独厚的区域文化资源，不但服务于教学、科研乃至本地区的社会经济建设，而且对保存和弘扬本民族文化、保护本民族地区的文化遗产具有深远的意义。

习近平总书记多次在重要场合提出文化自信的概念，也论述了文化自信对于我们国家、民族生存发展的重要性和战略意义，并指出，文化自信是制度自信、理论自信、道路自信的基础。中华民族有着五千年的文明史，可谓源远流长。中华文化一脉相承，从未断流。我们有理由坚信自身文化的生命力，对于自身文化价值应予以充分的肯定。在目前"共圆伟大中国梦"的语境下，坚持文化自信更为重要。

少数民族文献数字化[1][2][3]建设的意义主要体现如下。

（一）数民族文献数字化有利于弘扬各民族文化

建设体现中华民族特色、具有中华文化丰富内涵的数字库群，是中国数字图书馆工程资源建设的总体目标。这个总体目标的实现，既要靠国家大型项目来完成，又要通过全国每个独立数据库来体现。数字图书馆建设正逐渐成为各国竞相投入的一个热点，而其信息资源建设的重点全都放在反映其国家和民族历史文化精华上。中华民族文化是生息在中华大地上的各族人民共同缔造的文化，是具有悠

---

[1] 张桂荣. 民族地区建设数字图书馆的方法与途径 [J]. 图书馆工作与研究，2007（2）：61—62.

[2] 吴发容. 关于民族地区数字图书馆建立的思考 [J]. 湖北民族学院学报，2007（3）：116—120.

[3] 崔德志. 中国民族数字图书馆建设探讨 [J]. 内蒙古民族大学学报，2014（1）：122—124.

久历史的多元文化。要弘扬我国各民族的优秀文化，促进世界各民族的文化交流，民族文献工作就必须采用现代化的技术手段，建立民族文献数据库，让民族文化信息在信息时代、在世界文化领域中占有自己的位置。

（二）民族文献数字化有利用于抢救、保护民族古籍

中国的民族古籍一般指1949年10月以前以民族文字（含口头语言）书写、刻印、记录的一切文化载体。大体上包括以下三个方面：一是古代民族创制或曾经使用过、但现在已不再行用的古文字书写、印刷的文献，主要有法卢文、焉耆—龟兹文、于阗文、突厥文、鲜卑文、粟特文、回鹘文、察合台文、西夏文、契丹文、女真文、满文等。这部分文献学术价值很高，但没有精确的统计。二是历史上由少数民族研制、现今仍在行用的文字书写、印刷的文献，这些文献数量庞大。据统计，全国现存藏文古籍60多万函；蒙文古籍1万余种；彝文古籍现存于北京的就有1000多部，而散存于全国的有万余种；纳西族的东巴经2万余册；傣文典籍中仅佛经就有8.4万部，叙事长诗500余部；古壮字文献数万种。三是各少数民族经过世代言传口授，用口碑方式流传保存下来的民族文献。如蜚声世界文坛并与著名的荷马史诗相提并论的三大英雄史诗——《格萨尔》《江格尔》《玛纳斯》，还有侗族的《洞歌》、土家族的《摆手歌》、哈尼族的《哈尼创世史诗》、赫哲族的民间说唱文学《伊玛堪》、苗族的《古老歌》、水族的《古歌》、彝族的《阿诗玛》等，都是有口皆碑的经典之作。口碑文献无疑是中华民族文献宝库中不可缺少的组成部分。

民族古籍不仅卷帙浩繁，而且载体形式多样，其中不少珍贵的古籍因年代久远已破损严重，亟待抢救。现代化的技术手段为古籍的抢救提供了条件，利用照相、录音、录像、缩微、光盘等技术都

可以快速地对古籍实行全文存储，从而使抢救真正得以实现。

（三）有利于民族文献的充分开发利用

民族文献数字化的目的，一方面是为了适应中国民族研究之需要，利用现代化手段为教学科研人员提供研究信息动态和最新研究成果，把握研究方面，引导民族学科研究走上为民族地区现代化建设服务的正确轨道；另一方面是为党政领导机关科学决策提供信息咨询，为科技扶贫注入活力。中国民族文献数量庞大，学科门类繁多，光靠人工检索有关某一课题的有关文献需耗费巨大的人力和时间，而当今的信息检索系统平均每 10 分钟就能完成一个课题的调研，其工作量相当于一个人读了 30 种文字的 2000 种专业杂志和 9000 篇科学论文。数字化后的民族文献信息不但可供研究人员从不同的途径进行检索，做各种目的的统计分析，而且可供网上流通，实现资源共享。因此，民族文献只有实现了数字化，才能真正达到充分开发利用的目的。

二、少数民族文献数字化的途径

（一）少数民族文献数字化主要遵循的原则

少数民族文献数字化建设是社会信息数字化建设的一个组成部分。可以说，一般文献信息数字化建设中一些普遍的原则同样也适用于民族文献数字化建设。如实用性原则、针对性原则、系统性原则、整体性原则、标准化原则、便利性原则、安全性原则等等。由于少数民族文献本身的特殊性，除了这些基本的、共同的原则，少数民族文献数字化建设还应遵循以下特定原则。

1. 特色性原则

进行少数民族文献数字化建设的关键，是充分体现民族文献的特色和优势，以特色和优势取胜，扬长避短，在特色和优势方面产生突破。

这是在当今竞争与抗衡时代开展民族文献数字化建设的策略问题。

中国少数民族多元文化为民族文献数字化建设提供了无可比拟的条件。例如独特的巴蜀文化、藏文化、滇文化、羌文化、东巴文化、夜郎文化等，都在中华民族的历史上留下了光辉灿烂的一页；南北丝绸之路上，如敦煌、西夏、吐蕃、大理、西凉等都留下了珍贵的文献。

2. 协同性原则

中国少数民族分布的状况是大杂居小聚居，相互交错居住。各少数民族在经济、政治、文化生活方面不但相互影响，而且都和汉族有着密切的联系。在中国，一个少数民族完全居住在一个地方的很少，新疆居住有13个民族，广西居住着12个民族，云南则居住着23个民族。从全国来说，70%以上的县都有两个以上的民族杂居在一起，这一点反映在民族文献上，其分布的区域性是显而易见的。因此，民族文献数字化建设必须打破小而全的封闭、分散状态，在国内各级各类民族文献收藏部门之间要根据需要与可能，合理分工，形成特色，突出优势，走协作攻关的道路，并在此基础上形成全国性的综合优势。

目前中国民族文献的跨省、自治区、直辖市的协作组织已初具规模。如五省（区）满文、四省（区）彝文、八省（区）蒙古、达斡尔、鄂伦春、六省（区）回族等协作组织。在进行民族文献数字化建设时，这些协作组织要进一步健全和发展。

3. 国际化原则

当今世界是一个整体，人们称之为"四化"世界—经济国际一体化、科技世界网络化、产业结构跨国化、金融流通洲际化。在此形势下，民族文献数字化要适应新世纪的需要，必须大力推进国际化。

中国内陆边境线长约 2.1 万千米，全国有 9 个省、自治区，41 个市、州、地、盟，136 个县、旗分别与 18 个国家接壤，居住在边境地区的少数民族有 33 个，占少数民族成分的 60%。少数民族人口分布状况决定了边疆民族文献工作必然受到国际性的影响，同时也为民族文献信息资源的国际化交流提供了得天独厚的条件。因此，在民族文献数字化建设过程中，必须严格遵循标准化的原则，不但同一语种的民族文献要统一标准，而且要和国家、国际标准相统一。这其中包括数据格式的标准化、描述语言的标准化、标引语言的标准化、通信协议的标准化、安全保障技术的标准化、数据管理软件及硬件的标准化等，以保证民族文献信息资源的共建共享。

4. 多角度提示原则

中国少数民族成分众多，历史悠久，在民族文献上表现为内容丰富、文种多样、种类繁多的特点。特别是受生产发展水平和科学发展水平的制约，民族文献中记载的大量知识，在现代科学分类的意义上是极为分散的。比如一部《丹珠尔》经，上至天文，下至地理，正论经史，旁述农医，无所不著，无所不论，实际上是一部百科全书。

在少数民族文献里，这类经卷和书籍较多。与此相反，另有相当一部分则是散见于各类著作里的内容零散的片断章节，这在汉文书写的民族文献中相当普遍。现代科学研究工作的特点是细小专题研究日益增多，所需资料的专指性强，在手工操作查找资料时经常出现遗漏现象，使文献资源得不到充分利用。解决这个问题的最有效途径就是对少数民族文献数字化信息从多角度进行主题标注，以揭示民族文献所包含的多种内容，提高检索效率和利用率。

（二）少数民族文献数字化途径①②③

少数民族文献的数字化其实就是指少数民族文献的收集整理，并整合到数据库平台，建设特色数据库，再利用网络技术共享到网络，真正达到少数民族文献的开发与利用，做到少数民族文献的共享共建。

1. 特色馆藏资源的建设

特色馆藏建设在当今信息网络环境下，为教学科研等方面发挥了巨大的作用。特色资源库，也就是人们所谓的特色数据库，"是指依托馆藏信息资源，针对用户的信息需求，对某一学科或某一专题有利用价值的信息进行收集、分析、评价、处理、存储，并按照一定标准和规范将本馆特色资源数字化，以满足用户个性化需求的信息资源。它是图书馆在充分利用本馆馆藏特色的基础上建立起来的、可供共享的信息数据库。"

少数民族特色资源库，也就是以少数民族特色的馆藏信息资源为依托，搜集与少数民族历史、文化、社会、风俗、宗教、政治、经济等研究有关的数字化资源。特色馆藏建设是开展特色服务的基本保障，从形式上看，它不仅包括期刊、图书、报纸等纸质文献资源，还包括数字文献资源、媒体资源和实物等其他特色馆藏。它反映了本民族、本地区政治、经济、历史、地理、人物等方方面面，既体现出了自己的民族特色，又反映了时代特色和社会发展的历程。少数民族图书馆建设特色馆藏不但能够充分满足用户的多元文化需求，而且还可以通过对外开放、开展馆际互借、建立联机目录等服

---

① 李万梅. 关于构建少数民族数字图书馆的思考 [J]. 社科纵横, 2007 (8)：20—21.

② 顾炎. 浅析民族地区数字图书馆建设是时代发展的必然 [J]. 赤峰学院学报, 2009 (8)：197—199.

③ 崔晨光. 浅析少数民族地区数字图书馆建设 [J]. 西域图书馆论坛, 2012 (1)：42—44.

务，在满足用户对馆藏特色文献需求的同时，促进本民族地区经济、文化的发展。因此，少数民族图书馆应该加大对地区文献资源的收集，开展服务创新，建立多元文化馆藏，让少数民族图书馆能够真正彰显自己的民族特色，形成自己的馆藏特色和独特优势。

2. 特色馆藏资源的数字化建设及数字图书馆的建设

特色资源数字化是现代图书馆发展的必然趋势。广义上的特色资源数字化是指对古籍、乐谱、拓片、甲骨文等珍贵文物进行的数字化加工。狭义的特色资源数字化是指对已有的特色资源进行数字化加工处理。它包括两方面，一方面是对已有的纸质文献进行的描述、分析、组织等数字化加工过程，使之成为可以共建共享的网络信息；另一方面是根据实际开发或购买新的具有学科特色、专业特色的数据库。开发特色资源数据库是实现网络环境下资源共享的最佳方法，是在信息化社会中立足的有利保障。

数字图书馆就是一个虚拟的、没有"围墙"的图书馆，它不需要读者亲临图书馆借书，也不受时间和空间的限制，只要有网络，就可以通过手机、平板电脑、电脑满足读者阅读的需要，享受阅读的快乐。从专业角度理解，数字图书馆是在传统图书馆实体的基础上，加之计算机及互联网技术，从而建立的一种新型图书馆存在，是一个超大规模的可跨库检索的数字化馆藏资料库。它利用先进的数字网络技术，将馆藏文字、图片、声音等材料通过一定的标准化加工，以数据的形式进行储存管理，以数据库的方式呈现，以供读者检索和阅读，并通过互联网的共享，供读者及时使用。我国中文文献数字化工作开展顺利，数字资源已经成了图书馆信息资源的重要形式，信息量大，共享方便、快捷，而少数民族文献的数字化工作进展相对较慢，正处于发展阶段。

（三）少数民族古籍的数据库建设

中华民族文化是古老、伟大、多元的文化，是共同生活在中华民族这个大家庭里的各个民族共同缔造的文化。少数民族文献是浩瀚的中国文献宝库中的一颗璀璨明珠。全面系统地研究少数民族文献的历史、现状和发展趋势，深入地总结少数民族文献工作，将对建立具有中国特色的文献学体系，弘扬中国多民族文化，促进各民族共同繁荣发展有着重大而深远的意义。而在浩繁的少数民族文献中，带有浓郁时代色彩的少数民族古籍以其不可再生的珍贵性更为人们所重视。

1. 少数民族古籍的内涵及其整理的意义

古籍即古书。古，是个时间概念，不同时期对古籍的"古"的时间界定也不同。中国的古籍，就现行的形式可分为汉文古籍和少数民族古籍。民族古籍是相对汉文古籍而言的。它囊括55个少数民族的古籍，因此民族古籍是个总的称呼。少数民族古籍由于历史原因，它不仅指那些有文字记录的手写的或印刷的出版或非出版物，还包括至今仍流传在民间的口碑文献。而我们在这里要研究讨论的则是有实物存在的少数民族古籍。

整理民族古籍是全面继承和发扬中华民族优秀传统文化的重要组成部分，对于进一步加强各民族的团结和促进各民族经济、文化繁荣与发展，不仅有深远的历史意义，还有深刻的现实意义。

第一，我国是一个统一的多民族国家。民族古籍记录了各民族自己独特的形成、发展和统一的过程。通过整理民族古籍，展现这种你中有我、我中有你的源远流长、血肉相连的民族关系，对巩固祖国的统一，反对民族分裂，有着十分重要的意义。

第二，受历史原因和正统观念的影响，过去各个少数民族不仅在政治上没有地位，在文化上也没有地位。所以，整理民族古籍不但能填补某些学科的空白,而且还能纠正某些学术上历史的错误。

第三,少数民族古籍表面看来是属于本民族自己的历史文化,实际上也是整个人类的文化遗产。民族古籍为充实人类文学、历史、民俗、天文历算、哲学、宗教等学科的研究,提供着极其珍贵的资料。因此从某种意义上讲,整理民族古籍具有世界性意义。

2. 少数民族古籍数字化的概念及其必要性

(1) 少数民族古籍数字化的概念

少数民族古籍资源的数字化也是少数民族古籍资源的集成化、有序化和利用便利化。少数民族古籍资源的数字化,就是将长期尘封在书库里的古老的古籍文献资源数字化。目前从信息的存储形式上看,少数民族文献数字化分为图像版和全文版两种。图像版是利用扫描技术将少数民族古籍以图像方式存入光盘或计算机存储器。这种方式可以保存少数民族古籍的原貌,在技术上比较容易实现,以前国内在民族古籍数字化制作时多采用这种方式。

图像版民族古籍存在的缺点是占据存储空间较大,不能检索到字、词,必须配备索引,如果索引过于简单(目前一般只设标题索引),对民族古籍的揭示就会不够深入。但索引越完备,所需的标引工作量就会越大。而针对民族古籍多学科内容并存的现象,图像版的制作技术起到了保存民族古籍的作用,也是目前图书馆最容易实现的方法。

全文版是以文本方式将少数民族文献存入光盘或存储器,并在全文检索系统的支持下,对文本实行逐字、词检索。相对于图像版来讲,全文版的少数民族文献具有更大的优点,可以更有效地支持学术研究和快速检索的需要。全文版少数民族文献制作时,民族文字的信息处理技术是关键问题。民族文字信息处理技术的成功开发研制,为少数民族文献数字化建设创造了必要的条件,为少数民族文献的深层次开发利用开辟了广阔的前景。

（2）少数民族古籍数字化的必要性

纸质的珍贵少数民族古籍资源、档案资料、技术图纸等的保存，不仅需要占据大量空间，还需要适当的物质环境保管条件。一般情况下，随着时间的推移，纸张会出现变色、变质和字迹模糊，加之虫蛀、鼠啮、潮湿等危害，使纸质文献难以持久保存。若查阅、复印次数多，更会加剧对古籍和档案的磨损程度。数字化可以妥善解决少数民族古籍这类珍贵文献信息资源的保护和利用问题。当原件处于易损或变质的状态时，数字化可以制作视读替代品，以保存原件。数字化替代品的出现，不但使原件的保存具有更可靠的安全性，而且能提高信息内容的使用效率。信息资源数字化有利于少数民族古籍进行长期的保存和保护。而传统的工作方法、落后的技术装备与面临的新情况之间，出现了许多难以解决的问题。只有运用科学的管理方法，采用先进的技术设备，把少数民族古籍工作从传统的手工操作转移到现代化的基础上来，实现少数民族古籍工作现代化，才能解决上述问题。少数民族古籍工作现代化是客观形式的需要，是少数民族古籍工作发展必然趋势，它不仅有助于人们去开发利用少数民族古籍资源，而且对少数民族经济、社会、科学文化的发展都有着不可估量的作用。

3. 少数民族古籍的数据库建设

所谓数据库，就是按一定的组织方式将相关联的数据库集合、存储的总汇。数据库资源建设是图书馆为读者服务的基础，是图书馆自动化的重要组成部分，也是实现资源共享的重要环节。建立少数民族古籍数据库应首先建立书目数据库，有条件再建立综合性、专题性篇目数据库，最后考虑全文数据库。按少数民族古籍的揭示深度和重要程度分别建立以下几种类型的数据库。

（1）书目型（索引型）数据库

该数据库将收录图书馆目前所藏有的全部少数民族古籍，可以说是图书馆少数民族古籍的总扩账本，可以展示图书馆少数民族古籍全貌。这是我们目前应建立的首要数据库，也是读者使用率最高的数据库。侧重于对文献的外部特征（如书名、著者、页码、开本、价格、分类号、收藏单位等）进行描述，可以按照 CNMARC 的格式分字段进行著录，力求为读者提供最多最全的检索途径。利用该库可以检索到那些使用率低的文献。在该库中的数据记录可以按所收录文献内容的学科属性，依据中图法，按普通图书的排列方式进行编排。其特点是文献收集齐全、简明扼要，能最大限度地提供文献的查找途径，对于查找那些长期无人使用的文献很有裨益。它是宣传展示馆藏少数民族古籍全貌的最佳方式之一，也是数据库建设必不可少的方式之一。

由于少数民族古籍本身的特殊性，它的书目数据库也与目前的普通图书的书目数据库有所不同，根据新版机读目录格式的规定，笔者总结了如下几点。

①古籍正题名与普通图书正题名信息源之不同。按照《新版中国机读目录格式使用手册》规定，正题名的信息源是版权页和书名页，尤其以书名页为主；但古籍正题名则依正文卷端所题著录。于是，在做 200 字段（题名与责任者项）时①正题名取自古籍卷首卷端，而其他的如封面题名等著在相关题名字段。

②古籍著录设立了许多相关题名字段。其中根据中文古籍编目增加了 191、193、194、696；根据中文汉字特点增加了 393；封面题名著在 512 字段；不在卷首的卷端题名与正题名不同时，著在 514

字段（卷端题名）；古籍版心上的题名在515字段（逐页题名）；古籍书根上的题名在516字段（书脊题名）；另外的函套题名、别名、从属题名、第三个以上合刻题名在517字段（其他题名）；对于古籍题名中的繁体字、异体字，在200字段使用简化字、规范字著录，而在517字段记录其繁体字、异体字，以便读者检索；未在古籍中出现的，视具体情况补充的非统一题名的关键词题名或通俗题名，可著录在540字段（编目员补充的附加题名）。

③古籍版本项由版本说明、版本附加说明及与本版有关的责任说明组成。其中版本附加说明是对版本类型的补充说明，包括版次、底本版本、影抄、彩色套印、活字制字材料，还包括版次日期的补充说明。

④古籍的出版地、出版者是鉴定古籍版本的依据，因此对于210字段（出版发行项）的各个子字段做得很详细，并在620字段著录出版地或制作地，刻书者还要在702个人名称或712团体名称字段加以揭示。

⑤为了说明古籍所含有的书目或索引及其部位设定了320字段（文献内书目、索引附注）；相反，说明古籍被何种索引、摘要著录过，或被何种文献引用过而被列入参考书目，用321字段反映。

⑥反映古籍底本的版本情况，所编的古籍是复制品（如影印本），用324字段（原作版本附注）；反映所编古籍的其他复制品信息用325字段（复制品附注）。

⑦许多古籍在一个题名下含有许多子目，很多读者只需要了解文献组成部分或某张照片而不是全文，为此设定了327字段（内容附注）用于子目及重要内容的揭示。

⑧古籍中繁体字较多，系统所使用的字符集中不含有这些繁体

字，因此设定了393字段所缺字符在200字段中用"＝"代替，不能用空格），它用规定的形式、符号和文字描述字符集所缺字符，并注明其汉语拼音读音。

⑨古籍往往含有许多子目或分册，并且这些子目单立成章，读者只需其中的某一篇而不知总书名，在这种情况下应选用461（总集）、462（分集）、463（单册）字段。

⑩所编古籍文献与一个或一个以上版本相同的文献装订在一起，为了揭示另一古籍文献应选用488字段。

⑪古籍中含有检索意义的附刻、附录、书目、年谱等资料，称为附属文献。附属文献的信息被著录在491字段；附属文献题名若不完整，应在题名的适当部位加"[]"号标识自拟题名，"[]"号内的自拟题名一般取自200字段的正题名。若200字段标识附属文献信息，则所属文献的题名信息著录于492字段。

⑫古籍分类号按国内其他分类法分，其分类号著录在696字段。

（2）提要型（摘录型）数据库

该数据库将图书馆少数民族古籍的形式与内容进行有机结合，有选择性地对一些少数民族古籍在描述其外部特征的基础上，再增加内容提要和概述，以便让读者对图书馆的民族古籍有进一步的了解，从主题方面进行深度检索。该库收录范围包括有一定研究价值的民族古籍，有一定读者队伍的民族古籍和某一特定专题的所有民族古籍。

（3）全文型数据库

该数据库级别最高，能提供全方位的检索，是对数据最深度的加工，应当说也是读者最佳的选择。收入该库中的少数民族古籍选择应当慎重，否则会占据硬盘空间，造成人财物的极大浪费。可以在提要型数据库的基础上，进一步筛选出经典的、具进步意义的、受广大用户欢迎的、有效信息量集中的、有极高收藏和研究价值的古籍进行全文录入。

4. 少数民族古籍数据库的筹建

（1）人员配备

数据质量是数据库的生命，而质量的控制体现在生产的每一个过程中。组织有较高综合素质的业务骨干队伍，配备既懂手工编目又懂机读目录的图书编目人员、计算机操作人员、信息开发人员以及对少数民族古籍文化有一定了解的人员，承担起少数民族古籍的整理、编目、著录、标引、输入等工作，并对建成的数据库进行定期检查和更新，确保为少数民族古籍研究者提供高质量的数据。

（2）资金

整理古籍，把祖国宝贵遗产继承下来，是"一项十分重要的、关系到子孙后代的工作"。少数民族古籍资源数据库建设是一项大工程，必须有足够的资金扶持。要积极争取政府的支持，同时要克服"等、靠、要"思想，努力争取社会力量的支持，寻求多方合作途径。

三、少数民族文献特色数据库建设现状

语言是文化交流和文明传承的重要手段和工具，语言的多样性是人类文明的一个重要特征，也是人类文化多样性的一个重要基础和表现。在当今世界多元文化的冲突与碰撞中，使用和发展少数民族语言文字，有利于维护语言和文化的多样性，保存民族文化记忆，增强民族自豪感和凝聚力，促进民族团结和社会和谐稳定。然而，在当代数字化、网络化浪潮中，少数民族语言数字资源的建设却极为滞后，由此可能造成民族文化的断层，因此，加强少数民族语言数字资源的建设极为必要。

第二章 少数民族文献特色资源建设

本部分内容通过对少数民族语言数字资源建设的现状、问题的分析，提出建设少数民族语言数字资源的整体方案，指出未来建设的重点方向，以期为少数民族语言数字资源的建设提供参考与借鉴。少数民族特色库及平台的网络调研工作主要从三个层面进行，即少数民族地区高校图书馆、各民族大学图书馆、从事少数民族语言研究的科研单位以及少数民族地区图书馆。

（一）少数民族地区高校图书馆

我国为多民族国家，55个少数民族分布在全国总面积50%～60%的土地上。其中少数民族地区高校已成为民族教育最重要的组成部分。少数民族地区综合性高校有内蒙古大学、西藏大学、新疆大学、云南大学、兰州大学、广西大学等。除了对上述院校进行网络调研，对少数民族地区所有高等院校进行网络调研也非常有必要，详见表2-1。

表2-1 少数民族地区高校图书馆自建库及特色数据库调查表

序号	院校名称	是否有自建库	数量/个	少数民族语言版	中文版
1	西藏大学	有	1		西藏文化特色数据库
2	内蒙古大学	有	12	蒙古文期刊全文数据库、蒙古学信息网	蒙古学特色库、生命科学特色库、蒙学学者、学科导航、内大文库、蒙古文期刊全文数据库、蒙古学信息网、工具书指南、馆藏古籍目录查询、中华再造善本总目录、博硕士论文、文献检索网络教程、馆藏地方志目录

3	新疆大学	有	10	察合台文契约文书资源库（打不开）	新疆大学博硕士学位论文库、新疆大学地方特色数据库、新疆地方文献书目资源库、《新疆大学学报》索引数据库、CALIS中心特色数据库建设项目——新疆大学韩文古籍资源库、中华再造山本资源库、随书光盘、新疆大学西北少数民族研究中心中亚研究数据库、新疆经典人文特色数据库
4	云南大学	有	9	无	CALIS导航库、云南特色花卉库、禁毒防艾库、西南民族研究库、自制电子资源、云大硕博论文、精品期刊、云大文库、机构知识库
5	兰州大学	有	7	无	兰大机构知识库、兰大文库、西北边疆文献中心、伊斯兰文献中心、敦煌学数字图书馆、胡猛立抄读国学经典、阿拉伯边界报告系列丛书
6	广西大学	有	2	无	广西大学学位论文数据库、课程参考书书目数据库

7	西藏藏医学院	待			
8	新疆财经大学	有	9	CADAL少数民族数字化项目（建设中）	财大文库、研究生论文库、学科导航库、中亚信息库、光盘数据库、"一带一路"数据库、剪报信息库、经济专题数据库、新疆区情信息库
9	新疆医科大学	有	4	维吾尔族医学文献库（建设中，限制外网访问）	新疆民族医药特色数据库、新疆包虫病特色数据库、新疆特色保健资源数据库、随书光盘
10	新疆农业大学	有	2	新疆农业、财经、师范大学三所高校合作的CADAL少数民族图书数字化项目（正在建设）	新疆农业大学教学标本数据库、新疆农业大学硕博学位论文全文数据库
11	新疆师范大学	有	4	CADAL少数民族图书数字化项目（建设中）	新疆师范大学硕博学位论文库、新疆双语教育特色数据库、新疆师范大学教育学资源库、学生备考资源库

12	云南财经大学	有	5	无	云南财经大学学位论文库、云财文库、云南地方经济文库、东盟数据库、贡山管理学图书资源库
13	云南中医学院	有	3	无	云南中医学院馆藏古籍数据库、扶阳学派数据库、云南地产中草药（民族药）数据库
14	西南林业大学	有	2	无	西林文库、西南林业大学研究生学位论文数据库
15	云南师范大学	有	15	无	西南联大文库、西南当代文学艺术文库、云南民族教育特色数据库、能源环境与生物技术特色资源数据库、古籍文献、西南联大特藏、伍谢瑞芝书库、云南当代文学艺术文献信息中心、昆明中日交流之窗、智者书林
16	内蒙古工业大学	有	1	无	博、硕士学位论文收藏

17	内蒙古科技大学	有	5	无	稀土专题特色数据库、内蒙古科技大学硕士学位论文全文数据库、内蒙古科技大学贺友多教授学术研究专题数据库、内蒙古科技大学教职工公开发表论文库、内蒙古科技大学会议论文库
18	内蒙古医科大学	有	6	蒙医药及相关文献数据库（蒙文）、蒙医药信息服务平台（蒙文）	蒙医药及相关文献数据库（蒙文）、特色资源（蒙医药及相关文献数据库（汉文）、数字图书馆、非书资料）、蒙医药信息服务平台（中文、蒙文）、学科服务平台
19	呼伦贝尔学院	有	2	无	"三少"民族文献数据库、高等教育学文献数据库
20	呼和浩特职业学院	有	1	无	精品课程数据库

1. 新疆高校图书馆

新疆地处我国西北边陲，同时又是多民族聚居的自治区，不同的高校图书馆积累的特色资源有所不同。"十五"以来，新疆9所高校图书馆能够结合特色馆藏积极开展特色资源数据库建设工作，成绩斐然。多数高校图书馆在特色资源数据库建设中得到了CALIS三期新疆地区专项经费的资助,数据量大,格式规范,发布平台友好,利用率较高,发挥了特色资源的保存、保护和有效利用的作用。新疆大学图书馆自建的特色资源数据库最多,最为成熟。其中最具有代表性的是"新疆地方古籍文献数据库"。该数据库在对馆藏汉文古籍进行数字化的基础上,通过编写目录、提要等方式对文献进行了较深层次的揭示,并以图像数据库方式向读者提供全文检索。为了充分利用这一特色资源,新疆大学图书馆制作了《新疆大学图书馆古籍与地方文献特色数据库使用指南》。新疆师范大学是国家新疆双语教育培养培训基地,积累了丰富的教学视频资料。图书馆通过与本校相关部门合作,获得了视频收割、后期制作、提供利用的权利。由此建设的新疆民汉教育视频库,在加工制作和发布平台的选择上遵循了CALIS数字对象加工的规范和标引细则,同时考虑了后期的兼容与共享,具有一定先进性。

2. 宁夏高校图书馆

宁夏地处我国西北内陆地区,主体民族和文化具有单一性特点。宁夏高校图书馆自建的数据库大多基于馆藏,与学校的发展定位和学科建设较为一致。如回族学和西夏学是宁夏大学和北方民族大学的特色学科,两校图书馆大多围绕伊斯兰文化、西夏文化和宁夏地方文献开展特色资源数据库建设工作,内容涉及古籍和民国文献,形式为开放的书目数据库。宁夏师范学院位于宁夏回族自治区固原市,是国内最大的回族聚居地,也是与中原文化的交汇处。学校图书馆十分重视西海固民俗、地方语言民俗文化文献资源的收集,自建数据库主要是视频点播。上述3家图书馆在特色资源收藏和数据库建设专题的遴选上符合馆藏特色、民族特色和学科特色。宁夏其他两校图书馆虽然也积累了一些特色资源,但尚未开展这方面的工作。资金和技术依然是困扰该地区高校图书馆特色资源数据库建设的主要因素。

3. 内蒙古高校图书馆

内蒙古是国内蒙古族聚居区，蒙古文文献是内蒙古高校图书馆的主要特色资源，各馆收藏量可观。"十五"以来，内蒙古有13所本科高校图书馆均开展了基于馆藏的特色资源数据库建设工作。其中内蒙古大学图书馆开发的中国蒙古学信息网和蒙古文期刊全文数据库较为成熟，信息量大，检索途径多，共享程度高。其他高校图书馆自建的特色资源数据库多数以蒙古文文献为核心，有鲜明的学科特点。如蒙医药数据库、蒙元经济文献资料数据库、稀土专题数据库等。此外，内蒙古东部地区高校图书馆对鄂伦春、鄂温克和达斡尔"三少"民族文化、科尔沁文化、红山文化、夏家店文化等给予了关注，并开展了数据库建设工作。察哈尔文化、河套文化、鄂尔多斯文化等反映地域文化特点的资源备受内蒙古中西部地区图书馆的关注。

4. 广西高校图书馆

广西与东盟陆海相连，独特的地理位置和众多的跨境民族使得广西高校图书馆积累了丰富的南方少数民族文献和外国语非通用语文献。广西5所本科高校图书馆大多以广西少数民族文献、地方文献和外国语非通用语资料为收藏特色，古籍线装书和民国文献藏量可观。"十五"以来，广西民族大学图书馆基于特色馆藏自建了东盟文献、壮侗语族文献、壮学文献及亚非语言文献全文数据库。广西师范大学图书馆自建了民国广西图书、馆藏广西旧地方志、馆藏古籍善本、广西语言资料库和广西民族民俗资料库等。其他3家图书馆虽然特色资源较为丰富，但基于特藏文献的数据库建设工作未见报道。

5. 西藏高校图书馆

西藏仅有 3 所本科高校。各高校图书馆都以民族学、藏学和藏文医学文献为特色资源，并且开展了基于馆藏的数据库建设工作。西藏大学图书馆自建的中国藏文文献资源网和藏文文献资源中心，信息量较大。西藏民族大学图书馆自建的特色数据库最多，数据库质量最好。其中，藏学多媒体资源数据库和藏学文献数据库得到了 CALIS 三期西藏地区专项的资助。西藏藏医学院图书馆的古籍文献数据库仅停留在目录阶段，特色资源的开发利用空间很大。

（二）各民族大学图书馆

全国民族高校有 15 所，分别为中央民族大学、中南民族大学、云南民族大、西南民族大学、广西民族大学、西北民族大学、北方民族大学、青海民族大学、西藏民族大学、贵州民族大学、大连民族大学、湖北民族学院、四川民族学院、内蒙古民族大学、呼和浩特民族学院。其中少数民族特色库及自建平台的院校调查情况见表 2—2。

表 2—2　各民族大学图书馆自建库及特色数据库情况调查表

序号	院校名称	是否有自建库	数量/个	少数民族语言版	中文版
1	中央民族大学	有	3	无	馆藏民族音像资料库、民族相关文献信息特色库、馆藏电子图书

2	中南民族大学	有	6	无	南方少数民族文献数据库、古籍数据库、吴泽霖特色数据库、女书文化特色数据库、岑家梧特色数据库、严学宭特色数据库
3	云南民族大学	有	1	无	中国西南民族特色文献数据库
4	西南民族大学	有	13	无	羌族数据库、摩梭文献数据库、民族史研究文献数据库、学科前沿、彝族文献、少数民族信息资源数据库、西南民族大学成果库、西夏数据库、康区藏族研究文献数据库、藏族信息资源数据库、"5·12"灾后重建、畜牧兽医信息资源数据库、西部开发信息资源数据库
5	广西民族大学	有	4	无	自建特色资源库（亚非语言原版图书库、东盟文献库、壮学文献信息库、壮侗语族语言文学数据库、广西作家文库、广西世居民族视频库）、广西民族大学课程参考书目数据库、广西民族大学学位论文全文数据库、广西作家库

6	西北民族大学	有	6	无	甘肃特有民族数据库、西北欽民族大学本校学位论文数据库、随书光盘数据库、民族研究文献题录数据库、馆藏书目数据库、西北民族大学图书馆藏文古籍文献目录
7	北方民族大学	有	3	无	回族学、西夏学、宁夏地方文献
8	青海民族大学	有	2	无	藏文古籍、线装古籍
9	西藏民族大学	有	2	无	藏学专题数据库、藏学数据库
10	贵州民族大学	有	2	无	贵州世居民族文献数字图书馆、机构知识库
11	大连民族大学	有	12	无	东北少数民族研究多媒体数据库、大学生素质教育必读书目数据库、馆藏少数民族文献书目提要数据库、馆藏珍贵民族古籍数据库、红山诸文化数据库、抗日战争主题文献库、民族院校大学生思想政治教育研究专题数据库、西部大开发、中国传统文化名著导读、中国共产党八十一件大事、中国图书世界之最、中国少数民族辞书研究

12	湖北民族学院	有	1	无	土家族研究网（建设中）、武陵地区民族文献及相关资料数据库
13	四川民族学院	有	2	无	康巴文化特色数据库、藏文文献资源网
14	内蒙古民族大学	有	4	蒙古学文献	民大文库、蒙古学文献、民俗实物、古籍善本书目库
15	呼和浩特民族学院	有	1	无	呼和浩特民族学院文库

1. 云南民族大学图书馆

云南民族大学位于云南省昆明市。云南民族大学图书馆是教育部西南地区样本中心及美国亚洲基金会赠书资源开发中心。馆内设有中国西南民族特色文献研究中心，开展特色资源的收集、整理、修复、翻译、出版、数字化建设等工作。资源的收集与建设着眼于整个西南地区，注重搜集反映纳西东巴文化、傣族贝叶文化、哈尼梯田文化、白族本主文化、藏族康巴文化、古滇青铜文化、南诏大理文化、彝族十月太阳历文化以及边境地域文化等文献。该馆历来重视对特色馆藏的整序和揭示，20世纪末就编制出版了反映特色馆藏的工具书《西南地区民族院校图书馆馆藏民族文献联合目录》《民族文献提要（1949－1989）》和《民族文献提要续编1990－1999》。在此基础上自建的西南少数民族特色文献数据库文献类型多样，具有特色性、权威性和实用性的特点,不仅实现了资源整合,还可以进行资料源的动态分析。同时建设过程中得到了 CALIS 三期特色资源数据库建设和云南高校数字图书馆共享平台专项经费的支持。

2. 贵州民族大学图书馆

贵州民族大学位于州省贵阳市,图书馆收藏了贵州 18 个世居民族文献 5 万余册,汉文古籍、贵州地方文献、傩文化资料及民族文化藏品也很丰富。其中,水书、彝族古文献、布依族古文字文献极为珍贵;自建数据库 13 个。建设中的贵州世居民族文献数字图书馆集中展示贵州世居民族文化藏品、贵州地方文献、古籍文献、傩文化资料、水书等有贵州地域特色的资源。虽然目前该数字图书馆中的数据量较少,但开放性较好,互联网用户可以便捷访问。该馆还设有民族文化展示厅,采用实物展出与 3D 技术相结合的方法,展示贵州民族文化特色,令人耳目一新,值得其他省区高校图书馆学习与借鉴。

3. 四川民族学院图书馆

四川民族学院位于四川省康定县,是康巴藏区和四川智民族地区唯一的民族类本科高校。四川民族学院图书馆是甘孜藏区文献信息中心。康巴文献和地方文献是其主要收藏特色,特色藏书达 12 861 册。2006 年 5 月,康巴文献馆投入使用,为康巴文化研究提供了专门服务的资料基地。2013 年,康巴文化资源数字化建设研究获得四川省教育厅人文社科重点课题立项,专题特色数据库建设的持续性得到保障。该数据库分为文本库和网络文献两类,并按中国图书馆分类法对资源内容进行分类标引,是导读性质的资料与检索型工具为一体的数据库。

4. 青海民族大学图书馆

青海民族大学位于青海省西宁市。青海民族大学图书馆特色馆藏主要是少数民族文字文献及汉文古籍。其中少数民族文字图书9万余册，藏文大藏经1 667函；汉文古籍3 166部78 750册，善本居多；《南辉西献图二十幅》等23部古籍入选《国家珍贵古籍名录》。

5. 湖北民族学院图书馆

湖北民族学院位于湖北省恩施土家族苗族自治州首府恩施市。湖北民族学院图书馆设有民族文献部，主要负责民族文献和古籍资料采集、管理与服务。土家族、苗族文献及其聚居地区的地方文献是搜集整理的重中之重，校级土家学文献中心挂靠于此。该馆收藏的民族文献不仅对保存和研究土家族、苗族文化具有重要的学术价值，还具有极高的文物价值和艺术价值。自建的土家族研究网、武陵地区民族文献研究数据库和非遗文物及民俗风情多媒体数据库较为成熟，互联网用户可以访问。土家族研究网为湖北省民族宗教事务委员会研究课题《土家族研究的数字化平台研究》资助项目，武陵地区民族文献研究数据库为CALIS一般项目。

6. 吉首大学图书馆

吉首大学图书馆是武陵山片区办馆规模最大的图书馆，现为中国图书馆学会学术委员会少数民族专业委员会委员馆、全国民族高校图工委副秘书长单位，是全国"文化信息共享工程"进高校的100所高校之一。由于地处湘、鄂、渝、黔四省（市）交界的湘西民族地区，四省（市）边区地方文献和民族文献成为该馆的特色馆藏。此外，由于湘西是我国已故著名文学大师沈从文先生的故乡，先生的部分著作手稿、书信函件、各种版本著作、私人藏书及生前生活用品等均有丰富的收藏。近年来，该馆研究者注重对口述资料的收集整理，建有土家族口述史料数据库和武陵山片区地方文献数据库。

7. 延边大学图书馆

延边大学位于吉林省延边朝鲜族自治州首府延吉市，毗邻朝鲜。延边大学图书馆设有特藏文献部，主要存放中、朝、韩古籍文。朝鲜、韩国以及国内出版的朝鲜文图书收藏丰富。该图书馆购买了韩国学术期刊数据库 KISS (Korean studies Information Service System)、韩国历史文化研究在线数据库 KRPIA、韩国学术期刊数据库 DBPIA 等为读者提供服务。

研究发现，国内多民族省区民族类高校图书馆在特色资源收藏和数据库建设方面积极性很高，已经建成的数据库体现了民族性、地方性和文化多样性，是国内民族地区高校图书馆特色资源数据库建设的重要补充。除了上述民族类高校图书馆，国内多民族省区还有一些高校图书馆在特色资源数据库建设方面表现不俗。如贵州省凯里学院图书馆自建了苗族、侗族文化专题数据库，贵州师范大学图书馆自建了贵州地方文献全文数据库和贵州民族民间艺术专题视频库；云南省大理学院图书馆自建了南诏大理文献专题数据库，楚雄师范学院图书馆自建了楚雄彝族文化优秀作品数据库；吉林省长白山大学图书馆自建了长白山植物资源数据库、满族民间美术文献资源库、高句丽文献资源及研究成果电子数据库等。这些自建数据库数据质量较高，值得关注。

8. 中央民族大学图书馆

中央民族大学位于首都北京，所属图书馆目前是国内民族学、中国少数民族语言文学图书资源最丰富的高校图书馆之一。馆内设有国家民族文献情报中心，线装古籍和地方志为主要收藏特色。其中，古籍线装书藏量达22万余册，少数民族文字文献涉及20多个文种18万余册；线装地方志主要为边疆少数民族地区方志，内容涉及政治、历史、地理、民俗、气象、水利、物产等。有 3 000 多个种类，藏量占全国该类地方志总量的 1/3。调查发现，该馆涉及少数民族的馆藏在国内首屈一指。"十五"以来，该馆自建了多个民族相关文献信息库，收录文献均为公开发表的报刊资源和网络资源。大多为 PDF 格式，无知识产权争议，无 IP 限制，可在线浏览。

9. 中南民族大学图书馆

中南民族大学位于湖北省武汉市，所属图书馆目前是中南地区最大的民族文献中心。馆藏少数民族文献近 10 万册，其中反映南方少数民族历史文化的古籍 3 万多册。为了保存这些珍贵文献，该馆自建了古籍文献全文数据库。同时，还依托本校女书和土家族研究的学科优势，开展了女书、土家族原生态资源的深度挖掘和研究成果的采集整理工作，自建了女书文化特色数据库和土家族文献数据库。此外，对知名校友吴泽霖、岑家梧和严学宭著述、信件、手稿及影音资源的搜集、整理和特色数据库建设也是该馆的主要特点。上述特色资源数据库的文献类型包括电子图书、电子期刊、电子报纸、学位论文等，运用多种方法对特色文献资源进行了系统的采集、筛选、整理和科学组织与标引。数据库检索途径多，在一定 IP 范围可在线浏览。

10. 西南民族大学图书馆

西南民族大学位于四川省成都市，所属图书馆以民族类文献为特色收藏。目前藏量已达 30 余万册，尤以多种文字及版本的《大藏经》《古兰经》和敦煌文献为珍藏。馆内设有藏学和彝学文献中心，收藏藏族、彝族各类典籍经卷 2.5 万余函。清代、民国时期西部民族地医地方志以及 20 世纪 50－60 年代民族调查资料等珍贵文献收藏丰富。"十五"以来，该馆依托资源优势，与成都联图科技有限责任公司合作，自建了包括青藏高原研究、康区藏族研究及羌、彝、摩梭文献等13个特色资源数据库。其中，羌族文献数据库为CALIS项目。该数据库界面友好，无IP限制，互联网用户可直接访问。

11. **西北民族大学图书馆**

西北民族大学位于甘肃省兰州市，所属图书馆的馆藏具有鲜明的民族特色、宗教特色和西北地方特色。如裕固族、东乡族、保安族（以下简称"三少"民族）是甘肃省特有民族，拥有大量反映该省"三少"民族衣食住行历史文化特性的馆藏及相关研究文献收藏系统；清代以前的藏文古籍在该馆不但藏量可观，而且不乏具有版本价值和史料价值的珍品。藏传佛教格鲁派三师徒宗喀巴、克珠、嘉察的全集、五世达赖喇嘛全集、拉卜楞寺活佛历世嘉木样的全集等最具代表性；藏文手抄本《大藏经》（甘珠尔）共105函，系用金粉、朱砂、墨汁三色，经明万历至清道光前后200余年手抄而成，弥足珍贵。此外，该馆还收藏了大量反映西部民族地区社会生活的地方文献等。"十五"以来，该馆依托上述特色资源自建了甘肃特有民族研究数据库、民族研究文献题录数据库、藏文古籍数据库等。甘肃特有民族研究数据库涉及甘肃省特有的"三少"民族在民俗、教育、服饰、节日、歌曲、舞蹈、历史、地理、宗教等领域的研究成果，还收录了国内外学者、专家的论文、评论、学术报告等资料，提供检索、下载服务。藏文古籍数据库为书目数据库，目前已有1万多条数据，word格式，题名用藏、汉两种文字对照输入，有题名或责任者两种检索途径。研究发现，与丰富的特色馆藏相比，该馆自建的特色资源数据库相对较少，大量珍贵的少数民族古籍文献没有得到很好的揭示和利用。

12. **大连民族大学图书馆**

大连民族大学位于辽宁省大连市,与上述民族类高校相比成立较晚。所属图书馆虽然馆藏积累不够丰富,但自建的特色资源数据库却很多,且具有鲜明的东北少数民族特色,值得关注。数据库多数是依托CNKI信息资源与管理平台建设的开放型题录数据库,通过网站提供的镜像入口可访问。其中,东北少数民族研究多媒体数据库最有特色,包括东北少数民族简介、满族历史与文化研究文库、少数民族语言文字信息处理研究文库等9个子库。东北少数民族简介数据库详细介绍了满、回、朝鲜、锡伯、鄂伦春、鄂温克、达斡尔、俄罗斯、赫哲、柯尔克孜和蒙古等11个民族的族源、人口规模、地域分布、语言文化、宗教信仰、饮食服饰、节庆禁忌、气候物产、经济地理、杰出人物等信息;满族历史与文化研究文库、少数民族语言文字信息处理研究文库等为文库型二次文献数据库。这些数据库除了对文献的外部特征进行描述,还编撰了摘要,建立了文献获取链接地址,中国知网、读秀用户可便捷地获取。

(三) 从事少数民族语言研究的科研单位以及少数民族地区图书馆

少数民族特色数据库的建设离不开从事少数民族语言研究的科研机构的技术支持。中国社会科学院在中文信息处理研究方面涉及我国多个少数民族语言的信息化,包括蒙古文、藏文、维吾尔文、朝鲜文等。在少数民族语言信息处理方面做了不少实际的科研工作,为人工智能、机器翻译等领域做出不小的贡献。少数民族地区公共图书馆作为民族地区有代表性的信息共享中心,在建设少数民族特色数据库工作方面也有鲜明的特色,具体情况详见表2-3所示。

表2－3 少数民族地区图书馆自建库统计表

序号	图书馆名称	是否有自建库	数量/个	少数民族语言版	中文版
1	内蒙古图书馆	有	9	无	蒙古族文化艺术资源库、内蒙古文物博览资源库、文化名人作品集、农牧业实用技术、内蒙古草原风情、内蒙古历史文化、内蒙古红色革命、达斡尔族资源库、蒙古族传统医药
2	广西壮族自治区图书馆	有	17	无	历史文化（文物博览、广西民国照片），舞台艺术（广西戏剧，广西音乐，广西群艺），壮乡广西（广西游记，农村科技，农业视频，广西政策法规），民族民俗（非物质文化遗产保护，广西少数民族民俗），广西文坛，农民进城务工，八桂诗词库，幼教故事视频资源，广西新农村建设，广西民国人物，广西民国照片
3	广西壮族自治区桂林图书馆	有	9	无	特色视频、广西抗战文化、广西农业、广西红色历史文化、广西旧方志、刘三姐文化、桂林旧影、桂林石刻、科普动画

4	宁夏图书馆	有	4	无	红色记忆多媒体资源库、回族暨伊斯兰教文献、西夏春秋多媒体、宁夏非物质文化遗产
5	新疆维吾尔自治区图书馆	有	9	无	千里马资源库、农牧区实用技术库、新农村社会主义文明建设库、少数民族爱国主义题材影视库、少数民族表演艺术库、非物质文化遗产库、少数民族少儿"双语"及基础教育库、新疆印象资源库、红色资源
6	西藏自治区图书馆	有	10	无	国家级非遗传承人系列专题片、十八军进藏口述史、藏族手工艺大全专题资源库、西藏少数民族文化系统专题片、格萨尔艺人独家说唱资源库、藏族手工艺大全资源库、西藏抗英历史文化多媒体资源库、西藏舞蹈艺术专题资源库、八大藏戏专题资源库、西藏红色歌舞多媒体资源库等

7	青海省图书馆	有	8	无	青海地方期刊全文数据库、青海地方图书全文数据库、青海地方报纸全文数据库、青海影视库、青海图片库、青海书画家作品库、青海法律法规数据库、青海藏语影视库（正在建设中）
8	云南省图书馆	有	14	无	云南独有少数民族多媒体资源库、云南红色资源库、云南重彩画、云南版画、云南旅游、云南普洱、禁毒防艾、云南花卉、云南青铜器、少数民族、农业信息、他留人、非物质文化遗产、东巴文化
9	贵州省图书馆	有	6	无	缩微品目录、贵州省古籍联合目录、贵州府县志辑数据库、贵州府县志辑图片库、民国图书书目库、贵州名人数据库

通过全国范围内少数民族特色数据库及平台的网络调研，发现高校图书馆自建库及少数民族特色数据库根据特点可以分为学科特色数据库、馆藏特色数据库、地方特色数据库和专题特色数据库。而通过对所调研的民族地区省级公共图书馆特色数据库的分析，可将已建成的特色数据库选题分为馆藏特色数据库、地方文化特色数据库、专题特色资源库、非物质文化遗产资源库、面向特定用户的特色资源库。

虽然我国少数民族特色数据库建设的探索与实践方面取得了一定的成绩，但还存在一些亟待进一步改进与完善的不足之处。这些不足之处主要体现在以下几个方面：缺乏统一的建库标准；缺乏合作共享意识；数据库使用效能较低；数据库版权意识较为缺乏；宣传推广不力等。

第三节 少数民族文献数字化的标准化建设

少数民族文献数字化研究缺乏相应的范式，就相关的政策、法规来讲，是很少的。而且全国的研究没有一个较统一的标准或范式指导相关研究。这也需要我们不同地区的学者在研究本地所取得成果时能够积极共享出来，推动整个国家少数民族地区文献数字化的发展。

一、元数据概述

元数据就是描述数据的数据，是对信息资源的结构化描述，用来组织、描述、发现、检索、索引、集成、浏览、保存和管理信息资源。元数据标准是指为各种形态的数字化信息单元和资源集合提供规范、普遍的描述方法。为了特定的目标，如数据结构的设计、数据值的规范、数据内容和数据交换的有效性和一致性，需要设计和制定不同的元数据标准。不同行业或部门，由于使用的数据资源不同，对元数据的定义也有所不同。广义的数据包括元数据和数据，前者是对后者的描述。元数据是信息资源管理和利用过程中的真实记录，它随着信息的产生而产生，伴随着信息的变化而变化。

元数据包括描述具体数据资源对象的所有数据项的集合。元数据的最基本单元称为元数据元素，多个元数据元素的集合称为元数据元素集，其中的每一个元素，用于表示数据对象的关键信息。在具体元数据应用方案中，每个元数据元素都具有标识、定义、约束性、值域等属性，通过这些属性值，可全面描述数据资源的信息。

参考威斯康星大学密尔沃基分校（UWM）斯蒂文·米勒（Steven Miller）的"元数据标准类型"（Typology of Metadata Standards）和曾蕾、秦健合著的《元数据》（Metadata）一书对元数据标准的论述，元数据标准类型有数据结构标准（Data Structure Standards）、数据内容标准（Data Content Standards）、数据值标准（Data Value Standards）、数据交换（和收割）标准（Data Format/Techical Interchange Standards）和数据呈现标准（Data Presentation Standards）。

（一）元数据的类型

由于信息资源多种多样，信息系统服务的对象也是类型多样，因此，存在多种类型的元数据。根据元数据的用途，可将其划分为描述型、管理型、业务型和技术型元数据。

第一，描述元数据。元数据对信息的描述包括产生、处理、传输、保存等各个环节，描述内容包括信息资源的内容、载体形式、时空范围以及相关数据单元的联系、获取方式等。

第二，管理元数据。"描述信息资源管理过程中所涉及的管理信息以及由管理信息进一步揭示的管理政策与管理机制的元数据"，即管理元数据。如信息管理流程、信息资源创建、信息所有者、用户的使用权限、数据存储格式、存储日期、数据来源及访问权限信息的元数据。

第三，业务元数据。业务用户广泛使用的元数据，为业务处理提供统一解释，主要包括业务规则、定义、术语、运算法则等，反映了业务术语与技术元数据之间的映射关系。

第四，技术元数据。技术元数据是与信息系统运行相关的元数据。如计算机硬件和软件信息、数据信息、软件版本控制、系统使用语言、存储过程、聚合规则、过滤条件以及数据表的字段结构、属性、约束、联系、标识等。

（二）元数据的作用

元数据应用于信息资源的建立、发布、转换、使用、共享等工作中，帮助和促进用户有效地定位、评价、比较、获取和使用相关数据。元数据在网络信息资源组织方面的重要作用，概括为四个方面：描述、定位、检索、评估。元数据的使用目的在于识别、评价和追踪信息资源，实现对信息资源的甄别、有效检索、重新组织和管理。

第一，描述信息资源。元数据是信息资源描述的重要工具。元数据通过元数据元素对数据单元标准化、内容、属性进行描述，将资源对象中的重要信息提出并重新组织，建立起联系，并赋予其语意。只要用户查看数据资源的元数据，就能够对其拥有的信息全面了解，从而有利于用户信息的识别，找到真正需要的信息。这为信息资源的存取与开发奠定了基础。

第二，信息的确认与评估。通过数据资源的元数据服务，用户能够更多地了解其使用的资源状况，而不仅仅是表面上看到的信息。用户通过元数据可以更全面地了解信息实体的名称、数据格式、资源内容、数据产生的年代和制作者等基本属性，使用户在没有浏览信息对象的情况下，就对其有了基本的认识。用户根据元数据所包含的具体信息和现行的评估标准，结合用户的使用环境和资源相关性，就能够做出信息对象取舍，检索到自己需要的资源。

第三，快速检索信息。元数据是用户查找信息资源的最重要依据，元数据元素如名称、主题、创建者、其他责任者等均为检索关键词，通过优化检索词，能够充分发挥检索功能。用户通过信息资源元数据描述，能够知晓所需数据的存储地址、存储格式、存取程序、存取权限等信息，并根据自己的客观条件，实现多层次、多途径的检索，从而更加迅速准确地得到自己所需要的信息。

第四，科学管理信息资源。元数据引用的数据标准和规范，为综合管理各类信息源提供了依据。元数据解决方案包含权限管理、使用管理、用户评论等方面的信息，这些信息有助于帮助业务人员理解和使用业务数据资源。通过元数据对信息资源的描述和分类，形成统一的信息管理视图，可以清晰地展示海量数据信息的管理和组织结构，能够提高数据管理人员的技术水平，有助于对数据的科学管理和有效利用。

第五，保护信息资源。元数据解决方案是参照标准设计，经过多位专家精心研究制定的，其中包括基本结构、数据格式、制作规范、转换方法和保护条件等内容。一个单位始终按照解决方案中的规范管理元数据，能够避免由于信息管理人员更换而造成的数据管理混乱，就不会出现数据缺失等情况。因此，元数据能够促进信息资源管理的规范化和制度化建设，有利于信息资源长期保存的健康发展。

二、元数据标准和解决方案

数据资源种类多，每个行业都要制订一套适合自己的元数据规范，也就是元数据解决方案，不同解决方案之间的元数据转换称为元数据映射。为了提高不同元数据解决方案的数据交换、互操作性和检索的性能,需要制订一套大家都能接受的方案,这就是元数据标准。元数据标准有国际标准、国家标准、行业标准和部门标准。

(一) 元数据标准

元数据标准包括描述信息资源的元数据元素集、数据项定义、著录规则和计算机应用语法规定等内容。其中,元数据元素集由核心元素、个别元素组成,对于每个元数据元素的属性,如标识符、名称、定义、出处、标签、术语类型、注释、修饰、元素修饰词等,都有具体的说明。在特定资源元数据解决方案中,元数据元素可以在原有标准的基础上扩展或有选择地使用。每个元数据元素,可以使用若干修饰元素进行扩展,或者使用更准确的定义,对信息资源进行更具体的描述。各行各业都有元数据国际标准,如网络资源标准(DC)、文献资料标准(MARC)、电子资源组织标准(TEI-Header)、政府信息标准(GILS)、档案库与资源集合标准(EAD)等。我国在图书资源、交通信息、地理信息、气象数据等资源方面,均已颁布了元数据标准或解决方案。

(二) 都柏林核心元数据

1995年3月,国际著名计算机、网络和图书馆等行业专家,在美国的都柏林召开了第一届元数据研讨会,会议制定了包含13个元数据元素的都柏林核心(Dublin Core,简称DC)元素集。这些元数据元素由都柏林核心元数据组织(DCMI)负责管理,用户通过一组简单的元数据元素集,就能够完成对网上各种主题的资源的描述。会议还提出了未来的元数据发展原则,即简单、易用、可扩展、可修改、可选择、可重复、内在性等。DC经过多年不断的改进,已经被国际标准化组织采纳为国际标准《ISO15836:2009信息与文献都柏林核心元数据元素集》。该标准为最具权威性的元数据国际标准,其元数据元素比较宽泛和通用,可用于描述所有信息资源,已经转化为我国的正式标准。

该标准由 15 个元数据元素构成,核心元数据元素分为内容描述、知识产权、外形描述,元素名为英文,全部小写,以便于计算机标记和编码,并与其他语种元数据标准保持一致。为了便于读者理解,标准中加上了中文标签。

表 2-4 都柏林核心元数据元素表(元素名/标签)

内容描述	知识产权	外形描述
title/名称	creator/创建者	date/日期
subject/主题	publisher/出版者	type/类型
description/描述	contributor/其他责任者	identifier/标识符
source/来源	rights/权限	format/格式
language/语种	relation/关联	coverage/时空范围

(三) 特色数据库的元数据

1. 特色数据库的元数据特点

第一,特色数据库的对象数据可能含有多种资源。与一般的商业性数据库如 CNKI、维普等不同,特色数据库一般都会含有多种资源,如图书、期刊、期刊单篇、会议论文、专利、音频、视频等。

第二,特色数据库的对象数据不一定是一次文献,可能还会包含摘要、综述等。

第三,特色数据库的字段定义可能并不规范。由于特色数据库含有多种资源,不同资源间的某些相似内容可能被定义在同一字段中,如期刊单篇所处的页码范围和图书的页码可能均被归于数据库中的"页码"字段;又如会议举办时间和图书的出版时间可能均被归于数据库中的"时间"字段。

第四，字段内容可能并不标准。由于元数据的概念在国内近几年才被提出，而很多高校的特色数据库可能很多年前已经开始建设了，数据库中的字段内容难以按统一的标准而是按各数据库自身的特点定义，这样势必会造成一些字段的内容与元数据现有标准的冲突。

第五，现有标准中的某些必备元素可能在特色数据库中并没有定义。由于早期在建设特色数据库时，图书馆更重视数据库的功能及应用，而对于字段的定义、数据的完整性及数据的可交换性并没有过高的需求，这就导致某些字段的缺失。其一是描述型元数据，如资源类型、URI（统一资源标识符）等；其二是管理型元数据，如审校员、审校时间等。

第六，数据库中的某些字段在元数据标准中可能并没有定义。由于特色数据库具有明显的学科特色，某些字段的定义可能与特定的学科有关，而并不符合现有的元数据标准；同时，现有的元数据标准都是针对基础文献，而对于非一次文献的某些字段则无法定义，如文摘中的"文摘员"。

第七，特色数据库中的某些资源可能在现有标准中未曾提及，比如楹联。

2. 特色数据库元数据建立时应注意的问题

第一，元数据的描述深度，指元数据对对象数据描述的程度（可近似理解为定义的元数据的多少）。很明显，描述深度不够，则难以反映对象数据的准确信息或难以正确描述对象数据，但是描述过深，无疑会增加著录的难度。特别是特色数据库，与商业数据库不同，其元数据（包括对象数据）的著录均需由本地工作人员完成，一旦定义的元数据过多、过广，工作人员的工作量可能会成倍地增加。建立元数据的目的是为了实现标准化，从而更利于数据的管理、检索和交换。从这一角度来说，只要定义了几个主要的元数据（如正题名、主要责任者等）即可顺利实现数据的检索和交换，但从读者角度来说，希望元数据著录越全（多）越好，这样检索途径更多，获取信息更全。如何在数据加工和信息服务之间寻找一个平衡点，是建立元数据前应该仔细考虑的一个问题。

第二，对于非一次文献，其建立元数据的标准由于现有元数据标准均只适用于基础文献，如图书、期刊单篇、会议论文等，而特色数据库并不仅仅只包含以上的资源，还可能包括如文摘等非一次文献。那么在对文摘数据库建立元数据时，有个问题必须要确定：元数据的建立是依据基础文献还是依据文摘？二者所建立的元数据将有很大的不同。

第三，采用何种资源整合模式。资源整合的模式确定元数据的建立方式，目前常见的资源整合模式有独立模式和网络模式。这两种模式均能实现跨库、跨平台一站式检索，但两种不同的模式所建立的元数据有很大的不同。在独立模式下，每个数据库都会按标准建立自己的元数据库，而不管其是否含有多种资源类型；在网络模式下，对每种不同的资源类型建立不同的元数据库，而与文献本身处于哪个数据库无关。

3. 特色数据库元数据建立的原则

第一，以现有标准为基础。由于现有元数据标准已对绝大部分基础文献资源类型进行了定义，因而在建立特色数据库的元数据时，应该以现有标准（科技部标准或行业标准）为基础。

第二，对现有标准进行扩展。现有标准对元数据的定义已经比较全面,一般情况下,直接套用即可。但由于某些特色数据库具有其明显的学科特色或其他原因,可能需要新增元素才能准确地描述对象数据的信息,这时可以对现有标准进行一定程度的扩展。如现有标准中,期刊母体文献不含有价格、邮发代号,需要增补;又如文摘数据库,需要增加文摘员等元素。

第三,数据库中含有多种资源,则将其分解细化。一个数据库中含有多种资源,按同一标准定义元数据是不可能的,必须先将其分解成相关的资源,再按不同标准建立元数据。如数据库中含有会议论文、期刊单篇、专利、图书,则需要对这四种资源分别建立元数据标准。

第四,对现有标准中存在而数据库中没有的字段,按现有标准进行增补。有两种情况需要增补:一是现有标准中规定的必备元数据,如权限(访问权限)等;二是用户觉得有必要增补的元素,如科图法分类号等。

第五,对于现有标准中未曾提及的资源,则自定义其元数据。比如楹联,在现有标准中并没有涉及,则需要依据Dubin Core及数据库的自身特点建立其元数据标准。同时,需要强调的是,特色数据库的元数据标准只是数字图书馆元数据标准中的一部分。不同特色数据库以及商业数据库的同一资源类型(如期刊单篇)的元数据描述深度可能不一样,而某一资源类型的元数据最终标准得依据以上数据库综合决定。

三、少数民族语言文字的规范化、标准化和信息化

20世纪80年代以来,为了使少数民族群众能够共享信息化时代的成果,国家采取多种措施促进少数民族语言文字的规范化、标准化和信息化。

国家先后制定并发布了蒙古文、藏文、维吾尔文、哈萨克文、朝鲜文、彝文、傣文等少数民族文字的计算机编码、字形、术语方面的国家标准，实现了上述少数民族文字的计算机编辑、排版和检索。

为了满足多语言环境下信息处理需求，我国政府自 1993 年起组织专家研究基于 Unicode 的多平面少数民族文字编码字符集标准。蒙古文、藏文、维吾尔文、哈萨克文、柯尔克孜文、朝鲜文、彝文、满文等影响较大的少数民族文字以及德宏傣文、西双版纳新傣文、托忒文、锡伯文和八思巴文等小范围内使用的少数民族文字的编码方案被收入国际标准 ISO/IEC 10646－2003（Unicode5.0）。

目前，全国从事少数民族语言文字图书出版工作的出版社约 38 家，分布在北京、西藏、新疆、内蒙古等 14 个省（自治区、直辖市）。近 10 年以来全国每年平均使用 26 种少数民族文字出版图书约 8000 部，年平均发行量达 6000 万册以上。

全国范围内的各类新闻机构使用 17 种少数民族文字出版发行报纸 140 余种，使用 13 种少数民族文字出版发行期刊 70 余种。

语言文字的多样性在造就丰富多彩的民族文化的同时，也给民族地区的公共信息服务工作带来了特殊的挑战。如何降低语言文字差异性造成的沟通交流障碍，使少数民族语言文字信息资源可以在更大的范围内得以共享，促进全国各族人民之间的相互理解和沟通交流，成为民族地区数字图书馆建设的战略性需求。

四、少数民族文献知识分类体系的研究

各少数民族图书馆根据自身优势，编制了众多的民族文献目录。如《中国蒙古文古籍总目》编委会编的《中国蒙古文古籍总目》（2000 年 5 月，北京图书馆出版社）、黄润华、屈六生主编的《全国

满文图书资料联合目录》(1991年1月，书目文献出版社)、中央民族大学图书馆编纂的《东北亚地区中国少数民族研究论著目录》(1997年，中央民族大学出版社)、吕名中主编的《南方民族古史书录》(1989年，四川民族出版社)、孙雨志编纂的《藏学研究论文资料索引》(1999年，中国藏学出版社)、温景春编的《青藏高原科技文献目录大全》(1996年，中国藏学出版社)，等等。其他的还有甘肃省图书馆编制的《西北地方文献索引》、宁夏回族自治区图书馆编制的《宁夏地方文献联合目录》、新疆维吾尔自治区图书馆编制的《塔克拉玛干沙漠研究文献目录索引》、青海省图书馆编的《馆藏青海文献目录》、内蒙古大学蒙学部编制的《蒙古学论文资料索引》、中国社会科学院民族研究所编的《民族研究论文资料索引》，等等，均为建立民族文献数据库奠定了基础。

第三章　少数民族地区图书馆特色资源建设现状

第一节　蒙古族语言地区图书馆特色资源建设现状

一、蒙古文文献概述

内蒙古自治区属于少数民族地区，生活着蒙古族、满族、回族、达斡尔族、鄂温克族、鄂伦春族等少数民族，与汉族杂居生活。源远流长的内蒙古历史文化创造了丰富的民族文献，这些文字独特、版本珍贵、内容丰富、形式多样的民族文献，是中华民族优秀文化的重要组成部分。其中，蒙古文文献资源是很重要的组成部分。

蒙古文文献指的是历史的和具有参考价值的文字资料以及研究和记载我国各地区蒙古民族的政治、经济、历史、地理、教育、文化、生活等方面的文献。蒙古文文献为内蒙古地区社会与经济发展，提供了丰富的信息资源，它们不但是地方的、民族的，而且是整个人类的知识结晶。蒙古文文献作为记录我国各地区蒙古民族经济、文化、政治等内容的载体，是我国知识资源非常重要的组成部分。

蒙古族早在13世纪初就有了文字，即记录"札撒""清册"等军事法律方面的公文。最早的蒙古文文献是刻在石头上的石刻，蒙古族人民用勤劳的双手记录着他们的聪明智慧，撰写了很多著作，同时翻译过大量典籍和佛经，留下了类型多样、内容丰富的蒙古文古籍文献。

（一）蒙古文文献发展历程

蒙古文文献的发展过程基本上经历了4个发展时期。

1. 第一个发展时期：蒙古"原始文献"

该时期多表现为蒙古高原地区岩画描绘的原始图画与刻符等。蒙古地区岩画是绘刻在岩石上的史前时期的形象性"史书文献"。例如，贝加尔湖地区岩画、额尔齐斯河流域岩画、阿尔泰山岩画、阴山岩画等，反映了史前时代亚欧大陆干旱地带先民以及后来的蒙古等游牧民族的生存、生活画卷。

2. 第二个发展时期：蒙古文手工文献

该时期包括13－19世纪的蒙古文羊皮、桦皮、布帛、纸质手写文献，蒙古文碑、摩崖、牌符、地图、曲谱手写文献以及14－19世纪末的蒙古文木刻版、石刻版图书资料等。

这一时期，随着蒙古族历史的演变，蒙古文文献发展又经历了发展高峰期、回落期和发展高潮期3个阶段。

第一阶段正值大蒙古国和元朝昌盛时期，时间为13世纪初期至14世纪中期。

1206年，成吉思汗完成了统一分散已久的蒙古各部，建立大蒙古国的历史使命，宣告了蒙古高原"天下扰攘，互相攻劫，人不安生"的动荡局面的结束，建立了新的社会秩序，为蒙古族社会文化的发展奠定了基础。

为使新兴的大蒙古国走上法制轨道，成吉思汗通过设立"断事官""立青册"的制度来掌管大蒙古国的行政事务。设在汗廷的断事官成为当时大蒙古国行政中枢中的最大行政长官。在诸王和勋臣的分地内也设有断事官。这样，从中央到各地封建主分地就建立起一套比较完整的司法行政体制。当年成吉思汗委派的断事官失吉忽秃忽正是根据蒙古社会已有的习惯法和成吉思汗颁布的"札萨"审断刑狱、掌管赋敛、编制千户，并把这些详细记录于青册之上的。成吉思汗本人作为大蒙古国的最高统治者，为了治理国家，训练军队，整顿社会秩序，提高臣民的素质，先后颁布很多"札萨""训言""必力克"。这些用畏兀儿字记录于青册之上的"札萨""训言""必力克"后来成为大蒙古国的"札萨大典"，保存在为首的宗王库藏中。"每逢新汗登基，大军调动，或诸工会集（共商）国事和朝政，他们就把这些卷帙拿出来，仿照上面的话行事并根据其中规定的方式去部署军队，毁灭州郡、城镇……"这段记载充分说明了被称作"卷帙"的"札萨大典"的法律效应和权威性。

由此可见，蒙古族法典文献的基础在 13 世纪就已经奠定下来。在实现法制的历史长河中，蒙古族经历了未成文的习惯法时期、成文的成吉思汗《大札萨》时期、法制政教并行时期和清代地方法时期，逐渐完成了由习惯法逐步完善而形成完整的成文法的历史进程。

1269 年，八思巴奉元世祖忽必烈之命创制新国字以后，八思巴蒙古文便成了元朝官方文字，留下了许多珍贵文献。根据目前已有资料，最早的八思巴蒙古文文献是 1276 年的《安西王忙哥剌鼠年令旨》，接着，《忽必烈敕赐太原府石壁寺安录僧圣旨》（1277年）、《1306年榜文》、《元仁宗甲子年诏》（1312年）、《普颜笃皇帝虎年圣旨》（1314年）、《答己皇太后猴年懿旨》（1320年）、《帝师公哥罗古思坚藏班藏鸡年法旨》（1321年）、《妥欢帖睦尔皇帝鼠年圣旨》（1336年）、《敦煌六字真言八思巴字碑文》（1348年）、《居庸关东西壁题记》（1345年）等重要文献相继问世。另外，人们还发现了米奴辛斯克金字银牌和纽克斯克金字银牌以及印有八思巴蒙古文纸币和刻有八思巴蒙古文的铜钱等。八思巴蒙古文文献内容以旨令（其中包括圣旨、令旨、法旨、懿旨）为主，以碑文、题记、榜文、诏书、牌符、货币为辅。

因此，这一阶段以旨令、碑文、榜文、用书、证书、牌符、外交信件、札萨、秘史为主要内容的官方文书相继出现。这一阶段又是回鹘蒙古文文献、八思巴蒙古文文献的形成发展阶段，因此在整个蒙古文文献发展历程中也是一个发展高潮期。

这一阶段的蒙古文文献受到蒙古历史发展的影响，具有一定的特点。

第一，蒙古文文献的外交信件形式。随着大蒙古国的建立而开展起来的外交活动直接促进了蒙古文外交文献的形成和发展。尤其是蒙古伊儿汗国时期，由于阿八哈、阿鲁浑、合赞、完者笃汗等人的积极努力，大蒙古国在政治、军事、宗教等方面的外交活动的范围不断扩大。这些外交活动在世界历史舞台上留下了它的历史足迹和宝贵文献。蒙古文文献中著名的有阿八哈汗证书、阿鲁浑汗致腓力·贝尔的信、合赞汗致天主教教皇的信、完者笃汗致法国皇帝的信等。

第二，蒙古文文献受宗教文化的影响。蒙古族原始宗教萨满教和藏传佛教对蒙古族宗教文献和翻译文献的形成和发展也起了重要作用。

蒙古族在氏族社会时期就信奉蒙古萨满教。成吉思汗大蒙古国时期萨满教广泛传播，萨满以及主管萨满教的"别乞"受到推崇。成吉思汗所采取的以萨满为主、对其他宗教一视同仁的政策，使得大蒙古国时期的宗教得以发扬光大。因此，萨满教至今仍留下许多关于教义、仪式、赞颂方面的宗教文献。

1244年，阔端在凉州（今甘甫省武威市）会见萨迦班第达贡噶坚赞贝桑布以及其侄子八思巴。从此，藏传伟教萨迦派红教传入蒙古地区，同时西藏地区也归顺于大蒙古国的统治。元世祖忽必烈1260年登基时封八思巴为帝师，并赐玉玺。忽必烈推行的政教合一的政策更使藏传佛教萨迦派红教在蒙古本土广泛传播。据《十善福白史册》一书序言介绍，忽必烈请来八思巴喇嘛后新建了108座寺庙。此时寺庙共达42318座，僧侣多达213100人，可见当时的盛况。元至元年间，忽必烈降旨翻译梵文和藏文佛经。如从梵文翻译了《大乘庄严宝度经》《乾陀般若级》《大涅槃经》《称赞大乘功德经》，从藏文翻译了《大藏经》《戒本》《入菩萨行论》《五戒》《佛说十二颂》等。这些佛经的翻译为后来蒙古族各种文献的翻译发展打下了坚实的基础。

第二阶段的时间是15世纪至16世纪。

1578年，俺答汗在青海仰华寺与三世达赖索南嘉措会面，尊索南嘉措为"圣识一切瓦齐尔达喇达赖喇嘛"，赐予金玺，并邀请他去蒙古地区传教。自此，藏传佛教格鲁派黄教在蒙古地区广泛传播。在此之后，俺答汗又做出禁止萨满教，废除血祭的独尊黄教的新规定，从而保证了黄教在蒙古地区的广泛传播。大量的佛经翻译促进了佛教文化的传播，丰富了宗教文献和翻译文献。著名的《甘珠尔》《丹珠尔》的翻译终于在僧俗通力合作下得以完成。高僧传和宗教史也相继问世。如《内齐托音传》《咱雅班第达传》《章嘉呼图克图传》《蒙古宗教史》《蒙古喇嘛教史》。

由于14世纪中叶元朝灭亡之后，作为新国字的八思巴蒙古文逐渐停用，回鹘蒙古文曾经一度被八思巴蒙古文所代替，从而对15—16世纪蒙古文文献的发展起了某种阻碍作用。再加之这一时期蒙古封建主的连绵不断的内战对蒙古文文献的发展又起了一定的干扰作用，因此，这一时期除了《甘珠尔》《五部护法》《金光明经》《百喻经》等少量佛经、文学作品的翻译，只有《图们汗法典》《俺答汗法典》《俺答汗宗教法规》等问世。可见这一时期的蒙古文文献发展比较缓慢，直到16世纪末期才有一些法典文献产生。因此，这一时期可视为回落时期。

第三阶段的时间是17世纪至19世纪。

17—19世纪是回鹘蒙古文和托忒蒙古文并行时期，也是蒙古族历史上弘扬佛法的重要时期。这一时期有许多重要的历史文献、宗教文献、法典文献、语言文献、文学文献相继问世。如著名的蒙古族编年史著作《蒙古源流》《黄金史纲》《黄史》《水晶珠》《阿萨拉克齐史》《水晶鉴》等回鹘蒙古文文献和《四卫拉特史》《蒙古溯源史》《新旧土尔扈特汗诺颜世谱》《土尔扈特诸汗史》《蒙古布里雅特史》等托忒蒙古文文献。还有《甘珠尔》《丹珠尔》等佛经文献，《内齐托音传》《札雅班第达传》《章嘉呼图克图传》《罗布桑楚勒特木传》等高僧传记，《蒙古宗教史》《蒙古喇嘛教史》等宗教文献，《卫拉特法典》《白桦法典》《喀尔喀法典》等重要地方法典文献，《蒙文启蒙》《三合便览》《蒙文文法》《蒙古语法详解》《蒙文指要》

等语言文献,《格斯尔》《青史演义》《一层楼》《泣红亭》等文学名著,哈斯宝《红楼梦》节译批注、《今古奇观》译序、阿尔纳《西游记》译序和批注等重要文论文献,《药方》《甘露之泉》《蒙药正典》等医学文献,《天文学》和石刻天文图等重要天文文献。这些充分证明17—19世纪是蒙古文文献的又一发展高潮时期。

1648年托忒蒙古文创制之后逐渐有了托忒蒙古文文献。根据现有资料,托忒蒙古文的创制人咱雅班第达那木海扎木苏编写于1649年的《字母汇编》是第一部托忒蒙古文文献。其次是七回本托忒蒙古文《格斯尔》(1716年)。《四卫拉特史》《平定准噶尔勒铭伊犁之碑》《平定准噶尔后勒铭伊犁之碑》《蒙古托忒汇集》《居希》(《四部医典》)之后也相继问世。这些均是托忒蒙古文早期文献。这些早期文献包括语言、文学、历史、医学、碑文等不同内容。稍后,又有《和鄂尔勒克史》《蒙古溯源史》《土尔扈特诸汗史》《新旧土尔扈特汗诺颜世谱》《蒙古市里雅特史》等重要历史著作,《乌巴什洪台吉的故事》《斯德尔扎布的故事》《四卫拉特之失和》等著名文学著作,《托忒蒙古文字母》《明灯辞书》等语言著作,《罗摩衍那》《萨迦格言》《魔尸的故事》《百喻经》等文学名著译文,《金刚经》《长寿经》《金光明经》等佛经译文相继问世。另外,还有著名文学巨著《江格尔》和《西域同文志》译文。

3. 第三个发展时期:蒙古文近代文献

该时期指自19世纪末至20世纪80年代,用活字铅印技术印刷出版的蒙古文图书资料。最早用活字铅印技术印刷出版的蒙古文图书,于19世纪末在俄罗斯彼得堡诞生。之后,于20世纪20年代由特木格图创办北京蒙文书社,在中国开始使用活字铅印技术印刷出版蒙古文图书资料,这一技术一直沿用到20世纪80年代。

4. 第四发展时期：蒙古文现代文献

自 20 世纪 80 年代，进入蒙古文第四代以电子技术为核心的现代文献时代。据不完全统计，中国现代蒙古文图书有近 3 万种、期刊 150 多种，收藏蒙古文文献的各级图书馆 400 多家，全国 10 余家出版社每年出版 500～600 种各种载体的蒙古文文献，其中的文学类、音乐艺术类、蒙医药类等具有高度民族特色的文献是无法用其他文种的文献资料代替的。

（二）蒙古文文献分布

目前已知的蒙古文文献藏量较多的国家除了中国、蒙古国、俄罗斯，还有许多国家和地区也都收藏蒙古文古籍文献，如德国、丹麦、芬兰、美国、英国、日本、印度等国家的图书馆、博物馆。蒙古民族自古以来是个开放性民族，蒙古人在与周边国家、民族长期的历史接触过程中不断吸收他们文化中的有益成分，为我所用。其中借鉴他们的文字系统创造多种蒙古文字就是一个典型例子。蒙古人曾借用或借鉴维吾尔文、梵文和藏文，创造过回鹘式蒙古文、八思巴文、托忒蒙古文、索永布文和瓦根达尔文等多种文字，留下了丰富的文献资料。根据世界各国编撰出版的蒙古文文献目录，可以了解蒙古文文献在世界各地收藏的大概情况。下面通过介绍国内国外颁布的蒙古文文献目录，介绍蒙古文文献的收藏分布情况。

1. 国内蒙古文文献收藏分布

在全国收藏蒙古文文献的图书馆、博物馆、机关图书室或资料室共有 60 多家。这些单位所馆藏的文献和卷宗有 1500 多件、6000 多册。这些文献和卷宗包括从 13 世纪到中华人民共和国成立前 700 多年的各种蒙古文版的抄本、印刷本、影印本和碑文拓片等。这些文献种类有历史、宗教、政治、经济、法律、文学、天文、地理、医学、军事、文化教育、语言文字、哲学、翻译。

国内收藏的蒙古文文献数量很多，根据中国蒙古文古籍总目收录情况看，国内共收藏蒙古文古籍文献 16700 余种。全国有 100 余家图书馆、博物馆、图书资料室收藏着内容丰富、形式多样的蒙古文古籍文献。

近几十年来，随着蒙古文文献出版业务的发展，涉及各个行业领域的蒙古文文献逐年增加，文献种类从传统的纸质图书、报刊，发展到了基本的电子文档和影像资料。这些文献主要收藏在内蒙古自治区有关研究院、资料室，各高校图书馆，区、县各级图书馆以及蒙古族中小学。

2. 国外蒙古文文献收藏分布

蒙古文文献传扬极广，不但在国内以手抄本形式广泛传播，而且在国外流传也非常广泛。世界上有许多国家和地区都藏有蒙古文文献。除了我国藏书量居首位，蒙古国和苏联是蒙古文文献藏书最多的国家，其他国家的藏书量也相当可观。其中德国有手抄本和木刻本 672 件；丹麦首都哥本哈根皇家图书馆蒙文馆藏书达 560 件；美国芝加哥远东图书馆劳费尔文库藏有藏传佛教经卷木刻本 72 本，华盛顿国会图书馆藏有手抄本和木刻本 81 件，哈佛大学图书馆、耶鲁大学图书馆和纽约大都市图书馆都藏有蒙古文文献；法国巴黎国家图书馆馆藏木刻本 165 件，巴黎法兰西研究院藏有手抄本和木刻本 40 件，巴黎盖伊麦特博物馆收藏木刻本 3 本；英国伦敦东方和非洲研究院藏有木刻本 34 本，剑桥大学图书馆馆藏藏传佛教经卷 35 件；瑞典首都斯德哥尔摩民族博物馆藏有手抄本和末刻本 126 本；芬兰赫尔辛基大学图书馆州芬兰—乌戈尔学会藏有手抄本和木刻本 105 本；比利时首都布鲁塞尔藏有手抄本和钻印本共 23 本；挪威奥斯陆大学图书馆藏有 10 本；甚至梵蒂冈教廷国国家秘密档案库还藏有 13 世纪伊儿汗国外交文书 3 件。许多珍贵的蒙古文文献都被译成外文出版。

根据调查，在国外，收藏蒙古文文献数量最多的国家是俄罗斯、蒙古国、印度和丹麦。以下根据世界各国提供的蒙古文文献目录来介绍国外蒙古文文献收藏分布的大概情况。

（1）蒙古国

蒙古国国立图书馆、科学院图书馆及其他图书馆收藏的蒙古文文献种类和数量，在亚欧各国名列前茅。然而遗憾的是，至今蒙古国蒙古文文献总目录尚未问世。因此，这里只介绍几部分类目录。

乔吉勒苏荣编的《布里亚特木刻版五部目录》，studia mongolica 丛书第一卷第 16 册，乌兰巴托 1959。其中包括布里亚特自治共和国学术研究所所藏木刻版 5 部目录索引：《自丙寅年（1866）起刻印的蒙古文图书目录》，共 35 部；《自庚午年（1870）起刻印的蒙古文图书目录第二》，共 22 部；《阿噶经院新版图书名称索引》，1889，共 23 部；《蒙古文字等几部图书目录》，1869，共 35 部；《杂书目录》，1892，共 35 部。

扎东巴编的《哲布尊丹巴八世收藏的蒙古文写本目录》，studia mongolica 丛书第一卷第 6 册，乌兰巴托 1959。共 66 部，很多书目附录前言后语。

仁青桑布·敖特根巴特尔编的《蒙古文木刻版图书目录》，东京外国语大学语学教育研究协议会 1998。第一编——喀尔喀蒙古 ar-baiheger－e 库伦寺班第达喇嘛 cebelwangcugdorji 编撰的蒙古文图书藏文目录，共有 4 种；第二编——内蒙古乌拉特部莫日根活佛 lobsangdambijalsan 编撰的目录 1 种，全集目录 4 种；第三编——布里亚特蒙古 cohugel 经院首席喇嘛 agwanglobsanggalsangjamba 译经目录，其中蒙古文经目录 2，藏文经目录 3，附录表 9 种。

此外，还有扎东巴的《国家公共图书馆文学抄本目录》，studia mongolica 丛书第一卷第 2 册，乌兰巴托 1960；占巴的《国家公共图书馆蒙古文医学抄本目录》，studia mongolica 丛书第一卷第 9 册。

(2) 俄罗斯

俄罗斯的蒙古文、藏文文献收藏，主要集中在科学院东方研究所图书馆、圣·彼得堡大学图书馆和俄罗斯国家图书馆（原公共图书馆）。已出版的蒙古文图书目录有：a. г. cазыкин 编撰的苏联科学院东方研究所《蒙古文抄本、刻本图书目录》卷一，莫斯科 1988。分为民间文学，文学艺术，历史学，法学（政治、行政、经济法），宗教、儒教、皇帝旨令，语文，医学，地理，天文、历法，占卜，图书目录，综合图书，其他图书等 14 种类型，共收入图书目录 2388 条。

a. г. cазыкин 编撰的苏联科学院东方研究所《蒙古文抄本、刻本图书目录》卷二，莫斯科 2001。目录续编第 2389—4048 条，分为佛教文学、佛教文化和佛经、目录索引等 3 种类型，共收入 1660 条图书目录。

vladimir l. uspensky 编辑、井上治协编、中见立夫监修的《圣·彼得堡大学所藏蒙古语抄刊本解题目录》一卷，目录索引一卷，东京外国语大学亚非言语文化研究所 1999。分为佛经，高僧全集，日诵经，历史著作，佛教哲学与文学，佛教戒律，秘宗经，辞书、教科书，医学书，天文、历法、占卜书，法律图书，文艺学书，汉族古典文学，基督教图书，其他残缺不全资料等 15 种类型，共收入 958 条图书目录。

从这部目录，我们一方面可以了解圣·彼得堡大学所藏蒙古文文献全貌，另一方面还能够了解到一些重要文献孤本收藏的信息，例如《彰所知论》蒙古文本。《彰所知论》是元代帝师八思巴喇嘛应元始祖忽必烈皇太子真金之请而作，原文为藏文，书名《shes bya rab gsal》。八思巴弟子沙罗巴译为汉文，后收入汉文大藏经小乘论部首篇。因真金之请而作，所以当时应当有蒙古文译文。圣·彼得堡大学图书馆收藏的正是此蒙古文译文。uspensky 认定"从语言风格看，这部写本毫无疑问是元代文献的晚期抄本"。圣·彼得堡大学图书馆收藏的《彰所知论》蒙古文本名称为《medegdehün－i belgetey－e geigülügci ner－e－tü shastir》，而沙给亚·东日布曾译为《medegdehün－i uhagulhui shastir》。自 20 世纪 80 年代后有些学者也曾译为《maxi todurhai uhahdahun》。

з. к. касьяηεηκο《彼得堡抄本＜甘珠尔＞目录》，莫斯科 1993。这是 α. поздηεεβ 于 1894 年从张家口购置的林丹汗时期蒙古文《甘珠尔》写本的目录索引。

有秘密经 1－26，大般若经 27－38，第二般若经 39－42，第二大般若经 43－44，第三般若经 45，第二大般若经（tümen xilüg－tü）46－47，华严经 48－53，大宝积经 54－59，律师戒行经 60－72，诸品经 73－113。共 113 卷，883 篇文章目录。有序言，附录包括目录索引、名词索引和原文影印件。

匈牙利 louis ligeti《蒙古文甘珠尔目录》，布达佩斯 1942。这是 1720 年北京木刻朱红版《甘珠尔》的目录索引。本目录显示，蒙古文《甘珠尔》有 108 卷，1161 篇文章。用拉丁文转写了每篇文章梵、藏语名称及蒙古文译者后记。

蒙古宾·仁钦的《蒙古文丹珠尔目录》，1－3 卷，新德里 1964、1974、1974。这是 1749 年北京木刻朱红版《丹珠尔》的目录索引。不过蒙古文《丹珠尔》全文 225 卷，3861 篇文章。本目录只编前 75

卷 2637 篇文章。

《蒙古文甘珠尔·丹珠尔目录》编委会的《蒙古文甘珠尔·丹珠尔目录》（上、下），远方出版社，呼和浩特 2002。这是 1720 年北京木刻朱红版《甘珠尔》、1749 年北京木刻朱红版《丹珠尔》的目录索引。上册：前言、导论、《甘珠尔目录》《丹珠尔目录》、蒙古文文章名称索引等。《甘珠尔》共 1163 篇，《丹珠尔》共 3861 篇文章。下册：《甘珠尔》蒙梵藏汉 5 种文字对照作品名称索引、《丹珠尔》蒙梵藏汉 5 种文字对照作品名称索引、蒙藏汉作品名称索引、附录（佛教典籍目录）等。这部《蒙古文甘珠尔·丹珠尔目录》是迄今为止最为完整的目录索引。

（3）德国

德国 walther heissig《德国东方文献目录——蒙古文抄本、刻本、地图目录》，两卷，威斯巴登 1961。共收录 853 条图书目录；有长达 24 页的导论，指出德国哪些图书馆有哪些蒙古文图书及其来历；每条目录后介绍本书章节及研究信息；地图有甘肃、新疆、科布多·兀良哈、札萨克图汗部各旗、赛音诺颜汗部各旗、土谢图汗部各旗、车臣汗部各旗、内蒙古嫩江叶克明安旗、哲里木盟、卓索图盟、昭乌达盟、阿拉善、额济纳河旧土尔扈特旗等蒙古地区地图及其收藏地点。

德国 walther heissig《哥本哈根皇家图书馆蒙古文书籍，抄本和刻本目录》，哥本哈根 1971，共收录 560 种图书目录。其中包括佛经 47 件，宗教教义注疏 17 件，佛教著作 22 部，陀罗尼文集 10 部，佛教高僧选集 1 部，祝赞词和祈祷词 24 件，活佛传 6 部，塑像研究 3 部，萨满教书 48 件，辞书 11 部，语法书 3 部，医学书 30 部，佛教高僧传 8 部，寺庙指南 4 部，蒙古民间宗教与民间文学作品 62 部，

gronbech 请察哈尔蒙古人记录的口头传说与民间故事集 3 部，佛教格言集 50 部，蒙古谚语谜语集 3 部，蒙古《格斯尔》（geser－un ubsang neretü sudur kemekü oroshiba）1—7 章及 10、11、15 章共 4 卷，印度题材故事集 46 部，汉族小说译本 59 部，地狱故事 8 部，满蒙教育和哲学著作及儒家哲学和官方文件等的译文 26 部。

walther heissig 在导论中论述了蒙古文图书与古文字，包括抄本与图书所用材料，书写所用墨与器皿，书本册页、汉式合页，古文字学等。目录分为：历史编纂书，传记，史诗及成吉思汗颂歌，民间文学和童话，格言和训谕诗，来自印度和西藏题材的故事，游历故事，中国小说，哲学、教育、语文书，政治、法律、行政书，民间宗教信仰和民间创作，占卜书，占星术书，天文、历法，医学书，兽医学，教规书，教义著述和评论，陀罗尼汇编，宗教仪式和祷告书，赞美诗和祈祷文，著作集，佛徒传说故事（hagiography），肖像学书，寺庙，其他等类型。

（4）日本

nicholas poppe《东洋文库满蒙文图书目录》，东京 1964。其中第 1—230 条为满文图书目录；第 231—525 条为蒙古文图书目录。

（5）美国

алто пентти（p. aalto）《хедин（hedin）所搜集的蒙古文学目录》（стокхолм [stockholm] 1953）；боудэн（c. r. bawden）《剑桥大学图书馆蒙古文抄本首次清理记述》（皇家亚洲学会会刊 1957，151—160）；louis ligeti《шилл－инг фон канштадт（sehilling von canstadt）收藏的蒙古文图书》目录（дуη баo [tp] 杂志 27 卷，1930，119—178）；фаркухар（d. m. farquhar）《华盛顿蒙古文写本刊本清理记述》（中亚杂志第一卷，161—218）；walther heissigм《比利时

шот миссион（seheut—mission）蒙古文抄刊图书》（中亚杂志第三卷第 3 册，161—189，1957）。

1956—1992 年间，由新德里印度文化国际学院出版的有关印度学、藏学和蒙古学大型丛书《百藏丛书（？a？a—pi？aka series)》已出版 500 卷，其中有关蒙古学文献 294 卷。由拉古·维拉（raghu vira，1902—1963）教授和他的儿子罗克什·钱达拉（lokesh chandara）主编。这些蒙古学文献中也有目录：《北京木刻版蒙古文丹珠尔目录》，共 4 卷（《百藏丛书》第 325—327 卷，1983）；《蒙古文丹珠尔全目录》，这是清乾隆年间刊行的蒙古文《丹珠尔》的手抄目录，共 8 卷（《百藏丛书》第 314—321 卷，1982）；罗克什·钱达拉编的《蒙古文甘珠尔目录》，这是北京木刻版《甘珠尔》108 卷 1161 篇经文的详细目录，共 1 卷（《百藏丛书》第 101 卷，1973）；前面提到的蒙古宾·仁钦的《蒙古文丹珠尔目录》，1—3 册（《百藏丛书》第 33 卷，1964、1974、1974）。

(6) 其他收藏

比利时布鲁塞尔收藏抄本和刻本 46 件；波恩历史博物馆收藏抄本 45 件；布达佩斯科学院收藏图书多种；芝加哥远东图书馆劳飞尔文库收藏佛教木刻本 72 件；前联邦德国收藏抄本刻本十二集 672 件；赫尔辛基大学图书馆和芬兰—乌戈尔学会收藏抄本、木刻本、平板印刷本和现代字母印刷本 105 件；伦敦东方和非洲研究院收藏木刻本 34 件；剑桥大学图书馆收藏佛教著作 35 件；奥斯陆大学图书馆收藏手抄本 10 件；斯德哥尔摩民族博物馆手抄本、木刻本和现代字母印刷本 126 件；东京东方图书馆木刻本和现代字母印刷本 230 件；维也纳奥地利国家图书馆木刻本 2 件；华盛顿国会图书馆手抄本和木刻本 81 件；巴黎国家图书馆木刻本和手抄本 165 件；巴黎法兰西研究院手抄本和木刻本 40 件；巴黎 guimet 博物馆佛教木刻本 3 件；都柏林切斯特·贝蒂（chester beatty）图书馆木刻本和手抄本多种。哈佛、耶鲁和纽约的大都市等图书馆都有蒙古文图书。

（三）蒙古文文献的价值

独具特色的蒙古文文献不但丰富了中华民族文献宝库，而且也成为中华民族灿烂的文化宝库中一颗璀璨的明珠。

1. 蒙古学研究方面

种类齐全、卷帙浩繁的蒙古文文献为整个蒙古学全方位研究提供了足够的原始资料。特别值得提出的是，属于方言文献的托忒蒙古文文献也为新近兴起的卫拉特学研究提供了丰厚的第一手材料。

《蒙文启蒙》全称为《蒙文启蒙诠释正字苍天如意珠》，成书于清朝雍正年间（1723—1735 年），作者是兰占巴·丹赞达格巴。《蒙文启蒙》是蒙古族现存语言文献中较早的一部文献，是一部以正字法为主的蒙古语早期语法著作。现存于内蒙古语言研究所，有木刻版、石刻版、铅印本，手稿有经卷式、线装式两种。全书由文字史、正字法、语言 3 个部分组成，主要讲述了蒙古文的发展形成历史和字母系统的构成、蒙古语格位系统的构成以及元音辅音的分类和组合、词类的区分、词缀法的运用、元音和谐等问题。此书还提出了"集字成词，集词成语，集语以表明意思"的语言原理。《蒙文启蒙》对于研究蒙古族文字史、蒙古语正字法、蒙古语言具有原始材料价值。

20 世纪 70 年代至 90 年代，蒙古文文献在语言文献研究方面也取得了可喜的成果。

1978 出版了《蒙古文分类词典》，1979 年先后出版了《蒙文诠释》和《蒙文全解》（原名为《御制满蒙合璧文献》），1983 年出版了《回鹘式蒙古文文献汇编》，1990年出版了《八思巴字和蒙古文文献ⅰ研究文集》，1991年出版了《八思巴字和蒙古文文献ⅱ文献汇集》《蒙古字韵校注》，1992年出版了《〈忻都王碑〉蒙古语文研究》，1993年出版了《语言研究文献》（一、二卷），1995年出版了（蒙古译语词典）。

2. 蒙古文文学方面

蒙古文文学对蒙古文文献学、蒙古文化发展史的研究也同样具有重要的价值。包括3种文字、拥有6000多册古籍的蒙古文文献对蒙古文献学本身的形成、发展以及其所具备的独有的特征的研究提供了足够的资料。有不少珍贵的文献历经几个世纪的相传转抄形成许多不同的版本，从而为版本学研究提供了许多便利条件。

（1）蒙古文史诗方面

《格斯尔》蒙古族英雄史诗几个世纪以来广泛流传于我国蒙古族聚居区以及蒙古、俄罗斯布利亚特蒙古族当中。在漫长岁月的流传中，内蒙古、青海、新疆等省市自治区中产生了不同的版本。《格斯尔》不仅有回鹘蒙古文版本，还有托忒蒙古文版本。《格斯尔》的主要版本有北京木刻版、隆福寺抄本、鄂尔多斯抄本、乌素图召抄本、札雅抄本、扎木萨拉诺抄本、诺本齐哈屯抄本、《赞岭曾钦传》。除以上8种回鹘蒙古文版本还有3种托忒蒙古文版本：乌兰巴托影印本、7章托忒蒙古文本、8章托忒蒙古文本。

《格斯尔》研究由来已久。远在18世纪我国就开始了对《格斯尔》的研究。青海省史学家松巴堪布·益希班觉和内蒙古察哈尔部罗布桑楚勒特木曾经对《格斯尔》人物的原型进行过探讨，提出过独特的见解。

中华人民共和国成立后，《格斯尔》研究进入一个新的阶段。围绕着《格斯尔》的产生年代、人物、素材、社会性质、艺术特色，蒙古文学界的莫·图们、桑杰扎布、尤·齐木德道尔吉、哈·丹碧扎拉桑、道荣嘎等人曾经发表过许多颇有影响力的学术论文。

在国外，俄国的雅·伊·施密特、法国的阿·斯提思、德国的海西希等人曾以不同角度对《格斯尔》进行研究和探讨。

《格斯尔》问世以来，引起国外学者的极大兴趣，先后被译成英、法、德、日、印度文等多种文字，广泛流传于国外。

英雄史诗《格斯尔》主要描写格斯尔是一个天神转世，能够呼风唤雨，斩妖降魔，为民除害，威震四方，深受爱戴，被人们尊称为雄师大王的故事，从而表达了当时人民群众的社会理想和美好生活的愿望。

《格斯尔》的产生年代尚无定论，一般认为是11世纪产生。

《格斯尔》篇幅宏伟，涉及蒙古族语言、文学、宗教信仰、生活习俗等诸多方面，从而对研究蒙古族古代社会、蒙古族文学具有十分重要的价值。

《格斯尔》自1956年第一次正式出版以后，从20世纪80年代开始整理出版了不少不同的版本。1982年出版了《阿拜·格斯尔》。1983年内蒙古自治区《格斯尔》研究办公室在内蒙古、新疆、青海、甘肃等省区搜集不同的《格斯尔》，1985年把搜集整理的《格斯尔》不同版本分28册出版并内部刊行。1987年内蒙古自治区《格斯尔》研究办公室成立《格斯尔》丛书编写委员会，出版了24种不同的《格斯尔》，共分30册。1988年，格日乐扎布整理出版诺木齐哈屯本《格斯尔》；乌·席尼巴雅尔整理出版了被称为《岭格斯尔》的《瞻布洲雄师大王传》。1989年，龙梅和道荣嘎、布仁分别整理出版了乌素图召本《格斯尔》和琶杰演唱本《英雄格斯尔》。

《江格尔》自 1958 年出版 13 章本以后，1980 年托忒蒙古文 15 章本《江格尔》，1982 年现代蒙古文 15 章本《江格尔》，1986 年、1987 年托忒蒙古文 70 章本《江格尔》和 1988 年、1991 年现代蒙古文 70 章本《江格尔》分别出版。

其他短篇史诗也陆续出版。1955 年出版了《勇士谷洛干》《智勇的王子希热图》，1982 年出版了《祖乐阿拉达尔罕传》和《英雄道喜巴拉图》，1984 年出版了《玛尔朗的故事》，1985 年出版了《英俊的巴塔尔》，1987 年出版了《卫拉特蒙古史诗》，1991 年出版了《英雄阿勇干散迪尔》。

(2) 民间文学方面

1982 年整理出版了鄂尔多斯民间文学选《阿尔扎波尔扎罕》和《叙事歌》，1984 年出版了《蒙古族民间童活故事》和《巴拉根仓的故事》，1987 年出版了《卫拉特蒙古神话故事》和《蒙古族讽刺与幽默故事选》，1990 年整理出版了《蒙古族神话选》等民间文学专集。

(3) 书面文学方面

先后出版了《青史演义》（1957 年初版、1979 年再版），《一层楼》《泣红亭》（1957 年初版、1980 年再版），《红云泪》（1991 年版），《月鹃传》（1991 年），《伊喜丹金旺吉勒诗集》（1984 年），《贺希格巴图诗集》（1986 年）。

(4) 蒙古文学古籍研究方面

宝力格的《〈蒙古秘史〉的民族形式》、扎拉嘎的（〈一层楼〉〈泣红亭〉与〈红楼梦〉》、色·道尔吉的《再论〈江格尔〉》、哈·丹碧扎拉桑的《蒙古〈格斯尔〉的关系与蒙文〈格萨尔〉的独特性》、协格日勒图《史诗〈江格尔〉与蒙古史诗的乐观主义》、浩·巴岱

《我国对〈江格尔〉的搜集出版研究及其展望》、特古斯巴雅尔《〈江格尔〉中的匈奴文化遗风》、呼日勒沙《蒙古〈格斯尔〉的生死母题》等专著和研究论文,都对蒙古文学古籍问题提出了独特的见解。

(5) 民俗文化古籍的整理和研究方面

1959年,蒙古国策·达木丁苏荣将《成吉思汗大祭文》收入《蒙古文学荟萃百篇》,内蒙古人民出版社当年再版。1978年,哈·丹碧扎拉桑整理注解出版了《蒙古风俗鉴》(1988年赵景阳汉译,由辽宁民族出版社出版)。1986年,拉·胡日查巴特尔编写了《哈腾根十三家神祭谢》。1993年,赛音吉嘎拉、沙日勒代搜集整理出版了《成吉思汗祭典》,卫拉特蒙古族《祭文》(小祭文)被收入《卫拉特历史足迹》,还整理出版了罗布桑楚勒特木《祭火风俗喜乐之地》。

在民俗古籍研究方面,哈·丹碧扎拉桑为《蒙古风俗鉴》所写的研究性前言,拉·胡日查巴特尔在他的《哈腾根十三家神祭把卜书》中对家神祭把这个古老的萨满教仪式和后来的民间仪式的演变过程所进行的探讨在学术界引起极大反响。赛音吉日嘎拉和沙日勒代对成吉思汗大祭典仪式做了详细的论述,并搜集整理出流传于鄂尔多斯的成吉思汗大祭文。

3. 医学研究方面的价值

《蒙药正典》以图文并茂著称。书中共载入879种药物,并附有插图576张,生动而广泛地介绍了蒙古地区药物和药物学知识。占布拉道尔吉的《蒙药正典》以手抄本形式在蒙古族医生当中流传,其手稿现存内蒙古医科大学中医系蒙医专业资料室。

1989年,额尔黑木图在《内蒙古医学院学报》1989年第一期上发表了他多年潜心研究的结果《蒙医学家占布拉道尔吉及其著述》

一文，详细介绍蒙医学家占布拉道尔吉，高度评价了《蒙药正典》在蒙医学史上的历史作用。1987年，伯·吉格米德在《蒙医学古代经典著作》一文中也介绍和评价了《蒙药正典》。《蒙药正典》对于研究蒙医蒙药遗产和蒙医学史都具有重要价值。由民族出版社先后整理出版了蒙藏合璧《四部医典》《兰塔布》《智慧之源》等医学翻译文献。由蒙药学科奠基人罗布桑编写的《蒙药志》填补了蒙药材鉴定方面的空白。由内蒙古人民出版社整理出版了《四部医典》旧译本和《救助百病金诃子蓓蕾》。在医学文献研究领域，罗布桑的《蒙药志》、博·吉格米德的《蒙医学古籍》、仁钦嘎瓦的《从蒙古族书面文化史看元代医学著作》《蒙医学简史》等论文和专著对蒙医药以及蒙医学发展史都有深刻的研究。

4. 法学研究方面的价值

《卫拉特法典》亦称《1640年蒙古卫拉特法典》，音译为《察津毕其格》，是用回鹘蒙古文书写的17世纪著名的地方性法典。明崇祯十三年（1640年），准噶尔部诺颜额尔德尼巴图尔洪台吉召集卫拉特蒙古部的28位汗诺颜制定了《卫拉特法典》。法典的制定旨在安定内部，加强团结，维护封建秩序，保护封建主和上层喇嘛的利益，共同抵御外部威胁。

具有独特地方色彩的《卫拉特法典》不但为研究蒙古族法典文献提供了珍贵的资料，而且还为研究蒙古族社会、政治、经济、历史、军事、文化、民俗、宗教、道德观念等提供了重要资料。尤其是对于研究蒙古族法律由习惯法走向成文法的历程具有重要价值。

《卫拉特法典》早在18—19世纪就引起外国学者的兴趣，并被译成外文出版。1778年由德国巴拉勒斯整理出版的《蒙古族历史资料选》中就有《卫拉特法典》的全译。1880年，俄国的戈尔斯通斯基用俄文翻译出版了《卫拉特法典》。1929年，英文出版的《蒙古部习俗》的书中有《卫拉特法典》的节译。1967年，日本的田山茂在其《蒙古法律研究》中全译了《卫拉特法典》。1981年，戴力库夫把托忒蒙古文还原为回鹘蒙古文并附俄文全译出版了《卫拉特法典》。

此法典的原件和副本都已经失传，现存的是托忒蒙古文抄本。内蒙古社会科学院图书馆和内蒙古社会科学院历史研究所都藏有托忒蒙古文手抄本。

法典原文未分章节。法典内容包括关于内政、外敌、驿站和使者、宗教、特权、打猎、道德、杀人、遗产、抚恤、婚嫁、盔甲赋、小偷和骗子、养子、叛逃者、狂犬与狂犬病患者、牲口致伤、火灾与水灾、债权、走失的牲畜、淫荡、吵架与挑衅、宰畜与救畜、救人与抢人、被告与证据、搜捕、受贿等的有关认定和处罚条款。法典后附噶尔丹洪台吉的两个旨令和栋日布拉希的补充规定。对《卫拉特法典》国内早有关注，有不少研究论文涉及其内容和意义。1985年，道润梯步校注出版了《卫拉特法典》，为深入研究提供了第一手材料。

1983年，齐格汉译《阿勒坦汗法典》发表在《内蒙古社会科学》杂志1983年第6期上；1984年，他又发表了《关于〈阿勒坦汗法典〉》的研究论文；1995年，他发表了《蒙古法制史概述》的研究论文。1985年，道润梯步校注出版了《卫拉特法典》。道润梯步在此书中对《卫拉特法典》做了详细的注释，并根据内容进行了分类与条款调整，使读者一目了然。特别值得一提的是，他对《卫拉特法典》所作的研究性序言对研究蒙古族法典文献起了推动作用。加·奥其尔《从〈卫拉特法典〉追溯古代蒙古人的刑法思想》的研究论文对蒙古族刑法思想的形成做了深入探讨。

5. 历史研究方面的价值

《蒙古秘史》是蒙古族第一部历史文献和文学巨著，成书于元太宗十二年（1240 年），全书共 282 节，汉译名为《元朝秘史》。撰者不详。原稿为回鹘蒙古文，现已失传，仅存明初的汉字标音本。《蒙古秘史》原为元朝藏于国史院的蒙古皇室秘籍，因元朝败北才落入明人手里而公诸于众。

明朝洪武十五年（1382 年），翰林侍讲火原洁、编修马沙懿黑奉旨进行汉语标音和翻译，收入《永乐大典》。汉字标音本有 12 卷本和 15 卷本两种。收入《永乐大典》的是 15 卷本。《四部丛刊》收入顾广圻 12 卷本。清朝学者钱大昕藏有抄于《永乐大典》的 15 卷本。国内流传的这两种本被称为顾广圻本和钱大昕本。1叨1 年顾广圻 12 卷本传入日本，1872 年钱大昕十五卷本传入俄国，从而引起国外学者的极大兴趣。

国内对《蒙古秘史》的研究已有 200 多年的历史，有许多很有价值的考证、注释和研究。自清朝以来，汉族学者张穆、何秋涛、叶德辉、顾广圻、钱大昕、洪钧以及谢再善等人在刻印、校勘、注释、翻译和研究《蒙古秘史》方面做出了重要贡献。本世纪以来，蒙古族知识分子积极投入《蒙古秘史》研究领域。1917 年，呼盟的昌德公根据叶德辉本还原为回鹘蒙古文，书名为《元朝秘史》。1940 年，奈曼旗的布和贺希格在开鲁出版《蒙古秘史》，乌审旗的贺希格巴图在张家口出版《蒙古秘史》。1941 年，喀喇沁人阿拉坦敖其尔用现代蒙古语转写出版了《蒙古秘史》。1957 年，内蒙古人民出版社正式出版了蒙古策·达木丁苏荣的通俗本《蒙古秘史》。此本很快拥有大批读者群，在普及《蒙古秘史》方面起了积极作用。1981

年，蒙古族学者巴雅尔用拉丁文注读音并还原为回鹘蒙古文、附现代蒙古语的三卷本《蒙古秘史》由内蒙古人民出版社出版。1984年，内蒙古文化出版社出版了由额尔登泰、乌云达莱校勘的《蒙古秘史》。1985年，内蒙古人民出版社出版了满昌的现代蒙语还原并加注释的《蒙古秘史》。1986年，额尔登泰、阿尔达扎布编写出版了《蒙古秘史校勘注释》一书。1987年，内蒙古大学出版社出版了亦邻真回鹘蒙古文还原本《蒙古秘史》。这些成果充分表明20世纪80年代对《蒙古秘史》研究方面更加深入。

国外对《蒙古秘史》的研究也有近百年的历史。《蒙古秘史》已在日本、俄国、德国、法国、英国、捷克、芬兰、匈牙利、土耳其、哈萨克斯坦等国翻译出版。在这些国家的《蒙古秘史》研究领域已涌现出海涅什、伯希和、库赞、李盖提、那珂通世、小泽重男等著名学者。此外，还有美国的柯立甫，比利时的田清波，澳大利亚拉的哈立兹，蒙古的策·达木丁苏荣、舍·嘎丹巴、达·策仁曹德那木等学者。

《蒙古秘史》以生动的文学语言和编年史体裁记述了蒙古族的起源和成吉思汗统一蒙古各部、建立蒙古汗国的英雄事迹以及窝阔台继汗位以后的蒙古族社会、政治、经济、军事方面的重要历史事件。

《蒙古秘史》作为蒙古族第一部历史文献和文学巨著，开辟了蒙古族编年史和蒙古族文学的先河，给历史著作和历史小说以极大的影响。《蒙古秘史》与《黄金史》《蒙古源流》被称为蒙古族的三大历史著作，与《格斯尔》《江格尔》被称作蒙古文学三个高峰。《蒙古秘史》为研究蒙古族13—14世纪的社会、历史、语言、文学、法典、民俗、军事等都提供了宝贵的资料。

《蒙古秘史》方面的研究，20世纪50年代出版了策·达木丁苏荣的现代蒙文通俗本《蒙古秘史》（1957年）。20世纪70年代至80年代则相继出版了几部不同的注释、新译、还原、新解、校勘《蒙古秘史》。如1979年的道润梯步新译简注《蒙古秘史》，1980年额尔登泰、阿萨拉图、乌云达赖校勘《蒙古秘史》和1981年巴雅尔注释校勘《蒙古秘史》，1984年华赛和杜古尔扎布校勘《蒙古秘史》，1985年满昌新译注释《蒙古秘史》，1989年亦邻真还原回鹘蒙古文《蒙古秘史》，1988年颁尔登泰、阿尔达扎布校勘《蒙古秘史》。在《蒙古秘史》研究方面，巴雅尔的《关于〈蒙古秘史〉的作者、译音》一文和色音《〈蒙古秘史〉的多层文化》一书提出了独特的见解。亦邻真的《〈元朝秘史〉的分布与价值》、余大钧的《〈蒙古秘史〉的成书年代》、甄金的《略论〈蒙古秘史〉学》等研究论文在当时都有较大的影响。

20世纪80年代至90年代，其他历史文献也相继被整理出版。与此同时，文献研究工作也有了很大的进展。1980年，留金锁和乔吉分别校注出版了《黄金史纲》和《恒河之流》；1981年，道润梯步新译校注的《蒙古源流》和留金锁校注的《十善福白史册》先后出版；1983年，乔吉校注的《黄金史》和乌力吉图校注的《大黄册》分别出版；1984年，留金锁校注的《水晶鉴》和巴·巴干校注的《阿萨拉克齐史》出版；1985年，呼和温都尔校注的《水晶珠》和巴岱、金峰、额尔德尼整理注释的《卫拉特历史文献》出版；1987年，呼和温都尔枝注的蒙古文版《蒙古源流》出版；1992年，由巴岱、主峰、须尔德尼整理注释的《卫拉特史迹》出版。

在这些历史文献的研究中，留金锁的《十三世纪至十六世纪蒙古编年史》比较系统地研究和论述了蒙古历史文献，乔吉的《蒙古历史文献概要》比较详细地介绍了蒙古历史文献。金峰为《卫拉特历史文献》一书所作的序《四卫拉特联盟》和《从〈土尔扈特诸汗史〉看准噶尔汗国时对内对外关系》，对卫拉特史的某些问用有较深入的研究。莫·乌兰的论文《论托忒文历史文献史料价值》对卫拉特历史研究中具有特殊意义的托忒蒙古文历史文献的价值给予充分的肯定。

6. 艺术、天文、宗教文献的价值

（1）艺术

艺术古籍整理与研究也已兴起。1990年，内蒙古人民出版社出版了18世纪工尺谱蒙满汉合璧《蒙古族宫廷音乐》一书。

（2）天文学

《蒙文石刻天文图》是卷帙浩繁的蒙古文文献中为数不多的自然科学方面的重要文献，也是我国仅存的4幅石刻天文图中唯一的用少数民族文字刻写的一幅天文图，在内蒙古呼和浩特市旧城五塔寺金刚座舍利宝塔的后山墙上。清朝雍正三年（1725年）钦制石刻。

《蒙文石刻天文图》为研究蒙古族天文历法和自然科学发展史提供了非常珍贵的资料。

（3）宗教文献

1990年，酉·诺日布校往出版了由拉德那博哈得拉著的高僧传《札雅班第达传》。1993年，青格乐、莫·宝挂校注出版了由松巴堪布·益希班觉编撰的佛教史《益希班觉佛教史》。

《甘珠尔》《丹珠尔》是蒙古族文人和僧人花费几个世纪时间和精力，通力合作翻译而成的佛经翻译文献，是《大藏经》的蒙古文译本。

其中，《甘珠尔》翻译始于13世纪末14世纪初。蒙古族著名翻译家搠思吉斡节尔、希力布僧格在完者笃皇帝（1295—1307年）时期用回鹘蒙古文翻译过《大藏经》。1602—1607年，席力图召却尔吉固始、喀喇沁的阿龙喜固始为首的翻译家们也曾经完成了《甘珠尔》的主要部分。1628—1629年，贡嘎敖德斯尔班第达、昆登固始为首的翻译家们奉察哈尔部林丹汗之命完成了108卷《甘珠尔》。此版被称为《蒙古文手抄金字甘珠尔》。1717年，御前行走拉希、察哈尔格西罗布桑楚勒特木、乌拉特固始毕力昆达赖、苏尼特旗沙力、阿巴嘎旗德木楚克等审订《蒙古文手抄金字甘珠尔》，于1720年木版印刷。雍正二年（1724年）又木刻朱砂印刷了《御制蒙文甘珠尔》108卷，其中《大般若经》12卷、《第二般若经》4卷、《第二大般若经》4卷、《第三般若经》1卷、《诸般若经》1卷、《大宝积经》6卷、《华严经》6卷、《诸品经》33卷、《律师戒行经》16卷、《秘密经》25卷。此朱砂版《甘珠尔》附梦、满、藏、汉合璧目录。

《丹珠尔》翻译也始于13世纪末14世纪初。著名翻译家搠思吉斡节尔在完进笃皇帝时期已着手翻译《丹珠尔》。据《智慧之鉴》一书记载，自1720年《蒙古文金字甘珠尔》出版后，承担《丹珠尔》译文任务的章嘉呼图克图、唐古特学校总教官乌珠穆沁人官布扎布和副教官兼嵩祝寺木版印刷所主持乌拉特固始毕力昆达赖等首先着手准备译文《丹珠尔》所需的工具书——藏蒙合璧《标准分类辞典》的编纂，于1741—1742年脱稿。然后对《丹珠尔》译文进行了3次修订，于1749年木版印刷了223卷本的《御制蒙文丹珠尔》。

始于13世纪末、完成于18世纪上半叶的《甘珠尔》《丹珠尔》集蒙古语言之精华，为研究蒙古语修辞、语法以及佛经翻译都提供了宝贵的第一手材料。

（四）蒙古文文献的特点

第一，民族性特征。蒙古文文献资料较为翔实地反映了蒙古民族繁衍、生息、发展、变迁的历史进程,使蒙古民族文化、传统习俗得以完整地表现出来。

第二,地域性特征。任何一种形式的蒙古族文献都有极强的地域性,它翔实地记录了一个地域的经济、政治、文教、史地等人文与自然状况,常常被称为"省情""市情""县情",是研究本地区建设发展的主要记录根据。

第三,广泛性特征。蒙古文文献资料所反映的内容跨学科、跨行业、跨时代,层次复杂,载体多样,体现出资料收集的广泛性与多渠道性特征。

第四,原始性特征。蒙古文文献著作内容来自于实际,来自于基层,往往属于原始记录,信息鲜活,内容可靠,针对性强,部分资料具有一定的保密性,且印数少,一般不重印、再版。

第五,连续性特征。蒙古文文献是时代的产物,反映一个地域的历史的发展轨迹,而现状的变化即历史,同一主题的著作往往内容有所修订,其中不仅有对已有成果的更新,也有对历史新发现的补充,既表现出了它的内容的连续性,又反映了地域发展的阶段性。

开发利用蒙古文文献资源,对推动民族地区的政治、经济、文化的发展和社会进步有着重大的意义。蒙古文文献的开发和利用对少数民族地区的经济建设也有多方面的实用价值。例如,少数民族文献记载了各地的地理风貌、历史发展、气候变化及公路、铁路、地质、农作物等很多有价值的资料。研究少数民族文献资料,有助于我们了解少数民族地区的具体情况,为科学决策提供客观的理论依据。

(五)蒙古文文献知识分类体系研究

蒙古文文献的知识分类体系文献目录及其分类方法与文献整理、

检索、查阅、研究有着密不可分的关系。

目前，内蒙古自治区内的多数高校图书馆及公共图书馆都藏有蒙古文文献，但蒙古文文献的编目著录方式、使用的管理系统等却不尽相同。

内蒙古多个图书馆已经建立了蒙古文馆藏书目数据库，如内蒙古师范大学图书馆用汇文文献信息服务系统，按照 CALIS 中文编目规则，建立了馆藏蒙古文文献书目检索数据库，可以用蒙古文直接检索馆藏蒙古文文献。内蒙古大学图书馆自己研发了专门管理蒙古文文献的耶利巴文献管理集成系统，还建设了蒙古文期刊网。该网站实现了全文本检索，读者在任何浏览器上都可以查阅到 10 多种蒙古文学术期刊的全文内容。内蒙古大学图书馆还参加了"中美百万册书数字图书馆合作计划"（简称 CADAL）的建设，开发了蒙古文文献全文数据库项目，目前已经完成了馆藏 6000 余册蒙古文现代图书的数字化工作。内蒙古医科大学图书馆建立了蒙医药文献类目设置及标准化建设，它不仅可以规范统一蒙医药文献分类，更好地揭示、组织蒙医药文献资源，科学地利用蒙医药文献，也有助于完善和推进《中图法》建设。内蒙古医科大学首次建立了蒙医药古文献全文数据库和网上蒙医药古籍数字化加工平台，并于 2011 年 12 月 8 日成功上网运行。该平台开辟了文献工作者研究蒙医药古籍的新思路、新方法。蒙医药博物馆收藏了古印度医学、藏医学和蒙医学古籍文献，共计 2011 部，清年间木刻版古籍居多，其中不乏善本、珍本。2018 年，建成蒙汉双语蒙医药信息服务平台建设，包含蒙医药学图书全文数据库、蒙医药学期刊全文数据库、蒙古文工具书全文数据库、蒙医药学博硕士论文数据库、蒙医药书目数据库、藏医药全文数据库、民族医药书目数据库、蒙医药视频数据库、蒙医药图片数据库及蒙医药研究等 10 个数据库，并持续致力于蒙医药文献的全文数据库建设。

虽然这些数字化资源存在显示、检索和利用方面的很多不如意之处，但是这些技术经验为蒙古文数字化工作和蒙古文文献保障体系的建设奠定了坚实基础。

二、蒙古文文献数字化建设

现阶段，蒙古文文献主要分布在民族研究部门以及高校图书馆内，社会中分布较少，而且特定的民族文献在民族聚居区较为集中。受语言限制，蒙古文文献只能被蒙古民族利用，具有狭小的受众范围；同时由于出版社和出版物较少的因素，间接影响了蒙古文文献的查找和研究，对少数民族文献的发展和利用形成一定限制。因此，在计算机技术和网络技术日益发展的当今社会，对蒙古文文献必须重新认识，协调分工，统一规划，完善科学合理的蒙古文文献数字化建设，以此促进蒙古文文献的发展。

（一）蒙古文文献数字化建设的意义

一是蒙古文文献资源的共享化。数字图书馆最大的特点是打破了传统图书馆的围墙，它的存在影响的是整个文献信息领域，能够达到从县级到全国，乃至全世界的文献信息交换共享效果。

二是蒙古文文献共享的网络化。网络化是数字图书馆的一个重要方面，文献资料实现远程登录，能够让各民族、各地区的文化交流跨越时间和空间的限制，达到信息资源共享的最大化。

三是信息检索的智能化。与传统图书馆相比较，蒙古文文献信息的使用者不再有找寻图书馆各个部室、找卡片、等待图书管理员找书等等的各种麻烦，它的检索设计更加人性化，读者要做的就是根据自己的需求，轻轻按一下"搜索"。

四是信息存储的无界化。蒙古文文献无纸化是数字图书馆的又一特色,它将纸质图书资料与电子出版物、数据库结合成为一体,通过数字化转换存储在网络当中。

(二) 蒙古文文献数字化建设现状

近年来,在党的文化政策指导下,在北京、内蒙古、新疆等地的古籍办公室和《格斯尔》研究办公室、《江格尔》整理办公室的组织下,在高等院校科研单位的积极参与下,在众多学者和技术人员的不断研究努力下,在文献研究者的辛勤工作下,在几家出版社的有力配合下,蒙古文文献的整理和数字化工作卓有成效地开展,已经取得可喜的成果。

蒙古文文献数字化技术多为高校、研究所、计算机中心等机构进行开发。蒙古文信息处理技术有了突破性进展。

在这里,主要用网络调研的形式对蒙古文文献特色数据库的建设进行调查,分为高校图书馆建设特色数据库、公共图书馆建设特色数据库网络调研和其他单位特色数据库的建设。具体调研情况如下。

1. 内蒙古地区高校图书馆网络调研

据教育部网站公布的"全国普通高校名单"(截至 2019 年 6 月 15 日),内蒙古共有 53 所普通高校。通过逐一访问内蒙古 53 所普通高校图书馆网站,调查其特色数据库的建设情况。内蒙古地区的 53 所高校图书馆中,有 14 所高校的图书馆主页无法访问或无图书馆主页,在可以正常访问的 39 个图书馆主页中,有 10 个图书馆建设特色数据库,占可访问图书馆主页的 25%,共建有 37 个特色数据库。10 所高校图书馆建设的特色数据库数量差别较大,数量最多的是内蒙古大学图书馆和内蒙古建筑职业技术学院,各建有 6 个特色数据库；内蒙古科技大学和内蒙古财经大学，各建有5个特色数据库，特色资源优势明显，对内蒙古地区高校图书馆的特色数据库建设工作起着积极的引领与推动作用。建有5个以下特色数据库的图书馆有6个，占10个建有特色数据库图书馆的60%。可访问主页的39个高校图书馆有29个没有建设特色数据库，占可访问总数的74%。职业院校图书馆中只有内蒙古建筑职业技术学院建有特色数据库。

表3－1 内蒙古地区高校图书馆特色数据库列表

高校名称	数据库数量	数据库名称
内蒙古大学	6	蒙古学信息网；中国蒙古文期刊网；蒙古学特色库；生命科学特色库；内蒙古大学CALIS重点学科网络资源导航；内蒙古大学文库
内蒙古农业大学	3	农科特色资源共享数据库；国内外草原与草地信息资源数据库；学位论文全文数据库
内蒙古科技大学	5	硕士学位论文数据库；稀土特色数据库；贺友多教授学术研究专题数据库；教职工公开发表论文库；会议论文库
内蒙古工业大学	1	工大文库
内蒙古医科大学	5	内医人文库；蒙医药相关文献数据库；随书光盘数据库；蒙医药信息服务平台、学科知识服务平台

内蒙古民族大学	4	内蒙古民族大学文库；蒙医药特色数据库；科尔沁文化特色数据库；中国知网本地镜像连接
内蒙古财经大学	5	草原丝绸之路文库文献信息管理系统；内蒙古财经大学机构知识库；内蒙古财经大学教参系统；内蒙古财经大学硕士学位论文；内蒙古财经大学馆藏数字化平台
呼伦贝尔学院	2	"三少"民族文献数据库；高等教育学文献数据库
内蒙古大学创业学院	1	艺术资料室
内蒙古建筑职业技术学院	6	建筑网址导航；2009－2012年新规范、标准目录；建筑装饰材料与检测专业实训用书；建筑设计资料；建筑三维平法识图；常用外墙外保温材料性能及施工过程控制要点

2. 内蒙古自治区公共图书馆网络调研

内蒙古自治区图书馆现有自建资源库10个：蒙古族文化艺术资源库、内蒙古文物博览、文化名人作品集、内蒙古农牧业实用技术资源库、内蒙古草原风情旅游资源库、内蒙古历史文化多媒体资源库、内蒙古红色革命资源库、达斡尔族多媒体资源库、蒙医药资源库、特色馆藏电子文献数据库等。蒙医药资源库下设新闻动态、蒙医药文化、蒙药方剂、疗术疗法、科研成果、文献索引、学术论文、专家名医、院所机构等9个栏目和在线视频专栏。通过文字、图片以及视频多种方式，全面系统地介绍了蒙医药这一传统民族医药学。特色馆藏电子文献数据库为内蒙古图书馆自建的特色馆藏电子图书，包括蒙文文献、汉文文献以及古籍文献。达斡尔族多媒体资源库通过图片、文字、视频等手段，全方位地展示了内蒙古地区达斡尔的民族文化特点。

3. 内蒙古地区其他单位特色数据库建设网络调研

内蒙古文化信息网：特色资源包括内蒙古"四少"民族、蒙古族文化艺术、特色馆藏数据库、蒙古族传统医药等13个数据库。有的字库与内蒙古图书馆共享链接。

内蒙古文化资源网站：可以链接高校蒙文版网站，可以复制粘贴。网站名称和网址如表3-2。

内蒙古少数民族古籍与格斯尔网。

央视网。

表3-2　内蒙古其他单位蒙古文网站情况

名称	网址
内蒙古自治区人民政府蒙古文网站	http://www.mgl.nmg.gov.cn/
新华网蒙古文网站	http://www.mongolian.news.cn/
人民网蒙文版	http://www.mongol.people.com.cn/
中国蒙古语新闻网	http://www.mgyxw.com/

三、蒙古文信息处理研究

蒙古语属于阿尔泰语系，是一种黏着性的、词汇形态变化特别丰富的语言，这是蒙古语最大的特点。文字方面，蒙古语是纯粹的拼音文字，从左到右竖写。蒙古文信息处理最大的难点是由蒙古语丰富的形态变化形式和竖写形式造成的。另一方面，蒙古语语言资源非常丰富，从时间跨度上讲，蒙古语贯穿 13 世纪至今的 800 余年的历史；从地域上讲，蒙古语横跨欧亚大陆，几乎遍布整个地球，目前世界上有近 800 万蒙古族人口，主要聚居在中国、蒙古国、俄罗斯等国家，并散居在世界各地。世界上现行的蒙古文有 5 种（传统蒙古文、托忒蒙古文、蒙古国西里尔文、布里亚特西里尔文和卡尔梅克西里尔文），加上历史上曾经用过的文字，蒙古民族曾经使用过的文字已超过 10 余种之多。蒙古语作为中国、蒙古国、俄罗斯等国家的官方语言，蒙古语言资源的保护、开发和利用在当今"一带一路"倡议中是不可忽视的重要环节。

（一）蒙古文信息处理主要成果

从研究开发历史视角来讲，从 20 世纪 80 年代起我国蒙古文信息处理工作在数据资源的采集、知识资源的挖掘和技术资源的开发方面取得的成绩如下。

①成功制定蒙古文国际编码标准（ISO-2000）和国家标准等诸多标准规范。

②成功研发 MongxeGal 输入法（蒙科立公司）和 Microsoft 蒙古文输入法等输入法。

③成功构建"蒙古秘史"（汉蒙对照版）、回鹘体蒙古文、托忒文、八思巴文等文献语料库，100 万、500 万、1 000 万词蒙古语单语语料库和汉蒙、蒙汉等各类双语平行语料库以及口语语料库等资源库。

④成功构建蒙古语语法、语义信息词典、多义词词典、类语词典、熟语等知识库。

⑤成功研发汉-蒙机器翻译系统、汉蒙电子词典（V.2.0）、方正蒙古文排版系统、传统蒙古文-西里尔蒙古文转换系统、面向蒙

古语语音特点的参数自动采集软件、蒙古语语音合成软件、蒙古文农业专家系统、"蒙古语双文少儿词典""汉蒙英日大词典在线服务平台""数字农业专家系统在线服务平台""内蒙古省地县三级政府蒙古文网站群管理系统""天地图蒙古文在线地图""汉蒙俄英多文种标准化共享服务平台"等 Web 式系统和好乐宝、草原雄鹰、蒙古文化网、Monghegal、Ulaaci、Ehshig 等 100 多家蒙古文网站。这一系列工程的研发,一直占领着这一领域的制高点。

⑥成功研发"蒙古文校对系统"。该系统已发布 2.0 版本,含有纯文本校对和 PDF 格式校对。

(二)整体发展现状

①创新团队:内蒙古大学蒙古学学院、内蒙古大学计算机学院等若干机构科研团队为省部级创新团队(内蒙古自治区"草原英才"工程高校创新团队),正在争取提升为国家级创新团队。

②科研项目:近 5 年以来,蒙古文信息处理科研团队承担的省部级以上科研项目的数量不断增加,其中国家级项目居多,甚至还有过国家社科重大项目、教育部人文社科重大项目。

③学术论著:据初步统计,蒙古文信息处理研究领域已出版《蒙古文编码》《蒙古文信息处理理论与实践》《面向信息处理的动词短语结构规则研究》和《面向信息处理的蒙古名词语义研究》等 30 多部专著。

④奖项:蒙古文信息处理研究领域学术成果和教学成果曾获得内蒙古自治区教学成果一等奖,北京市科技进步二等奖,钱伟长中文信息处理技术奖一、三等奖,内蒙古自治区哲学社会科学优秀成果政府奖二、三等奖,内蒙古自治区优秀博士论文奖等诸多奖项。

⑤科研平台建设:近年来,蒙古文信息处理研究领域连续产生

内蒙古自治区协同创新中心、机器翻译联合实验室、民族语言资源产业化基地、计算语言学联合实验室、应用语言学实验室等科研平台，实现了由政府、高校、企业相联合的软件研发基地，并同步实现了人才联合培养模式。

⑥人才培养：民族地区科研人员先后到蒙古国、日本、美国、芬兰、韩国、俄罗斯、新加坡、台湾、捷克、爱尔兰等国家和地区进行学术交流，拓展了学术视野；以内蒙古大学蒙古学学院蒙古文信息处理研究方向为例，在过去的10年里已培养出约40名博士研究生和140多名硕士研究生。

（三）蒙古文信息处理在数字化建设中的应用

蒙古文文献资源数字化是信息技术和网络技术发展的必然结果，是传统文献在信息网络时代的拓展与延伸。因此，蒙古文信息处理在蒙古文文献数字化建设中的应用具有重要作用。

信息处理包括编码字符集、信息输入及输出、信息处理基础研究等方面。编码字符集是信息处理在数字图书馆中应用的基础，应用于数字图书馆的整个过程。信息输入在数字图书馆中的应用就是将文字符号输入计算机中，在资源建设、信息检索、人机对话中具有重要作用。信息输出技术在数字图书馆中的应用就是将文字符号在计算机中显示、打印、语言合成输出。信息处理基础研究和应用技术成果在数字图书馆中具有广泛的应用基础，是数字图书馆应用的核心，主要应用于数字资源的组织与管理、规范化检索、信息资源服务等。

1. 数字化处理中的蒙古文编码

蒙古族是我国少数民族之一，也是蒙古国的主体民族。蒙古族拥有自己的语言文字，即蒙古语。蒙古语属于阿尔泰语系蒙古语族语言。蒙古文先后有6种，现行蒙古文主要有3种，即传统蒙古文、托忒蒙古文和斯拉夫蒙古文。传统蒙古文主要通行于我国内蒙古自治区、托忒蒙文主要通行于新疆蒙古族地区、斯拉夫蒙古文主要通行于蒙古人民共和国。现如今信息技术得到迅猛的发展，语言文字的信息化也给蒙古语言文字带来了新的发展机遇和严峻挑战。蒙古语言文字的信息处理工作在少数民族语言文字信息处理领域中起步较早，20世纪70年代末在计算机上实现了蒙古文信息处理系统，经过30多年的历程，在国家各部门和地方政府的大力支持下，通过学者们的艰辛努力，如今蒙古文信息处理事业得到了长足的发展。

目前蒙古文信息处理的关键是编码的统一。编码是自然语言信息化工作的基础，蒙古文编码研究工作始于20世纪80年代。当时蒙古文字符还未进入国际标准，根据实际需要，各研究单位研制了各自的编码，先后出现了至少十几种蒙古文编码，每一种编码方案在不同范围内起着积极作用，并解决了一些实际问题。现简要介绍国内外几种有代表性的编码方案。

通过文献和实际调查，目前有以下几种传统蒙古文编码。

①蒙古文国家标准编码。1987年，我国制定了第一个蒙古文编码方案，发布了《GB8045－87信息处理交换用蒙古文七位和八位编码图形字符集》。这也是我国少数民族语言中第一个国家编码方案，它起到了从无到有的历史性作用，是蒙古文信息处理史上的一个里程碑。最典型的应用是当时《华光》蒙古文信息处理系统。

②方正编码。1990年，北京大学新技术公司（北大方正）在内蒙古大学蒙古语言研究所1986年研制的《蒙古文多种文字编码》的基础上研制出方正编码。该编码的字符集包括蒙古文部分有82个字符。该编码最典型的应用是北大方正蒙古文书版。

③蒙科立编码。内蒙古蒙科立软件有限公司研制的编码,有236个码位,是形码表示的字符集。该编码保留了语音信息,不含合体字,当不同的蒙古文名义字符对应的变形显现字符写法相同时对该显现字符定义了不同的码位,会出现形状相同但编码不同的字符。对应该编码的应用较多,最典型的应用是蒙科立 WPS OFFICE2002 及相关输入法系列。

④智能蒙古文编码。1991年内蒙古大学计算机学院研制的编码,有122个码位,形码表示的字符集。

⑤Oyutu 合力智能编码。

⑥明安图编码。内蒙古明安途互联网技术开发有限公司开发制作的编码,有179个码位,属名义字符编码方式;对逻辑上大于一个字母单位的强制性合体字及逻辑上小于一个字母单位的字素不予编码,区分形同音不同字母,采用显现形式有多种编码。该编码方案是以蒙古文编码国际标准的字母序列对变形显现字符进行了编码,变形显现字符不占码位。

⑦赛音编码。新疆巴音郭楞蒙古自治州蒙古高级中学地理老师赛音毕力格研制的编码,有80个码位。字素编码方式,每一个蒙古文字符的形状都不相同,不同发音的蒙古文名义字符可能对应同一个显现字符。

⑧音节编码。由蒙古国教育部与日本计算机公司合作开发的编码,码位达400多个。其编码特点是,对蒙古文"十二字头"中的第一字头及其所在词的不同位置上的变体全部当作字母进行了编码。它包含了蒙古文字母的全部信息编码。

⑨字素编码。由蒙古国科学院和德国柏林自由大学开发的编码,有45个码位。以拉丁字母为"名义字符",以蒙古文为"变形显现

字符"来实现检索、排序功能。但其缺点为因切分太小，从而违背了传统蒙古文收书写习惯。

⑩字母编码。蒙古国标准局向 ISO 提交的蒙古文编码，有 125 个码位。本编码以"一个字母一个编码"的原则编制，字形同时不同字母时采取了分别取以编码的方法。本方案所包含的信息量较多。

⑪蒙古文国际标准编码。于 2000 年 2 月中国提交的蒙古文编码标准获得了 ISO/IEC JTC 1/SC2 的批准。国际标准化组织和 Unicode 技术委员会在 ISO/IEC10646 国际标准字符集中，将 U+1800 至 U+18AF 的一个"平面"作为蒙古文字符集的编码码位。该标准字符集包括传统蒙古文、托忒文、锡伯文、满文以及蒙、托、满等 3 种文字用于转写藏文和梵文的阿礼嘎礼字符、标点符号、数字和控制符。蒙古文国际准编码只对蒙古文 179 个"名义字符"进行编码，对"变形显现符"、强制性合体字不予编码。通过 7 个控制符和《蒙古文编码系统》来实现蒙古文的输入输出。国际标准编码方案是音码表示的字符集，名义字符编码方式。

蒙古文编码的国际、国家标准是国内外专家学者分别历经 8 年和 12 年之久的持续研究、商讨、争论而最终取得成功的重大科研项目。整个工作可分为国内酝酿、国际合作、研制国标 3 个阶段。研制蒙古文编码国际标准这个课题是 1991 年底在原电子工业部、国家民族事务委员会、内蒙古语言文字工作委员会、内蒙古技术监督局的统一领导下，由蒙古语文专家、信息技术专家、标准化工作者以及有关行政部门的领导组成的蒙古文编码专家组完成的。而蒙古文编码国家标准的研制工作则是在 2005 年国家标准化管理委员会批准成立蒙古文信息技术国家标准工作组以后开展起来的。

ISO/IEC 10646 作为面向世界各文种的编码集，有非常严密的、诸多条编码规则。其中与蒙古文编码有直接关系的、最重要的是，一个系统的文字必须制定一个统一的编码；在一个字母的多个变体中只选定一个字形作为"名义字符"进行编码，其余的作为"变形显现字符"不予编码；在一个文字系统中的同一个形式只能编码一次（即只给一个码位）；强制性合体字（Ligature）不予编码等。

2. 蒙古文信息输入与输出

最常见的蒙古文信息输入方式是键盘输入。此外，还可以利用蒙古文字识别技术、语音识别技术进行蒙古文信息输入。

目前研究开发的蒙古文办公系统较多，在市面上经常用到的是蒙科立 office2002 办公系统及其输入法。其客户群分布在各行各业，其中政府、教育、新闻系统以及个人用户较多，用此软件生成的文本也很多，构成了一大块蒙古文语料。此外，各研究单位、公司研制开发的文字录入系统、输入法有 MWord、明安图 UNICODE IME 读音输入法、智能公司多文种平台、蒙科立蒙古文输入法、赛音蒙古文输入法、布日古德蒙古文词组输入、赛音蒙古文词组输入法、天慧蒙文输入法、微软蒙古文输入法、呼日太蒙古文记事本、Toli 蒙古文词组输入法、boljoo 蒙文输入法、嘎拉图蒙古文输入法、字典式蒙文输入、西里尔蒙古文输入法等。上述文字处理系统、输入法都使用了各自的编码，导致各系统之间互不兼容，互不识别对方的编码系统和文件结构，产生的文本语料资源互不相认、无法互相共享。然而这些系统的实际应用却很广泛，它们产生的文本、语料已成为不可忽略的宝贵资源，并且还会越来越多，但这些资源必须通过编码转换、校对之后才能相互使用。

蒙古文蒙医药文献资源数字化建设采用蒙古文国际标准编码为基础的微软蒙古文输入法。微软的输入法主要依据国际标准 UNI-

CODE蒙古文编码规则，直接输入蒙古文的字母。蒙古文的字母根据其词语中的特性，字体自动转换其字形争取显示。但是蒙古文的字母在词首、词中、词尾和独立的形状有特殊的变化规则。这些变化规则是蒙古文输入的关键所在。

蒙古文字属于黏着语，由于字形复杂，每个字都有字首、字中和字尾形态，在采用新技术时具有很大的难度。蒙古文字输出技术也是影响数字图书馆中古籍全文数字化应用的难题之一。

3. 蒙古文信息处理基础研究与应用技术

蒙古文信息处理基础研究包括蒙古文字属性研究与蒙古文语义研究。蒙古文字属性研究主要研究蒙古文字的外在信息，以字形为中心，也就是信息处理中字处理阶段的研究。蒙古文语义研究主要研究蒙古文的内在信息，以字义为中心。

蒙古文信息处理应用研究和应用技术应具备以下基本功能：为检索提供规范，也就是说提供蒙古文字与特殊蒙古文字体的信息，以满足蒙古文字信息检索和文字规范方面的使用要求；蒙古文字竖向显示；字音准确/模糊查询；为文字研究提供蒙古文字的基本属性；编码转换，提供ISO/IEC10646国际标准字符集中蒙古文编码字符与其他蒙古文字符间的信息交换码的对照关系，实现不同编码之间的机读数据的相互转换；蒙古文字电子工具，即阅读数字文献时，提供字典查询、解释起到电子工具书的作用。

蒙古文信息处理技术为了适应未来数字图书馆的发展和应用，已有的蒙古文字属性研究还需要进一步拓展和深入。规范检索问题是古籍、地方志资源建设中所遇到的实际问题，也是全球化的问题。通过对蒙古文字属性研究可以提供解决方法，对全球古籍、地方志文献数字化建设都具有指导意义。

为了对语言素材进行自动分类和组织,从中检索各类信息,就需要利用计算机建立语料库。美国、英国、日本、德国等国家都相继建立了各自的国家级大规模语料库,有的已经投付使用,提供服务。近年来,很多学术机构与单位在蒙古文语料库建设和在语料的加工技术等方面进行了探索,取得了一定的成果。目前,蒙古文信息处理工作已有长足进步,先后建立了100万词级、500万词级以及1000万词级的《现代蒙古语语料库》,并对100万词级的语料库进行了词类标注、短语标注以及句子自动切分、谓语段自动切分等研究。语义研究方面,额尔敦朝鲁从蒙古语动词语义分类的目的、原则、具体的分类等方面进行了研究,讨论了动词配价及其性质、动词支配能力的体现、如何确定动词的价,并讨论了动词谓语语句的句模、句型、句类等问题;德·萨日娜概括了蒙古语语义格的概念和分类,并研究讨论了对必选格和可选格、语义格标志、语法要素对语义格的影响等;海银花制定了蒙古语名词语义分类体系,并研究讨论了蒙古语语义分类之间的搭配规律和名词的支配能力;富涛制定了简单谓动句语义成分及其标记,建立了述动词词库和简单谓动句句模实例库,归纳和统计了蒙古语简单谓动句句模体系。

在蒙古文语义研究方面,为适应当前和未来蒙古文信息处理的需要,必须尽快建立国家级的大规模通用型语料库。大规模通用型语料库可以服务于以下领域:字频、词频统计,词典编纂,语言文字规范化研究,词的切分研究、语法研究,语义研究等。这些方面的研究,又都直接或间接地对蒙古文信息处理技术有着极为重要的意义。

蒙古文机器校对软件的开发对蒙古文信息处理在蒙古文数字化研究中起到了至关重要的作用,且具有极高的应用价值。

内蒙古大学蒙古学学院斯·劳格劳教授科研团队在 Windows 环境下开发的蒙古文机器校对系统由两部分组成，即蒙古文文本校对系统和蒙古文 PDF 文档校对软件。

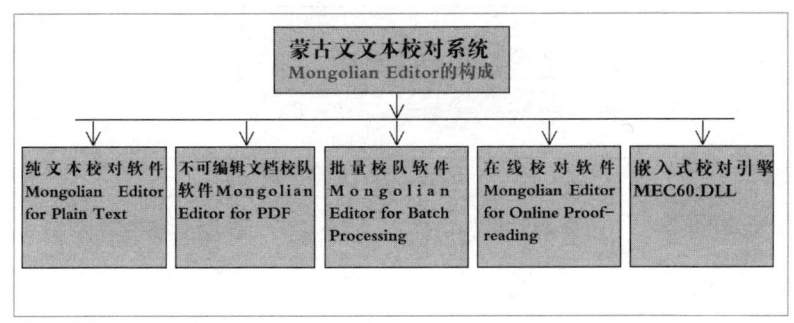

图 3－1　蒙古文文本校对系统

其中，蒙古文纯文本校对软件系统 Mongolian Editor（简称 ME）的重要组成部分是 Mongolian Editor for Plain Text V5.0（简称 MET5.0），主要功能为纯文本的校对（包括查错和读音纠错），可同时满足纸质出版和电子出版的校对需求。目前，主要用户遍及内蒙古、北京、辽宁、青海、甘肃等地政府系统、新闻出版单位、教学科研机构和企事业单位。为了服务于更广的范围，2017 年，项目科研团队在 MET4.0 的基础上新增了传统蒙古文、西里尔蒙古文、英文和繁体中文界面。

Mongolian Editor for Plain Text V5.0 的特点如下。

①支持蒙古文信息处理相关标准及规范（蒙古文编码国际和国家标准、传统蒙古文单词词形规范国家标准、蒙古文拉丁转写内蒙古大学方案、蒙古文拉丁转写国际联合方案、传统蒙古文排序国家标准等）。

②支持多种蒙古文编码系统（方正、国际标准、蒙科立等）。

③支持多种文件格式（txt、mbd、xml 等）。

④准确率高，查错和纠错平均准确率分别达到 98% 和 97% 以上，同形异音词的平均识别率达到 86% 以上，并可通过人机交互的学习模式提高这一性能。

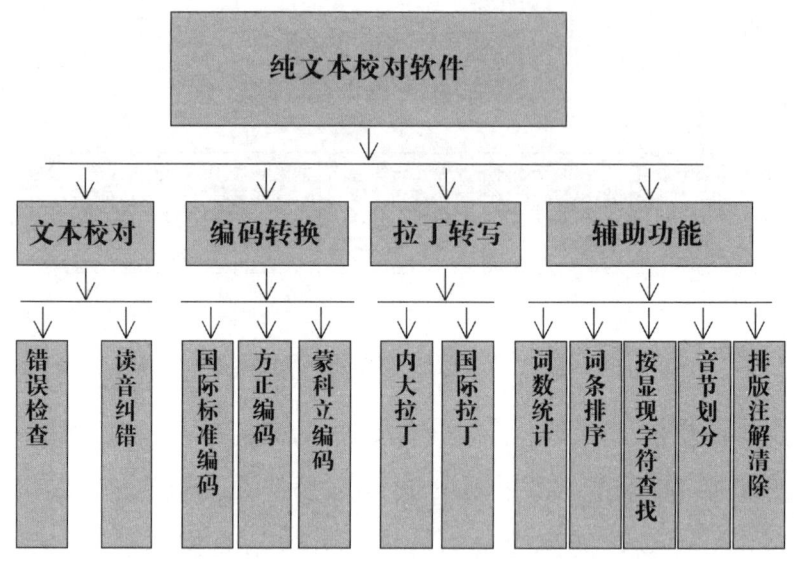

图 3-2　蒙古文纯文本校对软件系统

⑤具有常用编码之间的双向转换功能。

⑥具有多语言用户界面。

⑦具有丰富的文本处理功能。

Mongolian Editor for PDF V1.2（简称 MEP 1.2）是 ME 的重要组成部分，主要功能为不可编辑文档（PDF、PS、XPS 等）的校对。MEP 1.2 解决了 MET5.0 中纸质稿件与电子文档之间的页码对应问题。目前，支持由方正书版、方正飞腾、MSWord、蒙科立蒙文 Office 等软件生成的 PDF 或 PS 文档的校对。

Mongolian Editor for PDF 的特点如下：

①支持多种文档格式（PDF、PS、XPS 等）。

②支持多种编码（方正、国际标准、蒙科立等）。

③平均查错准确率达到 90% 以上，其中附加成分（词）查准率达到 99% 以上。

④支持由方正书版、方正飞腾、MSWord、蒙科立蒙文 Office 等软件生成的 PDF 或 PS 文档的校对。

蒙古文信息处理基础研究和应用技术成果在少数民族语言数字图书馆中具有广泛的应用基础，是少数民族语言数字图书馆应用的核心。其主要应用于蒙古文数字资源的组织与管理、规范化检索、信息资源服务等。

第二节　藏族语言地区图书馆特色资源建设现状

在我国多民族大家庭中，藏族是具有悠久历史和灿烂文化的民族之一。藏文创制于约 7 世纪，距今已有 1300 多年的历史。藏文文献的数量，在我国 56 个民族中位居第二，仅次于汉文文献。藏文文献的内容涵盖历史、宗教、语言文学、艺术、天文历算、哲学等十多个学科门类。浩如烟海的藏文文献，目前分布于世界各地的文献收藏机构和研究机构、高校等的资料室，并得到了一定程度的数字化加工。

一、藏文文献概述

（一）藏文文献的种类

藏文文献的内容涵盖历史、宗教、语言文学、艺术、天文历算、哲学等十多个学科门类。目前常见的藏文文献主要有古籍、现代图书、档案文书及相关报刊等。

1. 藏文古籍文献

藏文古籍文献包括出土的吐蕃时期古藏文文献和吐蕃以后的传世藏文古籍两种。吐蕃古藏文文献，主要有敦煌古藏文写卷、金石铭刻、简牍等；吐蕃以后的传世藏文古籍有编年史、王统世系、教法传承史、家族史、人物传记等史书，也有文学作品以及高僧大德的文集等。

(1) 吐蕃古藏文文献

①敦煌古藏文写卷。据粗略估计，巴黎、伦敦各收藏有2000多卷；北京图书馆有400多件；甘肃敦煌、酒泉、张掖、兰州等地约有万余件（其中一部分不是出自敦煌藏经洞）；另外，俄罗斯、日本等国也有少量收藏。王尧先生在《敦煌本吐蕃历史文书》导言中介绍，这部分藏文写卷于1907—1908年间被英国人斯坦因和法国人伯希和先后运往国外，分别收藏于英、法两国。英藏部分，二战前由比利时人威和布散编成《印度事务部图书馆所藏敦煌古藏文写本目录》（附夏一雄《汉文目录》），于1962年出版；法藏部分，由拉鲁女士辑成目录《巴黎国家图书馆入藏伯希和搜集的敦煌文本清册》，共3册，分别于1939年、1950年和1961年出版。英、法两国所藏共5000件左右。其主要内容以《吐蕃大事纪年》《吐蕃赞普传记》《小邦邦伯家臣及赞普世系》为主。

②金石铭刻。主要包括吐蕃官方为会盟、述德、祭祀、颁赏、封赠等需要而立的石碑，以及在铜钟等铜器上的铭刻。上述《敦煌本吐蕃历史文书》介绍了"唐蕃会盟碑"等13件文字文物，加之近年来新发现的石碑、石柱及钟铭，也不超过20件。

③简牍。英藏部分曾由托玛斯编入他的专著《关于新疆的藏文文献》第2卷中，共介绍有398支；苏联的沃罗比耶夫——捷夏托

夫斯基撰有《玛罗夫收藏的藏文木简》（1953年）和《罗布泊地区的藏文木简》（1953—1955年），共介绍了6支；王尧、陈践编著的《吐蕃简牍综录》共收吐蕃简牍464支，多出土于新疆南部罗布泊南岸的米兰故城遗址。

（2）吐蕃以后的传世藏文古籍

传世藏文典籍中，以写本和木刻本居多。此类文献在装帧形式上多以长条书形式流传，称梵夹本。梵夹本典籍，根据长度、大小可分为4种类型。梵夹本典籍，将帙、函、卷、类、名称列为专页置于书前，一部书的头几页通常写有颂文，书的末尾通常详细载有著者、成书年代、刻版地点及时间、赞助人等内容。另外，每一页左侧边框外标明卷品、页码、类别等项。

在传世文献中，《大藏经》和《文集》所占比重较大。

藏文《大藏经》分《甘珠尔》和《丹珠尔》两种，最初多以写本流传，约15世纪（或早于这个时间段）开始出现了木刻本和石刻本。据说历史上曾出现过纳塘版《甘珠尔》、蔡巴版《甘珠尔》、江孜版《甘珠尔》、普扎版《甘珠尔》、蔡巴版《丹珠尔》、夏鲁版《丹珠尔》、第司版《丹珠尔》、普拉版《丹珠尔》等多种《大藏经》写本。据统计，《甘珠尔》木刻本有永乐、万历、理塘、北京、卓尼、德格、纳塘、拉加、库伦、拉萨、瓦拉、昌都等12种版本。《丹珠尔》木刻本有北京、德格、纳塘和卓尼等4种版本。另外，石刻本《大藏经》主要有邦托《甘珠尔》、杂白格《甘珠尔》和《丹珠尔》、孜阔《甘珠尔》和《丹珠尔》等10余种。根据有关资料，对刊后的藏文《大藏经》共有4839种。以德格版为例，全书共计326部、4560种，其中《甘珠尔》有103部，1108种。目前，世界20多个国家和地区的寺院、图书馆及科研机构的资料室等处都有藏文《大藏经》（复本）收藏。

在1300多年的历史进程中，藏族历史上共出现过230多个著名的译师，从天竺、汉地、尼婆罗、克什米尔等地进藏的班智达和译师也有120多位，他们为后人留下了大量的作品。因此，文集类的藏文典籍是藏文传世文献的重要组成部分，其数量也是不容忽视的。

历代达赖喇嘛、班禅大师以及藏传佛教各大教派的高僧大德皆有一定数量的个人文集流传，其中一些大师的文集多达十余部，甚至上百部。以布顿大师（1376—1451年）文集为例，他个人的作品部头甚至超过了大藏经《甘珠尔》的数量。他的文集共有4个部分的内容，其中有关大五明的有工巧明和医方明各1部、声明3部、因明2部；有关内明的般若经3部、中观1部、律经2部、俱舍论2部，菩提道次第1部、有关密宗四续116部；有关文化方面，辞藻学1部、韵律学1部、各种散论集2部、祈愿文集1部；历史方面，宗教源流1部、王统世系2部、传记2部；加上1部目录共记143部。

此外，据初步统计，中世纪用藏文写作的蒙古作家有200余人。这些作者也留下了大量的藏文作品，被学界命名为"蒙古藏文文学"，为研究蒙、藏历史文化关系、文化史、中亚文化史等提供了丰富的史料。

2. 现代藏文文献

现代藏文文献一般是指1959年以后出版的各种藏文文献。

3. 藏文历史档案

藏文历史档案，是指用藏文记载，反映涉藏政治、经济、军事、科技、宗教、文化艺术等各方面情况，并具有一定保存价值的各种不同形式的历史记录。它由藏文档案信息和记录藏文档案的载体组成，时间横跨1300余年，包括自吐蕃时期的藏文碑铭文书，到后来的藏文经卷文书等。

4. 藏文报刊

报刊方面，主要有《西藏研究》《中国藏学》《西藏艺术研究》《西藏民族大学学报》《西藏大学学报》《西北民族大学学报》《青海民族大学学报》《青海师范大学学报》《中国藏医药》《藏医药教育与研究》《雪域藏医药》《安多研究》《攀登》《西藏教育》《藏族教育》（原《青海教育》）等学术期刊；《中国西藏》《章恰尔》《西藏佛教》《雪域文化》《邦锦梅朵》《西藏文艺》《群文天地》（现改版为《藏族民俗文化》）《山南文艺》《达赛尔》《新西藏》《岗尖梅朵》《主人》（现已停刊）《求是文选》《半月谈》等非学术期刊；另有《藏语文工作》《拉萨教育》《甘肃民族师范学院学报》《日喀则教育》《西藏政协》《拉萨政协》《那曲政协》《西藏档案》《布达拉》等十余种内刊。上述报刊的创刊时间，最早的创刊于1979年，最晚的创刊于2010年；在刊期方面，既有季刊、月刊、半月刊、半年刊等，也有以书刊形式出版的年刊；从版权来讲，既有公开出版物，也有用于内部交流的刊物。据不完全统计，目前国内发行的藏文报刊约有35种。

（二）藏文文献的分布

藏文文献分布于世界各地，现主要从国内与国外的分布情况进行说明。

1. 国内藏文分布

国内的藏文文献，主要分布于西藏、青海、四川、云南、甘肃及北京等地，其收藏机构主要有寺庙、图书馆、档案馆及科研机构资料室等。由于历史原因，一些地方私人手上也收藏有一定数量的文献。一份1992年的报道显示，西藏、青海、四川、内蒙古、新疆、辽宁、吉林7省区以及中国第一历史档案馆，收藏有元、明、清、民国时期的藏文档案文书300余万件。全国现存的藏文古籍已知的约60万函，其中有近50万函存于西藏各寺院和档案部门，北京故宫、雍和宫、法源寺等处收藏的藏文古籍约16 000函。一些西藏文献研究者，大多使用了上述统计数据，但是在具体表述方面可能存在一些误差。

(1) 藏文古籍文献的分布

①西藏各大寺院以及图书馆、博物馆、档案馆藏有的藏文文献

因为上述数据所指更多的可能是文书档案，而非文献典籍。据不完全统计，目前西藏各大寺院以及图书馆、博物馆、档案馆存有大量的藏文文献典籍，其中多数文献收藏于萨迦寺、色拉寺、哲蚌寺、罗布林卡、扎什伦布寺、博物馆及布达拉宫等处。截止2010年，罗布林卡已完成整理的古籍有3900余函；萨迦寺经书墙上至少有2万多部、8万余册的古籍文献；扎什伦布寺收藏有6000余函，其中包括1000余函原件；纳塘寺收藏有8000多块经版。据不完全统计，哲蚌寺曾收藏有贝叶经127函，这些经书被封存长达500年之久，目前剩余60函（其余在"文革"中遗失）。在其乃久拉康殿，近来发现收藏有17世纪之前的文献3000多函、2万余册，其中95%是写本。

②各个扎仓学院收藏的文献

米王拉康殿收藏有18种不同版本的17世纪之前的《大藏经》3000余函；果芒扎仓有2000余函；洛色林扎仓有1000余函、3万多册；甘丹颇章有2000余函；德央扎仓有2000余函；另有经版1.5万多块。哲蚌寺乃久拉康的目录中，共计有文献4417函，但是目前剩余的只有1833函。

因寺中文献都标有哲蚌寺书签,故目前发现西藏博物馆收藏有5000多卷,以写本居多;西藏自治区图书馆收藏有数百卷,多为木刻本;其余上千函,被其他机构或私人收藏。目前出版的《哲蚌寺藏文古籍目录》所收录的目录条数为1855条。在这份目录当中,收录了哲蚌寺乃久拉康殿、米王拉康殿、甘丹颇章、藏经阁、洛色林扎仓等的藏书,其作者人数达1000余人,作品达3万余册。

③西藏自治区图书馆所藏藏文文献

西藏自治区有16所规模不等的现代图书馆收藏有藏文文献。自治区图书馆收藏藏文古籍文献约有11000函;西藏大学图书馆现有藏文文献2万多册,其中古籍1849函、现代图书3734种;西藏藏医学院图书馆藏有古籍1500函;自治区藏医研究院文献室收藏有1000多函。

④云南地区藏文分布

云南地区藏文古籍主要分布于中甸、德钦、维西、丽江、贡山、宁浪、大理等地的各派寺院中。其中松赞林寺藏书最多,该寺收藏有丽江、纳塘、拉萨版大藏经《甘珠尔》和纳塘版、拉萨版《丹珠尔》以及其他历代大师文集等。另外,东竹林寺也有藏文文献收藏,内容与松赞林寺大致相同。

⑤青海地区藏文分布

青海地区收藏有藏文文献3.8万多部。塔尔寺、佑宁寺、隆务寺所藏文献最多;另外,塔尔寺收藏有3万多块经版。甘肃拉卜楞寺收藏有大量的佛经和藏族历代高僧大德的作品,至清末,其收藏量达6万余函。近年来,在甘肃武威发现5300多部藏文文献,其中多数为写本。甘肃地区还收藏有敦煌古藏文写卷3429件。

⑥北京地区藏文分布

北京民族文化宫图书馆现有藏文古籍约8000函，其中写本居多，已全部著录简目并供读者借阅利用；中国国家图书馆少数民族文字阅览室收藏有藏文古籍3500多部；中国藏学研究中心图书馆先后从全国各藏区搜集、购置约2000多函藏文典籍，其中包括纳塘版、德格版、卓尼版、北京版、拉萨雪版《大藏经》，除拉萨雪版之外，其余版本用于《中华大藏经（藏文部分）》校勘；中央民族大学图书馆现藏有藏文古籍1800多函；中国社会科学院民族学与人类学研究所图书馆有藏文古籍2500多部；中国藏语系高级佛学院图书馆也有藏文古籍数百部；北京图书馆在善本部设置的少数民族语文组，同样储存着大量的藏文典籍，约有3000函；故宫藏文典籍收藏于图书馆和保管部两处，虽尚未整理编目，但估计至少有1000多函；雍和宫收藏有章嘉活佛私人藏书等，其数量有数千函左右；法源寺收藏有藏文典籍千余函。

（2）现代藏文文献的分布

①各出版社发行的藏文图书情况

现代藏文文献一般是指1959年以后出版的各种藏文文献。新中国成立后在北京及5省区相继成立了民族出版社、青海民族出版社、甘肃民族出版社、西藏人民出版社、西藏藏文古籍出版社、四川民族出版社、云南民族出版社等8家出版机构。

其中青海民族出版社自成立至2006年，共出版了藏文图书3000多部（种）。西藏藏文古籍出版社以抢救、搜集、整理、出版优秀藏文典籍为己任，先后出版了《弟吴宗教源流》《当许噶塘蚌巴奇塔本古苯教文书汇编》等具有较高史料价值的一批孤本珍本，至2008年，已出版藏文典籍75部（种）、800余万册。已出版的藏文古籍中，年代最久远的典籍有 7 世纪吐蕃松赞干布时代的法规，被收录于《西藏历代法规选编》；《医马论著选编》中收录了 6 篇著于 8 世纪的珍贵藏医写本。民族出版社成立 60 年来出版藏文图书 2996 种，累计达 2745 万册，占全国藏文图书市场的 50%。至 2008 年，四川民族出版社用藏、彝、汉 3 种文字编辑出版了近 2 万种、3 亿多册各类图书，其中每年出版藏文图书 400 种。据了解，从 20 世纪 80 年代以来，随着藏区双语教学工作的推进，四川民族出版社出版的中小学藏文教材品种开始大幅度增长，年出版量达 300 余种，包括小学到初高中各科教材教参和中师、大学教材等。据不完全统计，1950 年至 1995 年底，国内共出版藏文图书（包括重版藏文古籍）4513 种，为广大藏学研究工作者提供了重要的文献资料。

②各图书馆、资料室的馆藏藏文文献的情况

从各图书馆、资料室等的馆藏情况来看，西藏自治区社会科学院图书馆现有藏文图书约 5000 册；西藏自治区图书馆现有藏文图书 7100 册、1800 种；西藏大学图书馆现有藏文图书 23050 册、3700 多种；西藏自治区藏医研究院文献室现有藏文图书 1000 多册；西藏自治区出版局现有藏文图书 3000 多册；西藏日喀则市职业技术学院现有藏文图书 8000 多册、3000 余种。另外中国国家图书馆少数民族文字阅览室现有藏文图书 800 多册；中国藏学研究中心图书馆有藏文图书 8000 多册；民族图书馆现有馆藏藏文图书 10000 多册；中央民族大学图书馆馆藏藏文图书 20000 多册；中国藏语系高级佛学院图书资料室有藏文馆藏图书 500 多册；中国社科会科学院民族学与人类学研究所图书馆有藏文馆藏图书 2000 多册。

（3）藏文历史档案分布

西藏自治区档案馆馆藏历史档案初步确认约有 300 余万件

（册），其中，除了元、明两代档案，清代、民国至1959年前的档案数量相当可观，这些档案90%以上皆为藏文历史档案。中国藏学研究中心与有关档案部门合作编辑翻译的档案史料汇编《元以来西藏地方与中央政府关系档案史料汇编》，全书共7册，总目为3247条，其中元代110条、明代334条、清代1938条、民国时期799条，附录66条。另有《中国第一历史档案馆所存西藏和藏事档案史料目录》《中国第二历史档案馆所存西藏和藏事档案史料目录》《甘肃省所存西藏和藏事档案史料目录》《青海省所存西藏和藏事档案史料目录》《四川省所存西藏和藏事档案史料目录》《云南省迪庆藏族自治州所存西藏和藏事档案史料目录》等，这些档案史料汇编和目录中，辑入了大量藏文历史档案文献，反映和记载了西藏及其他藏区的政治、军事、经济、司法、教育、文化、宗教等多方面的历史面貌，是研究西藏及其他藏区藏族历史的第一手资料。

2. 国外藏文文献分布

目前，除了中国国内，俄罗斯、英国、美国、法国、印度、日本、尼泊尔、不丹、蒙古等国家和地区也收藏有大量的藏文文献。此外，随着藏学研究的不断发展，目前匈牙利、意大利、德国、奥地利、澳大利亚、挪威、荷兰、波兰、丹麦、瑞典、瑞士、芬兰、加拿大、新加坡、新西兰、墨西哥、捷克斯洛伐克、比利时、苏格兰、保加利亚、巴基斯坦、韩国、马耳他、卢森堡、以色列以及港澳台地区等30多个国家和地区也有藏学研究机构或人员，在他们的大学、研究机构的图书馆或资料室里皆收藏有一定数量的藏文文献。

俄国人席林格（1786—1837年）于1830—1832年，曾在西伯利亚地区搜集蒙、藏文献，被认为是第一位拥有藏文大藏经《甘珠尔》的欧洲人。他曾雇佣20多人抄经，从而获得了2000多卷蒙、藏文献；后因帮助苏布林寺喇嘛用机器印刷经书，又获得了2500卷经书和一部纳塘版《甘珠尔》101卷。席氏的藏品，后来被亚洲博物馆所收藏，其中就包括席氏搜集的两大宗藏文刊刻本，3000余种。席夫内尔（1817—1879年）是国外第一个研究《十万龙经》的人。苏联科学院东方研究所列宁格勒分所的藏文藏书，有木刻本和写本共计18000多卷，被认为是国外最丰富的藏文藏书。另外，目前圣彼得堡大学收藏有3300函藏文文献，共计471种。

在英国，除了斯坦因收藏品的藏文文献史料，有华尔德的西藏手稿收藏品和木刻版2000余册，另有石碑拓片、抄录的碑文、唐卡等。华氏的藏品有300多册。英国的藏文文献收藏量，位居中国和俄国之后，列世界第3位。英国图书馆东方手稿和印刷书籍部有19部苯教文献，是1905年从尼泊尔堆波得到的；印度事务部图书馆有纳塘版《甘珠尔》105部、《丹珠尔》223部，另有纳塘版《甘珠尔》96卷和370部手稿；牛津大学有91卷纳塘版《甘珠尔》，另有曾编辑出版藏传佛教系列丛书的伊文斯·温兹的遗产；剑桥大学有4卷《松赞干布传记》，另有《甘珠尔》德格版103卷、拉萨版100卷、纳塘版224卷和部分微缩胶卷及复制品等。其他图书馆也有少量的藏书，如伦敦大学东方和非洲研究学院有藏文木刻本、写本、苯教文献、世俗学术作品等；约翰赖兹大学曼彻斯特图书馆有16部藏文手稿和纳西文资料及其藏文译本；爱丁堡大学图书馆、格拉斯哥大学洪特里博物馆有部分藏文手稿；伦敦皇家亚洲学会有相当多的藏文书籍，包括50多部手稿；维尔康医学史学院所属奥斯顿图书馆有重要的藏医文献；基督教文献收藏地有佛经原文、《圣经》藏文译本等。

日本在国际藏学界占有重要地位，出现过许多著名的藏学家，同时，日本学者非常重视文献的收集、整理工作。大谷大学收藏的藏文文献，除了《大藏经》，另有藏文写本 600 种，木刻本 3100 种，共计 3700 种。另外，由日本学者整理出版的《有关西藏研究的日文、汉文文献目录 1877—1977 年》中，共计有 6472 种文献，其中日文 3853 种、汉文 2619 种。根据"480 公共法案"（Public Law 480），印度政府曾以书籍形式支付美国的欠款。自 1961 年开始，大量被选定的在印度出版图书的复本流向了美国各个图书馆。在此基础上，1999 年，金·史密斯及美国哈佛大学教授范德康（Leonard van derkui jp）等在美国波士顿创建了 TBRC（藏传佛教资料中心），对金·史密斯个人藏品为主的藏文文献进行整理、编目及数字化加工，至 2006 年，TBRC 已从世界各地收集了 12000 函珍贵的藏文文献。也有人认为，金·史密斯个人藏品的数量可能已达到了 25000 函。喇孜—当代藏文化图书馆，是美国利众基金会的项目之一，该馆设在纽约，收藏有 1 万多本藏文图书和 1 万多份报纸杂志。1981 年，《宁玛派大藏经》在美国出版，以德格版为主进行校勘，有 5096 种，共印 108 部，送给了美国、澳大利亚、印度、蒙古、日本等国家的图书馆和研究机构。

印度锡金南加藏学研究院创建于 1958 年，主要致力于推进锡金地区的藏学研究。南加藏学研究院图书馆是世界上藏学著作藏书最丰富的图书馆之一，它还有一座博物馆，主要收藏西藏造像和佛教艺术品。1964 年，南加藏学研究院创办藏学刊物《藏学通报》（Bulletin of Tibetology），多年来它还出版了许多藏学图书。作为研究院的一项新的研究项目，南加藏学研究院的研究人员已经完成了清点锡金地区 60 多座寺院的历史文献工作，并对其进行数字化加工。根据 20 世纪末的统计数据，该研究院收藏有近 2 万种藏文古籍。另外，据 TBRC 工作人员介绍，波罗奈斯藏学院等公立图书馆和一些寺院收藏有大量藏文文献，其中两家公立图书馆的藏量远远超出了 TBRC，即收藏总量超过 1.2 万函。

不丹国家图书馆建于 1967 年，自建立以来一直致力于收集和保存有关宗教、文化、历史等的传统文献。目前该馆收藏有写本、木刻本 1500 种，其他书籍 2600 种。在这份统计数据中，把某一作者的作品视作一种。事实上，这些作品多以某人的文集形式出现，而藏文文集类作品，每一种少则 10 多部（种），多则超过了 100 余部（种），因此，实际上该馆的藏书量不止上述统计数字。此外，该馆还拥有约 9000 块木制和金属印经版。

在尼泊尔，有一座藏文古籍图书馆，截至 1993 年已经收集了 6 万余册藏文古籍，其中不乏藏区本土少有的珍本，引起了世人的瞩目。

（三）藏文文献知识分类体系研究

最早，西藏的目录学，对藏文古籍文献有较为严格的分类。根据著名藏族学者东噶·洛桑赤列教授的《西藏目录学》中的介绍，藏文古籍文献主要包括《甘珠尔》《丹珠尔》、声明、工巧明、医方明、诗歌、辞藻学、韵律学、戏剧学、星象学、历史学、目录学、哲学、教派、菩提道次第、新秘咒、旧秘咒、文集以及各种散论等 19 类。

藏文文献分类，顾名思义，就是对藏文文献进行分门别类的编排、登记和研究学问，它是藏学研究中最基础性、也是最重要的工作。藏族贤者们在几千年前就意识到了"辨章学术，考镜源流"的重要性。自公元 8 世纪始，吐蕃赞普赤德松赞在位时，就曾命译师噶哇贝泽等人对当时的佛经文献进行了系统的收集整理，编纂完成藏文三大目录，之后又在几代高僧大德们的努力下，藏文文献目录研究不断推上新台阶。时至今日，这种优良的传统仍被很多后继者们继续秉承和弘扬，为未来藏学研究带来了新力量。

1. 藏文文献分类初创时期

公元 7 世纪，佛教从印度和中原传吐蕃，并受到了吐蕃王室的重视，继而大量的佛经从梵文、于阗文等被译成了藏文。吐蕃赞普赤松德赞在位期间，又迎请了菩提萨埵、莲花生、毗若杂那等大师到藏区传法，他们所讲的经典及论著也陆续被译成了藏文。之后，随着译经和注释、注疏不断增多，对这些典籍文献进行分类也成为当时亟须解决问题。

公元 8 世纪末，吐蕃赞普赤德松赞即位后，就命译师噶哇·贝泽、班第却吉尼波、班第德威扎等人将存于旁塘噶麦佛殿的所有藏书进行了分类登记和编目，编制完成了《旁塘目录》；此后，又命译师噶哇·贝泽和昆·鲁益旺布对藏于东塘丹噶宫殿中的藏译佛语经典及注释、论典进行校订并编制完成了《丹噶目录》；之后，又有译师噶哇百则、完德贝泽热支达等对存于钦普宫的所有佛教经典和论著进行了系统整理，编制完成了《钦普目录》。至此已编纂完成的三部藏文典籍目录，后人称之为藏文三大目录，这三套目录为后来编制藏文《大藏经》目录和藏文文献分类奠定了重要的基础。然而因社会变迁和政权交替，《钦普目录》已散失，另外两部目录则因编录于其他典籍而流传下来，这两部目录也是我们目前所能见到的最早藏族典籍文献目录。下面我们就对这两个目录的分类，进行简要梳理和分析。

《丹噶目录》（公元 8 世纪），全名为《堆塘丹噶宫中所译一切经论之目录》，简称《丹噶目录》，由昆·鲁旺布等人编纂，原本于 13

世纪流失，但其内容被布顿大师抄录于大藏经《丹珠尔目录》杂部中流传至今，目前收录于纳塘版、北京版、德格版大藏经中。这套目录把收编的藏文文献分为了27类，共收录佛教典籍700余种。这套目录的最大贡献就是避免了译经的重复，并对藏文译经著作首次编目和分类，为佛教典籍的系统编排和整理提供了很好的帮助，而且极大地便利了佛教僧人对经典的查阅和研读。这套目录中大部分论著末尾还附有一些藏族学者著作。

《旁塘目录》（公元8世纪末），全名为《先前法王和诸译者所编藏于雅垄旁塘噶美之甘丹经典要目》，简称《旁塘目录》，由译师噶哇·贝泽、班第却吉尼波等人编制，这部目录现保存于西藏自治区博物馆，全部文献共分37个类，收录文献960余部。

这套典籍目录最大特点就是在目录中设置了一、二级目录，在类目的划分上更加细致；另外在文献著录上出现有"未经校对的经论、未审校之佛经、译跋未收录书目以及旧经典等"，对文献版本考证和校勘等方面表现得更为细。在版本的考辨方面，明确标注有"译自什么地方佛经目录"，为研究佛教典籍考证方面提供了很好的参考信息。在文献版本校勘方面，也注明了版本的出处、异同等情况，使文献信息更加清晰明了。

以上两部目录著作为我们研究吐蕃时期藏文典籍文献提供了很好的文献资料，而且对于研究早期佛教典籍可谓宝贵的古籍书目，其资料价值不但在于文献书目的查阅，而且在文献版本考证、校订以及佛经翻译和文献史研究等方面也提供了很好的资料。

2. 藏文文献分类发展时期

藏文三大目录的编制完成，藏文文献的编纂分类提供了很好的实践经验和方法。到公元14世纪以后，藏文典籍目录的编纂之风开始兴盛起来。这一时期,藏文文献目录学史上出现了很多著名的目录著作,从整体上看,这些目录作品可以分为两个方面:一是藏文《大藏经》的目录,二是藏文古籍综合目录分类。

(1) 藏文《大藏经》目录分类

藏文《大藏经》是藏文典籍文献的重要组成部分,内容除了佛教经、律、论以外,还汇集了天文、历算、诗歌、医药、文法等文献,以德格版藏文《大藏经》为例,共收录的文献就达4500余函。藏文《大藏经》共分为《甘珠尔》和《丹珠尔》,因历代多次校勘和增补,产生了多种版本和目录。但其分类体系自布顿大师编制《大藏经》目录后已基本定型,部类和大类划分上没有大的变化,而若干小类划分因版本不同而略有差异。

藏文《大藏经》的目录编纂有着漫长的历史过程,最早可以追溯到公元14世纪。公元1312年,前藏学者觉丹热智与洛色绎曲益希、索南俄也等人把全藏所能找到的《大藏经》原本收集起来,经校订、编纂完成了《大藏经目录论典广说》和摘要《甘珠尔目录太阳之光》,并且编订了《甘珠尔》和《丹珠尔》的简要目录。之后,噶举派僧人蔡巴·贡噶多杰在蔡巴任万户长时(1323—1348年),把拉萨蔡巴贡塘寺的佛典收起来,在布顿大师的帮助下编纂完成了《蔡巴甘珠尔》。1334年,又在夏鲁古尚·贡噶顿珠为施主下,聘请布顿大师主持编辑了《丹珠尔目录宝鬘》,从而基本完成了藏文大藏经《甘珠尔》和《丹珠尔》的分类。布顿仁钦珠编订藏经目录在"广收显密经典及有关释论,并以印度、克什米尔、金州、僧伽罗、乌仗那、萨塈、于阗、汉地和藏地诸大德高僧所译著的各种经论,及丹噶、钦朴、旁塘等目录,奈塘《甘珠尔》目录,大译师仁钦桑布译著目录和鲁梅等人对显密经典的分类为根据,编览新译教典及诸寺院所藏经籍，详加考证。在此基础上把译典分为经部和密续部两部分，又各分佛部和论续部两大类"。

《大藏经》分为《甘珠尔》和《丹珠尔》两部分，内容除了经、律、论，还有因明、声明、医方明、工巧明等。子母类层次分明，而且还下分二级和三级类目，从整体上看清楚明了。布顿编纂目录分类法也成为后人对藏文大藏经进行分类的方法，被广为借鉴，它最大的突破就是解决了藏文大藏经的分类体系问题和类目的分类问题。

公元14世纪以后，藏文《大藏经》的编纂开始兴起，出现了版本众多的藏文《大藏经》目录，这些著作按时间依次有觉丹热智等人编制的《大藏经目录论典广说》（1312年）、洛色降曲益希编纂完成的《纳塘目录（又称日光目录）》（1320年）、布顿大师编纂的《蔡巴甘珠尔目录》（公元14世纪中叶），又有布顿大师编纂的《教法史经录》（1332年）、《丹珠尔目录如意宝鬘》（1334年），译师仁钦南杰编订的《丹珠尔目录如意宝箧》（1362年），红帽系第六世活佛却吉旺秋编制的里塘版《甘珠尔目录》（1609年），第悉桑杰嘉措编订的《丹珠尔目录：催开三界快乐莲池之阳光》（1687年），沃喀活佛洛桑赤列编制的《佛说甘珠尔三界严饰神幻乘之目录》（1728年），丹巴泽仁编订的德格版《甘珠尔目录》（1729年），楚臣绕钦编订的德格版《丹珠尔目录》（1737年），卓尼僧人杰尊扎巴编纂的卓尼版《甘珠尔目录》（1737），嘉木样二世活佛久美旺布编订的卓尼版《丹珠尔目录》（1772年），第七世班禅大师丹贝尼玛编订的拉加《甘珠尔目录》（1814年），喜饶嘉措大师编纂的《西藏大藏经印版目录》（19世纪），帕蚌卡活佛等诸位大师编制的雪版《大藏经目录》（1921年）等。

(2) 藏文古籍综合目录分类

随着藏文文献新著作的不断涌现和旧著述的不断积累,藏文文献的编纂、整理以及分类方法逐渐细化,形成了较为系统完善的分类体系。旧的文献目录和分类体例已无法满足人们的需要,故而出现了一些新的综合书目。这些目录分类既有读者目录,也有馆藏目录、排架目录,其体例独具创新,而且在分类编排上更具有当代学科分类特点。下面我们就对这些新出现的藏文文献分类法,做简要介绍和分析。

19世纪,喜饶嘉措大师按照藏文《大藏经》的经籍书目特点编制了《西藏大藏经等所有经籍的印版目录——催开利乐莲苑之阳光》。这部目录把所收集文献共分为了21类,其内容既包含了大五明和小五明,还外加了历史和传记类,并在类目置于第一位,其分类方法上具有独创性特点。

1959年,拉卜楞寺对全寺藏文文献按照内容性质分类编制了拉卜楞寺《藏书目录》。这部目录共分为17类,在分类上首次加入科学技术类,编排方式上前面为医学和工艺类,中间为文学,最后为佛学,分类主题鲜明。1985年,东噶·洛桑赤列教授在多年目录工作实践和自己收集的文献编目的基础上,创制了改进目录编排和分类的十九分法,并发表于《藏文文献目录学》一书中。这部著作首次运用当代学科研究方法,重构了藏文文献分类框架,分类方法既传承了藏学学科分类,又符合当下的学科研究分类需求,是目前藏文文献分类中的经典著作。

1988年,朱古顿主仁波切在藏文文献研究工作实践和藏族传统的分类方式基础上,把藏文文献分为宗教文献和世俗文献两大类。这套分类法是朱古顿主仁波切于1988年在纽约发表英文版著作《西藏的佛教文明》中提出的，后通过中国社会科学院格萨尔研究所诺布旺丹研究员翻译发表在 1992 年第 2 期《西藏研究》上。他依照藏族传统的分类方式，对文献进行了追根溯源式分类，较偏重于按文献成书历史年代进行划分。

1992 年，中央民族大学图书馆杰当·西饶江措在借鉴东噶·洛桑赤列教授十九分类法、拉卜楞寺藏文典籍总目十七分类法等基础上，结合自己多年的工作经验创制了九分法，这个分类法发表于《中央民族学院学报》1992 年第 4 期上。此分类法总括藏文典籍文献资源内容特点，用传统的大藏经和五明学类划分主干，而且在类目分类上更具科学性，主干下首次运用了一些的新的分支，如工具书类、格萨尔王传、音乐、图书馆目录、游记等，是新时期藏文文献分类法科学性的一次尝试。

20 世纪，中国藏学研究中心图书馆基于馆藏藏文古籍文献的特点、藏书量，又结合科研的需求和阅览的方便，对馆藏藏文文献进行了五大分类。其特点是将佛教大藏经和苯教大藏经分为 3 个部分，便于排架和查找，尤其在图书馆借阅和流通环节中极其实用；另在全集和综合部分中又下分 3～4 个类目，主干和分支突出，非常适合于当前各图书馆藏文古籍文献排架和管理。以上这些分类方法独具特色，实用性很强，对于馆藏藏文文献资源管理具有很高的参考价值。

目前，很多馆藏藏文图书馆都通过图书馆集成管理系统来完成文献信息的分类和编目工作，除了古籍书，大部分都依照国家图书馆《中国图书馆分类法》编辑委员会编写的《中国图书馆分类法》进行。这套分类法到 2010 年已编辑出版至第五版，基本大类以英文字母顺序 A～Z 进行分类，共分 22 个大类。

二、藏文文献数字化建设

（一）国内藏文文献数字化建设现状

在国内，一些寺院和个人网站建设了部分藏文古籍图像数据或文本数据，但其数据量不大。

西北民族大学图书馆曾扫描加工部分藏文古籍，并研制了藏文识别系统。国内出版界，西藏人民出版社、西藏古籍出版社、中国藏学出版社、民族出版社等8家藏文图书出版社通过使用多种软件（字体）出版了数千种古籍和现当代藏文图书，这些被认为是世界上最庞大的无形的藏文图书数据库。但是，至今仍未建起一个可供利用、共享的电子文献资源数据库。因此，目前国内藏文古籍、图书等的数字化建设工作尚未大规模展开，藏文文献借阅基本上仍处于卡片式借阅以及简单的目录查询阶段，藏文文献数字图书馆建设基本处于空白。

近年来，由中国藏学研究中心牵头，联合全国藏文学术期刊编辑部共同创建了中国藏文学术期刊网。该网站是以藏文学术期刊为核心资源的公益性数字化网络资源服务平台，目前已初步具备资源查询、阅读、下载、统计等功能。现已上传《中国藏学》《西藏研究》《西藏大学学报》等5种期刊1000余篇文章。维普网目前收录有中文报纸400种、中文期刊12000多种、外文期刊6000余种；已标引加工的数据总量达1500万篇、3000万页次，其中包括《青海民族大学学报》等少量藏文期刊数据。

"云藏"是由青海海南藏族自治州藏文信息技术研究中心负责研发的全球首个藏文搜索引擎，于2016年8月22日正式上线。目前，"云藏"数据库包括新闻、网页、图片、视频、音频、百科、文库等8个模块，其数据主要来源于"文库"及"藏地阳光"等49个藏文网站。若以主题词藏文"བོད"字进行搜索，其结果显示源自"文库"的数据总量为2600余条，这说明目前数据库还处于正在建设阶段。另据网络信息，"云藏"数据库完善后，将成为全球最大的藏文电子图书馆。另外，"佛教在线网"于2008年完成了藏文《大藏经》网上发布工程。

内蒙古医科大学图书馆正在建设蒙医药信息服务平台，该平台特色数据库包含"馆藏藏医药全文数据库"，计划加工馆藏藏文藏医药图书。

西藏大学图书馆与现代教育技术中心，依托CADAL（大学数字图书馆国际合作计划）项目，自筹经费完成了对国内藏文期刊、现代图书、西藏大学等民族高校的藏文学位论文的数字化加工和藏文文献资源服务平台研发工作，建成了藏文文献资源中心——中国藏文文献资源网。目前，已完成35种藏文期刊、1000余篇硕士学位论文和近4000种现代藏文图书的建库工作。自2013年7月试运行以来，资源访问量呈明显上升趋势，月访问量最高达40余万人次。2015年3月19日的数据统计显示，目前已审核通过的资源有35 734条，其中现代图书近4000种、120万页，期刊35种、6万余页，学位论文1000余篇（部）、10余万页。

西藏大学藏文文献数据库的建成及对外服务，对西藏大学乃至国内民族院校的教学、科研，对相关藏学研究机构的科研活动具有重要意义。

首先，目前，国内许多涉藏科研机构在资料搜集、查新等方面，藏文资料的查阅多依赖于纸质文献资料，给研究工作带来了极大的不便。藏文文献电子数据库的建设及资源共享，可进一步丰富第一手资料，提高科研质量和效率。

其次，对于高校教育教学而言，特别是各民族院校的教育教学，皆面临着本科生、研究生撰写毕业论文、学位论文等问题。在这些方面，传统的纸质藏文文献查阅已跟不上时代的步伐，其数据的不全面性及查阅困难等严重影响了教育教学质量。同时，高校中有大量的科研工作者，对他们而言，高质量的全面的现代电子数据库必不可少。从藏文文献数字化加工现有成果的使用率及其意义来看，这项工作有较好的建设发展前景，对于我国藏学研究事业、高校教育事业等方面具有较强的现实意义。

再次，对于境外的藏学研究机构、学者而言，也具有重要的借鉴意义。由西藏大学图书馆建设的"中国藏文文献资源网"，在试运行期间月访问量最高达 30 余万人次；"阳光藏汉机器翻译"目前日点击量也在万余人次，其用户群除了来自国内藏区，还有来自世界十余个国家和地区的用户。以上情况说明，藏文文献资源数据库的受众面涉及世界多个国家和地区。

（二）国外藏文文献数字化建设现状

藏文文献数字化加工在国外起步较早，已初具规模。目前，主要有美国弗吉尼亚大学雪域数码图书馆（The Tibetan and Himalayan Digital Library）、印度锡金藏学图书馆、日本大谷大学图书馆——真宗综合研究所西藏文献研究数字图书、美国藏传佛教文献中心（TBRC）以及一些私人建立的藏文文献数据库等。

1. 藏文文献数字化在美国的情况

（1）美国藏传佛教文献中心

截至 2012 年 12 月，美国藏传佛教文献中心已经完成 16000 函藏文古籍文献的数字化加工。网站检索词文种包括英文、中文和藏文 3 种，该网站主页有著作、地点、人物、大纲、主题等五大类。

主题，按藏族传统十大学科分类，包括内明学、医学、工巧学、诗学等 10 个方面的内容；著作按文献的类型包括《甘珠尔》《丹珠尔》文集、伏藏、传记等八大类；大纲主要有历史、游记、参考资料、诗歌等 6 个方面的内容。历代藏族著名大师的文集文献，通过教派和时间两种形式划分，教派按藏文字母顺序排列；时间按世纪排序，每个世纪后面附有著名大师的数量，如 18 世纪有 249 人等。人物检索词包括作者姓名、生卒年、性别、师徒姓名、文集总目录、子目录及具体文献名等。目前，网站上传文献 900 万页，其中包括 7000 位藏族学者信息和 2 万条古籍子目录信息，并有专人负责校勘和更新内容。检索途径，采用了藏文拉丁转写系统，数字化的加工格式为 pdf/tiff。

（2）美国喇孜当代藏文化图书馆

该网站有藏学期刊题录库，录有中国境内出版发行的有关藏学期刊论文题录与当代图书目录。检索途径为藏文拉丁转写系统。目前，其当代藏文图书和报纸杂志的数据量达 2 万余条，有 4 名工作人员。

（3）弗吉尼亚大学雪域数码图书馆

由戴维·吉玛诺博士创建，其宗旨是"提供一个进行公开资讯和研究藏文化的场所"。目前，该图书馆搜集和提供多语种书籍档案、多媒体资料以及其他科研资料。弗吉尼亚大学的藏学研究专业创建于 1973 年，属美国较早的藏学专业之一，目前是全美洲最大的藏学研究机构，拥有 3 位全职教授和以从事藏学研究为主的 30 多名博士、硕士研究生。

2. 藏文文献数字化在英国的情况

雪域数码图书馆，据称是目前国际藏学界最大的藏学研究传媒工具。英国国际敦煌项目（http：//Idp.bl.uk），此数据库中可以在线浏览的英、法藏敦煌文献 300 多页，有待加工数字化的有 1 万多页，最后将达到 11768 页的数据量。数字化的加工格式为 pdf。

3. 藏文文献数字化在印度的情况

印度锡金南加藏学研究院主要致力于推进锡金地区的藏学研究，研究领域包括宗教、历史、语言、艺术、民间文化等。目前，研究人员已经完成了锡金地区寺院所藏历史文献的搜集、整理工作，并完成了数字化加工。同时，开展搜寻、数字化并归档古旧稀有的锡金、印度乃至海外图片。这项计划创立了一个数字图书馆，并已开始对外开放。该研究院还建立了一项影视人类学计划，以便制作永久用数字保留的锡金本土行将消逝的佛教文化。

4. 藏文文献数字化在尼泊尔的情况

尼泊尔自 1958 年以来搜集了 17 万份藏文写本和约 500 万片微缩胶卷，另搜集了藏文文献 1 万卷，梵文文献 11 万多卷，并对其进行数字化加工，建立了电子资源数据库。1970—2001 年，尼泊尔国家档案馆与德国汉堡大学亚非学院印度学和藏学系合作开展尼泊尔—德国写本保护计划（NGMPP）项目，共收藏 18 万部各种典籍，其中藏文典籍约有 3 万部。

三、藏文信息处理研究

藏文是一种具有 1000 多年历史的拼音文字，是藏族人民交流思想的工具，是世界公认的成熟文字之一。信息时代，在党和国家领导人的高度重视下，北京、上海、西藏、甘肃、青海等地的一些院校及科研机构纷纷开展藏文信息处理研究，研制开发了较多的藏文信息处理系统，推动了藏文信息处理技术的发展，取得了较好的成绩。本文从藏文的字、词、句、段、篇的特点，信息处理方法以及取得的典型成果等方面梳理近 20 年藏文信息处理发展的脉络。

（一）藏文信息处理研究现状

藏字是由藏文字符的构件组合而成的，其构件包括藏字的辅音字母、元音符号、藏文数字以及一些特殊符号。藏字虽由 30 个辅音字母和 4 个元音符号拼写组合而成，但字符不仅具有从左到右的横向排列，还具有从上到下的纵向叠加，从而构成二维的"平面文字"。在现代藏文文法中，关于藏文字符构成藏字具有很严格的约束。这些特征加大了计算机处理藏文字符的难度。

1. 藏文字的处理

对藏文字符各种属性的研究从 1992 年开始，主要研究内容包括：用不同的样本统计藏字构件频度、藏文音节的构词、藏字字长、藏文音节的结构方式、藏文音节中字符位置、藏文叠加结构线性处理统计分析、书面藏语的熵值、字丁熵、音节的相对熵值和绝对熵值、藏文字符、部件、音节、词汇频度与通用度、现代藏字全集的个数、藏字的字长、藏字的结构方式、位置特征、字符频度以及所有现代藏字中的整基字丁、词汇的频度（频率）、累计频率以及通用度、藏文字符的向量模型及构件特征，等等。这些研究所用的样本并不相同，但研究结果很接近，为藏文信息处理技术的研究提供了翔实的数据。

2. 藏文词的处理

（1）藏文的分词

藏文文本中每个字（音节）用"隔音符"隔开，用音节组成词，没有词标记，词具有黏着性。藏文具有中文类似的分词问题，比中文的分词更复杂。随着藏文信息技术的发展，藏文的分词经历了字典匹配、规则、深度计算等过程。研究者提出了藏文分词的一些算法、歧义和未登录词的解决、一种基于格助词和连续特征（BCCF）的书面藏文自动分词方案、藏文自动分词中紧缩词的识别与还原、融合无监督特征的藏文分词等方法，实现了 SegT、班智达藏文自动分词、央金藏文分词等系统，并制定了《信息处理用藏文分词规范》国家标准。

（2）藏文的词类划分

2003年开始不断有人提出藏文词类划分问题，先后提出了26个类的藏语词语分类体系，依据词的句法功能将藏语词类分为14个大类和26个基本类，设计实现了基于 HMM 藏文词性标注系统等，现以23个大类91个细类制定了《信息处理用藏语词类标记集》国家标准。

（3）藏文命名实体识别

藏族人无姓，一般用星宿、自然界的物体名、祝愿或吉祥词等有实意的词作为名，当出现一个类似于名的词时，要判断是否是人名难度较大。近年来，研究人名自动识别的较多，有基于层次特征、条件随机场、统计与规则相结合、最大熵和条件随机场模型相融合等方法。研究指出，藏文人名识别的 F 值能达到93%～95%。

3. 藏文句子的处理

藏文文本也没有显示的句子标记，为了达到计算机"理解"藏文文本的目的，近年来，研究者从形式上研究了藏文句子自动断句方法、藏文句子边界识别方法、藏语单句的类型等；从语义上研究了藏语语义本体中的上下位关系模式匹配、基于信息处理的藏文框架语义关系、基于依存关系的藏文语义角色标准和藏文属格结构统计等。但由于藏文句子以逻辑、句意为主，从形式上断句较难，在语义理解的基础上再断句可能效果会更好。

4. 藏文机器翻译研究

研究者于1995年开始研究机器翻译，并先后推出了汉藏科技机器翻译系统原型系统、"班智达汉藏公文机器翻译系统"等。随着计算机技术的发展和深度学习技术的应用，藏文机器翻译也取得了比较好的研究成果，近几年推出了面向行业的藏汉机器翻译系统及通用的藏汉机器翻译、汉藏机器翻译系统。2011年第七届全国机器翻译研讨会CWMT2011中，中国科学院软件所、东北大学自然语言处理实验室、哈尔滨工业大学机器智能与翻译研究室、厦门大学、中国科学院计算技术研究所和中国科学院自动化研究所等6家单位参与了汉藏政府文献机器翻译评测。2015年第十一届全国机器翻译研讨会CWMT2015中，中国科学技术信息研究所（ISTIC）在开发集上测试了6个翻译系统，并用4个系统分别使用1best的翻译假设和100best的翻译假设进行了系统融合。

5. 藏语资源建设

资源是计算机对藏文文本进行属性统计和机器学习的材料，从1999年开始就出现了数据库和其他一些资源的建设，并先后建立了500万音节字的初级平衡语料库、1.3亿字的大型藏文语料库和1.5亿藏文字符的大型藏文平衡语料库。近几年为了机器学习，很多单位也建设了一定规模的双语平行语料、双语字典，等等。

6. 应用研究

20世纪80年代中期，研究者将CCDOS2.13扩展为TCDOS来完成汉英文系统兼容藏文操作，并开发了可挂接在WPS下的藏文轻印刷系统——兰海藏文系统以及藏文操作系统ZWDOS和TCE藏汉英文信息处理系统等。在信息产业部"藏文软件开发专项"的支持下，研究者研制了Linux藏文处理系统和Linux/Windows跨平台藏文办公套件、跨平台的藏文办公套件 TibetanOffice、中标普华 Office 藏文版 V3.0、基于 Windows XP 藏文操作系统和基于 Linux 藏文操作系统等一系列支持藏文处理和藏文软件的系统。此外，研究者还提出了藏语计算机排序方案、藏语自动排序的规则、藏文排序的数学模型、引入藏文字符集扩展集 A 中的 UNICODE 编码为排序码、藏文字笔画编码排序等思想，开发了藏文拼写检查系统、藏文文本自动校对、藏文转码软件、藏文拉丁转写、藏文电子词典等。现在藏文不仅应用于 PC 机等计算上、还广泛应用在手持移动设备中，得到了 IOS、Android 等系统的支持。

（二）藏文信息处理在数字化建设中的应用

1. 藏文字符输入技术

藏文字符的输入是计算机处理藏文的基础和首要任务。藏文字符的键盘输入技术的研究最早，接着国家标准 GB/T 17543—1998《信息技术藏文编码字符集（基本集）键盘字母数字区的布局》被制定，藏文构件输入法、藏文的拉丁输入法、基字输入法、区位输入法、藏文音形输入法等相继被提出。然后是藏汉西文混合输入和编辑的藏文处理系统——TCES、外挂式藏汉英混合处理系统、HT-藏文轻印刷系统、Sambhota、同元藏文字处理系统、班智达藏文字处理系统、藏大岗杰藏文输入系统等得以实现。之后，北大方正、华光集团等开发了相当成熟的藏文激光照排系统，广泛应用于藏文报刊、书版印刷出版界。2007 年 1 月，微软发布了新一代操作系统 Windows Vista，该系统自带藏文字处理系统，使得藏文的处理能力达到与英文和汉文相同的级别。近几年手持智能设备中也设计并实现了藏文的输入，苹果系统也自带藏文字符的处理，藏文的输入从计算机操作系统扩展到了 IOS、Android 系统上。最终，藏文字符的键盘输入按照藏文字符拼音性特点，以德沃拉克（Dvorak）原理把藏文字符构件布局在键盘上，以构件作为输入单位进行输入。

随着模式识别技术的发展，现代藏文识别的行切分法、藏文基本字符识别用投影法、基于字符轮廓信息的藏文笔段提取算法、外围轮廓笔画特征提取法、基于统计的 Markov 模型和藏文音节拼写规则、音节和词的 Markov 语言模型、词匹配的藏文识别后处理和统计与语法规则相结合等方法相继被提出，手写藏文识别系统得以实现。2003 年 11 月，清华大学电子工程系与西北民族大学合作研发的"多字体印刷藏文（混排汉英）文档识别系统"，对藏文乌金印刷体的识别率较高，达到了应用水平。近几年，藏文的识别研究除了藏文现代印刷体、传统雕版印刷体的字符识别，还拓展到藏文乌金、乌梅手写体的识别，也推出了部分系统。

藏族的语言主要分为卫藏、安多、康巴三大方言，但同一种方言中各小方言也有很大的差别，这无疑加大了藏文语音处理的难度。研究者提出了从文字上对藏文声母和韵母拆分的"字丁分解法"、安多方言夏河话音节音联结构、采用波形拼接技术构建藏语语音库、基于隐马尔可夫（HMM）的藏语文本信息预测重音标注、短时能量等短时分析方法在藏语语音处理中应用等方法，建立了藏语 13 个方言点的方音数据库。2016 年 11 月，西藏大学·讯飞语音及语言联合实验室发布了基于藏语合成、藏语识别、藏汉翻译等研究成果的藏语智能语音云平台，推出了三位一体藏语输入法，是全球首款基于蜂巢输入模型的全能藏语输入软件。

2. 藏文字符的表示、存储、交换

在藏文编码的制定过程中，针对藏文字符在计算机中表示、存储与传输时涉及的藏文字符的编码问题，研究者提出过综合编码方案、《信息交换用藏文编码字符集辅助集》的方案和《藏文编码字符集构件集》等设想,这些方案也被用在一些自制系统的研发上。

  1993年,国家技术监督局、电子工业部、西藏自治区有关部门正式承担起草《信息交换用藏文编码国际标准》的工作。藏文编码研究人员历经4年藏文编码标准的制定工作,于1997年7月在国际标准化组织(ISO)和国际电工委员会(IEC)第33届编码标准第二工作组(WC2)会议上,表决通过了藏文编码的国际标准ISO/IEC10646—1997《藏文编码字符集基本集》。1997年9月,国家技术监督局批准《广西科学院学报》2018年2月第34卷第1期发布该标准为国家标准GB16959—1997《信息技术信息交换用藏文编码字符集基本集》。该国际、国家标准的制定是藏文信息处理的里程碑,标志着藏文信息处理正式走向世界。同时,藏文也成了国内第一个具有国际标准的少数民族文字。

  藏文《基本集》以藏文字符构件为编码对象,由于当时的技术原因,无法只用藏文的《基本集》完成藏文字符"二维平面"的显示和打印。2003年,全国信息技术标准化技术委员会、信息产业部电子工业标准化研究所组织来自西藏自治区藏语文工作委员会、西藏大学、西北民族大学、青海师范大学以及内地有关单位的专家,以"纵向叠加"的字符组合块"字丁"作为编码对象,制定了《信息技术藏文编码字符集扩充集A》和《信息技术藏文编码字符集扩充集B》推荐标准,把"二维平面"的藏文字符简化为"线性字符"来处理,并应用到一些系统中。直到2007年,微软推出的Windows Vista系统全面支持藏文OpenType布局表的执行后,藏文字符的处理仅基于《基本集》就能完全实现,藏文字符的编码也统一到国际、国家《基本集》标准上了。

3. 藏文的输出、打印

藏文从左到右"线性"排列的同时具有从上至下的叠加，从而构成二维的"平面文字"，该特性增加了藏文字符处理的难度，字体也从点阵字体发展到 TrueType、OpenType 字体。GB/T 16960.1—1997《信息技术藏文编码字符集（基本集）24×48 点阵字形第 1 部分：白体》《信息技术藏文编码字符集（基本集及扩充集 A）24×48 点阵字形吾坚琼体》《信息技术藏文编码字符集（基本集及扩充集 A）24×48 点阵字形朱匝体》《信息技术藏文编码字符集（基本集及扩充集 A）24×48 点阵字形白徂体》等标准先后被制定，相应的点阵字库和 Ture－Type 字库也被推出。

基于 Unicode 标准编码，为了满足藏文既有横向拼写性，又有纵向拼写性的特点，研究者对 Open－Type 技术在藏文字库设计中的应用进行研究。2005 年后 OpenType 藏文字库的技术逐步成熟起来，国内外相继推出 50 多种不同风格的藏文 OpenType 字体，并得到了广泛应用，满足了藏文字符处理的各种需求，标志着藏文信息处理技术"字"的研究走向了成熟。

4. 信息检索与提取

近几年，人们对藏文信息检索、信息提取等方面的研究较多，也取得了较好的成绩，研究者提出了基于 Lu－cene 的藏文信息采集及检索、藏文网页倒排索引、基于奇异值分解的藏文 Web 不良信息检索、基于向量空间模型的藏文文本信息检索、语义词库管理的藏文语义检索等藏文信息检索方法，也提出了基于卡方统计量的藏文网页关键词提取、基于文本密度的藏文网页正文提取等藏文文本提取方法。特别是青海省海南藏族自治州藏文信息技术研究中心于 2016 年 8 月正式上线运行的"云藏"藏文搜索引擎，为藏文信息资源的检索和提取提供了保障。

5. 藏文文本检测与情感分析

研究者通过研究提出了藏文文本情感分析方法、基于 HTTP 协议的实时监控技术、基于藏文网络的舆情传播模型、基于多特征的藏文微博情感倾向性分析、深度学习算法在藏文情感分析中的应用等藏文文本监测与情感分析的方法，也开发了部分测试系统。

第三节　新疆地区图书馆特色资源建设现状

新疆是一个多民族聚居的地区，许多古老的民族曾在这里繁衍生息，发展经济、文化。新疆地域辽阔，地大物博，民族众多，民俗奇异。在这片肥沃而奇特的土地上，聚居着 47 个民族，其中以汉族、维吾尔族、哈萨克族、回族、柯尔克孜族、蒙古族、锡伯族、塔吉克族、乌孜别克族、满族、达斡尔族、俄罗斯族、塔塔尔族等为主。在漫长的社会进程中，各民族相处融洽，紧跟现代民族的发展进程。新疆地处亚洲腹地，是古丝绸之路的重要通道，中西文化曾在这里汇合交流，留下了丰富多彩的文化遗产。少数民族文字文献是各民族在长期发展中形成的文化典籍，是祖国灿烂文化的重要组成部分。

一、维哈柯文文献概述

经过漫长岁月的洗礼与沉淀，这些历史悠久的民族不仅为新疆的建设发展贡献了巨大的力量，还在文化艺术、工艺美术、民族风情、民族医药等方面形成了鲜明的特色，进而汇总成了一部部反映新疆地区政治与经济发展、文化与民俗风情等内容丰富、种类繁多、独树一帜的新疆地区少数民族文献。例如，维吾尔文的《突厥语辞典》《福乐智慧》和哈萨克文的《阿勒帕末斯》都是其中的经典佳作，而柯尔克孜族的《玛纳斯》又是价值可观的口碑资料。这些文献具有浓厚的新疆民族特色与地方性质，针对性很强，对于推动本民族经济文化的发展，加强新疆社会建设与对外宣传起到了重要的作用。

维吾尔族、哈萨克族、柯尔克孜族是我国新疆以及周边地区的主要少数民族。维吾尔语、哈萨克语、柯尔克孜语属阿尔泰语系突厥语族，在形态结构上属黏着语类型。维吾尔族、哈萨克族、柯尔克孜族在不同的历史时期曾先后使用过粟特文、突厥文、回鹘文和以阿拉伯字母为基础的文字。用这些维吾尔、哈萨克、柯尔克孜文字记载的经典文献、古籍著述和译作浩如烟海。无论是过去作为维吾尔、哈萨克、柯尔克孜等民族文化传承的主要载体，还是现在作为传播科技文化知识的主要工具，以及作为信息化社会中这些民族的主要标识符，其独特的人类文化价值和在新疆及周边地区所发挥的巨大作用是不可估量的。

新疆历史上生活着诸多民族，这些民族使用过龟兹文、吐火罗文、突厥文、回鹘文、察合台文等，使用这些文字记录下来的少数民族文献，是新疆地方文献的重要组成部分，如《乌古斯可汗的传说》《福乐智慧》《突厥语大辞典》《五卷书》《磨延啜碑》《磨延啜第二碑》《九姓回鹘可汗碑》《苏吉碑》《塞福列碑》《铁兹碑》《妙法莲花经》《弥勒会见记》《玄奘传》《高昌译语》《圣人传》《文坛荟萃》《天课书》《两种语言之辨》《心之所钟》《巴布尔传》《乐师传》《安宁史》《伊米德史》等。

新疆维吾尔文古籍被认定为是在维吾尔族生活的广大区域内，

其族人用符号、字母，在石碑、皮革、纤维、木片、纸张、兽骨等材料上记录历史、文化和日常事务的可传承典籍以及有文献价值的口头文献。其范围涵盖宗教、律法、语言、天文、习俗、文学、医药、艺术、生产技术等多个方面。维吾尔文古籍可分为书籍类、铭刻类、文书类和讲唱类。

维吾尔族在历史上曾信奉过的宗教有原始萨满教、祆教（即拜火教）、摩尼教、景教、佛教，至9世纪末10世纪初，逐步改信仰伊斯兰教。按《维吾尔古文字与古文献导论》的分类，可将维吾尔文古籍依据使用的书写语言大致分为突厥文、粟特文、摩尼文、回鹘文、婆罗米文、叙利亚文、哈卡尼亚文以及以阿拉伯字母为基础的维吾尔文——察合台文。并以下几个时期进行断代。

一是鄂尔浑河时期（约从公元7世纪下叶至9世纪中叶），主要使用突厥文、粟特文。

二是高昌—葱岭时期（约从公元9世纪中叶至14世纪），主要使用回鹘文、哈卡尼亚文，同时还使用摩尼文、粟特文、突厥文、叙利亚文、汉文、婆罗米文、吐蕃文等。

三是察合台文时期（约从15世纪至21世纪初），主要使用察合台文、回鹘文等。

四是现代维吾尔文时期，主要使用维吾尔文老文字、新文字和现代维吾尔文。

新疆大学、石河子大学、塔里木大学、新疆维吾尔自治区图书馆收藏有俄、维、哈、蒙、克尔克孜、乌孜别克等少数民族文献近万余种。其中，对新疆地方文献、兵团地方文献、新疆屯垦戍边文献、西域历史史料文献、新疆早期期刊、新疆古籍文献及新疆周边国家和中亚五国政治、经济、历史、文化、教育、农业、畜牧业等文献都有收藏。所收藏的文献中有俄文、维文等多语种文献，同时也编有各类专题文献目录索引等。

此外，各民族宗教人士和寺院在过去都比较集中地收藏了大量的各民族文化典籍，虽然经历各种变故，但仍然不同程度地保存着不少珍贵文献。新疆的著名寺院，不但收藏着丰富的文献和大部头的经文，而且寺院的建筑结构、壁画、绣品、饰物等，都是各民族文明的见证。图书馆应该把它们作为馆藏地方文献的一部分，在政府的组织下，帮助寺院整理登记文献，对那些有参考价值的文献、实物，采取各种方式进行保护、复制和收藏。

二、维哈柯文文献知识分类体系研究

实现少数民族文字文献的计算机管理及数字化对于充分开发利用少数民族文字文献，促进少数民族文化事业向现代化和国际化方向发展具有重要作用。新疆13个世居民族中，除了汉族与回族共用汉语，其他民族都有自己的语言文字，而且所使用的文字比较独特，写法和英文、中文不同，方向从右到左。虽然在新闻业、出版业以及传播业等行业克服了文字编辑和出版上的困难，但在当前图书馆所使用的软件平台上进行编目时仍会出现系统不兼容、显示乱码等现象，限制了少数民族文字文献的数字化管理。

（一）新疆地方文献的分类体系

新疆地方文献分类，是指将具有新疆地方特色的特种文献，按照文献所反映的学科属性和其他显著特征，对该类文献进行分门别类的、系统的组织与揭示文献的一种手段。《中图分类法》作为一部具有代表性的大型综合性分类法，其科学性和权威性已得到公认，因此，新疆地方文献严格使用《中图分类法》（5版）为标准进行分类。具体操作包括：主要根据文献的学科属性归类，然后再按形式体裁归类或先按学科属性分类,后按地域、时代、民族分类。即,以文献学科属性为主要分类标准,以其他特征为辅助标准。在具体类分文献时,根据新疆地方文献的特点、读者的查询习惯等,就所涉及的部分类目进行适当调整和修改。

(二)石河子大学图书馆新疆特色文献编目

石河子大学图书馆新疆特色文献编目遵循《中国文献编目规则》《中国机读目录格式》《中国分类主题词表》《中国图书馆分类法》第四版等,原编数据始终与联编中心要求一致,保证了书目数据的规范化。基本字段有:新疆特色文献大多属于非正式出版物,描述文献外部特征的信息不完整;文献内容庞杂、信息量大。制作此类文献的原编书目数据,最重要的一点是通过哪些字段来最大限度地描述文献的外部属性和主题内容。石河子大学图书馆经过讨论,最终确定通过11个字段对文献进行描述,分别为:题名;责任者;主题分类;出版者;其他责任者;附注;来源;语种;日期;出版类型。通过这些字段的限定,文献外部特征描述和内容主题揭示更为详尽,保证了文献原编书目数据的标准化。

三、维哈柯文数字化建设与信息处理研究

(一)新疆地区特色数据库建设现状

通过网络调研了解到,新疆大学图书馆有9个自建数据库,新疆财经大学图书馆自建特色数据库有9个,新疆医科大学图书馆自建特色数据库有4个,新疆农业大学图书馆自建特色数据库有2个,新疆师范大学自建特色数据库有4个,新疆图书馆自建数据库有9个。

新疆大学图书馆自建数据库:新疆大学博硕士学位论文库、新疆大学地方特色数据库、新疆地方文献书目资源库、《新疆大学学

报》索引数据库、CALIS中心特色数据库建设项目—新疆大学韩文古籍资源库、中华再造善本资源库、随书光盘、新疆大学西北少数民族研究中心中亚研究数据库、新疆经典人文特色数据库等。

新疆财经大学图书馆自建特色数据库：财大文库、研究生论文库、学科导航库、中亚信息库、光盘数据库、一带一路数据库、剪报信息库、经济专题数据库、新疆区情信息库等。

新疆医科大学图书馆自建特色数据库：新疆民族医药特色数据库、新疆包虫病特色数据库、新疆特色保健资源数据库、随书光盘等。

新疆农业大学图书馆自建特色数据库：新疆农业大学教学标本数据库、新疆农业大学硕博学位论文全文数据库。

新疆师范大学自建特色数据库：新疆师范大学硕博学位论文库、新疆双语教育特色数据库、新疆师范大学教育学资源库、学生备考资源库。

新疆图书馆自建数据库：千里马资源库、农牧区实用技术库、新农村社会主义文明建设库、少数民族爱国主义题材影视库、少数民族表演艺术库、非物质文化遗产库、少数民族少儿"双语"及基础教育库、新疆印象资源库、红色资源等。

值得关注的是新疆医科大学图书馆建设中的维吾尔族医学文献库，新疆农业大学、新疆财经大学、新疆师范大学共同建设的CADAL少数民族图书馆数字化项目中所涉及的少数民族语言版部分，都是维文特色数据库。

（二）维哈柯文信息处理研究

维吾尔语、哈萨克语、柯尔克孜语属阿尔泰语系突厥语族，在形态结构上属黏着语类型。随着信息技术的不断发展，人类的语言文字只有信息化才有存续、发展的生命力，因此，维哈柯文信息处理工作直接关系着维吾尔文、哈萨克文、柯尔克孜文的命运。

30多年来，维哈柯文信息处理在操作系统、信息技术标准、语言信息处理及综合应用等方面取得了不少成绩。

1. 操作系统

1984年，新疆大学的刘诚信、袁保社、吐尔根·依布拉音等开发了支持维、哈文的UHDOS1.1操作系统。1985年5月，新疆大学的吴宗尧、吾守尔·斯拉木等相继研发成功维吾尔文、哈萨克文、柯尔克孜文微机操作系统UHKDOS 3.0、UHKDOS 4.0、UHKDOS 5.0、UHKDOS 6.0及UHKDOS 7.0，实现了维、汉、英文混合编辑。1992年，新疆大学的吾守尔·斯拉木、吐尔根·依布拉音等开始进行支持维哈柯文的Windows操作系统的开发，相继开发出支持维哈柯文的Windows 3.1、Windows 95、Windows 98操作系统。2001年开始，新疆大学开发出外挂维哈柯文的Windows 2000及Windows XP操作系统。

2003年，新疆大学首次开发出维哈柯多语种Linux操作系统。2005年，国家"863"重大专项"民族语言版本Linux操作系统及办公套件研发"项目取得成功，维哈柯文Linux操作系统达到了汉、英文同等的技术水平。同年起，新疆大学还先后开发了基于QT的维哈柯多文种嵌入式操作系统、基于Linux的嵌入式设备用维哈柯文操作系统、支持维哈柯文的Windows CE以及支持维哈柯文的Android嵌入式操作系统。2008年，新疆大学等单位研发了基于Android的维吾尔文输入法。2010年，新疆大学等单位进行Windows 7维哈柯文化研究与开发。

2. 信息处理标准化研究

吾守尔·斯拉木等人起草制定了首个信息处理交换用维文、哈文三项国家标准 GB/T 12510—1990（代码标准、点阵字形数据标准、键盘布局标准）并发布实施。随着信息技术的发展，同时也为了与国际标准接轨，吾守尔·斯拉木等对《信息技术用维、哈、柯文编码字符集基本集》进行了修订，形成国家标准 GB 21669—2008。之后，新疆维吾尔自治区又先后制定了《古维文编码字符集》等国际标准以及《信息交换维哈柯文编码字符集》《信息交换用维哈柯文（曲线）字形白体黑体》《信息交换用维哈柯文点阵字形》《信息交换用维吾尔文、哈萨克文、柯尔克孜文字体字形》《信息技术维吾尔文常用术语》等国家标准。

3. 自然语言处理技术研究

（1）语言资源建设

新疆师范大学的玉素甫等于 2002 年构建了 800 万词次的维吾尔文语料库。新疆大学的叶尔根等自 2002 年起开展维哈柯文语料库建设工作，最终建成 123 万词次的维吾尔语词法标注的语料库和 3000 句的句法标注的语料库，并建成 30 万维汉句对、15 万哈汉句对及 10 万柯汉句对的双语语料库。新疆大学的古丽拉·阿东别克等构建了现代哈萨克语词级标注语料库。

（2）词法分析与句法分析

1997 年，新疆师范大学的玉素甫等对维吾尔语词干和词性标注、句法分析等开展初步研究。2004 年，中央民族大学的力提甫·托乎提对计算机词干提取过程中遇到的元音和辅音的弱化、增音、脱落等进行系统的描述。之后，多位学者先后对维吾尔文（语）开展了下述研究：基于大规模语料库的字母统计，字母的熵计算，音节自提取算法，词根库建设，名词形态结构研究及规则总结，基于词典的词性标注方法，基于词性标注的文字校对方法，基于N元语法的词性标注模型，词频统计，基于最小编辑距离的候选词产生算法，基于规则的元音弱化处理算法，基于规则的句子边界识别算法，新疆师范大学信息处理用维语词汇标注标记集的确定，基于规则的对偶词识别，汉维翻译中的人名、维吾尔语缩写词识别算法，基于隐马尔科夫（HMM）模型的词性标注模型。2009年，新疆大学的艾山·吾买尔对维吾尔文从生文本至严格按照规范标注的语料库建设、词法分析、浅层句法的各个环节展开深入的研究。

2006年以来，新疆大学的古丽拉、达吾勒等对哈萨克语开展了如下研究：词频统计，文本分类，基本名词短语识别，词性自动标注及标注规范制定，哈萨克语人名识别词法分类，哈萨克阿拉伯文与哈萨克斯拉夫文文本转换等。

（3）框架语义知识库研究

2007年以来，新疆大学的阿里甫·库尔班等对维吾尔语框架语义知识库工程开展研究，探索了词一级的知识库的构建方法及技术路线。目前已就维吾尔语名词、形容词、动词、量词和副词等4252个词元构建了405个框架，并制定了以框架为单位的分类描述规则、词语分类体系和相应标记集。

（4）语言动态监测与研究

2009年，中央民族大学与新疆师范大学联合共建国家语言资源监测与研究中心少数民族语言分中心维吾尔语文研究基地。2010年，中央民族大学与新疆大学又联合共建国家语言资源监测与研究中心少数民族语言分中心哈萨克和柯尔克孜语研究基地。上述两个基地对维吾尔语、哈萨克语、柯尔克孜语的主要媒体进行动态监测与研究。

4. 综合应用研究

1988年，新疆大学的袁保社等研制了四通2400及2401系列维哈柯文电子打字机。1989年，新疆大学等单位开发了维吾尔文、哈萨克文、柯尔克孜文与汉英文全兼容的《博格达书报排版系统》。1990年，中国计算机软件与技术服务总公司等单位推出了能排版蒙藏维哈柯文的北大方正多文种文书报版系统。之后，新疆大学协助北大方正、潍坊华光开发了维哈柯文方正排版系统（1991），潍坊华光排版系统（1992），三立书版排版系统（1994），锡伯文、满文文字处理和轻印刷系统（1996），"新疆2000"多文种图文排版系统（2000）等。

新疆理化所协助永中软件公司开发了维哈柯文永中Office办公套件。新疆大学开发了维哈柯文OpenOffice办公套件，并协助上海中标公司开发了维哈柯文中标Office办公套件。

新疆大学的吐尔根·依布拉音等自2003年起研发基于Unicode的多语种多向多媒体大型电子词典资源开发系统（3MLDMDRP）及基于Unicode的碧黎库特英汉维电子词典软件（ECUDic-tionary）。乌鲁木齐市安卡维文软件开发有限公司研发了"维软大词典"系列软件，乌鲁木齐市一帆电子有限公司研发了汉－维哈柯文一帆掌上电子词典。

1996年，新疆大学的王世杰提等开始开展基于规则的汉维机器翻译研究。2005年起，新疆大学的哈力木拉提等开展了基于词典的计算机辅助翻译系统的研究。2009年，新疆大学的吐尔根等与新疆信息产业有限公司开展了汉维哈柯计算机辅助翻译软件的研发。

2010年，中国科学院计算技术研究所的刘群等与新疆大学的吐尔根等合作推出基于统计的维汉机器翻译系统。新疆理化所的周俊林等自2009年以来开展基于短语的汉维、维汉统计机器翻译研究。

  2004年,新疆大学的哈力木拉提和清华大学的丁晓青完成了首款支持维吾尔文、哈萨克文、柯尔克孜文以及阿拉伯文的印刷文档识别系统的研发。新疆师范大学的玉苏甫等及新疆大学的哈力木拉提等对维哈柯文文字手写识别以及联机手写进行了探索性研究。

  20世纪90年代初,新疆大学的吾守尔·斯拉木成功研制了联想式维吾尔语音识别系统。20世纪90年代后期,新疆师范大学的王昆仑等开展了基于音节的非特定人语音识别研究。2000年后,新疆大学的吾守尔等与中国社会科学院民族学与人类学研究所的鲍怀翘等构建了维吾尔语语音声学参数库,并成功研发了维吾尔语音合成软件。2017年,科大讯飞股份有限公司发布了维汉语音翻译终端设备。

第四节　朝鲜族语言地区图书馆特色资源建设现状

  朝鲜族是我国重要的少数民族之一,主要居住在中国东北地区。1952年,吉林省设立了延边朝鲜族自治州,是朝鲜族的主要聚居地。朝鲜族具有悠久的历史,也因此形成了丰富的文献资源。这些文献资源是记录朝鲜族政治、经济、文化、社会发展与变迁的重要史料,对于我们了解朝鲜族的民族文化具有重要的意义和价值。

一、朝鲜族文献概述

朝鲜族文献汇集了朝鲜族的民族文化遗产，是民族长期发展过程中形成的重要信息源，具有民族性、地域性、连续性的特征。这些文献中有些具有唯一性、一次性的特点，已经成为孤版、绝版，因此要十分重视对其进行整理、开发和保护。

数字信息时代的到来，使人们的生活节奏加快，在多元复杂的文化环境下，一些少数民族文献的传承逐渐趋缓，甚至已经消失。对于朝鲜族文献而言，也面临着同样的问题，因此必须对其进行整理和保护。图书馆是收集、整理、保存文献的重要机构，对民族文献的整理和保存具有不可推卸的责任。对朝鲜族文献进行充分的挖掘、整理、开发和利用，不仅对少数民族文化的传承具有重要的现实意义，也会因此形成文献资料收集利用的良性循环，为朝鲜族经济文化发展提供文献保障。

（一）朝鲜族文献的类型

朝鲜族文献形式多样，类型较多，具体来说可以分为以下几种。

1. 国家新闻出版总署审批的正规出版物

这类文献具有正规的国际标准发行号及国内统一发行号，是由正规出版社印制的文献。在收集、整理、保存方面相对比较容易，但是这类文献均为新中国成立后出版印刷的文献，年代较近。当然也有部分文献是对朝鲜族古老文献进行整理后的重印和刊发。

2. 非正规出版物

这类出版物没有经过正规渠道发行，主要是朝鲜族人民代代相传的文献资料。朝鲜民族有着悠久的民族传统文化，许多美丽、动人的神话一代又一代地流传下来。朝鲜族神话有《檀君神话》《高朱蒙神话》《朴赫居世神话》《金首露王神话》等。民间文学还有民谣、传说、民谭（故事）、民间剧等多种形式。朝鲜族民间传说有历史传说、人物传说、地方风物传说和动植物传说等。风物传说和动植物传说的代表作品有《金达莱》《百日红》《三胎星》等。民谭多是生活故事和幻想故事，主要作品有《年轻的大力士》《红松与人参》《母子情深》等。这些故事在人物关系上，美与丑、善与恶的对比十分鲜明。非正规出版物还包括朝鲜族所在地区的碑刻、雕像、乡规乡约；手写本、图册；家族传留下来的村谱、家谱、统计表或者户籍册等；体现朝鲜族特点的画卷、画册或者民间艺术，包括照片、影片等；还有一些实物及文物，包括建筑艺术、生产工具、独具特色的服饰及乐器等。这些文献类型众多，并不局限于纸质文献，甚至有很大一部分是以其他载体形式存在的，这也形成了朝鲜族文献的特色。

3. 口碑文献

有一些少数民族没有形成本民族文字，因此他们在形成对自然和社会的看法后以口传心授的形式完成对经验和知识的传承，这就是口碑文献。朝鲜族虽然有自身的语言、文字，但是也有一些经验和知识是没有经过文字总结和记载的，只是口头上代代相传。由于没有固定载体保存，这些文献极易失传，因此要注重对口碑文献的收集和整理。

（二）朝鲜族文献分类体系研究

目前朝鲜文文献的收藏主要集中在东北、山东、北京和天津等地区，馆藏数量从数百册到几万册不等。随着图书馆自动化事业的蓬勃发展，朝鲜文文献的自动化编目工作也取得了一定的进展，但是由于没有全国统一的编目标准、规范与方案，各馆采用的编目标准不尽相同，朝鲜文书目数据库的建设工作发展较为缓慢。2010年

4月7—9日,CALIS(China Academic Library & Information System,中国高等教育文献保障系统)联合编目中心在北京农业大学图书馆成功举办了小语种编目业务培训,正式启动了CALIS联合目录小语种文献编目工作。此次培训统一了CALIS联合目录小语种文献编目的原则和有关规定,彻底改变了小语种文献编目各自为政、无章可循的局面。

2013年,吉林省社科规划办课题《中国朝鲜族文献整理研究》,对朝鲜族文献进行系统整理。考虑到朝鲜族聚居的特点,选定以延边大学图书馆及延边州图书馆收藏的朝鲜族文献为基础,综合国家图书馆、吉林省图书馆馆藏及读秀数据库中的电子书,并辅以网络调查、田野调查,经去重整理后,共计获取朝鲜族文献3666种。经整理后,形成了二次文献——《朝鲜族文献目录》,并按照《中图分类法》类目予以明确的标识。

1. **朝鲜族文献学科分布**

朝鲜族文献类型丰富,将其按照中图法类目进行细分,共涉及22个大类中的20个大类,除V航空航天、X环境科学、安全科学两个类目,其余文献都有文献产出。文献种类及数量如下表所示。在整理过程中,项目研究人员发现,朝鲜族文献中社会科学图书所占比重远远大于自然科学图书,社科类图书总计3 373种,占总数的92%;自科类图书总计293种,仅占总数的8%。在收集到的朝鲜族文献中,I文学类所占比重最大,占总数的30.36%。此外,A马克思主义、列宁主义、毛泽东思想、邓小平理论,D政治,G文化、科学、教育、体育,H语言、文字,K历史、地理等类目图书也占比较重,成为朝鲜族文献的重要组成部分。

表3-3 朝鲜族文献数量一览表

类目	名称	数量	类目	名称	数量
A	马克思主义、列宁主义、毛泽东思想、邓小平理论	225	N	自然科学总论	37
B	哲学、宗教	125	O	数理科学和化学	38
C	社会科学总论	44	P	天文学、地球、科学	13
D	政治	525	Q	生物科学	3
E	军事	29	R	医药卫生	64
F	经济	122	S	农业科学	86
G	文化、科学、教育、体育	563	T	工业技术	33
H	语言、文字	282	U	交通运输	5
I	文学	1113	V	航空航天	0
J	艺术	32	X	环境科学、安全科学	0
K	历史、地理	288	Z	综合性图书	14

2. 朝鲜族文献时间分布

通过对朝鲜族文献出版时间进行统计分析,可以看出朝鲜族文献出版在年代分布上较为平均。除20世纪60年代由于客观历史原因出版图书较少,其余年代出版图书均在500种以上。其中20世纪80年代出版图书最多,达925种;20世纪70年代紧随其后,为788种。朝鲜族文献的平均分布状态,显示出朝鲜族文化发展较为稳定和成熟。

3. 朝鲜族文献来源分析

从内容上看，朝鲜族文献有多个来源。社会科学文献中包括对马列主义、毛泽东思想、邓小平理论经典著作的朝鲜语译著，如《资本论》《毛泽东选集》《邓小平文选》等；我国古代及近现代经典文献的翻译，如古代作品《红楼梦》《三国演义》《唐诗三百首》等，近现代作品《骆驼祥子》《林海雪原》《茅盾短篇小说集》等；对外国作品的翻译，如德国的《少年维特之烦恼》、日本的《聪明的一休》、苏联的《普希金诗选》等，这些广为世界人民熟知的作品也在朝鲜族地区流传开来。当然，在朝鲜族文献中最重要的组成部分是朝鲜族人民自身的创作及对朝鲜族文化的推广与普及，如对古代朝鲜族文献的重新整理《古代歌谣古代汉诗》《蟾蜍传》等，近现代文学作品也是层出不穷，仅小说类就有上百种之多。在自然科学文献中，来源于生产生活实践经验的总结居多，如《水稻栽培》《朝鲜食谱》《电视机的原理与实践》等。这些文献的出版，能够更好地为朝鲜族人民的生产生活提供指导和帮助。

4. 朝鲜族文献地理位置分布

一是胶东地区。主要指烟台、威海、青岛三地，共有 7 所本科院校图书馆收藏韩文文献。其中，烟台 3 所：烟台大学、山东工商学院、鲁东大学；威海 1 所：山东大学（威海）；青岛 3 所：中国海洋大学、青岛农业大学、青岛大学。山东大学（威海）设有韩国学院，是国内成立最早、规模最大的专门从事韩国语教育和韩国问题研究的专业学院，下设韩国语系和韩国研究院。上述高校韩文文献建设规模不一而足，收藏各有特点。总的来说，从信息载体看，印刷型文献较多，电子资源稀少，缩微型和视听音像型文献缺失。就印刷型文献而言，图书居多，期刊较少。从学科分类看，人文社科类较多，理工类偏少。

传统纸质文献馆藏建设情况方面，传统纸质图书在韩文文献中占很大比重。馆藏总量从最低500册到最高3万册不等，一半以上的图书馆馆藏韩文图书总量不足1万册。其中山东大学（威海）图书馆馆藏量最大，达3万余册，中国海洋大学与烟台大学各1万余册。其次是，鲁东大学5000余册，山东工商学院3000余册，青岛大学和青岛农业大学各500余册。韩文藏书量的规模与学校韩国语专业的建设规模和韩国研究的学术水平息息相关。比较而言，综合性大学馆藏量较多，专业性大学馆藏量较少。此外，大多数高校图书馆都没有收藏韩文纸质期刊，中国海洋大学有4种，青岛农业大学3种，其他高校均未收藏。

二是延边大学图书馆特色馆藏建设历程及现状。根据学校办学特色和重点学科建设需要，延边大学努力加强东北亚研究与图们江流域开发、朝鲜族历史与文化、长白山天然资源保护与开发研究三大学科的文献体系建设，成立了国内具有影响力的"朝鲜—韩国学"文献资料中心。在逐步完善"朝鲜—韩国学"文献资料中心馆藏体系的同时，使该中心成为学校重点学科发展的强有力的支撑点。

该中心主要收藏国内出版的朝鲜文文献资料以及朝鲜和韩国出版的文献资料，同时还少量收藏日本、美国、加拿大、苏联等国出版的朝鲜文文献资料。为了使"朝鲜—韩国学"文献资料中心更具有特色，延边大学图书馆积极拓宽文献资料收集渠道。在国内，争取同所有朝鲜文出版社、报社、杂志社建立长期稳定的购书、寄赠关系；在国外，加强同朝鲜、韩国的图书馆、研究机构、出版界和社会文化团体的文献资料交换关系，积极引进图书馆所需要的朝鲜和韩国出版的各种朝、韩文文献资料。馆藏朝、韩文图书量从2002

年前的6万余册，增加到2011年的10万余册，增长了67％。中心收藏有《李朝实录》《朝鲜大百科辞典》《朝鲜全史》《备边史滕录》《承政院日记》《高丽史》《朝鲜史》《国婚定例》等珍贵的朝/韩文图书资料及《大众科学》《中国朝鲜语文》《韩国日报》《朝鲜新报》等期刊、报纸资料。

二、朝鲜文文献数字化建设

朝鲜文文献资源的数字化是利用网络、数字化手段对朝鲜文纸质文献和非物质文化遗产进行整合加工处理及开发并建设专门的朝鲜族文献资源数据库。朝鲜文文献的数字化建设既可有效保护珍贵的文献材料，又能充分让馆藏特色资源、少数民族非物质文化遗产资源"活"起来，真正实现文献资源的开放共享。

（一）朝鲜文文献数字化建设意义

朝鲜文文献主要集中在地方图书馆、高校图书馆，或散落于民间收藏人士的手中，由于少数民族语言的障碍和历史文献利用的烦琐手续，使得朝鲜文文献没有得到有效的收集整合与开发利用。目前，通过知网数据库、万方数据库以"朝鲜文献数字化"为主题进行检索，检索出的资源寥寥无几，而关于朝鲜文文献整理的研究大多数成果至今仍散落于国内外公开或内部出版的刊物中，尚未得到系统的整理与开发利用，使从事相关研究的学者很难一睹朝鲜文文献研究现状的全貌。由此可见，朝鲜文文献工作的数字化及其开发利用是目前急需填补的一项空白。

建设朝鲜文文献资源目录、全文多媒体数据库的数字化工程，可以实现朝鲜文文献信息资源的共享，对保护少数民族文献、广泛传播朝鲜族文化、完善文献资源信息化建设具有十分重大的意义。数据库的建设以图片、文字、音频、视频等多种多媒体形式，可全方位展现中国朝鲜族的文化魅力，使对朝鲜族文献资源感兴趣的公众都能通过数据库在网络上查找到相关文献资源和动态信息，也可以以此为契机，吸纳各地区各方面更多的朝鲜文文献资源。实现远程检索、传递与整合共享，为朝鲜文文献保护与深度开发利用做出贡献。

（二）朝鲜文文献数字化建设现状

朝鲜文文献数字化，即对收集到的朝鲜文纸质文献资料进行数字化处理。将纸质文字资料用高速扫描仪、数码拍摄或手工录入的方式形成图片或电子文档版本，针对数码相机翻拍或扫描仪扫描获取的图片，再对拍摄图片的质量做进一步处理，按照相关标准要求，对图片进行调整，并对图片类型的文档进行 OCR 文字识别，将扫描后的图像文件还原为文档文件，以实现后期数据库中更全面的检索功能，确保数据库全文数字化及其检索。

对非物质文化遗产资料可以进行视频音频手段的数字化处理。朝鲜文文献资源的载体形式多样，所以只能借助先进的技术手段，深入朝鲜族人民生活的区域，进行调研，通过摄像机等设备进行现场采集，再进行编辑剪辑等加工制作的工作，进行处理后再放到特色数据库中。

1. 朝鲜文文献资源目录数据库建设

在对朝鲜文文献资源进行了资料甄选、双语变异、表转化著录等大量工作的基础上，逐步确定朝鲜文文献资源的目录体系，对汇集整理的各地朝鲜文文献资源进行标准化著录，逐步建立朝鲜文文献目录数据库。朝鲜文文献的标准化著录是建立朝鲜族文献资源多媒体数据库和开展朝鲜文文献数字化的基础。

2. 朝鲜文文献资源多媒体数据库建设

对收集到的朝鲜文纸质文献资料和非物质文化遗产资料进行数

字化加工，构建东北朝鲜族文献资源多媒体数据库，实现了文献检索的数字化、信息化。东北朝鲜族文献资源多媒体数据库在建设中囊括了前期收集整理的各种类型的朝鲜族文献资源的元数据，从多媒体信息编目、著录、标引、元数据和索引的设计入手，形成了一个集数目、全文、图片、音频、视频和其他资源类型为一体的综合性集成多媒体文献资源库。与此同时，东北朝鲜族文献资源多媒体数据库还具有丰富的检索功能，支持关键词检索与文献检索。检索字段包括了常用的主题词、关键词、年代等项目，同时为有不同检索需求的用户提供智能化的全文文本检索途径。此外，针对汉族或其他少数民族在对朝鲜族文献资源使用中不懂朝鲜语语言文字的情况，专门对朝鲜文文献资料的题录信息做了中文、朝鲜语对照的编译工作，并把编译后的双语文献题录信息录入数据库，为广大用户提供了双语的检索途径，方便了检索阅读使用。通过对东北朝鲜文文献资源信息化建设构建起来的数据库平台，既利于用户对文献题录信息的掌握，也利于读者全面准确地获取数据库资源。东北朝鲜文文献数字化建设的最终目标是实现包含检索查询、外借、参考咨询、展览、翻译出版、专题网站等内容的深层开发利用工作，从而引导特色文献信息资源实现开放获取、全民共享的交互新管理模式。

三、朝鲜文信息处理研究

中国朝鲜文是随着朝鲜民族移居中国大地时期发展起来的少数民族语言，是源自朝鲜与韩国，又与中国当地的多重文化相融合而形成的较为独特的语言。中国朝鲜文与朝鲜、韩国语言既有相同之处又有区别，是中国少数民族语言文化中非常有特点的语种之一。

（一）朝鲜文信息处理现状

1. 标准的制定

20世纪70年代，根据国务院的决定，东三省成立了朝鲜语文工作协调小组（简称"三协"），以统一管理中国朝鲜语文工作。在"三协"的指导下，朝鲜语规范委员会先后制定了朝鲜文信息处理领域相关的规范原则和朝鲜语规范统一方案，完成了国家标准《信息交换用朝鲜文字编码字符集》（GB 12052—1989）的制定，组建了中国朝鲜语信息处理学会，并组织延边电子信息中心、延边大学等单位和大专院校的学者、专家完成了多个朝鲜语信息处理系统的研发。1996年，中国朝鲜语术语标准化工作委员会成立，完成了《朝鲜语术语数据库的一般原则与方法》的编写工作，制定了《朝鲜语术语标准化工作原则与方法》，研制开发出朝鲜文电脑激光排版印刷系统。

全国信息技术标准化技术委员会从2004年开始先后成立了蒙维藏彝傣壮朝文信息技术工作组，大力推进民文信息化建设。

朝鲜文是朝鲜、韩国和中国三国通用语言，除了共同使用ISO 10646韩文（朝鲜文）字符集，并没有其他统一的国际标准。2013年，朝鲜文信息技术国家标准工作组成立。2015年，该工作组完成了2项国家标准的制定，即《信息技术朝鲜文通用键盘字母数字区的布局》和《信息技术基于数字键盘的朝鲜文字母布局》，并于2017年11月正式发布。2017年，该工作组又完成了《朝鲜文信息技术术语和定义》和《朝鲜文编码字符24点阵字形》2项吉林省地方标准。此外，该工作组还带领技术团队研发了基于Windows、Linux、Android、IOS平台的4种朝鲜文输入法和10种朝鲜文字形。

为加速我国朝鲜语言文字规范化、标准化、信息化进程,进一步促进朝鲜语信息技术国际标准的制定,国家民族事务委员会于2014年4月在延边大学正式成立中国朝鲜语言文字信息化基地(简称"朝鲜文基地")。近年来,该基地在朝鲜语言文字信息处理方面开展了多项研究,取得了一些可喜的成果。

2. 朝鲜语言文字规范化建设

2016年,朝鲜文基地全面调查中国朝鲜族新闻、广播、出版等媒体以及中小学朝鲜语使用和教学情况,协同中国朝鲜语规范委员会、中国朝鲜语学会修订了2016年版《中国朝鲜语规范集》,重新审定及发布了朝鲜语新名词术语及中小学教材中的朝鲜语术语,继续深化研究了中国朝鲜语罗马字标记法原则与细则。

3. 朝鲜语文本资源库建设

中国朝鲜语文本资源库包括中国朝鲜语文本语料库、词性标注文本语料库、朝(韩)汉对译语料库、朝鲜语(韩国语)病句语料库等。2016年,朝鲜文基地建设了近1.5亿中国朝鲜语文本语料库。该语料库主要分为文本语料库、双语(多语)对译语料库、朝鲜语(韩国语)病句语料库;将研究重点放在对已建语料库进行分类、整合、扩充、加工方面。此外,新录入并重新整理和分类文学类杂志,共计1193万字。

朝鲜文基地加工了朝鲜文文本语料库,包括词语切分、词类划分、句法、语义属性标注等,并应用所研发的朝鲜语词性切分软件,对中小学教科书和延边日报文本进行了词性标注,共计141万字;对韩汉对译小说和朝汉法律对译文本进行段落对齐,建设共计580万字的朝(韩)汉对译语料库。

近十年间,朝鲜文基地从朝鲜语专业700多名学生教学考核中收集到的作文语料中,共搜集朝鲜语病句语料800多万字,并按年级、学期、姓名、考试时间、作文题目、作文体裁等对该语料进行了详细的信息方面的整理与分类,建成了朝鲜语(韩国语)病句语料库。

2015年3月至2016年8月,朝鲜文基地携手朝鲜金日成综合大学研究人员共同研发了集《(试用版)》词性自动标注和语料统计分析于一身的中国朝鲜语综合分析软件。《(试用版)》具有语法错误分析、词性切分、语义查找、语料检索统计等功能。其中语料检索统计功能包括:音素频度;字节频度;词汇频度;单字上下文(以逗号或句号为边界);单词上下文(以句子或段落为边界);按词类大类、小类提取总清单,统计分类总数和分类频度;其他信息等检索统计功能。

4. 中国朝鲜语口语语料库建设

2016年,朝鲜文基地完成了100h的标准口语音频数据和100h的标准语双频数据的收集以及140万字正字法转写库、140万字语言转写语料库、2.7万句对平行语料库的构建。此外,朝鲜文基地还把韩国的33个实词分类体系扩展到1763个小类。这一分类体系在国内外均为首创,不仅适用于韩国语本体论研究和韩国语教学研究,还对今后提高韩国语词素分析器的准确度,开发韩国语句式分析器和韩—汉口语计算机辅助翻译工具等具有重要的意义。

在国家社会科学基金一般项目"面向智能信息处理的韩国语口语词汇研究"(16BYY176)和朝鲜半岛研究协同创新中心2016年度拔尖创新人才培育基金项目"基于计量语言学的韩国语口语研究与韩国语教育中的应用"的支持下,朝鲜文基地全面、系统地完成了朝鲜语口语中出现的全部实词的研究,即实词词类研究、体词研究、谓词研究、修饰词研究。体词的研究分为普通名词、依存名词、代词、数词的研究；谓词的研究分为动词、形容词、补助谓词的研究；修饰词的研究分为冠形词和副词的研究。

为了分析韩国语教学中的"语言纯正"问题，卢星华等基于韩国语准口语语料库，运用统计学研究韩国语口语的特征，并对今后编写韩国语听力教材中的对话例文提出了建议。

2017年，朝鲜文基地在已有的66万语节的朝鲜语准口语语料库的基础上，继续按照实际发音进行语音转写，并制作成以语节为单位的实际发音训练语料库。该语料库的规模目前已达到90万语节。此外，还研发了朝鲜语发音软件，其主要工作如下。

一是逐步完善朝鲜语口语实际发音规则库。主要通过对朝鲜语准口语语音转写语料库中前一个音节的终声和后一个音节的初声之间发生的实际语流音变进行研究。

二是完成字库的研制。目前已制作了11172个朝鲜语字库，这对语音合成与语音生成具有重要意义。

三是完成字素库的研制。即对字库中的每一个字进行字素分析，并提取出每个字的初声、中声、终声。

在吉林省科技厅自然科学基金项目（20140101225JC）的支持下，朝鲜文基地提出了一种基于基音频率特征的中国朝鲜族语言、韩国朝鲜语和朝鲜朝鲜语方言的自动辨识方法。研究结果表明，该方言辨识方法比传统的移位差分倒谱系数特征方法识别率高，可以有效解决中国朝鲜族语言、韩国朝鲜语和朝鲜朝鲜语的方言辨识问题。

（二）朝鲜文信息处理在数字化建设中的应用

朝鲜文信息处理在数字化建设中的应用主要体现在以下4个

方面。

第一，朝鲜语言文字字符集及其平台建设工作上。在吉林省科技发展计划项目（20140101186JC）、国家语委2015年度科研项目（教语信司函〔2015〕21号）的支持下，朝鲜文基地研究多语种文本图像中的文字语种辨识方法，针对汉字、朝鲜文字和英文单词混合的文本图像，提出了基于主成分分析技术以文字为单位进行文种辨识的方法。该方法在没有分割错误的情况下，能获得99.78%的识别准确率，有效地解决了在汉、朝、英3种文字混合构成的文档图像中的文种辨识问题。

第二，朝鲜文基地应用基于图像与音频的朝鲜语自动辨识方法，开发了中韩科技信息加工综合平台。此外，通过对中韩科技文献信息采集与智能处理的研究，朝鲜文基地不仅开发了科技文献采集系统，同时还构建了丰富的科技术语语料库。

第三，2017年，朝鲜文基地开发了中国朝鲜文文本自动校对软件（测试版），并将其搭载在2016年开发的《（试用版）》词性自动标注和语料统计分析系统中，进而初步实现了开发文本校对和文本分析为一体的综合型应用软件的目标。

第四，2017年，朝鲜文基地针对朝鲜语语言文字结构与识别、朝鲜语与蒙古语语音对比分析、朝鲜语与汉语跨语种的信息检索以及朝鲜语语言文字和语音语料库等方面持续进行研究开发和建设工作，并在初步开发"中－朝－日－英生物学术语对应软件"的基础上，收录了"中－朝－日－英生物学术语"628项对应词库和图片。

第五节　壮族语言地区图书馆特色资源建设现状

壮族是一个具有悠久历史的民族，不但人口众多（近1800万），而且分布地域广阔（广西、广东、云南等省区）。在漫长的历史长河中，勤劳、勇敢的壮族人民凭借着自己的聪明才智，在与自然界以及历代封建王朝的斗争中不屈不挠，创造出了光辉灿烂的本民族文化。这些文化经后人不断地收集、整理和保存后，成了珍贵的文化宝藏。这些文化宝藏里，蕴含着丰富的壮族文献资源，是后人了解和研究壮族历史、现状和未来必不可少的参考文献。进一步认识壮族文献的价值并充分开发利用，为壮族地区社会发展服务，成了非常迫切的重要任务。

一、壮族文献概述

（一）壮族文献的地位和作用

任何文献都有其特定的生长土壤，都与一定的社会政治结构、经济结构相联系。那么，记录、反映壮族智慧和精神风貌的壮族文献，在壮族地区的社会发展中扮演着什么角色呢？

1. 壮族文献是研究壮族产生和发展的重要依据

壮族与其他民族一样，都有其产生、发展的过程。壮族先民几千年来在征服自然、改造社会的实践过程中为后人留下了许多宝贵的文献资源。这些文献资源记载着壮族祖先的生产、生活情景，反映了壮族先民的思想智慧发展历程。因此，开发这些文献资源，可以从中找到壮族产生和发展的重要依据。如壮族的创世史诗《布洛陀》，其内容包含远古壮族祖先的生产斗争、社会生活、风俗习惯、原始宗教、原始意识乃至原始社会崩溃过程等，堪称史前时期壮族先民社会的百科全书，透过它，我们可以清晰地看到壮族产生和发展的脉络。由此可以看出，壮族文献的研究价值是任何东西都替代不了的。它是研究壮民族产生和发展的重要依据，具有非常珍贵的历史价值。

2. 壮族文献是推动壮族地区社会发展的重要精神力量

壮族文献涉及哲学、宗教、文学艺术、语言文字、文化教育、科学技术等多方面内容，这些内容从不同侧面、不同角度反映着一定时期壮族地区的经济和政治的本质、发展规律、趋势及要求。同时，通过教育、舆论、传播等，这些文献不仅可以为壮族地区的经济和政治活动提供思想保证、精神动力和智力支持，还可以发挥人与人之间、地区之间、民族之间乃至国家之间的不同文明的传播与交流以及代与代之间的文明传承与创新，促进壮族地区社会的健康发展。

3. 壮族文献是中华民族文献的重要组成部分

早在2000多年前，壮族先民就在稻作农业、青铜制造业、棉花种植、棉纺技术、壮医药等科技领域为人类做出了突出贡献。在艺术方面，花山壁画、壮锦艺术、壮戏、三声部民歌等早已饮誉海内外；浩如烟海、别具一格的山歌，优美动听、回味无穷的传说故事，扣人心弦、富于哲理的长诗，构思奇巧、妙趣横生的神话等壮族民间文学作品在中国文学史上更是独树一帜。记录反映这些光辉成就的壮族文献，构成了我国文献宝库的重要组成部分。

4. 壮族文献有效地促进壮族地区对外文化交流

广西是以壮族为主体民族的自治区。随着我国加入世贸组织，壮族地区与世界各国的文化交流越来越广泛，特别是2004年起，每年11月在南宁举办中国—东盟博览会后，壮族地区与东盟各国的经济和文化交流越来越频繁。把南宁作为中国—东盟博览会的永久会址，这是壮族地区对外开放的一个新的起点和极好的发展平台。壮族地区与越南、泰国等东南亚一些国家地域相邻，语言同源，文化同质，习俗相似，容易交流。因此，充分利用壮族文献资源，促进壮族地区与国内外，尤其是东盟各国之间的文化交流，为经济合作牵线搭桥，这是千载难逢的好机遇。

（二）壮族文献的分类研究

壮族文献，顾名思义，即反映壮族特征的一切知识载体。它包含如下三个方面。

1. 壮族语言文字记录、流传的文献

一是用壮文字书写的文献。根据考古学家的考证，壮族的先民为西瓯骆越人，他们是华南——珠江流域的土著居民，在长期的劳动实践中，壮族先民渐渐形成了本民族的语言体系——壮语。但直到隋唐时代，壮族先民的知识分子借用汉字的形、音、义和六书构字法，才仿造出本民族的文字，即古壮字，或称土俗字、方块壮字。然而这种文字仅仅在民间使用。

中华人民共和国成立以后，党和政府根据壮族人民的意愿，组织国内外语言专家帮助壮族创制了拉丁字母形式的壮文，这时的壮族才是真正意义上的有文字的民族。因此，壮文字的文献应包括两部分：一部分是隋唐以来、中华人民共和国成立之前，在民间用古壮字记录、流传的古文献；另一部分是中华人民共和国成立后用壮文记录、书写的文献。它是壮族文献的重要组成部分。

二是用口碑方式流传保存下来的文献资料。在隋唐以前，由于有语言无文字，壮族人民要保存本民族的文化遗产，只能通过口碑的方法，即世代言传口授。隋唐至中华人民共和国成立前的这段时间里，虽然有了古壮字，但由于种种原因，在民间还有许多以口碑的方式流传的作品。即使到了今天，壮族民间同样以口碑的方式流传着许多优美动听的山歌、民间故事等作品。这些口碑文献也是壮族文献中不可缺少的组成部分。

2. 壮族内容的文献

这类文献比较广泛，它包括记录和研究壮族的所有文献，内容涉及哲学、社会科学和自然科学等方面。其中，《壮族通史》《壮族么经布洛陀影印译注》《壮族科技史》《桂海虞衡志》《岭外代答》《粤西丛载》《粤江流域人民史》《泰族僮（壮）族粤族考》《广西壮族社会历史调查（1—7册）》《广西历史地理》以及壮族地区的地方志等是最重要的壮族文献。这类文献可以是一部专著，如《壮族稻作史》《壮族医学史》等，全书都是关于壮族的内容；也可以是某书刊里的某一章节（部分），如《广西年鉴》《广西通志》等，书刊中某一章节（部分）专门写壮族的内容。它是壮族文献最主要的部分。

3. 壮族作者的文献

即各个时代壮族作者用各种文字创造的各种体裁和各种内容的文献，如韦其麟的《百鸟衣》、陆地的《美丽的南方》、蓝鸿恩的《神弓宝剑》、黄勇刹的《歌海漫记》等。它是壮族文献的又一重要组成部分。

（三）壮族文献资源的开发利用

由于历史等原因，记录着几千年来壮族生产斗争、生活实践等的文献资源，目前有些还在民间流传，尚未整理；有些记载在各种书籍里，不为人知；有些分散收藏在各地图书情报部门里，难以使用。

1. 系统地搜集和整理馆藏壮族文献

根据读者对壮族文献的需要，利用一切可能的渠道，把相关的图书资料系统地搜集起来，经过加工整理后，提供给读者利用，充分发挥图书情报部门的功能，这是开发利用壮族文献的基础性工作。这一工作包括以下两方面。

(1) 壮族文献的搜集工作

文献的搜集一般都是通过向书刊发行部门预订和选购两种方式。然而，要广泛、系统地搜集壮族文献，仅仅这样做还远远不够。我们还应该坚持多渠道、有目的、有计划地进行下面几项工作。

其一，重视各种载体的壮族文献的收集工作，除了传统类型的印刷型文献，还应注意采集实物文献、声像资料、电子文献以及电视节目中和网络上的反映壮族特征的文献。其二，加强壮族文献的复制工作，把分散在各地（包括国外）图书情报部门以及登载在各种书籍里的重要壮族文献等复制后，不断充实馆藏壮族文献质量，有效补充壮族文献资源。其三，通过政府行为，广泛征集在民间以手抄、口碑、书画、拓片、碑刻等形式流传的各种载体的壮族文献；对于各种出版物及各部门的内部资料，各级政府则应制定出相应的呈缴制度，以保证各级各地图书情报部门顺利收藏到相关的壮族文献。其四，加强馆际之间的联系，互通有无，掌握壮族文献收藏分布的线索，必要时交流使用，以补充馆藏壮族文献之不足，拓宽文献来源渠道。

(2) 壮族文献的整理

壮族文献作为馆藏文献的组成部分，对其进行分类和编目等，然后移交利用，这是图书馆的常规工作。为了方便读者使用壮族文献，还应进一步建立一套专门的检索体系——壮族文献目录（索书号应与馆藏文献目录的索书号一致，著录内容可有所增减），以便更好地达到宣传、报道壮族文献的目的。

2. 组织力量有针对性地编制推荐性和专题性的书目索引

经过长期的收集、积累，尤其是中华人民共和国成立后党的民族政策的倾斜和照顾，壮族文献的出版如雨后春笋，内容丰富多彩，使得壮族文献的收藏具有了相当数量和规模的同时,也给人们利用壮族文献带来了很多不便。在编制馆藏壮族文献目录的基础上,有针对性和目的性地为读者提供某一专题文献而编制相应的书目索引成了图书馆进一步要解决的问题。

(1) 编制推荐性书目索引

在知识大爆炸以及文献数量大、增长快、内容交叉重复等的今天,图书馆在订购图书资料时难免掺杂有一些内容过时、重复、不健康的读物,因此,在为读者提供壮族文献而编制书目索引时也免不了要碰上这些问题。在编制某一内容的书目索引时,要注意选择,尽可能推荐优秀读物,不要让不健康的书刊资料毒害读者,甚至影响民族团结。这也是笔者主张编制推荐性书目索引的原因所在。

(2) 编制专题性书目索引

全面系统地揭示与报道某一学科或某一科研课题的壮族文献,是每一位对壮族进行研究的科研工作者的迫切要求,它可以帮助科研工作者做到心中有数、知己知彼,不至于重复别人的劳动。如《壮语研究资料目录索引》,收录了史料中的壮语资料以及"五四运动"以来至今的壮语研究资料,包括语音、语法、词汇、翻译等内容,是目前国内收录壮语研究资料最齐全的专题书目索引。美国、英国、荷兰、泰国等国外语言专家以及中央民族大学的教授使用后也赞不绝口,从中可看出其重要性。

3. 加强壮族文献的研究

向读者提供最新、最有效的、带有预见性的壮族文献信息该工作是最高层次的文献开发工作,同时也是最有价值的工作。其主要手段就是通过对现有的某一阶段、某一专题的壮族文献进行分析评价、综合整理后,形成概述性的综述或报告等。

4. 应用现代技术手段，建立各种类型的壮族文献数据库

在计算机网络迅猛发展的今天，图书情报部门作为信息高速公路上最大的信息源，在信息社会中的作用日益重要，人们对图书情报部门的利用将越来越多地转移到网上。传统的手工操作、各自为政的做法，已严重地束缚了文献的开发和利用效率，因此，只有逐步建立各种类型的壮族文献数据库，才能满足各类读者的不同需要，从而达到跨地域资源共享的目的，充分发挥壮族文献的作用。

（1）建立馆藏壮族文献书目数据库

壮族文献内容丰富多彩，载体形式多样。建立壮族文献书目数据库，就是要把这些不同来源、不同内容、不同文种、不同著述形式、存于不同介质的原始数据以相应的电子记录组织成联机目录数据库，投入网络，提供给用户使用。用户通过互联网可以了解各图书情报部门收藏壮族文献的信息，这是实现馆际互借、促进壮族文献资源共享的重要条件。

（2）建立壮族文献索引数据库

壮族文献有不少是专著，但更多的则分散于各种书刊资料里。即使一部专著，其本身就包含了许多不同内容，因此，将各种专著以及分散于各种书刊资料等相关的篇目、语词、主题、人名、地名、事件及其事物名称等编制成各种索引数据库，详尽地揭示壮族文献的线索和特征等就显得尤为重要。它能帮助用户迅速查到所需的资料。可以这样说，建立壮族文献索引数据库，是有效开发利用、研究壮族文献的基础。

（3）建立壮族文献全文数据库

书目索引数据库的建立，仅仅为用户提供了壮族文献的信息、线索和特征等，用户必须到相应的图书情报部门才能得到所需要的文献全文。因此，进一步为读者提供所需要的文献的电子版全文，使读者足不出户就可以浏览到不同图书情报部门收藏的各种载体的文献资料，成了各类读者的迫切要求，也是未来各级各类图书情报部门的发展趋势和努力方向。为此，有条件的图书情报部门在建立书目索引数据库后，应有计划、有步骤、有针对性地逐步把馆藏壮族文献资源中利用率高、有学术价值和参考价值的重要文献转化为计算机化的可检索的数据，传输给因特网，建成具有本馆特色的壮族文献专题全文数据库，为用户直接提供所需要的全文信息。建立各种类型的壮族文献数据库，需要一定的人力、物力等的投入，尤其是全文数据库的建立，其人力和物力更是一般的图书情报部门所无法承受的。

在计算机网络技术日益成熟的今天，各图书情报部门应充分发挥网络资源共享的优势，减少重复投入和浪费，有计划地将本馆有特色的壮族文献资料数字化，加入数字图书馆网络。一方面，壮族地区相关的图书情报部门及其主管机关要提高认识，加大人力、财力和物力等方面的投入，为建立各种类型的壮族文献数据库打下基础。另一方面，要加强网络化建设，以自治区图书馆为壮族文献协调中心，实行统一领导、统一规划、分工协作，将分散各地的数字化的壮族文献资源统一管理起来，提供给各个图书情报部门共享使用，使各馆在有限的投入中获得最大的效益，最终达到充分开发利用壮族文献的目的。

二、壮族文献数字化建设与信息处理研究

（一）广西地区特色库建设情况

在新技术环境下，建设特色数据库已成为图书馆丰富数字资源、传承历史文化、服务社会的一种重要手段。近年来，随着信息技术

手段在图书馆领域的广泛应用以及在CALIS地方特色数据库建设项目的支持下，广西各图书馆发挥区域优势，依托得天独厚文化信息资源，建设成了一批具有地方特色的专题数据库。

通过网络调研了解到，广西壮族自治区建设自建数据库的图书馆有广西民族大学图书馆、广西壮族自治区桂林图书馆、广西大学图书馆和广西壮族自治区图书馆。

广西民族大学图书馆有9个自建特色资源库：亚非语言原版图书库、东盟文献库、壮学文献信息库、壮侗语族语言文学数据库、广西作家文库、广西世居民族视频库、广西民族大学课程参考书目数据库、广西民族大学学位论文全文数据库和广西作家库。

广西壮族自治区桂林图书馆特色资源：特色视频、广西抗战文化、广西农业、广西红色历史文化、广西旧方志、刘三姐文化、桂林旧影、桂林石刻和科普动画。民国文献库：晚清、民国期刊及报刊索引，晚清、民国期刊全文和民国图书期刊资料库。

广西大学图书馆学位论文数据库：课程参考书书目数据库收录了本校任课教师推荐的2000多门课程参考书的信息和馆藏信息。读者可通过课程名称、课程代号、授课教师姓名等途径进行检索。课程参考书书目数据库：广西大学学位论文全文库收录了自2000年以来的博硕士学位论文、优秀本科毕业论文文摘和全文信息。读者可在校园网内通过题名、作者、关键词及摘要等途径利用快速查询或高级检索等方式检索、浏览本校学位论文全文。

广西壮族自治区图书馆特色资源有历史文化（文物博览、广西民国照片），舞台艺术（广西戏剧、广西音乐、广西群艺），壮乡广西（广西游记、农村科技、农业视频、广西政策法规），民族民俗（非物质文化遗产保护、广西少数民族民俗），广西文坛，农民进城务工，八桂诗词库，幼教故事视频资源，广西新农村建设，广西民国人物以及广西民国照片。

（二）壮文文献信息处理研究

壮语是汉藏语系壮侗语族壮傣语支的一种语言。目前存世的壮族文字有古壮文和现代壮文。对古壮文的信息处理研究与开发的主要目的是抢救民族文化遗产，而对现代壮文信息处理的研究与开发主要在于现实应用，二者均具有重要的研究价值和现实意义。壮文拥有悠久的历史，壮文作为一种文化符号，对民族文化的传承起到了积极的作用。

壮文信息处理技术和汉文信息处理技术存在许多方面的差别。壮文信息处理技术包含两个方面的内容：一是对壮文字的处理，二是对壮语言的处理。

对壮文字的处理涉及所使用的操作系统、文字的输入输出和编辑等方面，而对壮语言的处理涉及壮语语音识别、信息检索、壮文翻译等方面。语言和文字之间是紧密联系的，壮文信息处理技术离不开对文字和语言的依托。

1. 壮文字信息处理技术

近年来，壮文字信息处理技术研究领域取得了一些成果。从磁盘操作系统（Disk Operating System，DOS）时代开始，古壮文的信息处理技术研发就存在困难。这一时期的主要研究成果是广西计算中心研发的DOS古壮文编辑排版系统，该系统初步解决了壮族古籍数字化出版难题。随着计算机技术的发展，壮文字信息处理技术水平得到进一步提高，主要成果有南宁市平方软件新技术有限责任公司研制的Windows下的古壮文处理系统，该系统持可视化的编辑排版；广西骆越文化研究会会员覃志强开发的古壮文输入法和新壮文输入法简化了复杂的输入过程，降低了录入的差错率。在互联网广泛应用的今天，壮文处理技术与互联网融合发展，南宁市平方软件新技术有限责任公司开发的古壮字收录及字典管理，可通过互联网面向社会收录新发现的古壮字，并对其进行快速查重和字频统计。此外，一些个人开发的在线壮汉词典也在网络上流行。壮文信息处理技术较以往带来更大的社会价值。

2. 壮族语言信息处理技术

壮语言信息处理技术在字典和翻译方面也取得了一些成果。由于古壮字没有形成统一规范，异体字多，笔画过繁，没有被行政公文和正规教育所采用，当今能识读古壮字的人越来越少。字典软件和翻译软件满足了人们解读古文献、传唱山歌的需要。

（1）古壮字的电子字典

古壮字释义电子字典由南宁市平方软件新技术有限责任公司根据广西壮族自治区少数民族古籍整理出版规划领导小组办公室编撰的《古壮字字典》研发而成，可检索古壮字的发音、释义、例句等，并可通过古壮字检索出其汉语释义。

（2）现代壮文的电子词典

壮文电子词典及辅助翻译软件研发由中国民族语文翻译中心科研处和壮语文室合作完成。该软件具有 5 个重要功能。

一是壮文联想输入功能，该功能不仅能实现壮文单词联想，还能实现壮文词组联想和句子联想。

二是壮文标点符号输入功能，使用者不必在中文状态或英文状态下转换，即可输入需要的标点符号。

三是单词查找功能。

四是词组翻译功能。

五是长句的简化录入功能。

在线双向汉壮词典是中央民族大学壮侗学研究所、广西壮学学会和广西骆越文化研究会支持的"壮族在线"提供的在线双向汉壮词典，共收录词条 25986 条。这些词条基本来源于 stoneman、hong-hlaj 等贝侬制作的 Sawloih CuenghGun 电子版和一些新加入的方言词汇，目前该词典已在互联网上使用。该词典除了具有壮汉双向翻译的功能，还提供壮语声母表、壮语韵母表、壮语音节表及壮语拼写规则等，方便广大爱好者学习壮文。

壮汉英电子词典由南宁市平方软件新技术有限责任公司研发，可检索壮语词的发音、解释、汉语对应词、英文对应词、例句等，支持壮汉、汉壮、壮英、英壮 4 种双向翻译，支持单机版及网络在线版。

（3）壮文语料库及机器翻译

中国民族语文翻译中心研发的壮文电子词典及辅助翻译软件，将《壮汉词汇》和《汉壮词汇》作为语料库中基本词汇的来源。南宁市平方软件新技术有限责任公司研发的基于短语的汉壮统计机器翻译，采用广西少数民族语言工作委员会编撰的《壮汉英词典》作为语料库来源。

第六节 彝族语言地区图书馆特色资源建设现状

一、彝族文献概述

历史上的彝族主要分布于我国云南、贵州、四川、广西四省区。彝语属汉藏语系、藏缅语族彝语支，同属彝语支的语言还有哈尼、傈僳、拉祜、纳西、基诺、白族等语言，与彝语支有一定关系而支属尚未最后确定的有白族语、土家语等。

彝语分六大方言区，即东部方言、南部方言、东南部方言、西部方言、中部方言、北部方言。其中，操东部方言的彝族自称"纳苏""尼苏"等，操北部方言的彝族多数自称"诺苏"，操南部方言的彝族多自称"聂苏""纳苏"，操西部方言的彝族自称"腊鲁颇""米撒颇"，操东南部方言的彝族自称"阿细""阿哲""阿乌""朴拉""撒尼"，操中部方言的彝族自称"罗罗""里泼"。

处于彝语六大方言区的彝族，历史上的社会发展不平衡，但都留下了丰富的文献文化。因为历史上使用彝文者主要是毕摩，所以人们常称毕摩文献为彝族文献，其实毕摩文献只是在彝族文献中所占比例较大而已。因为主要内容为毕摩文献的彝族文献是彝族文化积累的一种记录，所以才对其予以搜集、翻译、整理并使之面世于读者。

除了1949年前外国传教士搜集翻译的部分作品和中国学者搜集翻译的《爨文丛刻》，中华人民共和国成立后，贵州毕节成立了专门的彝文文献翻译机构，翻译了毕摩文献中的《西南彝志》等文本。1978年改革开放后，相关彝区翻译面世的毕摩文献主要有《唐王游地府》《阿黑西尼摩》《那坡彝族开路经》《红河道德经》《彝族礼法经》《中国少数民族原始宗教经籍汇编·毕摩经卷》《玛牧特依》《妈妈的女儿》《布默战史》《彝族源流》《吾查》《彝族古代六祖史》《查姆》《赛玻嫫》《阿细先基》《阿诗玛》《董永记》《梅葛》《红白杜鹃花》，等等。

（一）彝族文献的研究

1. 彝族文献的载体分类

彝族文字文化的传承载体有金文、竹、木刻、竹木简、皮书、构皮纸、石刻等。

(1) 金文

目前为止发现3件,其中的"祖祠擂钵"亦称"祭祖擂钵",经贵州博物馆的有关专家鉴定,系战国至汉代的文物,铸有"祖源手確是"5个阳文彝字,铸有彝族《祭祖经》故事。另外两件分别是从贵州流传到云南省昭通市的蛙钮彝文"统管堂郎印"铜印和"夜郎赐印"铜印。

(2) 竹、木刻、竹木简

以竹、木刻、竹木简为载体,见于《彝族源流》《西南彝志》《物始纪略》等文献"木刻竹简,堆积如柴薪"或"堆放如柴禾"的记载。木刻有毕节市彝文文献翻译研究中心收藏的《摩史苏》1件。

(3) 皮书

即以牛羊皮为载体的彝文文献,在毕节市境内残存有10件左右,其中较完整的是"余吉米体访亲记"1件。

(4) 构皮纸

明清以来1万部以上的彝文文献都是以构皮纸做载体的。

(5) 石刻

石刻为载体的文献有数千件,绝大部分也形成于明清时期。

汉唐以来,彝族文字文化的传承始见于汉文献中。汉文献中较早记录彝文的是《华阳国志·南中志》:"夷人大种曰昆,小种曰叟……夷中有桀、黠、能言议屈服种人者,谓之'耆老',便为主。论议好譬喻物,谓之《夷经》。今南人言论,虽学者,亦半引《夷经》。"宋代范成大著的《桂海虞衡志》也提及彝族罗殿国文字的事:"押马者,称西南谢藩知武州节度使,都大照会罗殿国文字。"

2009年,香港《中国古彝文在世界古文字中的价值地位评鉴与申报世界记忆遗产建议报告》的评鉴结论是，中国古彝文可以与中国甲骨文、苏美尔文、埃及文、玛雅文、哈拉般文相并列，是世界六大古文字之一，而且可以代表着世界文字的一个重要起源。

2. 彝族文献的价值

彝文古籍是中华民族文化遗产宝库的重要组成部分，是一笔珍稀而可开发利用的传统文化资源。

以彝文为载体的古籍，用牛羊皮或麻布做护封，故而俗称"牛皮档案"或"羊皮档案"。它记录的历史年代久远，从哎哺时期至"六祖"时期，尤其是从尼能、什勺、慕靡、举偶到"六祖"分支，直到1664年的近4000年间，近200代父子连名谱牒世系完整相连而不间断。记录涉及哲学、历史、天文、历法、算学、文学、军事、宗教、地理、民族、民俗等多方面内容，反映彝民族的发祥、发展、迁徙、分布，与各兄弟民族和睦相处，巩固西南边疆的稳定，维护祖国的统一等情况，形成独具特色的哲学、美学、伦理道德学、教育学等学科体系。

内容与文字传承互为前提又彼此相互依存，正是它的这种属性，决定着其文字文化的传承的生命力。

《彝族源流》《宇宙人文论》《土鲁窦吉》《爨文丛刻》（中、下）及《西南彝志》等文献集中反映了彝族的哲学和天文与历法史观，为中华文明起源的认识提供了极具价值的文献资料。《爨文丛刻》《西南彝志》《彝族源流》《彝族创世志》《彝家宗谱》等文献，记录了全国彝族的数百代谱系、分布，回答了彝族的起源问题和彝族在贵州分布与活动的3000多年的历史，为贵州历史研究提供了不可或缺的文献要素。《益那悲歌》《夜郎史传》《彝族源流》《策尼勾则》等文献，记录了古夜郎王族的27代连续的父子连名谱谱系，反映了古夜郎在毕节市境内活动的六七百年历史。《支嘎阿鲁王》《支嘎阿鲁传》《曲谷走谷选》等文献，记录的彝族史诗，堪与《荷马史诗》和《格萨尔王》等世界著名史诗媲美。《苏巨黎咪》《海腮毫启》等文献，提供了教育、法律、伦理道德等多方面优秀的历史文化遗产，是一笔不可多得的历史文化遗产财富，值得去研究、继承和弘扬；《估哲数·农事篇》《物始纪略》等文献，反映了贵州古代农业社会的历史和农业社会的经济，在全国的彝文文献中也具有唯一性。《彝族诗文论》《彝诗体例》等文献，是我国最早的文艺理论著作，早于同是文艺理论著作的刘勰所作的《文心雕龙》。

彝族史料、文献有贵州的彝族历史上形成的远古文化，夜郎文化，民族政权方国文化（如黔西北至黔中的罗氏国文化，安顺至黔西南的罗殿国、毗那自楷国文化），千年土司文化（水西文化、乌撒文化、普安文化等），神秘文化（如在中国都是独一无二的向天墓葬文化）支撑着，反过来，这些种种文化信息必须靠彝族文献来解读、解答，归纳出其优势所在。彝族文献的收集、整理和翻译及出版将对贵州、乃至中国的彝族发展史研究不但有深远的历史意义，而且有着不可低估的现实意义。

3. 彝族文献的研究

改革开放以来，特别是进入新世纪后，在党和政府民族文化政策的光辉照耀下，彝族文化成就卓著，其中最显著的成果是经过10年的努力，于2012年在云南人民出版社出版了300多万字的巨著《彝族通史》，其中涉及包括毕摩文献在内的彝族历史文献。在国家抢救民族文化的大环境下，楚雄彝族自治州人民政府投入近2000万元，于2005年组织实施了彝族毕摩文献的搜集、翻译、整理的系统工程，并从2007年开始陆续出版《彝族毕摩经典译注》，至2012年全部出齐，蔚为大观，计 106 部，7000 多万字，印数 92800 册。为了保证科学性，既重视其翻译理论上所讲的"归化"和"异化"、直译和意译，又重视翻译的社会属性、文化信息的表达，做到了"文化的翻译"，所以译注格式为彝文原文、国际音标、直译、意译，文后附注释和译文（汉文）文本。

在国家加大民族文化研究的语境下，在彝学领域，以国家社科基金层次立项的项目，分别以"彝族""彝文""彝"为中心词查询相关部门公布的历年国家社科基金立项资料，计共 80 项。在立项的 80 个项目中，与彝族文献相关的主要有《中国彝文古籍文献整理保护及其数字化建设》《中国古代彝文谱牒整理翻译与研究》《彝文文献中的长诗研究》《彝族撒尼人仪式文学研究》《彝族史诗的诗学研究——以〈查姆〉〈梅葛〉为中心》《云南傣族、彝族医药古籍文献总目提要编纂及其价值研究》《彝族诗歌格律研究》《彝族史诗〈支格阿鲁〉研究》《彝族叙事长诗〈阿诗玛〉的跨民族翻译与传播研究》《彝族医药文化遗产保护传承研究》《贵州彝族仪式文学调查研究》《彝族传统经籍文学研究》《凉山彝族毕摩经典文献搜集整理与翻译》《四川凉山彝族毕摩文献整理编目与研究》《云贵川百部"彝族毕摩经典译注"研究》。

在研究成果方面，据不完全统计，论文成果散见于《民间文学论坛》《南风》《山茶》《金沙江文艺》《贵州民族研究》《彝族文化》《文史杂志》等刊物及部分大学学报。以专著的形式或以论文集的形式出版的有《中国彝学》《云南彝学》《贵州彝学》《四川彝学》《彝族古籍研究文集》《黔彝古籍举要》《彝文文献翻译与彝族文化研究》《彝族毕摩百解经》《彝族古代文论研究》《国家图书馆藏清代彝文田赋账簿研究》《彝族文献长诗研究》《彝文文献研究》《彝文经籍〈指路经〉研究》(黄建明著)《彝文古籍整理与研究》《首届中国少数民族古籍文献国际学术研讨会论文集》《鹰灵与诗魂：彝族古代经籍诗学研究》《彝文文献翻译与彝族文化研究》《彝族传统孝文化载体〈赛特阿育〉研究》《彝族三段诗研究》《彝文古籍与西南边疆历史》，等等。

  从上述的研究状况看，对彝族文献的研究主要集中于搜集、翻译及民俗、文学等方面，研究中往往把"彝族古籍文献"代指毕摩文献，没有重视"彝族文献"这个概念，更没有从现代文献分类学角度对彝族文献的分类进行研究。毕摩文献只是彝族文献中的重要内容，而不是彝族文献的全部，所以应以超越毕摩文献范畴的"文献学视角"来审视彝族文献。据笔者所掌握的材料，面世于读者的彝族文献的种类和数量都很丰富，其中除了毕摩文献，还有彝族文化人用其他语种书写的文本，用彝语文对其他语种作品的翻译。这样的现象，一方面说明站在文献分类学的角度对彝族文献进行分类的条件已经成熟，另一方面说明以文献分类学的理论科学地对彝族文献进行分类已经很有必要。

（二）彝族文献知识分类体系的研究

  对于文献的分类，关系到文献的利用及其价值的实现，所以中外历史上对文献的分类都极为重视。在彝族历史上对于分类的概念早已有之：四川彝族在传统社会里把事物分为根类、掌类、翅类、蹄类，把文献分为"佐佐特依"（大众文献）和"毕摩特依"（毕摩文献）两大类。清代彝族文化人安国泰在道光年间编撰的《大定府志》卷四十九《水西安氏本末》附录《土目安国泰所译夷书九则》中说："书籍有曰命理，言性理者也；有曰苴载，记世系事迹者也；曰补书，巫觋书也；曰弄恩，颂雅也；曰怯杰，风歌也；又有堪与禄命书。"

云南撒尼支系的彝族把彝文文献分为"毕摩司"（毕摩文献）和"佐稿司"（世俗文献），云南新平一带的彝族把彝文文献分为"正经"和"小书"。这是目前所见到的彝族关于事物分类和文献分类的主要记录。

学界对彝族文献的分类开始于19世纪。据资料记载，法国传教士保罗·维亚尔于1898年在上海出版的《罗罗》一书中，将他搜集的彝族毕摩文献分为6类，但按现代文献分类法可合并为两类。另一位法国探险家多隆少校对其搜集的彝族毕摩文献分为6类，但按现代文献学的分类标准可合并为3类。

20世纪上半叶，我国学者开始关注彝族文化。著名民族学家杨成志先生赴彝区进行了采风调研，将搜集的大量毕摩文献分为16类，但按现代文献分类法，最多可合并为三大类。著名民族学家马学良先生在彝区搜集了大量的彝族文献资料，将其分为九大类，以现代文献分类学的理论看，较之过去的分类更接近客观实际，而且超越了毕摩文献，有"彝族文献"的意味。

改革开放后，随着彝文文献搜集、翻译、整理、出版的种类和数量激增，彝学界对彝文文献的研究开始涉及分类。黄建明先生在1993年于云南民族出版社出版的《彝族古籍文献概要》一书中，列举了相关学者关于以地域、年代、支系为依据对彝文文献进行的分类，再以他所掌握的材料提出了自家的分类观点。该著作站在彝族古籍文献的高度，而不仅仅是彝族毕摩文献的角度，从彝语方言（支系）、学科和内容两个切入点对彝族古籍进行了分类。其中按学科和内容的分类，将彝族古籍文献分为以下8类：①宗教类，②历史类，③伦理哲学与教育类，④政治军事类，⑤科学技术类，⑥天文地理类，⑦文学艺术类，⑧语言文字类。

在这 8 个大类中，又各分为若干小类。显然，这种分类一是遵从了彝族古籍的实际，二是已有了现代文献分类学的意味。但是，这个分类体系可能因当时所掌握的材料有限，表现出一定缺陷，即没有相关的类别，如经济类、建筑类就没有。从最近出版的 106 部《彝族毕摩经典译注》看，其第 101 部"账簿文书"就属于经济文献类。

中央民族大学出版社于 1996 年出版的《彝文文献学概论》一书，参考黄建明先生的成果，从载体、版本、年代、地域等几个角度对彝文文献进行分类后，在以书目为划分依据的分类中，把彝文文献分为宗教、天文律历、历史、文学艺术、军事战争、地理、医药病理、农牧生产、伦理道德教育、工艺技术、字书、哲学、译著等 13 类。从现代文献分类学看，这个分类是值得肯定的。另外，彝学专家朱崇先先生于 2008 年在民族出版社出版了《彝文古籍整理与研究》一书，其中的第五章第三节是关于彝文古籍的分类内容，有自己的特点，但研究对象是彝文古籍，所以分类必然不能涵盖彝族文献。

从问世的彝学读物的种类和数量看，应站在彝族文献的高度，参照现代文献分类学中的体系分类法，将彝族文献分为 3 个基本大类：一是彝文文献；二是彝族文化人用其他语种撰著的文献；三是译著，即彝族文化人用彝语文翻译的其他语种文献。每个基本大类据其实际可划分为若干个层次及小类，比如彝文文献这个基本大类，应包括古代彝文文献、现当代彝文文献，其中古代彝文文献又可分为毕摩文献和世俗文献。

过去对彝族文献的研究，偏重于毕摩文献，在毕摩文献的研究中，主要是从民俗、哲学、文学等角度进行研究的。现在的研究，一是应立足于彝族文献这个大概念；二是应提升层次，拓宽领域，应从民族精神和精神家园的高度，研究彝族文献在彝族历史上精神家园构建中所发挥的作用，更要研究彝族文献作为一种精神产品，其精华在当今彝族的精神家园建设中的作用。

二、彝族文献数字化建设与信息处理研究

(一) 彝族文献数据库现状

彝族文献数字化的主要内容集中在彝文古籍的数字化建设与保护工作上，现对彝文古籍文献的数字化现状以区域和主要彝文古籍收藏机构的数字化两个方面做介绍。

彝文古籍是我国独有的物质文化之一，具有十分重要的文化、科研、医疗、教育等价值。由于彝文古籍的分布分散，加之大部分古籍分布在保存条件极差的闭塞山村，导致古籍收藏进程缓慢，每年都有不少古籍发生破损，甚至完全遗失，因而造成了我国宝贵文化不可挽回的流失。

1. 国外彝文古籍数字化研究现状

国外对于彝族的研究很少见，但也不乏一些外国研究者亲自到中国彝区考察、研究彝族文化。例如，OKraef 在《标准与价值：诺苏彝族"毕摩文化"的困境》（2014 年）中主要研究了毕摩文化作为一种民间信仰的不断发展，旨在促进毕摩和诺苏这一历史文化更长远的建设和保护。另外，他的《周边的声音与回声：20 世纪欧洲旅行者作品中的凉山彝族（诺苏）音乐和文化的介绍》（2011 年）主要记录了几位外国旅人的旅行日记，关于他们在旅途中遇到的彝族人、彝族文化、音乐和生活方式。但这些研究都尚未涉及彝文古籍数字化与开发利用方面的内容。在国外生活的彝族人比较少，对

彝族研究有兴趣的人也不多，并且国外彝文古籍文献稀少，再加上彝文不容易学习，因此，彝文古籍数字化这方面的研究几乎是一片空白。

2. 国内彝文古籍数字化研究水平

目前，国内学者和相关机构针对彝文古籍初步开展了数字化保护方面的研究。禄玉萍、吴勰等人在对黔西北地区彝文古籍数字化保护的研究中，论述了数字化的原则与数字化技术的选择，包括录入技术、扫描技术、数字化加工系统等方面的阐释。禄玉萍在《彝文古籍数字化刍议》中提出，彝文古籍数字化要做到转变传统思想观念、加强技术交流与合作、加强培养多学科人才等，并指出彝文古籍数字化对弘扬民族传统文化，抢救、开发及利用彝文古籍和快速、便捷检索古籍文献信息具有重要的作用。高建辉、李全华、李仲良等人根据贵州省彝文古籍特点、分布和收藏情况以及贵州彝文古籍数字化保护和利用现状，提出了贵州彝文数字化保护对策和基本原则。

总的来说，彝文古籍数字化保护与利用在国内外研究还不多，大多数是整理和修复彝文古籍工作的研究。在数字化保护和开发利用方面论述不多，做深入研究的人很少。据了解，四川凉山州、贵州毕节学院、红河学院等地的图书馆均没有建立彝文古籍数字图书馆，更不用说建立数据库和开发利用古籍。因此有必要结合我国彝文古籍的现状，进一步选用适合的数字化转换、存储、建库和共享技术，更加科学有序地开展数字化保护与利用工作。目前，国内外一些专家针对彝文古籍数字化提出了若干理论。实践方面，云南楚雄师范学院、西南民族大学、红河学院都在开展彝文古籍数据库的建设，并取得了一定的成效。随着国家政策对彝文古籍保护的不断重视，对有关彝文古籍保存及数字化方面项目的拨款逐年增加，彝文古籍数字化技术在不断进步发展。

（1）云南省彝文古籍数字化现状

云南省收藏的彝文古籍目前有3万余卷，主要分布在楚雄州、红河州、玉溪市。从收藏数量来看，公共收藏数量较多的是楚雄彝族自治州图书馆和楚雄彝族自治州彝族文化研究院。从各单位数字化情况来看，将近一半的调研单位都对收藏的彝文古籍进行了数字化处理，有利于进一步保护彝文古籍。从建立网站方面来看，除了楚雄师范学院图书馆，目前没有调研单位建立相关网站。由于国内彝文古籍数字化研究不全面、深入，研究成果少，尚没有建立完整系统的彝文古籍数据库。当前，云南楚雄师范学院图书馆的李仲良研究馆员、楚雄师范学院的李全华副教授、西南民族大学的沙马拉毅教授、红河学院的龙倮贵教授各自在从事彝族古籍数据库的建设，分别为彝文古籍数据库、楚雄彝族优秀作品数据库、彝族古籍数据库和彝族文化相关数据库。

对于云南省彝文古籍收藏机构、收藏数量、数字化情况和是否建立相应网站等情况进行的统计，其结果见表3-4。

表3-4 云南省彝文藏籍数字化现状

单位名称	收藏彝文古籍卷数	是否数字化	是否建立了网站
曲靖市彝学学会	108	否	否
曲靖师范学院图书馆	0	否	否
楚雄彝族自治州图书馆	1300	是	否
楚雄彝族自治州彝族文化研究院	1150	否	否

楚雄彝族自治州博物馆	36	否	否
楚雄彝族自治州档案馆	41	是	否
楚雄师范学院图书馆	92	是	是
楚雄州双柏县文化馆	86	否	否
红河学院国际彝学研究中心	10	否	否

①楚雄州图书馆

楚雄州图书馆于1962年成立，1988年建新馆，位于市中心桃源湖广场，交通便利，环境优美，馆舍总建筑面积8000平方米，总藏书量43万册，年订报刊1200种，现为国家一级图书馆。

近年来，该图书馆一直致力于彝族文献的建设工作，于2009年将馆内彝族文献查阅室申报命名为中国·楚雄彝族文献资料查阅中心。截至2015年底，该查阅中心已经保存彝族文献资源8000余种，共计23000余册，其中不乏有许多珍贵的彝文古籍，如《彝族原始宗教研究》《彝族原始宗教绘画》《彝族习惯法》《彝族文学史》《彝族颂毕祖经通释》《彝族史诗选：梅葛卷》《彝族史诗选：查姆卷》《彝族礼法经》《彝文古籍与西南边疆历史》《彝族道德经通释》《彝文金石图录》《三星堆之谜与彝族文化的渊源》等。

随着社会不断地发展，图书馆为了更好地保护、传承、开发、利用彝文古籍，计算机技术在馆内的应用日益广泛，数字化建设成果丰厚。例如，2015年借助云南省文化厅下拨的公共电子阅览室数字化建设经费建设了彝族文献数据库系统平台和彝族文献数字资源库，库中收录12000余条文献数据；2017年凭借中央补助地方图书馆的资金100万元，着手建设彝族毕摩经典数据库。

②楚雄州档案馆

楚雄州档案馆内设机构有办公室、业务监督指导科、档案法制科、档案管理科、电子文件备份管理科。该馆自建立以来，积极收集，接收档案资料，不断丰富馆藏，保管有革命历史档案、民国档案、彝文档案以及中华人民共和国成立后各机关形成的文书档案、科技档案、专业档案、照片、声像等各种门类的档案。近几年更加注意收集具有地方民族特色、涉及民生的资料，先后收集整理了《彝族毕摩经典译注》《祭祖经》《做斋经》《劝善经》《献水经》《指路经》《取灵经》《献牲经》《百解经》《地理书》《历算书》等彝文经书资料。

馆内大约94.3%的档案实现了数字化，且数字化档案加工验收流程已经达到精细化管理，其中加工流程共分成9步39个环节，而验收内容主要是对目录编制、档案扫描、图像处理、图像储存、目录建库、数据挂接、数据备份、档案整理8大部分的成果进行审核。

③楚雄师范学院图书馆

楚雄师范学院图书馆的前身是楚雄师专图书馆，馆舍总建筑面积为18297平方米。在2013年第一个国家社科基金项目"彝族古籍及数字化保护与利用研究"的带动下，楚雄师范学院图书馆孵化出其他4项国家社科基金项目与2项财政部专项项目。依次是"中缅跨境民族口承文化资料整理及数据库建设""西南彝族口述历史资料搜集整理及其有声数据库建设""彝族族源研究""中国彝族土司史研究""楚雄彝族文化优秀作品数据库""彝族文化遗产数字化保护传承与应用开发资源集成平台建设项目"。

该图书馆在彝族文化数据库的建设方面走到了全省乃至全国的领先行列，先后建立了六大彝族文化数据库，分别包括：彝族古籍数据库，收录彝文古籍2000余条；楚雄彝族优秀文化作品数据库，录入数据 10000 余条；彝族文化数字资源平台，包含数据 40000 余条；西南彝族口述历史资料数据库设有七大栏目，包含 3000 多条数据；中缅跨境民族口承文化资料数据库（建设中）；楚雄师范学院展厅书画作品数据库（建设中）。数据库的建设不仅增强了馆藏特色、地方特色，还有效地保护了珍贵的彝族古籍，促进了彝族文化的传承。

④楚雄彝族文化研究院

楚雄彝族文化研究院研究领域从彝文古籍的收集、翻译、整理，到彝族历史、政治、经济、哲学、宗教、天文、地理、医学、文学艺术、语言文字、考古、民俗，并开拓了一些综合性和边缘性的研究专题以及影视专题。

研究院多年来获得丰富的研究成果，如 1982 年创办了《彝文文献译丛》刊物，将翻译、整理的彝文古籍刊出；主办的学术刊物《彝族文化》于 1984 年创刊；几十年来编印了《彝族文化研究丛书》《彝族民间文字资料》《彝文石刻译选》《武定、禄劝彝文字词资料》《双柏彝文字词资料》《彝汉字典》《中国彝文书法选》等书籍，被学术界誉为异军突起的"中华彝族文化学派"；申报了《贿赂经》（乾隆年间）、《指路经》（嘉庆七年）、《指路经》（道光十年）、《签书》（道光十八年）、《彝族六祖源流》（同治二年）、《献水经》（光绪十六年）、《献牲·合灵·本命方经》（光绪二十八年）、《献酒献茶经》（光绪二十九年），这 8 本清朝时期的抄本彝文古籍，成功入选第三批国家珍贵古籍名录名单等。

(2) 贵州省彝文古籍收藏现状、保护情况

贵州省有 16 个少数民族，其中彝族人口有 380 多万。少数民族占全省人口总量的 38%，居全国第三位。水彝族主要在今大方、织

金、黔西、纳雍、赫章及水城一带，分布面非常广泛。毕节市彝文文献翻译研究中心、毕节市档案馆、毕节学院彝学研究院、大方奢香博物馆、威宁自治县民宗局、赫章县民宗局、大方县民宗局、贵州省博物馆、国家图书馆、中国民族图书馆、中央民族大学古籍研究所、西南民族大学文献中心、贵州民族图书馆等贵州省内 13 家公共收藏机构总共收藏彝文古籍 1863 册。

据不完全统计，贵州省八县（区）的民间收藏，已核实的有 90 位传承或持有人，藏有 1529 册彝文古籍文献，其中威宁县 748 册，赫章县 269 册，七星关区 192 册，纳雍县 150 册，大方县 109 册。民间彝文古籍保管的条件十分简陋。保存条件较好的放置于专门的木箱或木柜中，加放旱烟烟叶防虫；有些用塑料薄膜包裹，随意放在家中某一高处的角落；有些用塑料编织袋装书，吊在房梁或房柱上。部分保护意识较弱的家庭，古籍会被老鼠咬、被虫蚀、被烟熏黑，或被雨淋烂，到最后就会出现成箱、成柜、成捆的书粉。

贵州省收藏的彝文古籍目前还没有数字化建设。

（二）彝族文献信息处理研究

1. 彝文信息处理发展历程

（1）20 世纪 80 年代彝文信息处理技术的开发

1982 年，开发了 PGYW 彝文计算机。1984 年，开发了微型计算机彝文处理系统 YWCL，并于 1984 年 10 月 27 日通过了省级专家技术鉴定，1985 年获四川省科技进步奖。1986 年，计算机激光彝文/汉文编辑排版系统，通过了电子工业部和国家民族事务委员会共同主持的部级专家技术鉴定。该系统是我国首次运用激光照排技术进行少数民族文字处理的编辑排版系统。1986 年 5 月，在北京全国"六五"期间科学技术攻关项目展览会上荣获国务院电子振兴办公室颁发的优秀科技成果奖。1985年，中国计算机技术服务公司、华北终端设备公司和北京民族印刷厂合作，开发了CMPT－Ⅱ大键盘彝文系统，曾用于六届四次全国人大文件印刷；1986年，中国计算机服务公司和北京民族印刷厂合作，在华光Ⅱ型上成功开发出华光Ⅱ型彝文、汉字、西文计算机激光照排系统。

（2）20世纪90年代彝文信息处理技术的开发

1992年，国家技术监督局颁布实施了沙马拉毅教授为主要起草人制定的《信息交换用彝文编码字符集》《信息交换用15×16彝文点阵字模集》等多项规范彝文信息处理国家标准，使彝文信息处理工作得到顺利发展。1992年，北大方正彝文激光照排系统研制成功，这是我国首次运用激光照排技术进行少数民族文字处理的编辑排版系统，也是当前报社、出版社、印刷厂等主要使用的彝文信息处理系统。1997年国务院批准的《信息交换用彝文24×24点阵字模集及数据集》以及1999年批准的《多八位彝文编码字符集》等国家标准的颁布，为古老的彝文字汇入现代信息浪潮奠定了坚实的基础，研制出的计算机彝文输入法被应用于计算机彝文激光照排系统，填补了我国少数民族信息处理的一项空白。该项成果在北京科学会堂的鉴定会上被两院院士王选命名为"沙马拉毅输入法"。1998年，在滇、川、黔、桂四省（区）彝族古籍整理协作会第六次会议上通过了"将国务院批准的四川规范彝文作为我国彝族统一文字的会议纪要"。至此，计算机彝文信息处理事业得到了迅猛发展。

（3）21世纪初彝文信息处理技术的开发

2000年后，彝文信息处理技术的各项成果涌现，从开始只能对单字的处理到现在的词汇处理，从文书编辑到电子彝文出版系统，已经形成了一套完整的彝文信息处理技术体系。2003年，"计算机彝文输入码及其键盘"获国家专利。2005年研制出的"中小学汉彝对照电子词典"和"彝文文献全文数据库研究与开发"均填补了国内相关方面的空白。2006年,西南民族大学与北大方正合作开发的UNICODE彝文系统问世,计算机彝文字体从开始的2种发展到现在的白体、黑体、细黑体、宋体、仿宋体、综艺体、圆头体、手写体等8种字体。2007年,西南民族大学与北大方正合作的彝文书版研发成功。2008年完成了彝语六大方言语音库的建设;同年研制出的彝汉双语平行语料库和术语库是我国(也是世界上)第一个针对彝语和汉语的平行语料库和术语库。2009年研制出的彝语语料库是我国(也是世界上)第一个大规模的彝语语料资源库;同年,西南民族大学与中国社会科学院民族学与人类学所合作的彝语声学参数数据库的研制成功,开创了彝语实验语音学研究的先河,也为西南少数民族语言实验语音学研究工作的开展进行了有意义的探索。2009年研制成功的彝文手机,被誉为彝语文发展进程中的里程碑,使历史悠久的彝族传统文化与移动通信技术相结合,为彝语言文字向科技化、信息化迈进开辟了一条新路。2009年11月,全国彝语术语标准化工作委员会的成立,对进一步推动滇、川、黔、桂四省区彝语文全面规范化、标准化、信息化进程,促进彝语文信息化建设的健康发展具有重要的现实意义。

此外,2010年彝汉双语词语标注语料库、彝汉人名汉字音译数据库和彝族传统医药术语数据库的设计完成,2011年彝、汉、英三语平行语料库、通用彝文系统以及2012年彝文智能输入法、彝文安卓智能手写手机等的设计完成,都为彝文信息处理技术的发展奠定了一个坚实的基础。

(4) 彝文网站的开发与建设

2000年，西南民族大学的沙马拉毅教授主持研发了彝文视窗平台，内容涉及系统平台、文字处理、彝文网站、彝文多媒体等。其中彝文系统处理软件具有文字信息处理软件的各种功能，能支持多文种的信息处理平台，使得古老的彝文进入了计算机信息处理世界，为彝文的网络化、信息化奠定了坚实的技术基础，与此同时，中国第一个彝文网站——西南民族大学彝学网站建设成功，在互联网上第一次用彝、汉、英3种文字系统地宣传介绍彝族悠久的历史、语言、文字、风俗等。彝学网站的建立、开通与彝文多媒体软件（如轻松学彝语、跟我学彝语、在线学彝语等）的研制应用，为彝族地区经济、社会、教育、科技、文化的繁荣发展，为彝民族与世界各民族的信息交流开创了新的途径。进入21世纪后，彝文网站逐年增多。目前，国内已经开通的彝文网站还有人民网（彝文版）、中国彝学网（彝文版）、彝族人网（彝文版）、彝语在线等。

2. 彝文信息处理在数字化中的应用

(1) 彝文输入法研究

西南民族大学的沙马拉毅教授于1984年开发出世界上第一套通过省级认定的彝文输入法，命名为"沙氏彝文输入法"，是我国第一种进入计算机的少数民族语言文字。此外贵州工程应用技术学（前身为"毕节学院"）彝学研究院陈英先生主持立项的2005年国家部委项目"古彝文整理及计算机输入软件"，系民族语言文字规范标准建设及信息化项目中的子课题。据有关资料透露，当时这套彝文输入法软件筛选的是8万多个古彝文字库中的5356个常用彝文字，也就是说可以基本满足学术研究和文字处理。但由于缺少一些通用和稀有彝文字，对于整理、研究和出版彝文古籍而言，仍然存在诸多问题。因而我们应在此基础上扩充古彝文生僻字、异体字等，使其更能适应信息时代对彝文信息化处理的需求。同时，这套彝文输入法采用的是其他国际区位码研制的，因而彝文输入需反复切换其他输入法方能正常使用，并且个别输入候选字框还需进一步优化。基于以上的研究深入，本文将进一步研究和完善彝文输入法的研制工作，并力求从字库制作标准、彝文编码标准、易学性等方面对规范通用彝文信息化输入平台的开发做出一些示范作用。

多年来，有关专家相继对彝文输入法系统进行优化升级和重复开发，但仍然面临着字库制作和外码编码标准不统一及字库量体不足等诸多的问题，远远不能满足当前对通用彝文信息化输入的通用性和规范性要求。而且通过研究发现，凉山规范彝文输入法、沙氏彝文输入法、彝文输入法之 YiWin 输入法、楚雄彝文笔画输入法、Vista 系统的彝文输入法、美国 SIL 彝文输入法等，所包含的字库量仅有 1000 字左右，其中凉山规范彝文输入法无法涵盖 2500 多个云南规范彝文字符，更不能用于当前彝文古籍文献的出版工作。

目前云南省高校少数民族语言文字信息化处理工程研究中心开发完成了一种基于信息论的、通用的（Windows 操作系统及出版系统）彝文信息化输入处理平台。该平台均基于 Unicode 国际标准编码设计，可运行于 Windows98 以上的操作系统，即 Windows XP、Windows7、Windows 10。在这些操作系统中，只需加载彝文 TrueType 通用字库文件和安装彝文输入法程序软件，就可实现兼容中英汉混合的切换输入，可在滇、川、黔、桂四省（区）彝族地区使用。

（2）其他彝文信息处理应用研究

彝文信息处理技术目前已经基本形成了从单字的处理到现在的词汇处理，从文书编辑到电子彝文出版系统的一套完整的彝文信息处理技术体系。彝语语料库、双语对照词库、方言数据库等为开展彝语言文字的相关研究提供必要的语料数据基础。沙马拉毅输入法、彝文办公系统、彝文手机等解决了在信息时代几百万彝族同胞使用信息化工具进行彝语交流的问题，也为推广和普及彝文奠定了技术基础。

随着彝族地区经济文化的发展，彝文信息处理技术在开发与推广应用领域必将得到更大的发展空间。

第四章　智库服务模式下的少数民族地区图书馆特色资源建设

第一节　智库服务概述

一、什么是智库

"智库"一词最早出现在1967年6月的《纽约时报》,它译于英文"Think Tank",是利用各类资源为政府、企事业机构、个人等用户提供科学决策咨询的机构。

智库,英文名称"Think Tank",也被称作"思想库",即智囊机构或智囊团,是指以公共利益驱动创新,围绕着社会责任进行公共政策研究,实现服务政府决策的目的,形成相关专业领域的研究机构。智库是一种相对稳定且独立运作的政策研究和咨询机构,主要介入公共政策领域探索与研究,如对国内外社会、经济、文化、科技呈现出的热点、难点、疑点进行分析，提出合理性、政策性建议，形成不同行业的智库报告，进而有利于决策层和公众对公共政策做出恰当、明智的抉择。当下在欧美国家政府制定政策和企业制定企划案时被广泛应用。2017年1月26日，《全球智库报告2016》（2016 Global go to tink tank Index report）在全球80多个地点同时发布。该报告由美国宾夕法尼亚大学"智库与公民社会项目"（The Think Tanks and Civil Societies Program，TTCSP）主导，从2007年开始每年发布全球智库排名，数千名国际专家学者参与智库提名，然后根据科学系统的标准，通过相对客观公正的研究方法，形成评定结果。该报告指出，目前全球共有6846家智库，其中美国1835家、中国435家、英国288家，是世界智库数量最多的三大国家。2016年全球智库综合排名榜单共列及175家世界智库，有9家中国智库入围，排名最高的是中国现代国际关系研究院，位列第33名。据统计，在北美和欧洲，大约半数以上的智库是隶属于大学的；在我国，现有智库机构多数隶属于政府部门的各类研究所，研究内容基本以研究国家政策为主。但是，随着2015年11月1日国家高端智库建设试点工作启动会召开，会议通过了25家首批入选国家高端智库建设试点单位的名单。据报道，首批入选的智库大体分为4类，其中第二类是依托高校和科研机构的专业智库，共12家。这标志着我国高校智库建设进入快车道，高校图书馆应该及时把握住眼前的机遇，在"建设中国特色新型智库"这一国家战略指导下，积极开展智库服务模式创新，为高校图书馆未来发展转型提供一条可选择的道路。图书馆应注重利用资源优势来提供诸如知识咨询、决策知识支撑、个性化嵌入式服务、情报技术支撑等知识服务，驱动高校图书馆由文献信息的收藏机构向知识产品输出机构、决策参考支撑机构方向转型。

智库的功能主要涉及公共政策、战略规划、公众认知。智库以公共政策需求为动力源，驱动战略制定，引起公众关注。这些功能实现的前提条件是科学研究。当前，建设中国特色新型智库已上升为国家战略高度。中国特色新型智库是指以国家战略问题和公共政策为主要研究对象，以服务党和政府科学、民主、依法决策为宗旨的非营利性研究咨询机构。因此，中国特色新型智库具有公共物品属性，是服务于党和政府科学决策的公益性、实体性研究机构。中国特色新型智库是非营利性的实体单位，由具有一定学科背景和一定影响力的专家、学者及专职研究人员构成，拥有相对稳定、高效协同的团队。其具有以下特点：长期跟踪决策咨询前沿；研究内容与研究成果鲜明、清晰、个性化、有价值；完善的决策咨询制度和可靠的资金支持；拥有知识分享交流平台与成果转化渠道；具有良好的国际合作交流条件。

二、智库的发展历史

"智库"这个称谓和当代其他许多理论、概念一样，带有浓厚的当代西方文化特征。"智库"一词译自英文的 Think tank，又称"思想库"。根据韦氏词典对智库的定义，智库是对社会政策、政治策略、经济或科技问题、工业或商业政策以及军事建议等进行研究的某个组织、机构、公司、团体或个人。其实，我国古代早已有智库的雏形。在古代，我国的"智库"以不同的称呼及形式存在于历史的各个阶段，如谋士、门客、幕僚等。这些智囊人士以他们自身所掌握的丰富的知识以及经验智慧，来辅佐当时的帝王做出决策。在历史的长河中，最早记载有关智库的称呼是《史记》中的"智囊"一词。但是古代的"智库"是封建社会统治阶级的产物，在建言献策的过程中并不具备独立性的特征，因此与现代所说的智库相差甚远。我国高校智库大体经历了3个阶段，分别是中华人民共和国成立后的初期发展阶段、改革开放后的完善阶段以及21世纪以后的高速发展阶段。

（一）早期智库的形态

在中国古代，贤明的帝王将相深知智囊在维护统治、推动社会发展中的重要作用，因而广泛招贤纳才，并通过召对、会议、奏章、票拟、草制等形式，广泛咨询并听取贤才们的意见。夏、周、商时期，夏、商的家臣和两周的谋士蜚声古今。商朝的兴起得益于仲虺、伊尹等智者的相助，周朝的兴起更是因为周公旦、太公望等人的辅政有方。春秋战国时期，诸侯们为争霸方，纷纷招贤纳士，聘养食客，"养士"成为一种时尚。当时号称"四公子"的孟尝君、春申君、信陵君和平原君都以"养士"著称，各有门客数千人。春秋初期的政治家管仲，以他出色的智谋辅佐齐桓公，使其成为五霸之首。战国时期，秦国重视招揽各种谋士，采纳智囊的建议，以西部贫弱之小国而雄踞天下，战胜齐、燕、楚、韩、魏、赵六国而统一全国。汉朝张良、陈平辅助刘邦夺取天下。诸葛亮以其足智多谋、神机妙算辅助刘备取得一个又一个胜利。至唐代，士人为幕已经成为普遍现象。元太祖成吉思汗及其儿子窝阔台的帝业，离不开知识渊博、胆识过人的智囊耶律楚材。明朝的朱元璋也是借助刘伯温等人的智谋，当上了开国皇帝。

经过中国历朝漫长的锤炼之后，到清朝，智囊开始走向职业化，开府设幕已经成为国家制度的一项重要内容。朝廷不断用科举、开特科（博学鸿词）等方式广揽人才，扩大官僚队伍，完善统治机构。

西方国家也有许多智囊，如亚历山大大帝身边的著名学者亚里士多德等谋士,也是早期形态的智库,表明智库很早就构成了国家治理模式的一个重要特征。

(二) 智库的发展历程

1. 中华人民共和国成立后的初期发展阶段

在中华人民共和国成立伊始,我国的政治、经济、文化在经历过战争的浩劫后都有待于发展,以毛泽东为核心的党中央第一代领导集体在提出多项决策之后,愈发地认识到了人文社会科学对于治国安邦的重要性,这为我国现代智库的兴起奠定了基调。1949年初,由郭沫若负责开始筹备建设中国科学院,同年11月1日中国科学院正式成立,这意味着我国现代智库的建设已然开始。以此为起点,我国各个行业开始兴建关于本行业的研究所,为本行业的发展展开政策研究。从1950年开始,中国科学院开始先后接收地方的科学调查所及工作站,同时在全国范围内开始兴建研究所,并在1957年成立了哲学社会科学分部,即为中国社会科学院的前身,在1977年正式独立出来并更名为中国社会科学院,随后,各地的地方社会科学院陆续成立。至此,为中国建设现代智库打下了坚实的"地基"。

2. 改革开放后的完善阶段

1978年党的第十一届三中全会正式召开,标志着我国正式进入改革开放的发展阶段。也正是由于我国要加快改革开放进程,面临着诸多现实性难题,为了更好地解决这些难题以推动改革开放进程,政策咨询机构获得了发展的土壤,应运而生。1992年邓小平在南行过程中发表了一系列的讲话,有力地推动了我国改革开放的步伐,对我国决策的科学程度及民主程度有了更高的标准。在20世纪90年代初期,我国的民间智库也已经初具活力,以零点研究咨询集团为代表,在政策参与方面取得了不俗的成绩。在官方智库和民间智库不断发展的大潮中,高校智库也悄然登上了历史的舞台。1994年8月,依托中国最高学府北京大学建立起中国第一所高校智库——中国经济研究中心。1996年,又一所高校智库成立,名字也叫作中国经济研究中心,是以清华大学为依托建立的。1999年,以清华大学公共管理学院为基础,整合学校的人文社会科学学院的资源及其他科研机构,又一所极具影响力的高校智库——清华大学国情研究院得以建立。这几所高校智库依附自身高校的影响力,大量地吸纳国内外知名学者及专业领域内的专家,不断地增强学术研究的实力并通过实质性的成果扩大了智库本身的影响力。同时,通过不断地申请下国家及教育部的多项重大课题进行研究,通过学校平台的资源不断组织与国外高校间的学术交流,为我国当时的政府决策、社会发展提供了强有力的智力支持,也让高校智库开始走进人们的视野当中。

3. 21世纪以后高速发展阶段

进入21世纪后,有前几所高校智库的成功为我国的高校智库快发展奠定了基础。2006年,布鲁金斯学会与清华大学合作,共同建立起了布鲁金斯-清华公共政策研究中心。2010年,卡内基国际和平基金会同样与清华大学合作,成立了卡内基-清华全球政策研究中心。在十八大以后,智库建设的热潮再一次被掀起,全国范围内各高校响应党中央的号召,进一步发挥其服务社会的职能,不断地进行新型高校智库的建设。2014年《关于加强中国特色新型智库建设的意见》进一步强调要进一步梳理高校智库的管理制度,不断完善高校智库的发展。在《中国大学智库发展报告》中排名前十的复旦大学中国研究院以及中山大学粤港澳发展研究院都是在2015年成立的，成立时间虽短，但是可以成功入围高校智库前十名，可见我国高校智库目前的发展极为迅速。我国的高校智库大致可以分为3种类型。一是整合校内资源形成的智库，例如武汉大学经济发展研究中心、东北大学东北振兴研究院、北京大学国际战略研究院以及中国人民大学国家发展与战略研究院等。二是校际之间对资源进行整合形成的智库。这一类的高校智库形成源于国家在2011年推出的高等学校创新能力提升计划，简称"2011计划"，例如浙江大学农村发展研究中心以及中国人民大学牵头的社会转型与社会管理协同创新中心等，都是比较典型的校际间合作成立的高校智库。这类高校智库对相关研究的综合协调能力极为突出。三是国内高校与国外知名智库合作建立的高校智库，此类高校智库无论是从社会影响力还是学术研究水平上，都具有很大的优势，例如清华－卡内基全球政策研究中心、清华－布鲁金斯公共政策研究中心。这两所高校智库均入选了宾夕法尼亚大学TTCSP项目编写的《全球智库报告2018》全球最佳高校智库90强名单。

三、智库服务的类型

（一）面向智库建设的知识支撑服务

主要包括面向智库政府机构用户的决策参考服务、面向智库企业用户的竞争情报服务、面向智库个人用户的文献支撑服务等。对我国新型智库最为主要的服务对象——政府来说，高校图书馆既可以为智库的政府决策服务与研究提供直接性的决策参考服务，如提供基于文献、信息、知识综合运用的可行性分析服务、风险评估服务、国内外决策现状调研服务，也可以提供间接性的数据分析工具应用等服务，如为智库研究人员提供基于文献推送、定制、可视化的技术工具应用等支撑服务。如南京大学中国智库研究与评价中心和光明日报智库研究与发布中心合作开发了我国第一个大型智库垂直搜索引擎——"中国智库索引"（CTTI），该系统已经于2016年9月28日上线运行。

（二）面向智库建设的知识咨询服务

面向智库提供诸如基于数据分析和应用的态势分析、基于文献调查的研究进展、基于用户/市场调研的民众需求等咨询知识服务，协助或参与到智库的课题研发、用户服务、产品论证等工作之中，发挥高校图书馆固有的资源及事业内在立足的优势。如江苏大学图书馆面向中小企业开展的智库知识咨询服务堪称是高校图书馆的一个典范。该馆于2005年进行了机构改革，创立科技信息研究所，专门为学校所在地镇江市的中小企业开展服务，利用文献优势、学科优势和人才优势为中小企业提供咨询报告等服务。

（三）面向智库建设的知识传播服务

具备一定的社会影响力是智库评价的重要指标。图书馆是全社会最为重要的知识传播机构，对于智库输出成果，如研究专著、决策参考、实证报告科研论文等来说，高校图书馆对其进一步知识组织、成果应用、评价分析和推广应用的市场价值、科研价值、应用价值起到至关重要的作用。如基于成果复用的论坛、讲座、书院、联盟等服务，基于单一组织内科研群体知识聚合、组织、传播的机构知识库构建等服务。2014年8月，来自山东大学、济南大学、山东财经大学及其他高校和社会团体的国内知名学者成立了济南市图书馆尼山学院专家库，建立了以专家举办讲座、论坛、沙龙等方式为尼山学院乃至济南市发展提供智力支持的机制，值得高校图书馆效仿借鉴。

（四）面向智库建设的知识评价服务

图书情报机构一直以来都是科研评价、知识评价的领头者，随着智库建设热潮的到来,智库评价也进入评价者的视野之中,近年来陆续发布的诸多智库排名等评价产品也均闪现着图书馆的参与身影。如中国社会科学评价中心发布的《中国智库发展报告》等一系列成果,均主要依附于社科院图书馆的雄厚资源在其专业人才基础之上完成的。南京大学中国智库研究与评价中心是目前我国最为著名的智库评价机构,其成立的基础则是早期依附于南京大学图书馆的南京大学中国社会科学研究评价中心,由此看出,图书馆特别是高校图书馆在智库评价方面具有先天优势。面向新型智库建设的评价性知识服务可以借鉴国际三大智库评价模式:以市场为主导的评价即美国模式、以莱布尼茨协会为主导的第三方评价即德国模式和以政府为主导的评价即日韩模式。智库评价应聚焦于基于传统文献计量学知识的智库产品（图书、论文、报告、专利等）影响力评价、基于替代计量学（Altimetric）的智库品牌社交网络（微博、微信等）影响力评价等。

（五）直接面向决策提供新型智库服务

我国学者刘速等认为图书馆智库服务发展需经历3个重要阶段,即智库服务阶段、向智库转型阶段和作为智库发展阶段。首先,图书馆应当发挥信息资源优势,为智库研究提供有力的信息支撑,实现协同化发展。其次,在与智库深入合作基础之上,图书馆应推出特色化服务内容,如文献计量、知识库、专家人才库、决策服务平台等,构建图书馆的智库服务模式,逐步打开机构转型升级的发展通道。最后,图书馆应完成由信息服务机构向智库的功能转型,与政府、企业建立长效服务机制,并将服务延伸到社会各类群体的决策事务中,确定图书馆作为智库的影响力,使其成为我国特色智库类型之一。

第二节　智库服务模式下的图书馆

在进行国家方面的相关治理时不能仅仅依靠单一领域的知识，还需要智库中的多领域、多层次的知识优势。由于我国各大高校本身就具有不同于其他机构的优势，所以高校智库可以在进行相关决策咨询的时候，起到一些不可替代的重要作用，并被国内外的广大知名专家学者关注。高校智库是在大学范围内比较重要的一个机构，基本上是由各大高校统一管理，而在其中进行研究的人员大多是高校内部的专业人才，也包含有部分外来人员；该机构想要持续运作所需要的大量研究资金，也是由各大高校统一批复，同时该机构在相关研究方面的内容都具有涉猎广泛的特性。我国各大高校进行的广泛相关的智库建设，对于培养建设学校内部的人才队伍方面发挥着很重要的作用，提高了各大高校在社会竞争中的优势；与此同时，高校又是多重人才的广泛聚集地，其中具备的丰富学科类型和社会上发展较好的多种行业产业能够进行高度的融合，拥有与社会上或者政府机构在科技等方面进行合作研究的大量相关经验。

通常意义上，高校图书馆智库是高校智库的子结构，在知识收集、分类、储存、利用等方面占据着不可或缺的地位。从高校图书馆智库建设流程上看，其就是一个知识的收集站、整理站、提供站，专业人员会对高校图书馆的知识资源进行分类管理，相关学者利用高校图书馆智库提供的信息资源，进行专业研究，将专业研究成果在图书馆智库永久地保存下去，成为今后提供咨询服务的更加高端的一种积累而成的知识财富。而收集、分类、储存相关知识信息是

第四章 智库服务模式下的少数民族地区图书馆特色资源建设

世界各国中图书馆领域的优势方面。高校图书馆覆盖学科领域十分广泛，这些年来，图书馆也在随着时间的推移一直向前发展，它运用现代信息技术，实现了各大图书馆之间的馆际互借。这对于图书馆的藏书领域是一种有效的补给，还能够在这个领域中对于更多的社会信息资源进行收集。社会各界中对于智库的建设都持有一种支持的态度，所以智库发展的相应理念也被社会上各行各业密切关注。在这一阶段中，众多高校图书馆也已经积极地加入智库的建设之中，这也是实现高校图书馆在发展过程中转型升级的有效渠道之一。

一、高校图书馆智库型服务

随着全球信息化进程的不断加快，智库作为创新思想的源泉，逐渐成为国内外研究的一大潮流。党的十八大召开以后，智库建设在我国受到重视，《关于加强中国特色新型智库建设的意见》的颁布，标志着我国特色新型智库建设已经上升为国家战略。高校图书馆作为服务于学校教科研建设的机构，具有丰富的馆藏和数据库等信息资源，能集合多学科专家的力量和优势，拥有信息分析及研究的专业能力和技术基础，具备多学科领域智库建设的有利条件。教育部在 2015 年最新修订的《普通高等学校图书馆规程》中明确提出，高校图书馆要"积极参与各种资源共建共享，发挥信息资源和专业服务优势"，为高校图书馆智库建设提供强有力的政策支持和保障。医学特色智库的建设是培育创新型医学专业人才的重要途径，也是促进我国健康产业与医疗卫生事业创新发展的关键举措和重要方式。截至 2018 年 11 月，中国智库索引（CTTI）数据库共计收录了 706 个来源智库，研究领域集中于金融、文化、外交政策、市场等，而关于健康与医疗卫生领域建设的研究却较少。当前，我国仅有健康江苏建设与发展研究院和上海华中科技大学健康政策与管理研究院这两个医学类智库研究中心。因此，充分发挥医学院校图书馆拥有的文献资源、情报技术、专业人才以及专家学者等智库建设的优势，开展智库服务模式研究，具有十分重要的意义。

（一）高校图书馆智库建设的必要性

1. 图书馆社会化服务的内在要求

随着人们自身信息意识的增强和适应终身学习的需求导向，各大高校进行直接管理的图书馆在人民大众的心中越来越受欢迎。此外，众多与科研有关的单位、机构对于高校资源的需求也越来越多，所以说实现资源共享是一个不可缺少的板块。高校的社会化服务职能是其重要的发展趋势，而图书馆已经成为实现高校社会化服务功能的重要载体。与此同时，在我国发展的当前阶段，现代化的智库建设已经发展到有史以来的高峰期。它能够满足我国当下的社会需求，也是我国可持续发展必须坚持走的一条道路。

2. 特色新型智库建设的理想选择

美国学者谢拉说，服务是图书馆的基本宗旨。高校图书馆亟待通过转型向前发展，这也是应对社会信息化发展的一大措施。在当前形势下所拥有的大数据环境中，图书馆对于数据资源的重视程度比较高。这些社会现状也会使得智库与高校图书馆进行有机结合，通过分析各种发展中得到的数据，预测它的未来，并为其进行相关的决策参考。而在这一过程中，我国的智库与高校图书馆之间进行融合，会形成一种天然形式上的优势。而在智库模式的构建中，对于数据进行深度挖掘也是一项核心要求，同时在建设中扮演着不可替代的角色。在这其中，人员和资金缺一不可，且资金始终是最重要的基础存在。

3. 新时期高校图书馆的发展方向

图书馆在发展过程中一直以来都是遵循"用户第一，服务至上"的理念，所以图书馆需要为之努力的方向就是进行服务的创新。读者获取各种信息的方式也越来越与时俱进，目前最应该解决的就是图书馆怎样才能跟上脚步，适应时代与读者。高校图书馆作为一个资源的集聚地，更应该对于发展机遇进行及时的把握，更大地提升自身市场竞争的核心能力。图书馆作为高校中重要的部门，在进行智库建设的相关环节上有着其他部门不可比拟的资源优势。而它们应该在构建新型智库方面投入更大的力度，把相关的信息服务系统建设得更加完善。同时，它们在社会各级决策的确定方面起着重要的作用，在信息咨询方面提供相应的服务能力，是一个全面的知识系统存在。各大高校管理的图书馆可以对现代的高新科技进行实际运用，通过这一过程的发展，为政府提供相关决策的参考服务。

（二）高校图书馆智库建设的可行性

1. 知识资源丰富

在推动高校主打的相关专业发展方面，图书馆在其中发挥着极为重要的作用，在知识储备的专业度上，智库完全没有能力和它相比较。而高校图书馆在各个方面都比较专业，同时还可以连贯起来，对于高校智库的服务能力发展方面有一定的提高作用。高校图书馆在发展中，将传统馆藏文献资源转换为数字网络资源，并借助自身馆藏优势研发专题数据库，以此为高校图书馆构建理想化智库建设平台，以防其他智库建设中增加信息平台建设投入，节省成本，从而方便直接进行智库研究工作。在世界领域，图书馆是很多著名智库发展的根源，例如斯坦福大学成立的胡佛研究所，设立之初是为战争服务的资料图书馆，到现在图书馆规模发展到 9 个，藏书 160

万册；德国维滕贝格高教研究中心的藏书近5.5万册；卡塞尔大学国际高校研究所的藏书量达到2.5万册；捷克科学院东方研究所建立了5个不同类型的图书馆，藏书量约20万册。由此可见，各大高校管理的图书馆在进行建设资源方面有一定的长期积累，综合型的知识资源使得高校图书馆在发展过程中具备了为决策咨询提供更好、更优的信息服务能力。

2. 情报分析能力较强

在图书馆工作中，传统工作理念认为图书馆学属于一种学科领域，事实上，高校图书馆是集图书馆、情报与档案等学科信息进行交叉管理的场所，其中图书馆学属于社会科学，而情报学则以科技为主，档案学以人文为主，图书馆工作则是三方面的融合。近几年计算机相关技术不断发展，情报学知识及分析能力在高校图书馆中显得尤为重要，甚至成为未来图书馆工作所必须具备的能力。在情报学领域，分析是重中之重，充分体现了情报的智囊团作用。而情报研究则涵盖了情报提炼以及对信息的加工处理，在综合分析与评价原生信息内容的前提下，为管理与决策提供可靠的情报保障。由此可以发现，在智库研究工作中，情报分析是重要的构成形式。利用情报分析的优势技能，对于每个研究对象的发展前景进行准确的研究和预测，掌握其规律，为国家公共决策领域制定相关政策奠定了良好的基础。图书情报机构长期承担着信息的存储、采集、加工等任务，拥有的知识服务产品比较多，比如专题机构数据库、报告与知识库等。所以，在智库建设中，通过高校图书馆的情报分析部门长期收集信息，为相关信息库、资源库等带来了极其重要的保障作用。因此，高校图书馆智库建设中，情报部门发挥着非常重要的作用。总的来说，高校图书馆构建新型智库过程中，该部门具备着明显的优势，能够全面参与智库研究。

3. 组织形式多样

智库把自身正在进行的相关项目研究作为研究的基础性工作，并以周期性方式向前发展，这种状态是通过高校丰富的优秀人才资源、具有多元化综合能力的人才队伍的支持下形成的，使得组织成员的构成更加灵活、机动。高校图书馆在智库建设中，邀请专业研究人员参与其中，除了图书馆相关部门有固定馆员，还可以根据项目发展现状实时调整人员组成，聘请外来人员也是可以选择的方案，所以在人才资源的合理使用方面，它比其他的智库形式具有更高的效率，这也在一定程度上对于人力方面的成本投入进行了缩减，为项目管理创造了良好的研究条件。和官方的智库相比，高校图书馆智库研究有很强的独立性，由所属高校进行管理的图书馆智库有一些相对优势，它们的一般经费由高校支持，所以其来源是比较充足的，这样就能在智库建设中进行相应的创造行动，因而研究成果的科学性与独立性比较突出。

4. 专业化程度较高

高校图书馆有自己独立的情报部门，情报研究对智库咨询发挥着非常重要的作用，能够在智库研究或信息数据库中提高情报研究产品的使用效率。高校在图书馆管理中，情报部门在进行相关研究工作的时候，可以明显地看出它具有持续发展的特性，还有一种对于未来发展的前瞻性。学者们在进行某一问题的持续研究过程中，通过高校图书馆可以获得丰富的专业资源。高校图书馆学科馆员及相关馆内工作人员会为学者开展研究提供专业的咨询服务，并且信息服务贯穿于整个研究阶段，在课题结项或者取得阶段性成果后，高校图书馆馆员还会一直关注此领域的问题研究，并且能够在决策者进行咨询的时候提供及时的相关服务，重视研究的时效性、针对性、准确性。因而高校图书馆智库在建设中，研究的深度、广度与长期性方面的优势更加明显。

此外，想要智库在当今社会中有所发展，就必须紧跟时代，构建起一个足够专业、足够广博的知识框架，只有这样才能在为各级单位进行合理决策时发挥自身的辅助作用。众多高校图书馆已经发展了很多年，所以在创新等相关能力方面往往比其他机构的优势更明显。

（三）高校图书馆智库的特点及优势

1. 高校图书馆智库的特点

第一，各大高校图书馆都是以社会知识传播者的形象存在的，它们在各自不同的领域内聚集着众多专业人才，所以在人才资源方面具有丰富的数量。一些相关报告中可以看出，我国高校中汇聚了大部分社会中能力较强的科学主力与一些高校人才群体。由于高校内开设的各学科领域的专业人才数量日渐增长，高校图书馆在相关领域也在不断增强其自身所具备的优势。而这个人才优势在高校图书馆智库的发展中作为一种强有力的支撑存在着。

第二，一般情况下高校图书馆的信息资源都是极其丰富多面的，它们大多以高校图书馆实际采集的数据和社会中比较官方的数据为主。在互联网发展迅速的大数据时期，研究人员从多角度对其价值与意义进行相关的分析研究，判断寻找某些问题根源，并把解决问题的经验作为参考。各高校图书馆将研究成果聚集在一起，并以校内数据库的形式进行保存，从而统一管理且合理存储于各高校图书馆，在增强研究成果数据安全性的同时，不仅有效地保护研究人员的知识产权，还能广泛应用于智库服务之中。

第三，学科领域有很强的交叉性。各高校都有自己相对完整的学科设置，在这些设置的学科之间，存在着一种很强的互通性，而高校图书馆既可以充分利用高校的学科资源，又可以发挥自身在图情领域的学科优势。因此，在解决问题的过程中，能够运用不同的学科，将数据挖掘、数据分析与相关学科相融合，就可以从跨学科角度得到有效的解决问题的方案。高校图书馆在培养各类人才，特别是智库相关专业人才时，综合解决问题方面，提升自身学术研究能力，合理扩大研究领域，从而能够综合运用多学科专业知识解决复杂问题。

第四，发展过程具有很强的独立性。图书馆作为一种公共文化服务机构，需要满足读者的公共文化服务需求，所有读者均拥有信息权利去获得图书馆提供的信息资源，这就决定了图书馆的客观独立属性。高校图书馆继承和延续了公共图书馆的独立属性，与近些年兴起的民间智库相比，高校图书馆智库与其有着明显的不同，具有相对客观性。社会经济的快速发展，需要高校图书馆智库提供相对独立和客观的决策咨询建议。

2. 高校图书馆智库建设的优势

高校图书馆智库建设的优势，主要表现在资源优势、人力优势等方面。其中，在资源优势方面，信息资源对智库建设至关重要。例如，美国胡佛研究院就是由图书馆发展而来；英国简氏信息集团在成立80余年后，建立了自己独立的图书馆。高校图书馆是高校信息资源的重要聚集地和展示平台，存储着大量的图书期刊等纸质及音频视频等电子文献，各高校图书馆所拥有的特色馆藏，可为智库建设提供信息来源。在人力优势方面，智库凭借集体智慧，为相关机构部门提供服务，高校图书馆凭借其人力优势，可为高校智库建设提供有力支持。近年来，我国高校图书馆加大了对各类专业人员的储备力度，用以针对不同专业的学科服务，这些专业人员拥有的专业背景包括金融、科技、管理、外语、计算机、农业等。为了适应教学改革发展，高校图书馆不断涉足新型服务领域，并越来越注重员工综合素质的提升。学科分析、计算机技术等素质，已成为众多高校图书馆引进新馆员的考核指标，凭借馆员所能提供的专业服务，能为高校图书馆智库建设提供智力保障。

高校图书馆学科服务参与智库建设具备的优势。学科服务深入高校院系和部门了解学科与科研信息资源需求，提供参考信息咨询服务，并开展各类信息素养教育。学科服务工作的开展依托图书馆组织的学科服务团队，工作内容包括学科联络、学科资源建设、学科资源培训、提供学科信息服务等。高校图书馆按照用户的不同需求提供定题服务以及学科服务，为智库构建提供了有力的基础保障。高校图书馆整合高校优质信息资源及人力资源提供智库服务，其直接目标用户是高校管理层、专家、项目组负责人、政府决策者、企业决策层等，间接目标用户是其他智库机构。

高校图书馆学科服务参与智库服务，是原有常规服务（如用户信息素养培训，参考咨询等）的延伸，学科服务的优势体现为以下几点。一是信息与情报。包括相关智库信息资源建设、信息检索与利用、情报分析等。如厦门大学图书馆学科服务开展科研、学科热点与竞争力分析和专利分析等。二是学科知识咨询。主要包括知识捕获、遴选、融合、吸收与应用以及个性化服务、专业知识服务等。三是智慧服务。智慧服务强调服务方式的智能化、服务内容的知识化、服务理念的智慧化，突出学科馆员与各院系各学科的资深专家学者、教授的智力资源，特别是激发其最具有竞争力的核心隐性知识的显性化，形成新知识，为决策提供参考与借鉴。

二、高校智库建设的现状及意义

（一）高校智库建设的现状

目前我国新型高校智库的建设正处于起步阶段，由上文对我国高校智库发展的整理，可以看出我国高校智库的建设相对于官方智库以及民间智库来说起步较晚。虽然在十八大以后我国高校智库的建设进程加快，但是政府和学校的重视程度还没有达到一定的高度，同时高校智库的相关运行机制受各方因素影响严重，仍然存在着诸多问题。但是，我国高校智库也正处于一个适合其快速发展的时代。随着《关于加强中国特色新型智库建设的意见》的颁布，即便政府对高校智库的建设还没有引起足够的重视，但是也开始面向高校智库征集咨询报告，一改曾经仅面向官方智库征集意见建议的态势，这从一定层面上为高校智库的发展提供了有利的外部环境。在2015年颁布的我国首批国家高端智库建设试点单位名单中，共有6所高校智库进入名单当中，其中包括北京大学国家发展研究院、中国人民大学国家发展与战略研究院、中山大学粤港澳研究院等。为了进一步促进高校智库的建设发展，社会上对高校智库的评价也愈发的规范化，如2015年由南京大学智库研究与评价中心主持的CTTI项目、2017年开始上海社会科学院智库研究中心发布的《2017中国智库报告》等评价方法为高校智库的发展提供了新的动力，促成高校智库之间的良性竞争。正如《2018中国智库报告》统计的数据得知，我国目前成立3年以上的活跃智库共有509家，高校智库共有149家，占总数的29.3%，可见我国高校智库的活跃程度还不够。综上可知，虽然我国高校智库建设进程缓慢，但是自十八届三中全会以来，党中央不断颁布相关文件致力于我国高端智库的发展，内容涉及高校智库的建设以提高高校智库的质量,同时各研究机构不断创新评价方式提供合理的高校智库评价报告,营造出适合高校智库良性发展的氛围。不难看出,我国高校智库建设面临着一个发展的新时代。

在这样一个适合高校智库发展的新时代,各地市为了提升地方高校智库的能力,诸如苏州、上海等地的教育委员会,研讨出具体的推进高校智库建设实施方案,为高校智库的发展提供指导;在高校层面,为了不断提高本校智库的影响力,学校组织相关部门制定高校智库建设的意见,例如中山大学为打造出高水平的高校智库,学校常委会经过反复的研究与探索,审议通过了《中山大学高端智库建设方案》。为了探索新的高校智库建设模式,浙江大学通过了以浙江大学区域协调发展研究中心为主体,围绕区域调发展研究中心建设 N 个智库基地,形成了"1+X+Y"的高校智库建设模式。虽然高校方面在建设高校智库方面倾注了心血,但是高校智库的运行机制仍旧存在着问题,例如苏州大学东吴智库文化与社会发展研究院虽然在民政局登记为非营利性的组织,但其财务仍受学校制约,没有财务的独立性。诸如此类的内部运行机制及对高校智库建设有所影响的外部运行机制问题亟待解决。

高校图书馆隶属于高校,高校图书馆智库建设一般作为高校智库建设项目的分支出现,另外,高校图书馆的馆藏偏好以及服务特色也与高校所在区位有关,比如云南大学图书馆、延边大学图书馆等,由于所处地区少数民族人口分布密集,其区位特点和长期的信息文献积累,为其在少数民族语言、文化等方面的智库服务提供了便利。因此,研究地理区位对高校图书馆智库建设的影响,就必须着眼于各大高校建设智库的地理位置因素。

在中国智库网发布的高校智库名单中，对我国各大省份中高校智库所占的数量进行了相关的分析，它的分布情况上从研究统计得知，北京、天津、上海及广东等经济发达地区分布了137所高校智库，其中尤以北京地区分布最为广泛，数量达到了55所。除了香港、澳门与台湾，在大陆有13个省份建设了高校智库，河南、河北、安徽、江西、山西、海南、陕西、青海及贵州这9个省份尚未建设高校智库，新疆、西藏、宁夏、内蒙古及广西5个少数民族自治区也还未成立高校智库。根据这一分布情况可以发现，我国高校智库目前仍然集中分布在北京、上海及东部沿海经济发达城市。此外，湖北、浙江等地分布的智库数量也在数字上明显超过如云南、四川等南方地区以及如辽宁、山东等北方地区。

由此可以发现，北京、上海等大都市属于我国教育发达地区，汇聚了大量重点高校与科研单位，高校智库发展与优质高校资源联系紧密。首先，经济发展为高校智库发展建设提供了推动力。其次，我国社会经济发展相对较好的北京、上海两地，"211"院校在全国占有比重都是很高的，所以它们拥有的人才资源数量比较大，并且质量上也占有一定的优势，这就在人才保障方面为智库发展起到了推动力作用。再者，我们的智库体系中进行决策研究的智能比较重要，而拥有比较稳定的情报信息也为其打下了坚实的基础，从与其他省份中分布的各大高校中智库的发展水平的比较中可以看出，因两地拥有独特的地理优势，有利于为高校智库发展创造对外交流的机会，在信息搜集与加工方面的优势更为突出。

（二）高校智库建设的意义

首先，高校智库的研究资源、馆藏资源丰厚。当今世界政治、经济全球化发展的趋势越来越快，同时处于高度信息化的社会环境中，政府所要做出的决策也要跟上发展的步伐，复杂的综合性问题给政府的科学决策增加了难度，因此其所需要的智力支持不再是简单的单一性政策建议，而是转变为需要多学科资源的相互配置从而给出的综合性解决方案。这种跨学科进行综合研究在高校内可以极大地满足，尤其是在研究型大学中，学科门类相对齐全，学科间的交叉性强，更容易进行跨学科的研究合作，合作难度较民间智库和官方智库更低，效率则会更高。不仅是在多学科资源配置上具有优势，高校在科研人员上同样具有人力资源的优势，原教育部副部长李卫红曾经指出："我国高校聚集了八成的社科人员以及接近半数的院士，同时还有数量规模庞大的本科生研究生队伍。"这样庞大的科研人员体量以及科研后备储蓄人才是民间智库以及党政军的官方智库所不可比拟的。与此同时，高校中还拥有丰富的馆藏资源、数据资源，为高校智库人员进行政策研究、不断探寻新的解决办法提供了强有力的科学依据。

其次，在研究的独立性上具有优势。高校智库作为智库中的一个重要分支，其必然也具有独立性这一特征，高校智库不同于官方智库，我国的高校智库是依附于高校建立起来的，对政府的依附性不高，因此高校智库在进行政策研究的同时可以一定程度上避免来自于政府部门的干预，从而保证研究结果相对客观独立，所以高校智库在展开政策研究等工作的独立性上要强于党政军管理的官方智库。同时，相对于民间智库来说，高校智库有着固定的资金来源，筹资渠道虽然单一，但是比民间智库更为稳定，其展开工作的过程中可以不受资金方的影响，保持客观理性的态度去进行研究，而民间智库在对政策问题展开研究探讨的过程中，或多或少地会受到出资方的意见干预，造成民间智库在研究的独立性上与高校智库形成偏差，没有高校智库那样高的独立性。

最后，在舆论引导及推动上具有话语权。智库存在的价值就在于为决策部门提供科学合理的可行性方案并推动其生效，从而为社会经济发展做出贡献。高校智库也是基于实现这个价值而存在的。要想推动一项决策生效，在公众参与意识极强的今天，智库的政策建议不仅要获得政府部门的认可，更要获得广大人民群众的理解和支持。但是我国的官方智库相对封闭，其研究成果大多数也只在内部进行流通和评判，没有与公众产生互动关系；高校智库因为高校的属性而拥有了与生俱来的"公众形象"优势，得到了社会更多的关注度，在高校智库中得出的研究成果也通过期刊、报纸、会议论文等形式展现在社会公众面前，其公开性得到了公众的广泛认可，同时也因听取社会公众的真实想法，不断地改进、提升科研水平，不断提升自身引领社会舆论的能力，从而获得了更多的话语权。由于我国智库发展较晚，社会群体对智库的概念理解不足，民间智库的体量较小，不能为社会工作所认知，在话语权上并没有高校智库这样大的影响力。因此，无论是从资源方面还是研究的独立性方面，或是引导社会舆论的话语权上，都很有必要对高校智库的建设投入更多的重视，最大限度地发挥高校智库所拥有的而其他类型智库不具备的优势。

三、高校图书馆智库建设的内容

作为高校图书馆的重要组成机构，图书馆智库通过人、财、物的有机结合，在进行社会参与中发挥作用，同时为国家发展提供所需要的相关服务内容。它的构成因素主要分为五方面：第一，人员要素；第二，目标要素；第三，条件要素；第四，技术要素；第五，客户要素。因此，高校图书馆智库建设的内涵就是要依靠高校的优势领域和人才资源,面向社会上的各个领域全面开放,把所掌握的理论知识与社会中的具体实践进行有机结合,充分发挥图书馆自身特点,实现图书馆服务转型,向综合性研究方向发展,促进智力成果在社会经济等领域的成功转化,使得国家地区、行业企业、科研机构、高校在进行决策时更专业、更科学。

(一)智库服务模式下的图书馆的服务内容[①]

高校图书馆学科服务支撑智库建设的服务内容包含应用型和研究型两种类型。其中,应用型多为决策咨询研究报告,即智库报告、智库产品和服务,如战略政策、规划、咨询分析、决策分析、评估分析等;研究型主要是指围绕着智库本身展开的各种理论研究,如智库的功能、特点、标准规范、建设模式、服务运行机制、人才培养、评价等。智库服务内容与学科服务工作的内容具有高度相似性,并由此形成了特色鲜明的智库产品和服务。

1. 支持学科建设

高校图书馆学科服务支撑智库建设的方式主要体现在为竞争性情报分析服务以及为本校的学科建设与发展提供建议等方面。学科建设是构筑高校核心竞争能力的必由之路,学科建设工作是高校各项事业发展的"龙头",也是关系高校发展全局的一项长周期的活动。高校智库建设的中心任务就是学科建设,而学科服务工作的主要职责是为了更好地服务学科建设。学科服务项目包括:参与学科发展预测和学科资源建设;进行学科资源评估与荐购;推送学科信息;帮助用户获取文献;开办学科资源讲座,或嵌入课程的教学辅助;解答深度课题咨询等。例如,山东大学图书馆通过机构知识库,

---

① 常飞. 高校图书馆学科服务与智库协同创新机理研究[J]. 图书馆理论与实践,2019(10):61-65.

较准确地为学科的发展提供前瞻性预测和警戒,实时报道学科发展最新动态,客观评价学科和人才发展现状以及提供个性化的深层次学科领域分析报告。学科馆员通过学科 QQ 群、学科博客、微信、学科服务平台、电话、邮件、当面咨询等方式,与用户沟通交流,提供学科建设和教学科研支持。

2. 高水平的智库产品

学科服务以高校智库需求为导向,运用学科馆员智慧、对口院系联系的便捷性,在最短、最快、最方便的时间内为高校智库的重大决策、政策战略、顶层设计等提供咨询服务、定题服务、情报服务。例如,暨南大学图书馆的智库产品有《我国主要院校新闻传播学科实力研究报告》《暨南大学学术型博士学位授权点测评报告》等,为学校建设提供第一手资料,供决策层参考。学科服务结合高校智库,以高校智库为切入点,也可以为政府、企业、科研机构等单位提供智库服务。如跟踪服务、科学数据管理与服务、评估政策和决策咨询研究、科研项目和研究报告管理、某一行业领域政策研究报告和调研报告等。这些高水平的智库产品提升了高校图书馆学科服务的智库科研成果质量。

3. 学科服务支撑智库研究

学科服务是一种知识咨询服务。知识咨询在某种意义上即解决方案、建议、方法、可行性报告。开展智库研究是高校图书馆学科服务工作的重要内容之一,而智库研究也需要专业性的嵌入式学科服务的大力支持。学科服务中的情报服务与决策服务,其专业性、个性化更强,能够为学校、院系、科研团队、师生个人提供学科竞争力分析和科研竞争情报分析服务,此外还可以提供科研环境竞争情报(内部科研实力、外部科研环境等)、科研现状竞争情报(科研同行信息、已有成果信息、在研项目信息、研究进展等）和主题内容竞争情报（研究论文、著作、数据、实验报告、研究综述等），其研究成果有力地支持了智库研究，甚至直接转化为智库研究的成果。

4. 学科资源服务智库报告

智库报告是智库资源的一种重要形式，是根据用户提出的要求而提供的咨询报告。智库报告以其专业性、权威性、实用性、公开性、渗透性等优势，成为国际政治、公共关系等学科领域的重要信息来源。例如，大连外国语大学图书馆智库学科服务开展不同层次的学科资源，服务于不同领域的智库报告，重点考察美国和东北亚智库，为用户智库报告翻译和分析提供帮助，解决用户的实际问题。

（二）高校图书馆智库型服务体系建设

1. 高校图书馆智库服务模式构建

（1）加快特色资源建设，提供优质服务

首先，打造具有高校特征及地方特色的知识库。高校图书馆应根植于当地土壤，依托区域优势及自身资源优势、人力优势，建设可满足地方发展需求的智库型服务体系。基于此，高校图书馆应加强对馆藏特色资源的挖掘开发，构建特色资源数据库。一方面，构建具有高校特色的机构知识库，诸如高校学者文库、高校科技成果库等；另一方面，构建具有地方特色的数据库，如历史文化发展背景、学术论坛成果等。除加强自身特色资源数据库构建，高校图书馆还要引进高水平数据库资源，供广大研究人员使用，使数据库资源得到充分利用。

其次，利用高校图书馆文献资源服务地方经济发展。高校图书馆可结合自身特色馆藏，发挥经济、食品、农业、医药等文献资源及高校专业的优势，为区域大型公共建设项目、高新技术产业发展项目等提供信息服务,加大校企合作力度,研发新产品,服务地方经济发展。

(2) 提供有针对性的服务,加强服务实效性

首先,服务体系建设要面向高校管理。一方面,高校图书馆应当针对本校开展需求调研,不同层级管理人员在需求方面存在一定差异,要明确服务对象的实际需求,为其提供更为准确的智库型服务;另一方面,高校图书馆应充分发挥自身资源优势、人力优势,对信息资源进行深加工,为管理人员提供更为主动的智库型服务。

其次,服务体系建设面向科研人员。一方面,高校图书馆应当开展科学扫描工作,通过对各学科发展动态、前沿研究成果等开展有效监测,为科研人员了解科技发展趋势提供支持,以增强科研人员研究的科学性,以便他们对自身研究方向、思路进行及时调整;另一方面,高校图书馆应当紧扣科研工作的各个环节,从研究方向确定到项目实施结题等各个阶段,智库型服务都应当贯彻其中。

最后,服务体系建设面向企业。一方面,高校图书馆拥有众多研究成果,这些成果既可向相关企业进行转让,又可通过为企业提供经营管理、市场调研等一系列智库型服务,实现与企业的交流合作;另一方面,高校图书馆还可依据不同企业的服务需求,组建跨领域的智库服务队伍,进一步打造智库产品,为企业管理决策提供服务。

(3) 建立协作联盟平台,实现合作化开发

智库的重中之重在于"智",高校图书馆智库型服务体系建设不可"有库无智"。为进一步开拓智库成果推广渠道,推动智库研究成果转化,提高智库话语权,应当建立协作联盟平台,实现合作化开发。一方面,推进高校图书馆智库型服务体系与当地政府、行业协

会等协同建设，结合政府发展战略及相关热点话题需求，科学找准目标领域，确立研究方向，推进基础理论研究与应用政策研究并行开展，提高智库社会影响力和权威性，以此获得更多项目合作及资金支持。另一方面，推进高校图书馆与社会图书馆的交流合作，加大对研究数据的管理力度，构建数据流通利用的知识服务体系；有效发挥社会图书馆对智库研究的优势，协同推进智库型服务体系建设。依托协作联盟，打造开放式智库研究平台，推进智库成果交流共享；构建起科学完备的评价体系，形成涵盖不同区域、不同领域、不同学科的智库联合体，提升智库成果转化质量和效率。

2. 医学院校图书馆智库服务模式构建[①]

(1) 服务对象分析

首先，面向学校管理层。医学院校需要根据学校实际情况调整和完善学校的发展战略和规划。医学院校图书馆智库研究人员可以利用大数据对国内外相关医学院校的人才培养、专业建设、学科建设、科研成果、创业就业等情况进行数据挖掘、分析、汇总，为学校政策制定提供信息资源支持及咨询服务。

其次，面向科研队伍。图书馆智库可以为科研人员研究的学科领域进行嵌入式服务。图书馆不但拥有丰富的纸质馆藏资源和电子资源，而且还有图书馆学、情报学等专业人员，对医疗卫生现状和需求有广泛的了解，能够为科研人员在课题选择、研究方案制订、信息资料收集等方面提供服务，可以与科研团队建立长期的沟通和联系，开展精准化服务。

再次，面向临床医护人员。随着互联网技术和计算机信息技术

---

① 李俊岭. 医学院校图书馆智库服务模式探究[J]. 漯河职业技术学院学报，2019，18 (06)：93-95.

的飞速发展，网络信息资源无处不在。临床医护人员在临床诊疗、教学科研过程中需要面对庞大的医学信息资源，这时医学类高校图书馆的智库人员就可以通过多种途径为医护人员提供临床症状、诊疗方案、药物比对分析等信息服务，从而更好地满足医护人员临床工作需求，提高医护人员的信息素养。

最后，面向医药企业。当前我国医药行业竞争激烈，在市场竞争中获得先机是医药企业发展的关键，因此医药企业急需得到产品研发、项目咨询等方面的信息支持。医学院校图书馆智库可为企业提供纸质图书、报刊等文献信息服务及科技查新服务，同时可以利用学科优势，对医药卫生行业在发展动态、科研成果转化、技术跟踪、产品效果等方面为医药企业提供市场预测和行情动态分析服务。

（2）服务过程分析

结合国内外智库服务模式以及信息数据管理模型，智库服务过程至少包含以下五个具体步骤：一是制订管理计划；二是数据收集管理；三是数据处理与分析管理；四是数据保存管理；五是数据共享和使用管理。

在制订管理计划阶段，必须做好智库服务类型的定位工作，否则会对数据管理计划产生直接影响。在数据收集管理阶段，也存在校内课题不同于校外课题、国内课题不同于国外课题的问题，因此往往需要通过内部资源与外部资源结合来完成所有信息的收集、整理工作。在数据处理与分析阶段，有些工作需要借助一些专家、学者共同完成。在数据共享和使用管理阶段，我们可以依照智库服务的对象和智库成果的归属主体来选择共享和使用方式，从而进一步确定成果的价值分享方式。

(3) 服务模式构建

针对医学院校图书馆智库的服务对象，结合智库的服务流程，构建医学院校图书馆智库服务模式。

图书馆馆员利用学校自身的数据库资源为用户查询相应的信息数据。如果查询结果不理想，可以通过图书馆联盟内的外部资源库，获取用户所需要的信息数据，并对数据进行整理、筛选，形成初步分析报告，提交给包含学科馆员、行业专家以及数据分析专家等智库研究人员，进一步整合信息数据，并深入分析数据，获取有价值的结果。撰写研究报告，形成智库产品，对产品进行存档，同时提交给用户完成此次智库咨询。

在智库服务方面，医学类高校图书馆发展潜力无比巨大，一方面，可以为学校医学智库研究、建设、发展提供丰富的文献信息情报，让学校智库研究团队多元化、多样化，信息资源个性化、丰富化；另一方面，医学高校图书馆可以保存智库成果，实现医学智库资源共建共享，对繁荣我国医疗卫生事业具有重大意义。此外，还可以拓宽服务对象，针对政府、医药企业、临床医护人员开展多方面的信息服务。当前，我国医学院校智库建设和智库服务模式还需要不断探索、完善，很有必要借鉴、学习国外选进的医学智库建设经验及其优点，建设具有中国特色、国际一流的医学智库，从而为我国医疗卫生事业的健康发展发挥强大的智力和知识支撑作用。

(4) 医学类高校图书馆建设智库的意义和优势

①医学院校图书馆建设智库的意义

第一，有利于推动中国特色新型高校智库的发展。我国高校的性质和类别多种多样，既有综合性大学与专科类大学的区别，也有重点大学和普通大学划分，都有各自擅长的领域和学科。高校图书馆智库服务必须以学校自身的特色和优势为基础，为所在学校的教学、科研、创新创业、学生就业、人才培养、学科建设提供优质高效的服务。因此，医学类高等学校图书馆要紧密结合自身所属学校的特色和优势，充分挖掘医学特色文献信息资源，打造"人无我有，人有我优"的特色化医学信息服务，从而推动具有中国特色新型高校智库的可持续发展。

第二，有利于创新图书馆服务模式。高校图书馆作为学校各类信息的集散中心，承担着为高校师生教科研服务的职能。传统的高校图书馆服务方式包括流通借阅、参考咨询、个性化定制等，服务范围局限于学校内部，服务主体单一、服务方式被动、服务技术落后，在智库建设飞速发展的背景下，加快医学类高校图书馆智库建设的步伐，既可以让学校图书馆的特色医学资源和人才优势得到充分发挥，又可以联合智库专家，协同为医药企业科研发展服务，创新图书馆的服务模式，促进图书馆地位及影响力的提升。

第三，是培育创新型医学专业人才的智力保障。医学类高校图书馆智库是学校发展规划的智囊团，更是医学专业人才发展的智力保障。一方面，医学专业人才的发展离不开创造性的学习成长环境，在个人学术研究、实践的道路上，需要智库研究人员为其提供专业化、个性化的引导和支撑，为其科研发展、专业提升提供帮助；另一方面，医学类高校智库在发展过程中，会形成许多智力成果，这些成果经过专家学者的认证而形成，并在实践过程中不断完善，具有科学性和专业性，且研究进展较新、实时性强。因此，医学类高校图书馆智库是医学专业人才的重要参考资料和创新源泉。

第四，是推动健康与医疗卫生事业发展的动力。医疗卫生事业的可持续发展离不开与时俱进的发展策略以及先进技术经验的支持。

建设医学类高校智库，能够充分发挥学校的学科优势和人才优势，深入了解健康卫生部门的需求，整合优势医疗、中医药等特色养生保健资源，支持健康卫生服务产业集群发展，为特色保健、养老、健康、养生等产品的研发、生产、销售及市场整合提供强大的智力支持和技术指导。

②医学院校图书馆建设智库的优势分析

第一，丰富的医学特色文献信息资源。文献信息资源是智库的重要组成部分，国内外知名智库大部分都依托独立的图书馆或数据库。医学类高校图书馆不但拥有海量的电子信息资源和纸质图书、报刊，而且还有丰富的特色医学文献数据库，如医学图谱、解剖图谱、会议论文、标准文献、传统医学、科技报告、临床特色等医学资源数据库。丰富的医学特色文献信息资源是建设特色医学智库重要的文献信息保障。

第二，专业人才的优势。高校图书馆馆员具备一定的数据挖掘和情报分析能力，图书馆馆员可以充分利用图书馆专业的学科优势，系统全面地为用户提供信息咨询、学科导航、专题信息、学科分析等服务。同时，医学类高校不但拥有校本部的师资力量，而且还拥有附属医院、教学医院、外聘教师等资源，为智库建立提供了强大的人才支撑。此外，医学类高校专业人才在利用和接受科研智库服务的同时，也可以成为科研智库建设的参与者，发挥自身的专业优势。

第三，学科专业的优势。医学院校开设的课程包括了各种医学类专业，如护理、口腔、中医、药学、检验、康复、影像、临床等专业，学科结构完善，为开展医学特色智库建设提供了便利条件，同时也为医学智库开展个性化、泛在化、专业化、知识化、学科化、特色化的服务提供了知识储备和学科基础。

（三）国内外高校智库建设案例对比及启示①

我国的高校智库建设处在一个良好的发展时期，高校智库的建设对我国公共决策科学化、民主化具有极强的推动作用。相对于欧美等发达国家高校智库建设，我国高校智库建设时间短、起点低，各方面的运行机制还有待于进一步完善。通过对国内外高校智库的建设情况进行详细的对比分析，对国内外高校智库的研究团队结构、经费来源以及成果产出类型与传播方式进行比较研究，找出我国高校智库与国外高校智库建设的差距。

本章选取三所国外高校智库以及两所国内的高校智库进行分析，以期为我国的高校智库建设提供新思路、新启发。其中选取的三所国外高校智库为英国伦敦政治经济学院外交与国际战略研究中心（IDEAS）、美国哈佛大学国际发展研究中心（CID）、新加坡国立大学亚洲竞争力研究所（ACI）。这三所高校智库在宾夕法尼亚大学发布的《全球智库报告2018》的高校智库排名中均排在前15名。选取的两所国内高校智库分别为复旦大学中国研究院以及东北大学东北振兴研究院，其中复旦大学中国研究院是我国首批新型高端智库建设试点，东北大学东北振兴研究院则是由国家发改委作为指导单位，形成的区域型高校智库，代表着我国绝大多数高校智库的建设状况。

1. 国内外高校智库建设案例对比分析

（1）研究团队结构

人才始终是智库发展的根基所在，只有把人才进行合理的配备，才会使智库发挥其最大的作用。通过对全球范围内高水平高校智库研

---

① 朱帅．我国高校智库运行机制研究［D］．辽宁：大连理工大学，2019．

究团队结构进行分析,并对比我国高校智库研究团队建设情况找出存在的差距,有助于提升我国研究团队人员搭配的合理性以及对人员管理机制的完善。国内外高校智库研究团队结构如表4-1所示。

表4-1 国内外高校智库研究团队结构构成表

所属国家	高校智库名称	高校智库研究团队结构
英国	伦敦政治经济学院外交与国际战略研究中心	管理人员:3人 项目研究人员:11人,包括4名研究助理,其中有2名研究人员曾在联合国担任过职务 运营人员:3人 论坛工作人员:3人 高级研究员:15人,主要研究方向涉及外交、国际事务、权力转移等领域 访问学者:6人
美国	哈佛大学国际发展研究中心	中心领导:2人 核心成员:8人 常驻成员:13人,其中多人曾在美国政府内就职 项目组成员30余人 科研究辅助及行政人员:24人,其中包括行政经理、数据分析师、写作与沟通专家、培训经理等
新加坡	新加坡国立大学亚洲竞争力研究所	管理层由10人组成的国际咨询小组构成,这10人由政府部门人员、高校教授及企业代表构成 研究员12人,访问学者9人,行政人员5人

中国	复旦大学中国研究院	理事会成员：9人 研究院领导人员：4人 研究团队：20人（包括兼职） 访问学者：2人
中国	东北大学东北振兴研究院	理事会成员：7人 研究院管理人员：2人 研究团队：8人（包括兼职及行政人员）

注：数据资料来源于各高校智库官网。

从表4-1中不难看出，不同的高校智库的研究团队结构存在着一定的差异。伦敦政治经济学院外交与国际战略研究中心由管理人员、研究人员及运营人员三部分为主构成，管理人员中有两个人为国际关系教授，一人为高级管理人员，均具备博士学位学历，两位教授负责各项目的研究任务，高级管理人员负责中心一切财务、活动及对外沟通等日常运作管理；三位运营人员分别负责财务管理、对外事件处理以及出版物布局与设计工作；项目研究员及高级研究员目前主要负责冷战研究项目和国际外交与战略项目的研究；同时，中心还专门配备了工作人员负责论坛事务处理。哈佛大学国际发展研究中心由领导层和研究人员并配备相关行政人员组成，其中有8名核心成员和13名常驻成员，常驻成员中多人曾在美国政府就职且多数为博士学位；科研辅助及行政人员涵盖多个方向，包括培训、数据分析、媒体宣传、沟通专家等。新加坡国立大学亚洲竞争力研究所的管理层由国际咨询小组构成，小组内聚集了来自学界、政界及商界多位高层次人才进行统一的领导及管理，团队内涵盖研究人员及行政人员，人员配备十分合理。总的来看，国外的高校智库团队构成基本都涵盖了管理人员、研究人员及运营行政人员，管理人员主要负责总体方向的引领，研究人员负责具体项目研究，运营行政人员负责对外沟通、财务管理等一系列事务。

而国内两所高校智库的研究团队成员数量较少，分别为20人和8人，并且在为数不多的研究人员中还包括部分兼职的成员，同时国内高校智库的人员构成主要为管理人员及研究人员，并没有细分出行政或试运营人员；相对于国外高校智库人员配备的合理性，国内两所高校智库的人员配备稍有欠缺，国内高校智库的成员基本都是由高校学者组成的，缺少其他各行业的精英及政府相关工作人员，同时缺少专职的行政人员，行政人员一般由研究助理兼任，研究团队的构成稍显单薄。由此可见，国内高校智库的研究团队构成还需进一步完善。

（2）高校智库经费来源

充足的科研经费是高校智库有序运行的重要保障，也是高校智库能否顺利产出有质量的成果的关键所在。通过对国内外高校智库经费来源进行比较分析，可以对我国高校智库筹资方式提供一定的启示。国内外高校智库经费来源如下表。

表4-2 国内外高校智库经费来源构成表

所属国家	高校智库名称	经费来源
英国	伦敦政治经济学院外交与国际战略研究中心	个人、企业、社会捐助占27.3%；基金会资助占66.7%；学校建设资金占2.7%；出版物及订阅费占3.3%
美国	哈佛大学国际发展研究中心	美国各类基金会资助；个人及企业的捐赠；研究中心各项研究成果的收入

新加坡	新加坡国立大学亚洲竞争力研究所	私人慈善基金会捐赠；学院的建设资金拨款；雇主的资金及部分政府拨款
中国	复旦大学中国研究院	政府财政支持；研究院建设经费
中国	东北大学东北振兴研究院	学校建设资金支持；政府财政拨款

从表4-2中可以看出，这三所国外校智库的经费来源的途径呈现多元化，经费比较充足，并且由上文可知，国外高校智库均有其自己的财务管理人员，拥有财务自主权。伦敦政治经济学院外交与国际战略研究中心的资金来源主要是基金会资助以及个人、企业、社会捐助，尤其是基金会的资助，占资金总数的2/3，同时有少量的出版物及订阅费的收入，而学校建设资金占比最小，仅为2.7%。哈佛大学国际发展研究中心由各类基金会资助，例如 Foundation for an Open America、Open Society Foundations 等，个人及企业捐赠和出售研究中心各项研究成果取得的收入为主体构成其资金来源。新加坡国立大学亚洲竞争力研究所的资金主要是由私人慈善基金会捐赠、学院的建设资金拨款和雇主的资金及部分政府拨款构成。除了新加坡国力大学亚洲竞争力研究所，其他两所高校智库均以基金会资助、研究成果收入以及各类社会团体的捐赠为主要资金来源，学校建设资金及政府拨款所占比重很小甚至没有。新加坡国立大学亚洲竞争力研究所的资金来源中即便存在学校资金及政府拨款，但其资金来源渠道还包括雇主的资金及私人慈善基金会的捐赠，保证了资金来源途径的多元化。

反观我国两所高校智库的经费来源，都是从学校和政府的财政拨款获取建设经费，没有其他任何途径的资金来源，相对于国外高校智库的社会捐助、慈善基金的资助、研究成果收入等筹资途径，我国高校智库的资金来源途径略显单一，这就为科研经费短缺埋下了很大的隐患，不利于高校智库的建设。

（3）成果产出类型与传播方式

高校智库的成果产出是对高校智库建设效果进行检验的标准之一，研究成果的传播对于高校智库提升自身社会影响力起着至关重要的作用。因此对国内外高校智库成果产出类型及传播方式进行对比，有利于给我国对高校智库成果的认定以及成果转化提供新的思路。国内外高校智库成果产出类型与传播方式如下表。

表4-3 国内外高校智库成果产出类型与传播方式对比表

所属国家	高校智库名称	成果产出类型与传播方式
英国	伦敦政治经济学院外交与国际战略研究中心	期刊：《冷战历史》及《国际政策》；达伦道夫论坛； 战备分析报告：有关英国脱欧、中国发展、美国移民政策等热点话题； 政策报告及相关的学术报告；官网的负责人日记
美国	哈佛大学国际发展研究中心	出版物（书籍）：《建立国家能力：证据、分析与行动》； 期刊：《Agents of Structural Change; The Role of Firms and Entrepreneurs in Regional Diversification》； 学术报告及官网上的个人博客

新加坡	新加坡国立大学亚洲竞争力研究所	出版物（书籍）;《2017年度竞争力分析及汇率对外国直接投资流入印度对国民经济的影响》等 期刊发表；政策报告及学术会议论文； 设置媒体专栏进行学术互动交流
中国	复旦大学中国研究院	举办中国道路与中国话语高端论坛；调研报告与牛津大学合作举办中国模式的国际研讨会 期刊：东方学刊　　学术著作
中国	东北大学东北振兴研究院	出版物：《东北老工业基地全面振兴进程评价报告》 东北振兴论坛；政策调查研究报告；期刊发表

从表4-3中可以看出，国外三所高校智库的成果类型及传播方式不尽相同却又各有特点。相同点是这三所高校智库的成果类型都包括政策报告（学术报告）和创办期刊或发表期刊；传播方式都是以期刊及出版物的方式进行传播的。不同点方面每所高校智库各有其特色，伦敦政治经济学院外交与国际战略研究中心通过其自己创办的达伦道夫论坛进行学术交流，在论坛内的交流也算作其成果产出的一种形式，同时在官网上设置了负责人日记，将项目的研究概况等做一些简单的总结，增加项目的曝光率；哈佛大学国际发展研究中心的特色传播方式是开通个人官方的博客，将自己的研究成果通过互动的方式放在个人博客上面，以供其受众人群进行参考并交流，利用互联网传播的广泛性及快速性进行舆论的引领；新加坡国

立大学亚洲竞争力研究所在成果传播方面专门设置了媒体专栏,以供和新闻媒体人士更好地进行交流,从而达到将研究成果宣传最大化的目的。

国内的高校智库成果产出主要以调研报告及期刊发表为主,根据其研究方向分别设立东北振兴论坛以及中国道路与中国话语高端论坛。与国外高校智库成果传播方式相比,国内高校智库的成果传播模式较少,传播范围有局限性。国外高校智库已经有了一套成熟的成果推广途径,对互联网的红利进行了充分的利用,无论是传统的期刊、出版物、政策报告还是通过其他形式进行传播的文章及学术交流,都算作高校智库的研究成果,借助互联网方便快捷的特点可以同受众人群进行更好的交流。这些经验为我国建设新型高校智库在成果认定及成果的转化推广方面提供了新的思路。

2. 国外高校智库建设经验对我国建设高校智库的启示

通过对伦敦政治经济学院外交与国际战略研究中心、哈佛大学国际发展研究中心、新加坡国立大学亚洲竞争力研究所这三所建设高水平高校智库的经验借鉴,并对比我国目前建设新型高校智库的现状以及运行机制存在的问题,本节将从以下三个方面借鉴国外高校智库建设经验得出相应的启示。

(1) 合理的研究团队构成是高校智库建设的立足之本

人才是高校智库建设的重要基础,我国高校智库依附高校建立起来,聚集着各学科的研究人员,如果将这些研究人员毫无章法地捏合在一起,其职责不清晰,终是一盘散沙,因此合理的研究团队构成是高校智库建设的立足之本。从上文国内外高校智库的研究团队结构对比可以看出,国外高校智库研究团队的基本框架是由管理人员、研究人员以及运营行政人员构成的,并且研究人员内会有几人甚至多人曾经在政府任职过；而我国高校智库内的团队基本都是由学校内的教师抽调后进行研究，学术水平过关但是对于政策研究缺乏更深的理解，存在着研究成果"不接地气"的问题，并且我国高校智库的研究团队人员过少且缺乏必要的科研辅助人员。因此，应该对我国高校智库的研究团队进行合理配置。

首先，应注重对智库型人才的培养，团队内要合理配置运营人员及行政人员，避免出现研究人员兼任行政工作的情况出现，同时需要配备专业的领导者，引领高校智库发展的方向。其次，研究团队内需要有不同背景的人才，不断丰富研究团队的人才结构，引进具有不同行业背景、学术背景的人才，使高校智库的研究成果更具有成效。再次，需要对研究人员进行合理分组，按照选题领域组建项目小组，将研究领域、学术背景与选题相关的研究人员放在一个项目小组，形成凝聚力并有针对性地进行研究。最后，加大人才引进的力度，通过上文可知国外高校智库的人员构成少则三五十人，多的甚至达到百人左右，而我国大部分高校智库研究团队人数仅有十几人甚至不到十人，研究力量严重不足。

（2）充足的资金是高校智库建设的有力保障

通过对国内外高校智库资金来源进行比较分析，国外高校智库筹集资金的方式比较多样化，主要包括来自个人、企业及社会的捐赠，各类基金会的资助，研究成果市场化的收入以及政府和学校建设资金的拨款等方式，其中英、美两国的高校智库资金来源主要由基金会资助和个人、社会捐赠为主，政府和学校建设资金的拨款并不是其赖以生存的资金来源，即便是处于亚洲的新加坡国立大学亚洲竞争力研究所，经费来源除了学校和政府的拨款，也开辟了慈善基金会捐赠的通道。这样充足的资金链保证了高校智库产出更加科学的研究成果，也使研究成果更具客观性。反观国内高校智库的资金渠道，只有政府拨款以及学校建设资金，来源途径十分单一，同时经费管理机制不完善，出现了经费使用困难以及经费短缺的困境。因此，基于国外高校智库建设的经验并结合本国国情去拓宽资金来源的渠道，由于我国目前尚未形成有序的捐赠文化或捐赠"习惯"，对于捐赠渠道的拓展可以缓慢进行，但是我国相关部门可以制定一套高校智库经费管理办法，让高校智库产出的研究成果进行市场化运作，使这部分收入具备合法性。这样一方面可以缓解我国高校智库经费短缺的问题，另一方面可以激发研究人员的积极性，进一步推动我国对于中国特色高校智库的建设。

（3）成果的转化及传播是提升高校智库影响力的关键所在

战略研究和舆论引导是我国新型高校智库建设的其中两个重要功能，要想进行有效的舆论引导，高校智库就必须提升自身的影响力，那么成果的转化和传播对提升高校智库的影响力是极其关键的。英、美两国的高校智库成果产出的质量不仅高，还可以对政府提出前瞻性的政策建议。例如外交与国际战略研究中心，自英国脱欧事件以来，便成立了一个项目组，专门对英国脱欧后及过渡期间的战略进行研究，这些成果在论坛以及智库官网上进行传播，同时以政策报告的形式进行提交，积极地传播自己的研究成果以达到提升智库影响力的目标。高校智库作为政府决策过程中的外部参与者，对内在不断提高自己研究成果质量的同时，对外也应该积极宣传自身的研究成果，促进成果的转化，探索更加适合自身智库特点的传播方式，不断打造智库品牌，提升智库的影响力。同时，高校智库自身应建立一套区别于传统学术评价的评价体系，将媒体发言、咨政建议、互联网上的学术传播等都纳入科研考评体系内，再结合传统的对学术质量的科研评价机制作为高校智库成果的评价方法,同时考核结果对于研究人员参与职称评定及工作绩效同样有效,以这样的方式提高科研人员对成果转化的积极性。转化后的成果对社会的发展做出贡献的同时也提升了高校智库自身的影响力,更有利于发挥建设中国特色高校智库的各项功能。

(四) 完善高校智库运行机制对策建议

虽然近几年我国高校智库发展速度迅猛,但是我国高校智库的建设仍处于起步阶段,从上海社会科学院智库研究中心发布的《2018中国智库报告》中可以看出,如表4-4所示,在中国智库综合影响力排名的榜单中,我国仅有一所高校智库进入前十名,最高排名为北京大学国家发展研究院的第9名,下一所高校智库进入榜单的是中国人民大学国家发展与战略研究院,排在第19名。在榜单的前20名中仅有两所高校智库,可见我国高校智库的建设还需要不断完善,因此本章针对上文高校智库运行机制存在的问题提出若干条建议。

表4-4 中国智库综合影响力排名(部分)

排名	智库名称
1	中国社会科学院
2	国务院发展研究中心
3	中国科学院
4	中国工程院
5	中国宏观经济研究院
6	中国国际经济交流中心
7	中共中央党校

8	中国现代国际关系研究院
9	北京大学国家发展研究院
10	中国国际问题研究院
19	中国人民大学国家发展与战略研究院

1. 完善高校智库外部运行机制建议

（1）优化政府与高校智库间的沟通渠道建设

智库是如何介入政策过程从而实现其政策影响？加拿大著名智库学者唐纳德.埃布尔森（Donald E. Abelson）回答说："这很大程度上依赖于他们的研究成果以及与政府官员联系的密切程度。"也就是说智库的成果要想介入政策制定过程中并产生一定的影响，很大程度上取决于智库与政府间是否有一个完善的沟通渠道。与政府沟通的渠道一般分为两种：直接渠道和间接渠道。直接的沟通渠道是指具有制度性保障的渠道，通过某些方式使高校智库人员可以将咨政成果直接传递给政府决策的核心部门；间接渠道是指高校智库人员通过私人的社会资源联系到政府相关人员来传递成果，或是通过公共媒体资源引发社会关注，从而进入决策部门的视野。就目前来说，高校智库向政府决策部门递交研究成果通过学校的科技处等部门进行递交，或是利用一些私人资源进行成果的传递。高校智库的研究人员无法与政府决策部门相关工作人员进行直接对话，信息是单向流通的，既不利于高校智库人员对政策的理解，又不利于政府决策部门对研究成果的审阅，因此需要疏通高校智库与政府部门间的沟通渠道。政府决策部门、高校相关行政部门和高校智库是目前沟通的主体，通过构建一个以政府为主导的"跨三方"的沟通机制，使高校智库和政府决策部门直接沟通，高校相关行政部门在其中担任辅助者的角色，为三方联动提供制度保障，这样可以使高校智库与政府决策部门之间的沟通更为顺畅。

（2）加强政府与高校智库间信息共享

高校智库其中一个主要的功能是为政府做出科学合理的决策提供智力支持，因此在进行相关政策研究过程中，必要的数据统计以及资料信息是形成高质量的政策研究成果必不可少的条件。高校智库在进行政策研究过程中依据其人才聚集的优势以及科学的调研及研究方法，对政策研究所需要的外部信息及数据获取的难度比较小，但是要想形成一个高质量的咨政报告或政策建议，需要了解政府决策者的政策意图。因此，政府的内部信息对于高质量的政策研究成果产出具有关键性的意义，它有助于研究者向着决策者所需要的政策意图的方向进行研究，某些内部数据资料对研究成果的质量更有直接影响。虽然我国要求政府工作要做到透明化、信息公开化，但是不可否认的是，目前实施效果还是很有限的，高校智库距离政府权力核心较远，而且很难获取到政府内部的相关信息，高校智库与政府之间出现了严重的信息不对称，很容易出现政策研究"不接地气"的现象，因此政府方面应该全力配合高校智库研究人员，在不涉及机密信息的情况下为其获取相关信息"开绿灯"，形成一个良性的信息互通的机制，提高高校智库的研究成果质量，真正实现高校智库存在的价值。

（3）建立良性竞争的市场机制

我国是社会主义体制的国家，政府内部有自己的官方智库及半官方智库提供智力支持，高校智库的研究成果也是高校智库通过承接政府的项目及教育部的纵向课题的方式向政府提交研究报告的，而民间智库体量小并且在话语权上优势不足，无法带领形成智库成果市场化运作。在市场经济时代，由产品的质量及供求关系来提高高校智库的影响力，政府不断来完善相关法律法规，使智库成果充分地进行市场化运作。政府可以通过竞标的方式对智库成果进行市场化的引导，并由其他的独立学术机构充当第三方来对最后的研究成果进行评估。同时在对政策研究成果采纳后进行跟踪调查，看其是否达到最初的政策目的，自身对购买的智库成果进行一个心理评判。通过政府主导不断完善智库成果市场化运作所需的机制，使高校智库可以在市场化体系中进行良性的竞争，一定程度上可以避免提交的研究报告良莠不齐的问题，并且可以相应地减少政府对研究结果及研究过程的干预，同时还可以提高高校智库建设的积极性，使高校智库可以朝着正确的道路发展。

2. 完善高校智库内部运行机制建议

（1）强化高校智库的用人自主权并建设"旋转门"机制

从古至今，知人善任向来是一位君主或是领导者取得成功的重要因素，韩信同时为项羽和刘邦效力过，最后刘邦重用韩信建立了大汉王朝，知人善任的重要性显而易见。人才是当今社会最重要的资源，无论是国家发展还是企业管理都需要社会中的精英人才提供支持，可见精英理论的提出有其存在的道理。因此我国高校智库的建设和发展需要优秀的人才及合理的研究团队搭配。

首先，为了招募更多优秀的人才，应该给予高校智库更多的用人自主权，为高校智库留出一定数量的编制从而达到引进智库所需要的人才的目的。我国高校智库目前的研究人员大多是高校中教师进行兼职，业绩考核也很不明确，不利于我国新型高校智库的建设。其次，人才培养是我国高校智库建设的一个重要功能，应该继续完善高校智库的人才培养机制，在对研究生进行传统的学术培养的基础上，重视对学生的政策研究方向的培养，为高校智库的后续发展提供储备人才。最后,应该吸纳英、美等的成功经验,建设"旋转门"机制。所谓的"旋转门"是一种人才流转机制,指为了使个体可以在行政部门、企事业单位以及社会组织之间进行角色转换,让人才尽可能地流动于不同组织之间,有利于打破体制壁垒和部门行业隔阂,最大限度地优化人力资源配置。我国高校智库的"旋转门"机制建设不能照搬英、美等国家的模式,需要根据我国自身的国情及社会环境来实施。英、美等国家在旋转门机制上形成了完备的法律法规,他们的政府人员必须离职后才可进入高校智库,而我国可以在保留人员编制的前提下,政府公务人员和高校智库研究人员分别进入高校智库和政府进行交流工作,这样即可视为旋转成功,而不是非要效仿英、美等国必须离职才可进行旋转。

(2) 对高校智库财务适度放权并拓宽筹资途径

高校智库要进行有效的运转离不开充足的资金的支持。欧美知名的高校智库资金筹集方式十分多元,除了自身承担研究所获取的经费,还有大量的资金来源于社会公益机构的捐赠以及个人的资助等。据相关数据统计,布鲁金斯学会约74%的资金都来源于捐赠。这是由美国的历史文化背景所决定的,然而我国目前智库建设正缺少这种氛围。在我国,高校智库的资金来源大部分是由政府的拨款来维持高校智库的运转,资金的来源渠道极其单一,影响着高校智库的发展。由于所处的社会大环境和文化存在着差异,对于欧美的筹资方式也不可照搬照抄,因此我国高校智库可以根据自身所处的环境拓宽筹资的渠道。

首先可以帮助政府承办某些学术会议或是政策研究相关的座谈会来进行资金的筹集;其次可以通过和一些大型企业进行合作,为其提供培训与咨询的服务来进行创收;再次,政府可以出台相应的税收优惠政策，鼓励社会对高校智库进行捐赠。同时经费管理机制需要进行适当的调整，对于合规的经费使用应减少审批程序，提高资金的使用效率，同时应该给予高校智库一定额度的经费自主权，高校智库内部的研究人员紧急使用资金时可以让高校智库内部自行审核。高校在对高校智库经费预算进行评估时，要科学地安排评估标准，预留出合理的绩效支出以发挥其激励科研人员工作积极性的作用。

（3）构建科学合理的高校智库成果评价体系

在构建高校智库成果评价体系的过程中，应该全面思考评价体系的系统性和统一性，同时也要考虑到不同类型的高校智库成果的特殊性。在选择高校智库成果评价体系的指标时，应尽量遵循全面性、可操作性、精练性和客观公正的原则，将客观数据和主观因素结合起来。我国现行的高校智库成果评价体系评价的内容主要是针对发表的学术期刊等学术性科研成果的评价，对应用型的科研成果评价几乎没有涉及，"重论文，轻转化"的现象十分严重。因此在构建高校智库成果评价体系时，需要对高校智库产出的各类成果都要包含在内，同时要立足于我国社会发展的实际，以高校智库的功能定位为起点，来评估高校智库产出的成果对社会的发展、舆论的引导以及参与政府政策决策的程度，在注重成果学术质量评价的同时，对实际转化的成果也要有合理的评价标准。例如对实际转化成果的评价不仅要看是否得到了领导的批示，还要看对社会经济政治发展是否起到了有益的影响；对高校科研人员发表的学术性言论及报告的评价同时还要对其学术质量以及对社会舆论影响力的大小进行评价，从而进一步保证高校智库成果评价体系的科学性和合理性。同时，要进一步完善对高校智库成果的认定，改变以往的"唯批示论"

的评价方式，对于其他类型的成果给予科学的认定。例如，对于在公开场合发表学术言论的舆论引领型成果，可以通过设置量化指标以及同行专家的评估，通过这种主客观评价结合的方式对此类智库成果进行评价。只有不断创新完善高校智库成果的评价方式，才能保证高校智库不断产出高质量的成果。

（4）完善促进成果转化激励机制

只有对高校智库产出的成果进行转化，才能充分地体现出高校智库建设的价值。目前对于成果转化的普遍认知是研究成果只有得到领导的批示及圈阅才视为转化，但是高校智库的一个重要功能舆论引导却被忽视。如果研究成果得到大力的推广并且在社会上成功地进行舆论的引导，也可视为成果转化成功。高校智库不仅要成为"政策思想的源泉"，同样也要成为"舆论引导的旗帜"。因此，高校应该对科研成果的转化给予一定程度的重视，进一步完善对于成功转化的定位，对科研成果成功转化的课题组成员给予相应的激励措施，例如职称评定上加分的激励或是直接给予奖金的物质激励等，充分调动科研人员咨政的积极性，最大限度地对科研成果进行转化，保证高校智库形成的初衷，使高校智库进一步地发挥其决策咨询的价值。同时不断拓宽高校智库产出的成果推广路径，例如学习国外高校智库定期举办媒体交流会，或是在官网中设立一个栏目，与受众人群进行探讨交流，从而进一步达到宣传新型高校智库产出的成果，提升高校智库影响力的目的。

第三节　智库服务模式下的少数民族地区图书馆的特色资源建设

中华民族是历史上形成的一个统一的民族共同体，也是从古到今逐渐凝聚成的一个精神大系统。在中华民族博大的文化体系中，在中华文化琳琅满目的鲜活内容中，少数民族文化所占的比例远远超出他们的人口比例。少数民族作为中华民族的组成部分，在我国文化的发生、发展和繁荣过程中，无论是物质还是精神方面，都做出了重要贡献。

少数民族地区图书馆肩负着重要的责任，是少数民族地区文化的载体。少数民族地区图书馆的发展直接影响着少数民族文化的发展。智库型服务模式下少数民族地区图书馆的建设有很深远的意义和必要性。

一、智库服务模式下少数民族地区图书馆特色资源建设的必要性

（一）特色馆藏建设的需要

在现代文明社会中，图书馆在传承文明、发展文化方面的作用越来越显著。特色馆藏在图书馆文献资料的建设中占有重要地位，是图书馆文献资源的核心。高等学校图书馆应根据学校自身的发展目标和教学、科研的需要，根据馆藏基础及地区或系统文献资源布局的统筹安排，制定文献信息资源建设方案，形成具有本校特色的馆藏体系。特色馆藏是指图书馆所收藏的文献信息资源具有自身的显著特色，它通常指一个图书馆中独具特色的一部分馆藏和图书馆长期建设过程中形成的馆藏体系所具有的独特风格。特色馆藏是能够体现地域特色或专业特色的文献信息资源。一个图书馆的特色馆藏既是品牌，又是它的生命。在网络环境下，图书馆文献信息资源建设如果没有自己的特色，就失去了竞争优势和发展潜力。

（二）研究少数民族地区文化的需要

一个民族的文化，是维系民族认同的支柱及枢纽，同时也是不

同于其他民族的"标志"。基于文化及民族发展关系，需清楚地认识到，文化是民族屹立于世界之林的基础。

民族文化来源于人们的生产劳动，人们在劳动中创造和发展着民族文化。民族文化是各民族在其历史发展过程中创造和发展起来的具有本民族特点的文化，包括物质文化和精神文化。其中饮食、衣着、住宅、生产工具属于物质文化的内容；语言、文字、文学、科学、艺术、哲学、宗教、风俗、节日和传统等属于精神文化的内容。民族文化作为一种精神力量，对社会发展产生一定影响。

继承与创新，是在继承的基础上是社会主义文化与文学艺术发展的一条重要规律，胡锦涛曾经指出："推进文化发展，基础在于继承，关键在于创新。继承和创新是一个民族文化生生不息的两个重要的轮子。"我们应该加强对民族文化的保护与重视，学习、继承优秀的民族文化，在此基础上融入时代的元素，不断创新，使民族文化与时代精神相结合。这不仅可以使我们更加深刻地认识民族文化，还会激发各族人民的爱国热情，增强民族自信心和自豪感，对于促进和繁荣中华民族社会主义新文学有极大的帮助作用。

继承是创新的重要基础，创新是继承的必然发展。对优秀民族文化的继承并不排斥创新，相反，任何一个走在时代前列的民族，其民族文化都是民族性和时代性的结合。中华民族文化之所以历经五千年而不衰，原因就在于它总是在继承和弘扬自身传统中发展，在不断发展变化的社会实践中更新。"苟日新，日日新，又日新""穷则变，变则通，通则久"就是中华民族文化因时变革、革故鼎新精神的鲜明写照。创新是最有效的继承。延安时期，我们党的一大批文艺工作者立足实践，深入生活，从群众中来，到群众中去，创作出了许多具有时代气息且富有鲜明民族特色的艺术形式和作品，深受广大群众的喜爱。许多在革命战争年代创作的作品至今仍在群众中广为传诵。由此可见，民族文化的创新最根本的是要弘扬优秀传统文化，尊重民族文化传统，充分体现民族文化的历史继承关系。离开对优秀民族文化的继承和弘扬，所谓的文化创新就会成为无源之水、无本之木。

（三）经济发展的需要

我国改革开放的深入开展，地方经济建设突飞猛进，文化交流活动日益增多，为经济文化的发展创造和积累了丰富的地方文献资料。它是形成少数民族地区图书馆富有地方特色的藏书体系的重要组成部分，是为本地国民经济、科研生产和广大群众服务的物质基础之一。因此，有计划、有系统地收集、整理、开发和利用少数民族地区文献资料，为当地国民经济建设和科研生产服务，促进地方国民经济和科技文化事业的发展，是一项有助于提高少数民族地区图书馆的社会地位、改变少数民族地区图书馆的社会形象的重要工作。任何民族文化都必须不断地调适，才能求得自身的延续与发展。文化传承的实质正是在于不断地达成文化与周围环境的适应，以确保该文化的稳态延续与不断壮大。而支持与保护传统文化的实质则在于帮助该文化稳定其外部环境，确保其调适取向一贯到底，同时激活该文化的相关适应机制，使之获得在新形势下的稳态延续与发展能力。一种文化在调适中并不会对所有文化要素都同步做出反应，而是仅对与外部冲击直接相关的几个有限要素加以改造，传统的绝大多数要素则基本不予改动。从文化遗留现状看，在少数民族地区，由于经济的发展、交流的扩大以及外来文化的冲击，有的少数民族地区的民间文化正逐步削弱，甚至有消亡的潜在危险。通过各种渠道、途径、方法广泛收集并筛选少数民族地区文化文献信息，建立完整且具特色的文化收藏体系，是保护和开发少数民族地区传统文化的基础和内在所在。

少数民族文化具有极高的经济文化开发价值，经济与文化历来是相辅相成的。文化是保持经济发展和社会进步的活力源泉，特别是在经济与文化一体发展趋势下，文化已经成为经济发展新的增长点。少数民族地区经济发展需要创新，进而提升地方经济竞争力。少数民族文化是少数民族地区经济的内涵和品牌。地方文化决定地方经济命运，少数民族文化可以给地方经济带来更大的发展空间和更持久的生命力。少数民族文化作为少数民族地区经济发展的一种恒久动力支持系统，影响着地方经济发展的方方面面。在这个以创新为特征的时代，经济文化创新已成为地方经济竞争力提升的关键要素。创新是品牌的基础，打造品牌就要创新。一个品牌的文化价值是地区经济社会向前发展的必要条件。因此，必须把少数民族文化资源优势转化为少数民族经济优势和品牌优势。

2008年被列入国家级非物质文化遗产名录的"科尔沁婚俗"，以歌舞剧的形式登上了2010年上海世博会的舞台。"科尔沁婚俗"表演向世人展示了多姿多彩的科尔沁蒙古族文化瑰宝，又一次引发了世人对草原的向往和对草原文化的关注。旅游看文化、看特色，旅游文化的魂是特色和神秘。"科尔沁婚俗"形式蕴含着丰富的知识、信息和民族地方文化风采，具有不可复制性，对旅游者具有很强的吸引力，是发展地方旅游经济的独特文化资源。科尔沁草原还有科尔沁乳业、科尔沁酒业、科尔沁服饰、科尔沁美食、科尔沁马头琴、科尔沁赛马节等品牌。只有确立科尔沁文化品牌意识，才能展现科尔沁文化的魅力，为地方经济发展做出贡献。

（四）有利于少数民族高校自身的发展

少数民族高校自身的使命感及责任感决定了其不仅是培养人才和科学研究的发源地，也是作为少数民族地区政府各种决策的意见提供者、思想的创新者；反过来，为少数民族地区政府的建言献策又有利于高校自身知名度的提高、人才的锻炼和培养、学科的建设和发展及社会影响力的提高。

二、少数民族地区图书馆开展智库服务现状

（一）少数民族地区图书馆开展智库服务现状

近两年来，少数民族地区图书馆投入的大笔资金完全改善了图书馆的硬件条件，提升了图书馆的硬实力。下一步，自然而然就轮到提升图书馆的软实力，配合图书馆的硬件条件，朝着智慧图书馆的建设迈进。

少数民族地区在智库方面的建设，根据调查，目前还处于起步阶段。而对于少数民族地区图书馆来说，在智库方面的工作可以说少之又少，目前还没有配备专门的跟踪智库研究的团队。造成目前这种状况的原因有很多。第一，图书馆老师所关心的自身的职称评定主要与论文的发表挂钩，图书馆老师只有少数才具有国家战略的研究和社会问题的研究，发表的成果与现实社会存在的问题很大程度上是脱节的，更不用说对政府的政策有什么帮助。第二，图书馆平时并不太关注政策的研究，同时一般的研究者也不会主动与政府部门进行积极的交流，并且无法接触到政府决策部门的信息。第三，我国政府部门目前公开公布的数据对图书馆智库研究者的作用并不是很有应用价值，图书馆智库研究者缺乏足够的、及时的资料。

(二) 面对现状,少数民族地区图书馆应采取的对策

面对现状,少数民族地区图书馆对于智库的建设目标,首先是学校内能有更多的研究者的成果被政府采纳和应用,出现更多的高水平的研究成果。其次是图书馆内有更多的研究者能成为智库的研究者,扩大智库的规模。总之就是提高智库的质量和扩大智库的规模。

面对需求,作为服务型部门的图书馆能做些什么呢?

第一,服务于已有几位进入影响政策层面的智库研究者。安排专门的馆员跟踪他们的研究,对他们的研究报告有一定了解之后,整理出图书馆可能给他们提供帮助的地方,找到他们面谈,具体落实图书馆能提供的咨询服务。

第二,面对少数民族地区智库刚开始建立的现状,为了让后面的研究人员在过程中少走弯路,图书馆可以搭建平台,举办讲座,请研究报告已经成功被政府采纳的研究人员来做报告。并且不局限于图书馆的几位研究者,还可以请省内外的专家来参与,将他们在研究过程中遇到的问题和解决方法以及一些心得体会讲述给其他老师,让其他想要在智库方面研究取得成绩的老师少走弯路。

第三,成立专站的智库研究小组。鉴于目前图书馆老师都有自己的科研课题,人手可能会不够,如果是这样,可以从图书馆的学生信息助理团队里面甄选一批较好的信息助理来加入这个团队,协助老师来完成工作。这样既完成了图书馆的工作任务计划,又锻炼了大学生的科研能力和素质,一举两得。这个智库小组,初步的工作是补齐学校在智库里面的短板,比如说前面提到的政策研究和国家战略研究,同时关注和政府部门相关人员的沟通,还有最接地气的调研社会中企业面临的问题和实际的各种问题等。负责这个小组

的老师自己就可以把这些作为自己的科研课题，去撰写智库的研究报告，提交给政府部门。这个小组的最终目标，是建成一个图书馆本身的智库方向的人才库，使图书馆的老师们在智库的方向上取得大的突破。

第四，技术服务部可以根据智库方向的资料，建立图书馆自己的特色数据库。这个数据库搜集整理学校在智库建设上的经验、成果以及国内外对学校智库建设有帮助的资料等，方便全校师生查阅，为学校智库建设的发展战略提供数据库支持。

（三）建立科学的对智库果评估机制

建立少数民族地区自己的智库评估机制，这也是图书馆针对学校智库建设可以提供的完善的服务的一部分。前面提到目前中国高校的支撑主要是和发表的论文挂钩，智库方面的成果和老师的个人所得几乎没有关系。在以前，这样的局能够接受，但现在高校智库的建立既然已经明确纳入了学校的重要发展方向之一，那么相应的评价机制也必须要得到改变。学校层面的改变，是个人收入分配方式的改变，应该将高校智库研究的成果列为目前的科研成果评价制度里面。而图书馆能做的，就是承担起每年度的智库成果评估报告，其主要内容是整理收纳学校内部所有的智库成果，包括研究报告层层以被国务院采纳的，被相关政府部门采纳的以及被各大媒体引用的情况。到时可以根据相关的整理情况，制定出具体的、科学的智库研究成果评价办法，供领导层参考。同时，还应该收录相关学校和兄弟院校的智库成果，和本校的智库研究成果做对比，以此评估学校在智库方面实际的竞争力，供学校领导制定未来的决策规划和改进工作中存在的问题、盲点。

三、少数民族地区图书馆特色资源建设中智库建设存在的问题①

在深入贯彻党和政府关于中国特色新型智库的建设意见之后,我国智库建设得到了显著发展,取得了令人满意的成就。尤其在党和政府倡导建设高端智库后,隶属于高校的研究所以及新建的高校智库的建设发展迎来了曙光。北京大学、清华大学、中国人民大学等下属的智库为我国的政治经济社会发展提出了许多具有前瞻性、可操作性的意见,为全面实现小康社会贡献了力量。但我国少数民族地区图书馆特色资源建设中智库建设也存在问题,如领军人物缺乏、内部运行机制不流畅、成果转化机制不健全、高校智库的影响力不够大等。

(一) 领军人物和杰出人才不足

清华大学、北京大学、清华大学等下属的智库在其所属领域取得了令人瞩目的成就。例如,2016年6月4日,清华大学中国与世界经济研究中心副秘书长冯兴科主持开展了"一带一路"国际融资合作研讨会,李稻葵、胡必亮、胡洪才等经济学家以及冯润祥、郭建伟、郭濂等公职人员就"一带一路"跨国金融的创新与合作展开讨论,具体讨论了在当今复杂的经济形势下,如何进行银团贷款合作、如何开展PPP合作、亚投行和金砖行以及思路基金发行债券、各类国际金融季候资金合作等话题,为各大行、各证券商今后的抉择与发展提供参考。由此可见党和政府对于高校智库建设意见的重视。目前来看,取得成就较高的高校智库代表人物有中国人民大学校长陈雨露,清华大学管理学院院长薛澜,中国人民大学重阳金融

---

① 阮凤娟. 中国特色新型高校智库建设研究[D]. 安徽:安徽大学,2017. DOI:10.7666/d.Y3215122.

研究院执行院长王文,清华大学公共管理学院教授朱旭峰,中国人民大学国家发展与战略研究院副院长、新闻学院副教授,被誉为"中国智库第一女学者"的王莉丽,清华大学国情研究院院长胡鞍钢等。这些著名学者出版发表多本关于智库建设的名著,积极参与国家政治生活,为科学决策出谋划策,输送新鲜观点,贡献智慧的力量。但是这些杰出人物大多集中在顶尖学府,他们的学术能力也堪称一枝独秀,通过自己的学术能力和业界地位能够顺利地申请和获得并负责多个项目和课题研究,与一些水平稍显平平的大学智库相比而言,就不能主持和从事较为重要的项目和课题研究,导致学术水平较高的学者和专业人才趋向于到更高学府的智库里工作,改善自己做学术的人文环境,增加做学术的机会,提高学术产量。虽然对于个体的学者来说,此种情况有利于自身发展,但却相对地削弱了少数民族地区一般高校智库的发展竞争力和发展前景,不利于多方面培养领军人物。

此外,一些名声大噪的学者会考虑多方面因素离职,甚至带走整个团队。如1992年林毅夫带队离开中央农村政策研究室,借助外部力量创立了中国经济研究中心。这样就从整体上削弱了高校智库的竞争力和生产力,从局部上使某些专业人才断层,导致研究机构很难正常平稳地维系,本该按计划完成的项目、课题无法正常产出,同时也对公共政策的制定产生了忽大忽小的影响。甚至有些硕士、博士、博士后,将智库作为他们职业生涯的跳板,在学习和参与相关课题研究之后,化为自己的职业生涯经验,选择离开或跳槽到更好的单位,这样使得人员流动过于频繁,很难培养出高质量的专业和学术人才,都只是半桶水,不仅影响工作效率,还影响整体的动态发展。出现这样的问题,与智库本身缺乏专业的人才培养体系和专业化的管理不无关系,同时,智库的工作人员也存在着不可推脱的责任。

(二) 内部运行机制不流畅

1. 资金保障不完善

中国的高校智库,其资金和财务都无法独立管理,而其研究经费的主要来源包括学校自主拨款、各大基金会、企业投资和私人自发捐款。在这些主要的经费来源中,学校自主拨款较为稳定,但数额较少,有时候还会因为课题项目申请的减少而减少。而另外三类资金来源主要还要依据其自身经营状况来决定,比较不稳定。因此,高校智库在建设上缺乏较稳定的资金来源,且资金数额较为匮乏。少数民族地区高校图书馆智库建设上更是如此。

2. 独立性较弱,对政府依附性较强

这里的独立性不单单是指高校智库的物质基础较为不独立,还指其在相关政府政策的学术研究上对政府依附性较强。社会体制、政策法规、文化传媒等多方面因素导致了高校智库具有官方主导的特点。首先,高校智库申报课题研究、省级或国家级基金项目都由国家财政拨款,这就促使高校智库的建设在源头上就不具有自身的独立性。其次,各高校的建设是响应教育部的号召,其与政府的关系也并不单一,主要表现在申请课题上附庸于政府,在整个课题研究过程中从政府的角度出发,忽视学术研究的真正意义和价值,其研究成果大多为政府代言,忽视全局,降低了决策的科学性。党和政府重视高校智库的建设是因为看中其研究水平高,有利于影响决策,但事实上却存在一定差异。高校智库研究立场模糊,对政府的依附性较强,不仅不能提高学术水平,也无法完成服务于社会的使命。因此,高校智库应该明确自身定位,在学术研究上保持客观、

中立的态度，运用科学发展的眼光去解决问题，提出具有实践性的意见。长此以往，高校智库才能更好地发现社会问题，申报课题，引导舆论，从而高效地服务于政府。

3. 科研模式与现实脱节

首先，在于高校智库的研究者多为大学教授或者在读研究生、博士生和博士后，他们自身的心态还相对较为封闭，将学术研究局限于"象牙塔"内，重视申请课题项目的数量和能否在核心期刊上发表，忽视了政府当时重视建设高校智库的初衷，即利用其优势研究出更适合于社会发展的方向政策，服务社会的意识淡薄，只注重纯学术的研究，缺乏服务于社会的热情，止步于比较尴尬的学术误区。这种科研模式和科研习惯完全与社会现实脱节，学术水平虽然高，但与政府的需求相脱节，操作性差，许多意见都只是纸上谈兵，不利于高校智库的建设和社会问题的解决。

其次，高校和政府缺乏正常且紧密的联系，最突出的便是高校智库与政府间关于所要研究问题的供需信息存在不对称、不及时。如高校智库没有很好地与政府实现实时对接，无法及时发现民众诉求和政府需要，对政府的管理模式包括关于公共政策的制度过程、运作掌握得不全面且不精确，对现阶段政府所重视的问题等相关资料不能及时获得，对接出现不及时、无时效等情况，导致高校智库的研究出现滞后且不符现状的问题，无法给出最符合实际的建议。同时，高校智库的研究成果缺乏输送和沟通渠道，政府与高校智库二者之间的联系大部分还停留在订单合同的课题研究，因此会出现供需不协调的情况，研究成果多、政府采纳少，研究者的工作热情减少，导致高校智库的"智"无法发挥充分作用。

（三）成果应用转化机制不健全

1. 成果产出机制不健全

新型高校智库的建立相较于高校智库而言所面临的挑战也越来越多，其建设水平也会随着一次次历练而有所提高，但在建设过程中也不免会出现问题，最关键的便是新型高校智库现阶段所面临的成果产出机制不够健全的问题。首先，没有更高效的成果产出源于没有有效的人事改革制度和绩效奖罚制度。优秀人才是新型高校智库的核心优势，只有合理的人事改革才能从根本上培养出优秀且稳定的研究团队，才能从人才基础上保障智库研究成果的质量，好质量、创新性强的研究成果才是其能够发扬光大且被广泛应用的前提。同时，新型高校智库的研究工作有时会千篇一律，干燥乏味，有时会深入基层，工作量大，这些因素都会削弱工作者的积极性，研究工作的进程也会在一定程度上减缓速度，新型高校智库缺乏合理有效的绩效奖罚制度，缺乏适当的监督和鼓励，导致研究进程缓慢，研究成果产出速度缓慢，无法有效地影响政府的决策。

2. 成果转化机制不健全

成果的产出是研究的第一步，成果的转化才是研究的最终目的，而新型高校智库的成果转化机制也面临着许多问题。首先，新型高校智库与政府的合作沟通导致成果转化慢。大部分智库还习惯于政府的课题订单合作模式，而部分课题的开展也流于剪彩的表面宣传，政府不重视研究成果，其研究成果就没办法有效的参与政府决策，新型高校智库也停留在申请课题的数量上，不注重研究成果的质量，导致成果转化的基础薄弱、动力不足。这些因素导致新型高校智库的研究成果在与政府的对接上形成了滞后的转化机制，不利于研究成果的宣传和推行。

同时，各高校智库与相关部门缺乏合作，对官方、半官方智库、民间智库等研究机构持保留态度，不愿将自己的资源与他方共享，各自为战，造成资源的浪费和研究重复化。此外，高校智库面临着复杂多变的社会问题，其研究单一、视野较为狭隘，与其他类型的智库相比，也有些许不足，因此在研究成果上也稍显欠缺。优质的研究成果需要多方位的统筹外部力量，资源共享，优势互补，深度融合，多学科交叉，才能形成良好的成果转化机制。

3. 成果评价机制不健全

当前高校的科研评价体系比较单一，缺乏灵活的评价指标，不能具体情况具体分析，"一把尺"衡量的情况依然存在。许多大学的评价体系还是会对学术研究更重视，比如在职称评审、资格认定和绩效管理上主要看的指标还是老师们的国家级、省部级科研项目，论文在核心期刊的发表情况，学术著作出版情况等。教师的工资标准和晋升空间直接与学术研究挂钩，导致许多教师产生消极的想法，如为补贴家用多申请科研项目，如认为服务于社会的项目学校更看重的是学术价值，单单强调服务社会反而耽误了其做学术研究的时间，并没有显著且具象的实际成果。这些观念也直接导致了高校的评价体系还是偏重于学术研究而忽视社会价值。这些想法和作为极大地影响了主攻应用型研究人员的主动性和积极性，同时也就相应地制约了高校智库在政策研究方面的创新动力。

另外，许多科研学者也会面临此类情况，如研究人员花费大量时间来思考社会问题并给出具有前瞻性的意见，却迟迟等不到政府的审批，得不到一句肯定，有时甚至会直接被拒绝，所有的付出成了无用功，专心研究、苦做学问得不到认可，这在很大程度上打击了科研学者的积极性。在中国，许多学者将当选为院士作为自己学术生涯中至高无上的光荣，但其致力于为政府政策建言献策的科研过程中总是吃闭门羹，会导致许多学者转向学术型研究，使得应用型研究被一再搁置。2013年12月，教育部颁布《关于深化高等学校科技评价改革的意见》中明确提出，对不同科研方向实施分类评价，减少科技评价结果与利益分配过度关联。高校单一僵硬的科研评价体制制约着智库的发展，科研成果也差强人意，我们也能看到政府对于改革科研制度的热情，改革当前的考评体系，能够将学术研究真正应用于解决社会问题，解决教师的担心与顾虑，才能在科研上有所突破。

（四）高校智库影响力不足

1. 对决策的贡献率较小

新型高校智库的研究成果多且水平高，但其对政府决策的实际贡献率却相对较少。通过历年来的数据统计来看，近5年来，高校人文社科领域共出版著作约15万部，发表论文约158万篇，其中在国际刊物发表约2万篇。虽然科研成果多，但其对政府科学决策的影响力却是微乎其微的。在高达百万份的科研报告中，仅有6万余份的科研报告是真正应用于国家各部委、各县级政府的咨询报告；政策建议中，仅有千余份得到中央领导或省部级政府采纳。这一数据不难说明高校智库对政府决策的贡献率较低。另外，在国家社科基金项目和教育部课题中，高校人文社会科学重点研究基地就承担了国家级项目近70项，教育部课题近100项。虽然各高校人文社会科学重点研究基地承担了较多的国家社科基金项目，但大多都是以教授个人或其组织的团队为研究单位，成员大多来自同一个领域甚至同一个专业，导致研究的广度和深度有限。因此，由于高校智库研究团队自身的局限性，其所产出的科研成果对政府政策的影响力和贡献还有待评估。但也会有学者认为这一数据仅仅代表了高校常规开展的科研活动,不能管中窥豹,将高校与高校智库的科研成果等同。在做高校智库对于政府决策影响的研究中,的确需要正确认识到二者的区别,虽然这组占比数据不够精确,但至少也能从侧面反映出高校智库对于政府决策的影响力,大致可以总结为,虽然高校智库的科研成果时有被政府采纳,但其在整体上对于政府科学决策的影响力仍然较小。

2. 对社会的影响力较小

上海社会科学院智库研究中心根据中国智库的决策影响力、学术影响力、社会影响力、国际影响力及智库成长能力为评价标准,发布了《2015中国智库报告·影响力排名与政策建议》,其中位居综合影响力排名前15位的智库分别为:中国社会科学院、国务院发展研究中心、北京大学、清华大学、中国科学院、复旦大学、中央党校、上海社会科学院、中国人民大学、中国工程院、中国国际问题研究院、国家发改委宏观经济研究院、上海国际问题研究院、中国国际经济交流中心、南京大学。根据报告不难看出,虽然我国高校智库在我国智库的专业排名上占据一席之位,但大多是顶尖学府,一些实力相较于他们较弱的高校,并不能获得政府和社会的重视,导致高校作为一个团体并不能发挥其整体的作用。因此,在与官方智库的比较中,其在政府政策的参与度、影响度和实践都大相径庭,官方智库在政府决策的过程中仍然具有深远的影响。而高校智库作为"轴心组织"却并不明显,因而其所展现的精神面貌也是对社会影响力较小的状态。

3. 对国际的影响力较小

王莉丽博士认为,一个国家智库思想市场的形成和繁荣很难在短期内一蹴而就,在当前中国的历史发展进程和社会大环境下,大学智库最具备成长为具有国际影响力的中国特色新型智库的必要条件。而根据调查显示,美国约有75%的智库是附属于大学的。美国的很多高校智库从二战开始之后,就对美国的政治、经济、科技、社会、军事、外交的决策产生了重大影响。国外高校智库的发展历史悠久,其发展的范式也值得我国高校智库学习。尤其在当下所形成的高校领域跨国交流与合作的多元综合的形式与渠道的风尚下,我国高校智库更应该迎风而上,作为优秀的学术团队代表,提高我国在国际上的话语权。而目前我国的高校与国际一流高校智库的交流合作较少,关于国际问题的研究基地有待建设,海外中国学术研究中心也较少,国际性的数据研究库和有影响力的外文学术网站建设的数量不多,引领学术发展的外向型专家、中青年拔尖人才和优秀的翻译团队亟待培养等问题导致了中国智库在国际上发挥影响力的基础薄弱,同时在参加国际交流上,缺少适合的机会宣扬中国智库的形象和研究成果,很难给他国智库留下深刻印象,这也直接导致了中国高校智库在国际上的话语权减少,而没有话语权就没有影响力。

第五章　大数据背景下少数民族地区图书馆特色资源建设

第一节　什么是大数据

一、大数据概述

随着互联网技术的迅速发展，信息量大、类型繁多、价值密度底、速度快和时效性高的大数据吸引了人们越来越多关注的目光。大数据带来的信息风暴正在改变我们的生活、工作和思维。大数据时代，对信息的"加工"是基础。大数据体量巨大，互联网数据中心的报告显示，非结构化数据的超大规模和增长分别占总数据量的80%~90%，比结构化数据增长速度快10~50倍。浓缩海量信息，抵抗"数据爆炸"已成为数据分析工作的基本要求。同时，也可以处理和某些特别现象相关的所有数据，实现精准大数据挖掘和分析。

数据的海量、及时、动态和开放，有利于完善分析的效率和深度，从互联网浩如烟海线的数据中挖掘信息、判断趋势、提高效益，增强关联信息的分析和预测，为管理与决策提供更加精准的信息，提高管理决策的科学性。

大数据是以容量大、类型多、存取速度快、应用价值高为主要特征的数据集合，并且正快速发展为数量巨大、来源分散、格式多样的数据进行采集、存储和关联分析，从中发现新知识、创造新价值、提升新能力的新一代信息技术和服务业态。信息技术与经济社会的交汇融合引发了数据的迅猛增长，数据已成为国家基础性的战略资源，大数据正日益对全球生产、流通、分配和消费活动以及经济运行机制、社会生活方式和国家治理能力产生重要影响。

（一）大数据的起源

从遥远的美国硅谷到中国大陆再到世界各地，大数据的话题被广泛地传播。随着智能手机和其他便于携带的精密计算设备的出现，我们周围的一切变化都成了可以被记录和分析的数据。20世纪初，Gartner公司的一份研究报告首次出现了"大数据（Big Data）"这一概念，但是目前对其准确的定义依然众说纷纭，而相关机构和媒体对其重视程序已经不言而喻。对比出现的云计算，大数据也是虚拟非实体的概念存在，IT业的发展却紧密依赖于此，已经深入当前信息整个运作产业链的过程中，在我们的工作生活中，已经享受到了这些特定信息的相关服务。例如，在一些购物网站出现的都是自己过去经常搜索关注的商品，社交网站上也都是推送和自己有联系或是可能认识的人群，等等。可以说这些都是大数据的功劳。

越来越智能的技术设备发展以及网络时代互联网的普及，使得人们迎来了一个被"大数据"包围的时代。一个著名的经济网站对大数据研究后称,几乎每个人每天都使用着计算机以及一些相关的电子产品,这些人的生活都依赖着数字产品的各种方便的功能。其中,在经济不是很发达的国家,这种现象更是呈现上升趋势。因为他们的生活水平正在不断地提高,自然会对生活品质的要求有所增加。在大数据的背景下,相关技术挖掘和分析数据背后的相关信息,能够让我们更加懂得需要什么,这也是对未来的一种危机防范。有一种说法是,美国的汽车保有量是中国的3倍,但其中因为车祸而丧命的人数仅仅是中国的一半,这很大一部分原因就是靠着对信息数据的搜集来得出的规律,防范危险。

毋庸置疑,如今我们拥有了比以往都多得多且更为爆炸性的数据信息。这些数据五花八门:一些客户端APP、各种号码、书籍、报纸、虚拟媒体信息,等等。中国移动研究院发布的一份报告里面曾阐述了这样的情况:经济一体化的成型,全球各个国家的距离在一步步缩短,网络把我们编织在了一张网上。2011年创造的信息数据达到180亿GB,并且一直呈递增趋势,再过几年,一年所产生的数字信息将达到35ZB,相当于350万亿GB,而且没有停下来的意思。从增长的数据量来看,我们现有的人才水平以及发展起来的尖端科技很难赶得上这样快速膨胀的信息量。积极地发展技术,争取能在技术上跟上这个时代的步伐,这就是"大数据"。

(二)大数据的定义

大数据是一个宽泛的概念,仁者见仁,智者见智。大数据的概念不仅包含了对数据集规模的描述,还包括对数据利用的过程。虽然大数据已经成为社会热议的话题,但到目前为止,大数据尚无一个统一的定义。

互联网数据中心在报告中对大数据进了这样的描述:大数据是

一个看起来似乎来路不明的大的动态过程。它并不是一个实体，而是一个横跨很多IT边界的动态活动。

麦肯锡全球研究院认为，大数据是指大小超过了典型数据库软件工具收集、存储、管理和分析能力的数据集。

Cartner公司认为，大数据就是高容量、高速和多样化的信息资产，需要新的处理技术来增强决策能力、原理分析和流程优化。

百度百科认为，大数据是指无法在可承受的时间范围内用常规软件工具进行捕捉、管理和处理的数据集合，是需要新的处理模式才能具有更强的决策力、洞察力和流程优化能力来适应海量、高增长率和多样化的信息资产。

维基百科认为，大数据是指所涉及的资料量规模巨大到无法通过目前主流软件工具，在合理的时间内达到撷取、管理、处理并整理成为帮助企业实现经营决策目的的资讯。

大数据专家李国杰院士提出，大数据是指无法在可容忍的时间内用传统IT技术和软硬件工具对其进行感知、获取、管理、处理和服务的数据集合。

以上几个定义中，首先，无一例外地都突出了一个"大"字。诚然，"大"是大数据的一个重要特征，但绝不是全部特征。认识大数据，需要把握"数据源、大数据硬件、大数据技术、大数据交易、大数据应用用度衍生"等6个层次。其次，各个定义尽管在具体的表达中对数据的范围、内涵等描述不一，但却存在这样一个共识，即大数据不是对数据量大小的定量描述，而是在种类繁多、数量庞大的多样数据中如何进行快速的信息获取和分析，也就是说如何将数据分析为信息，将信息提炼为知识，以知识促成决策和行动的过程。归根结底，大数据的最终意义在于获得洞察力和价值。因此，大数据不仅"大",而且"新",是新资源、新工具和新应用的综合体。

(三)大数据的特点分析

"大数据"的特点绝不仅仅就是许多人认为的"数据大",而是在以大数据为背景的时代下能把数据的应用推及到工业生产的规模,形成一个成熟的产业链。在互联网贯穿人们生活的今天,电话、电脑以及各种繁杂的数字资料让我们活在了以"PB"(1024TB)为单位的结构与非结构数据信息的新时代。这些虚拟的、看不见摸不到的东西反而成了最有价值的东西,甚至有的价值高过了珍稀的钻石和不可再生的一些物质资源,将我们对传统社会的认知进行了重组,也给新的一批创业者、投资者开辟了一条新的道路。

依赖于我国庞大的人口数量以及东西发展不平衡所带来的一些问题,使得我国成了最具有特点的大数据国家之一。在这种情况下,伴随大数据而产生的一系列现象让我们措手不及。如何在繁多的数据中提高效率、挖掘出有用数据,是我们迎接这个时代的首要难题。

显然,数据的"不固定"以及"搜集途径"是如今发展"大数据"的难点。印度、英国有"数据公开"运动,美国政府也创建了Data.gov网站,这些都是为了让更多的人能从数据当中受益。所以,大数据要经历一个全民参与的变革,让每一个民众都可以公开地获得自己所需要的资料。而正因为"大数据"的出现,让以盈利为目的的企业对一些数据精英更加地青睐,希望可以在企业中引进更多的数据分析,进而从中获利。这就使得越来越多的人涌进了这样一个行业。最为重要的是,运用这些数据的人不会思考这些数据的来源以及这些数据的意义,他们只关心这些东西能不能获得价值或是帮助他们取得他们所想要的利益。

第五章 大数据背景下少数民族地区图书馆特色资源建设

"大数据"所具有的超乎想象的容量和速率,这让很多人根本就无法预测数据的发展趋势或是捕捉它们。如何在"大数据"的不规则里去获得自己最想要的信息,并且能够做到不浪费时间,做出最符合个人或是企业发展的选择,从中获得机会,这是我们目前所要突破的方向。可是问题不归根结底到数据的量级之上,我们又该如何开发选择,目前来说这是个大问题。

根据美国白宫发表的关于大数据的计划中提到的,大数据开发也可指"从庞大而复杂的数字数据中发掘知识及现象后的本质"。显然,在我们思考的同时,数据还在进一步地扩大,所以面临的难度更是一步步地增加,但是难度越大,越是开辟了更多的道路来创新,我们可以在新的、正在生成的数据里面找到一部分与我们个人或是企业关联的内容,取得一些商机,甚至预知一些未来的发展,设立路标。

通过以上分析可以得知,大数据时代有四大特征,即俗称的"4V"(Volumes,Velocity,Variety,Value),而这"4V"也被广泛地认可为大数据的最基本内涵。

1. 海量化(volumes)

数据体量巨大是大数据的首要特征,也是大家最容易发现的特征。当前,全球数据正以前所未有的速度增长着,每天都有数以百万兆字节的数据在互联网上产生。据估计,全球可统计的数据存储量是2011年约为1.8ZB,2015年超过8ZB。数据的爆炸式增长引发了数据存储和处理的危机。

2. 多样化(variety)

数据类型的日趋繁多是大数据的另一个特征。传统的数据可以用二维表的形式存储在数据库中,我们称之为结构化数据。但随着互联网多媒体应用的兴起，图片、声音和视频等非结构化数据成了数据的主要组成部分。有统计显示，目前全世界非结构化数据已占数据总量的90%左右。如何有效地处理非结构化数据，并挖掘出其中蕴含的商业价值和经济社会价值，是大数据技术要解决的问题。

3. **快速化**（velocity）

快速处理是大数据必须满足的要求。在经济全球化的形势下，企业面临的竞争环境越来越严酷。在此情况下，如何及时地把握市场动态，深入洞察行业、市场、消费者的需求，并快速、合理地制定经营策略，就成为企业生死存亡的关键。而对大数据的快速处理分析，是实现这一目标的前提。

4. **价值化**（value）

大数据蕴含的整体价值是巨大的，但是由于干扰信息多，导致其价值密度低，这是大数据在价值维度上的两个特征。挖掘出大数据的有用价值并加以利用，是数据拥有者的自然目标。但市场形势瞬息万变，因此，如何在海量的、多样化的、低价值密度的数据中快速挖掘出其有用价值，是大数据技术的使命。

似乎一夜之间，大数据变成一个IT行业中最时髦的词汇。首先，大数据不是什么完完全全的新生事物，Google的搜索服务就是一个典型的大数据运用，根据客户的需要，Google实时从全球海量的数字资产（或数字垃圾）中快速找出最可能的答案呈现给你，就是一种最典型的大数据服务。只不过过去这样数据量处理和有商业价值的应用太少，在IT行业没有形成成型的概念。现在随着全球数字化、网络宽带化、互联网应用于各行各业，累积的数据量越来越大，越来越多企业、行业和国家发现，可以利用类似的技术更好地服务客户，发现新的商业机会，扩大新市场以及提升效率，才逐步形成大数据这个概念。

二、大数据产生的影响

（一）大数据对教育界的影响

1970年，托夫勒的一本畅销书《未来的冲击》似乎早已为我们今天的这个时代奏响了序曲，随着互联网技术的发展以及在线教育其自身优势逐渐地显露，50年后的今天网络教育的优势已经清晰地展现眼前，教育也将朝着更个性化和全球化的趋势发展下去。

大数据是教育未来的根基。没有数据的留存和尝试挖掘，教育信息化只能流于形式。从孔子的竹签流传到蔡伦的造纸术，再到活字印刷术，每一次技术的革命都革新了教育的一个时代，同样，今天计算机和信息技术发展、大数据的发展使得教育面临新的一场革命，谁能更好地把握大数据，谁就会在未来的竞争中获得更多的主动权。

信息化革新教育模式，教育数据更易获得和整合。处于信息化的时代，我们获取知识的途径不再是课堂，线上学习越来越成为学习知识的主要途径，课堂将成为交流学习成果、答疑解惑的场所。比尔·盖茨声称，"五年以后，你将可以在网上免费获取世界上最好的课程，而且这些课程比任何一个单独的大学提供的课程都要好"。如此一来，学习行为的数据将自动留存，更易于后期的学习行为评价和评估。教师不再基于自己的教学经验来分析学生的学习偏好、验证点以及共同点等，只要通过分析整合学习的行为记录就能轻而易举得到学习过程中的规律，这样对教师的下一步工作重点有指导意义。并且线上学习能做到个性化教学，根据个人的学习数据制订相应的学习计划和辅导。利用数据挖掘的关联分析和演变分析等功能，在学生管理数据库中挖掘有价值的数据，分析学生的日常行为，可得知各种行为活动之间的内在联系,并做出相应的对策。

对于未来的教育,"越来越少的课堂,越来越多的网络;越来越少的教室,越来越多的咖啡厅和厨房;越来越少的讲授,越来越多的交互;越来越少的编制,越来越多的合作;越来越少的办公室,越来越多的实验室……"这些场景也许你曾经不敢想象,但确实已经随着技术的倒逼,悄悄渗透到了教育领域。

2011年的秋天,斯坦福大学人工智能的一门网上课程有190多个国家共16万学生参加学习,22000人通过了考试、获得了认证。课程的讲授者Thrun教授离职后创办了一家在线教育网站Edacity。现提供11门课程,包括数学、物理、统计学、软件等,提供认证,并将1%的学习成绩最好的学生直接输送给全世界最的公司,从中收取中介费。2013年4月,商业网站Coursers上线,和普林斯顿、斯坦福、密歇根大学和宾夕法尼亚大学等大学联盟一起提供课程。这件事的前因后果是,斯坦福大学计算机系的Ng教授,把自己的一门课放到了互联网上,结果全球有十几万人注册。这些人,除了在网上听他的实时讲授,还和斯坦福大学的在校生做同样的作业,接受同样的评分和考试。最后,有几千人完成了这这门课程。

不要总喊"狼来了","狼"已经真的来了,这些新现象正与日俱增地发生在我们身边。世界已经发酵出一种新的工业模式:就近生产、全面脑力时代、新材料和极简生产、3D生产时代、打印生产时代——第三次工业革命。具体到教育和高等教育,云、物联网以及基于云和物联发展所带来的大数据趋势,是其变革的技术原因。

1970年,托夫勒写了第一本畅销书《未来的冲击》。在书中,托夫勒不仅批评了以哈钦斯为代表的面向过去的教育、支持了以杜威所代表的面向现实世界的教育,更创造性地提出了明确的面向未来的教育：小班化，多师同堂，在家上学，在线和多媒体教育，回到社区，培养学生适应临时组织的能力、培养能做出重大判断的人、在新环境迂回前行的人……

50年后的今天，基于云、物联网、数据库技术、社会网络技术等的成熟应用，托夫勒当年感性预知的理念性的东西清晰地展现在我们面前：信息不仅仅是一种视觉和感官的东西，更是可捕捉、可量化、可传递的数字存在。于是从1970年到现在，教育悄悄地发生了一场革命，"教育革命"一词，正是托夫勒最早所说的，而今天，我们已经明确知道带来这场革命的真正原因，那就是大数据。

那"数据"和"数字"有何区别？举个简单的例子，一个学生考试得了80分，这只是一个"数字"；如果把这80分背后的因素考虑进去，诸如家庭背景、努力程度、学习态度、智力水平等，把它们和80分联系在一起，这就成了"数据"。正在发生的这场教育变革与之前的远程教育和在线课程的最大不同在于，前者不过是"数字"而已，后者却是"数据"——数据的集中以物联网、云计算等综合技术的成熟为基础，数据是过程性和综合性的考虑，它更能考量真实世界背后的逻辑关系。

由于互联网的迅速发展，美国从1997年以来的十多年，在家上学的人数迅速增长至超过5%，这些孩子学习成绩和参与社区超过同龄公立学校30%以上，教育不再是每个学生必须接受的事情，互联网的作用确实在增加、增大。然而，如果就此断言未来的教育会消失那就错了。正如随着印刷术的普及，教师的比例并没有减少而是大幅度增加一样，大量的信息垃圾的出现，反而需要更多的教师进行指导。未来的教育在互联网教育的推动下，会更加个性化和更加普及，只不过教师和学校的定义和内涵需要重新定位。

云技术、物联网和基于云技术、物联网的大数据是教育变革的技术推动力量。在向大数据时代、知识时代跨越的过程中，知识将无处不在。目前，仅就知识传播而言，教育资源正在经历的是平台开放、内容开放、校园开放的时代，这是前所未有的。未来的教育会是怎样的呢？主流的模式必将是，视频成为主要载体；教育资源极其丰富；翻转课堂；按需学习；终生学习；不以年龄画线；远程教育的提法将消失；距离不再是问题，教育在学校之外发生，等等。

学习既然是一种自组织的行为，教师和教学机构的定位确实受到了挑战；而另外一方面，随着网络资源的普及和开放，在线教育如果仅仅是将传统的课堂搬上网络，也许更加不适合学习的原有规律。

NMC（新媒体教育联盟）通过历史研究，将人类的学习行为归类为社会学习、可视化学习、移动学习、游戏学习、讲习学习，每种学习方式基本上对应信息与知识的载体的技术方式，一旦有新的技术改变信息和知识的传播模式，人类学习的方式马上会产生根本性的变化。

传统的教育兴盛于工业化时代，学校的模式映射了工业化集中物流的经济批量模式：铃声、班级、标准化的课堂、统一的教材、按照时间编排的流水线场景。这种教育为工业时代标准化地制造了可能的人才。而大数据教育将呈现另外的特征：弹性学制、个性化辅导、社区和家庭学习、每个人的成功。数据将火热地穿梭在其中，人与人（师生、生生）的关系，将通过人与技术的关系来实现，，正如每年的春节，你要拜年，不通过短信、电话、视频、微信，还能回到20年前骑半个小时自行车挨家挨户的年代吗？大数据时代，无论你是否认同技术丰富了人类的情感，技术的出现，让我们再也回不到从前了。

大数据与传统的数据相比,具有非结构化、分布式、数据量巨大、数据分析由专家层变为用户层、大量采用可视化展现方法等特点。这些特点正好适应了个性化和人性化的学习变化。目前教育革命的讨论,过于集中在在线教育,如远程、平板、电子、数字等,这正像任何一个科技让人们最先想到的都是偷懒的哲学,自动化时代最先想到的是卓别林演的自动吃饭机,多媒体时代人们最先想到的是游戏。在线教育本身很难改变学习,在这场教育革命的浪潮中,由在线教育引发的教育由数字支撑到数据支撑变化(教育环境、实验场景、时空变化、学习变化、教育管理变化等等),却是很多人没有在意的巨大金矿。

教育环境的设计、教育实验场景的布置、教育时空的变化、学习场景的变革、教育管理数据的采集和决策,这些过去靠拍脑袋或者理念灵感加经验的东西,在云技术、物联网、大数据的背景下,变成一种数据支撑的行为科学。

教育将继经济学之后,不再是一个靠理念和经验传承的社会学科,大数据时代的教育将变成一门实实在在的实证科学。

在上海的华东大学,学校将十多个学院的数十个实验室管理起来,通过物联网和云技术将实验系统连接起来,实现了实验室数据的整合、分析、可视化、报表,依靠数据,不再依靠人的上报。

对于教育者来说,这是一个大转变的时代。或许我们说教育革命言过其实,各种变化是在更迭着逐步推进,多元化教学模式可能会长期并存。但确实,技术从外围给教师增加了新的"竞争对手",技术又导致了学生预期、学习习惯等方面的变化,从内部促进了教学过程的变更。

（二）大数据对图书馆发展的影响

大数据并不是一个新概念，但却是近几年学界、业界普遍关注、常谈常新、最吸引人眼球的一个热门话题。有媒体将2013年称为中国的大数据元年。大数据是对信息爆炸时代的崭新描述，大数据是一种新环境的代表，是一种将世界数据化的思路。大数据和云计算、移动互联带给图书馆的是"一切皆数据""一切皆服务""一切皆读者"的新思维。国内外学者用新一代信息技术将当今时代直接概括和描述为"大数据时代""智能时代""算法时代"，我们已经从信息时代走进了数据驱动的"智慧时代"，大数据驱动的"数据化"浪潮开启了一个时代的重要的转型。大数据时代背景下，探讨数字图书馆服务战略转型，是对数字图书馆如何深度开发利用数据资源的一次全新思考。

对于图书馆而言，大数据不是一馆、一地或一部门所拥有的全部数据和信息的集合，而是一个地区、全国乃至全球的全部图书馆的数据和信息的集合。图书馆既有自身的大数据资源，也有可以自由获取并开发利用的外部大数据资源。

大数据一方面给图书馆带来了海量信息和数据，形成了图书馆的大数据资源，如图书馆资源大数据、馆员大数据、读者大数据、外部大数据资源等。这些都是图书馆最宝贵的资源和财富，也是图书馆的核心资产和优势资源。另一方面，大数据也为图书馆大数据的组织、存储、管理、保护、开发和利用带来了挑战，给图书馆的未来发展带来了更广阔的发展空间和想象空间。在大数据时代，大数据资源管理和服务将成为图书馆发展的重要方向。

图书馆在大数据时代可能会扮演大数据的使用者、提供者和维护者三种角色。作为大数据的使用者，图书馆只是大数据网络中的一个节点。作为大数据的提供者,图书馆需要最大限度地集成多源数据,建立多源数据间的关联,探索以数据为基础的智能服务模式,促进知识发现。图书馆可能在自身内部大数据资源以及外部大数据资源的基础上,建立各类知识服务系统和大数据资源共享系统,为用户进行知识利用和知识发现提供服务。作为大数据的维护者,图书馆面临着大数据组织、储存、挖掘、分析、发现等挑战。管理和维护图书馆自身的大数据资源,其关键在于如何最大限度地发挥图书馆大数据资源和外部大数据资源的巨大价值并满足读者的大数据需求等。由此看来,应对大数据挑战,图书馆还有很长的路要走。

第二节 大数据背景下的图书馆

随着大数据时代的到来,图书馆的馆藏模式、服务方式以及用户使用方式都发生了巨大的改变,这给图书馆自身的发展带来了巨大的挑战。图书馆的数字资源由于突破了时间与空间的限制,在信息时代的催化下,其数量迅速增加,规模也不断扩大,在图书馆文献资源中占有越来越重要的地位,它以其检索迅速、方便、快捷、全面等诸多优势,获得了广大用户的青睐。

而随着全球化进程的加剧和信息技术的高速发展,图书馆原有的管理体系和服务模式已无法适应知识服务的需要。在新形势的挑战下,图书馆需要考虑如何运用新兴技术和管理手段适应现代化的知识服务需求,使图书馆的发展融入城市的发展。依托"大数据"建立的知识服务平台是一个集合数据获取、存储、组织、分析以及决策服务资源和服务能力分享、协作和交易的智慧平台。而"大数据"正是结合物联网技术、云计算技术、社交网络交互技术及移动互联网等信息技术建立起来的知识服务平台。

一、大数据背景下图书馆建设现状[①]

尽管大数据的概念已为大多数学校所接受,但是在大数据背景下,高校图书馆的建设却仍然差强人意。随着我国经济的高速发展,数字化图书馆在我国也有了一些发展,但是与西方发达国家相比,还处于较低水平。在国外,大数据已经不仅运用在数字化图书馆的建设中,还拓展到了智慧校园的建设。大数据的发展,为高校带来了新的教学突破点,这些突破点又使得高校与大数据结合得愈发紧密,而这种叠加效应,极大地加快了高校教育、教学及教学管理的全面信息化的进程。智慧校园的兴起,又反过来加快了数字化图书馆的发展步伐,推动了高校图书馆的创新发展。我国已经进入新时代,这是我国发展新的历史方位。新时代的发展离不开人才的支撑,作为输出高素质人才的高校,在大数据的背景下,图书馆的角色将被重新定义,高校也需要重新审视发展战略,以求更好地为师生服务,更好地培养新时代的新人才。

(一) 教师普遍不重视在图书馆的管理中引入大数据

一直以来,我国将教育的重点聚焦于考试内容与教学大纲上,这一方面是由于我国学生众多而教师数量较少,日常事务的繁杂使得老师无暇顾及大数据的学习及管理技术的创新;另一方面,则是因为各个学校将学生培养重点放在了升学率与就业率上,忽视了对图书馆的管理。实质上,图书馆是一个巨大的信息宝库,是课堂以外学生获取知识的最大途径,在知识经济时代,图书馆作为知识传

---

① 王莉.大数据背景下图书馆发展战略研究[J].赤峰学院学报(自然科学版),2019,35(7):126-127.

递的平台将发挥更大的作用。进入21世纪，随着信息技术的迅猛发展，数字化图书馆已经从理念发展成为具体的实践。但由于数字化图书馆建设思路和理念在我国起步尚晚，也没有得到学校领导及教师的充分重视，导致学校仍然以升学率、就业等指标为重，这就严重影响了高校图书馆的建设与推进。

（二）高校缺乏相关设备，难以支撑大数据背景下图书馆的建设

信息技术的发展可以说是日新月异，当前，云计算、大数据等各类新兴信息技术给高校图书馆实现创新发展提供了重要的技术平台。一方面，与数字化图书馆建设的有关人员的知识不可能日日更新，教师的知识结构也不能得到及时的完善；另一方面，高校也不可能有充足的资金投入这些新兴技术以推进图书馆的创新发展与数字化发展。因此，基础设施方面的匮乏难以与新兴技术的发展相匹配。在经济发达的地区，高校的信息技术设备可能比较完善，这给大数据背景下图书馆的建设奠定了良好的基础。然而，我国各个地区之间经济发展不平衡的现象较为突出，以我国农村和城市的信息技术设备拥有量为例，根据实际调查结果显示，农村小学并不是每个教室都配有信息技术设备，整个学校拥有一台这样的设备的现象不足为奇；而在城市，这一现象则有所好转。由此可见，相关设备的缺乏是创新大数据背景下高校图书馆服务工作的一大障碍。

二、大数据背景下图书馆建设的原则与应用技术

（一）大数据背景下图书馆建设的原则

1. 标准化和规范化原则

在智能条件下，馆藏信息数据的收集、处理、发布和使用均基于互联网。为了方便图书馆建设，互联网有很多地方可以提供帮助。

但是，如果我们想要建造一个大规模的图书馆业务系统，或者是一个全世界共同使用的数据库，一个统一的建造标准和建筑模型是至关重要的。可以看出，这将直接决定着智能图书馆建设的成败。规范、协议和相应的机器，数字图书系统架设，技术后台架设和数据化以及服务系统开发过程等，这是至关重要的。它在智能馆藏系统与其他不同架构之间互联互通的智能化发展中占有非常重要的地位。或者可以说，未来智能馆藏的建立和其为读者提供相应的服务准则一定要有一个固定的参考标准，才能提供坚实的基础。

2. 开放性和集成性原则

在将来，智能馆藏系统可以为用户带来更高智能化的优质服务。与此同时，用户可以交互或主动参与馆内的日常管理与志愿读者服务。在无线互联的今天，数据的产生、处理、传递和检索都将是高度的快捷和便利。数据的生产和发布不再只依赖图书馆的工作人员。用户也将成为信息的生产源之一。这将会使数据的传递更加便捷高效，智能馆与用户之间的信息流变得快而直接。智能馆可以为读者提供网络终端互动、在线分享传递、在线信息导航、电话预约以及提供图书采集等服务，为图书馆馆员、读者减少图书馆准入门槛。员工和图书管理员可以自由互动并参与协作。在智能馆的日常维护和服务中，用户可以参与其中，和馆员一样参与图书馆的建设。智能馆基于云计算大数据技术和 IoT 技术。为了达成多馆之间的文献互通互联，实现各系统间的相通，各部门之间数据互联，不同媒体之间的数据集成和认知服务。集群管理。将数据与信息的汇总，完美转化，远距离传播，达到密集展示，快捷接入。靠着大规模式集成平台，信息的角度从每一个点可以扩大到每一个线和面。达到线路交换，区块接触，区域与不同区域之间的交流，达到智能运营。

要想给图书馆的服务进行改变,一定要依托 IoT 的智能技术。

3. 共建性和共享性原则

要想建设一个整合全国的智能馆藏系统,仅仅依靠个别图书馆是远远不够的,所以无法短期达成。多个智能馆之间的数据馆藏共建共享,可以共享馆员的力量、资源的力量,可以快速丰富馆藏资源,尽量满足读者的需求。智能馆作为这个系统中的最小单位,如果要在最短时间内达到泛在化、智能化建设,一定要建立一个相互帮助的互联系统,通过信息互联共建,将自己的馆藏资源贡献出来的同时,也获得了其他馆里的智慧信息资源。为达成数据资源的互联共建,每个智能馆之间可以相互合作,如国内的 CALIS(Chlna Academlc Library lnformation System,中国高等教育文献保障系统)等。一方面,某些地区的图书馆结成联合体,馆藏、数据库等以合作的方式购买,比较少的购买价格从书商和服务提供商那里获得。这不仅节约材料,而且增加了书籍的使用率;而且每个智能馆可以将资源共享、技术共享等,在建设数字化图书馆的过程当中,可以减少资源的重复购买,降低了成本。同时还可以拥有倍增的服务资源,从而加快图书馆的智能化构建。

(二)大数据背景下图书馆建设的应用技术

1. 电子读者证

用户进出馆舍必须凭借载有个人身份信息、个人教育信息、门禁、消费、借阅记录等多功能于一体的"电子图书证"。通过读卡设备可以将读者在图书馆的个人行为(比如进入离开时间、次数、借还书目记录、借还时间记录等)存储在后台当中,给每一位读者建构信息数据库,以便馆员进行信息管理及用户行为分析。对于新许可的读者,进入图书馆以后,在服务台或者自己的手机里输入身份信息及一些其他信息，建立一个新的读者证号码和二维码，然后通过短信、微信或者电子邮件的方式发送给用户。图像是电子证书，可以节省卡的成本，而且使用电子证书不存在丢失图书证所导致的更换证书的问题。此外，使用电子注册可以简化用户的操作流程，还可以节约纸质资源。读者还可以在网站上填写注册信息。图书管理员在后台批准申请后，完成的个人注册信息可以发送到读者的手中，以便今后入馆出具。这就有效地节省了读者时间，简化了发布和认证流程。

目前这种电子读者证可以与微信或支付宝合作，绑定到微信卡包或者支付宝卡包中，借助微信支付或支付宝来进行用户缴费。比如浙江图书馆就与支付宝合作，把电子读者证放在了支付宝卡包中。

2. 自助借还系统

图书自助借还系统的核心是采用条形码或射频识别技术、网络传输技术和软件工程技术来实现图书的自动借还自助管理的一种IOT技术。根据学者肖焕忠的研究表明，当下图书馆的自助借用和返还系统包括以下两种类型：条形码识别和无线射频（RFID）识别。条形码识别模式的特点是标签价格便宜、抗干扰能力强，而且图书馆现有的书目无须更换条码。而无线射频识别模式仍存在一系列问题，如投入成本高、替换现有书籍、图书馆系统升级等。尽管近几年RFID标签的成本已经由几元钱一张下降至几分钱一张，但是对于图书馆数量巨大的藏书来说也是一笔不小的开销，况且更换条码的人工成本还没有计算在内，所以现行最好的模式就是条形码和RFID码通用。自助借还系统硬件有电脑终端、读卡设备、条码扫描设备、书籍充电和消磁设备以及书籍监控器。该系统主要包括自助借还系统软件、自助借还机系统管理系统和自助设备界面。当用户申请图书时，系统读取图书证的相关信息，判断读者是否是允许借书人（书有没有过期图书、拖欠欠款等），然后提示读者放置图书在指定的位置并扫描书的条形码。系统完成借书步骤。

在现有水平上不断升级和完善以 RFID 技术为支撑的自动借还系统，加设摄像头监督设备以及书籍破损、乱涂的即时检测设备，在后台记录用户的行为是否合法，反映赏罚机制；自动借还系统在每天的排队时段制定借还时间，以减少读者的排队时长，从而体现服务的人性化。依托 IOT、RFID 技术来达到对书籍的全自动管理，可以大大减少馆员的工作量，提升工作效率。2002 年 11 月，新加坡国家图书馆首先全面应用 RFID 技术建设了全球第一个智能馆。2005 年 11 月，东莞市图书馆开创性地设置了自助借还处。近年来全国各大图书馆，尤其是高校图书馆，陆续开启了图书自助借还功能，这也标志着朝智慧图书馆迈出了第一步。

3. 智能书架系统

如果说自助借还系统主要为了方便读者，解放馆员的劳动力，那么智能书架系统可以说是图书馆馆员的眼睛了。不过目前智能书架系统只能通过射频识别（RFID）技术来实现，所以在全面普及的道路上还有一段路程要走。传统的库存方法要求管理员对条形码扫描设备进行一次扫描，并且有必要根据他们自己的记忆对书籍进行分类和存储，这是耗时且难以实现的。根据 RFID 的空间定位功能，使用 RFID 库存系统，不但可以轻松找到不在货架上或杂乱架子上的书籍，而且可以快速重新确认货架的位置，从而有效解决货架和反向货架的问题以及 RFID 系统，实现多本图书扫描，减少图书库藏和搜索工作量。首先在每个书架和每一册藏书上都装有 RFID 码，使用 RFID 读写设备对放置的 RFID 标签扫码，就可以获取所查询馆藏的具体信息。智能书架系统利用RFID阅读设备通过整个业务流程的内容识别来进行在架位置定位和书本位置定位。通过这个系统，可以及时发现该书是否被借用。智能书架在整个智慧图书馆系统当中的首要作用是帮助读者和馆员准确发现图书的定位并且搜索图书。所以，在这个智能书架系统的设计过程中，可以将整个系统分为三个模块：信息采集模块、数据服务模块和读者服务模块。

数据采集模块，系统使用UHF标签和阅读器来实现硬件架构。每本书都附带有REID码，其中包含书籍的基本信息和初始货架位置。每个书架都有多个天线阵列组，货架上的天线阵列组可以通过多个标签。天线多路复用器通过后台开关来控制端口，进而实现监视和控制天线和RFID读写设备的连接状态，从而使读写设备能够精确扫描书目RFID码。

数据服务模块是智能书架系统的数据库。RFID读写设备读取的信息通过内部传输系统或数据线传输到数据库。其中包含书籍本身的基本信息、书架的基本信息和书目是否错放的信息。数据服务器要对这些信息处理并进行深层次的数据二次挖掘。

用户服务模块，用户服务部分主要显示后台管理系统的查询界面。它在系统中的主要作用是向读写器发送控制指令并控制天线的辐射区域。将RFID技术的智能书架系统广泛应用，一方面可以减少工作人员的日常工作内容，提高智慧馆的管理水平；另一方面，可以确保图书馆针对用户的服务更加便捷和人性化。

4. 基于大数据的用户行为分析

用户行为数据分析主要是针对用户检索的信息、借阅书目的信息、下载的文献资源信息等进行分析，从而分析用户有什么需求，进而调整馆藏资料分配，完善图书馆的服务定位，最终提供个性化服务，从而提高用户对服务的满意度。智慧馆的"智慧"要以每个用户的感受和理解为准，特别是智能知识信息服务。智慧馆的读者里不仅有图书馆的访问者，也含有部分无法来访图书馆的读者。不使用图书馆的用户通常有更多的空间。对于用户持有的读者数据记录，他们通过深入挖掘和分析读者的访问、离开、借阅、下载等信息来得到读者的借阅习惯、属于哪个学科的范围、喜欢的书目、研究课题等信息。用大数据对读者的行为进行研究一定要连贯系统，而且要有科学的方向指引，这才是一切智慧服务的基础和根本。

比如上海交通大学图书馆，对毕业学生的个人信息进行了深入的挖掘，为每一位毕业生提供了自己在大学期间借阅信息的大数据整合，使得每一位毕业生在离校之际满怀感动。在大数据分析的同时，还要将学校各个系统的数据进行整合，比如，深入挖掘每位毕业生的借阅书目、来馆次数、到馆时间、下载数据等，同时为毕业生提供毕业就业咨询服务。信息可以以各种形式呈现，比如 H5 小页面等，既打了情怀牌，又有实际效果。

5. **基于大数据的资源数据分析**

图书馆里储存着大量的数据资源，通过对纸质资料进行分析，还有专利信息、科学数据等大数据信息，有利于科研人员跟踪研究热点，对科学前沿进行有效预测分析、主题评估等，同时也能为科研人员提供参考依据。业务信息分析通过分析馆内业务信息（包括访谈、咨询、文件传递、信息搜索、数字资源采购信息以及多种管理信息等），可以了解图书馆的资源分配情况并将其发布到有针对性的方式。在大数据时代，信息爆炸式发展导致各学科和学术界日新月异，使得大型信息源的收集、分析和整合成为可能；对每一位用户进行准确数据分析，有利于准确处理不同读者的多种需求。在智慧馆的用户服务中,提取和提供个性化信息和知识推送是其核心部分。

数据分析、聚集和大量文献资料整理,在用户检索目标信息的时候,能够准确、全面地获取以此关键词为中心的相关信息网络,包括目标的自然信息、教育背景信息、科研团队简介、学术科研成果、论文、出版书目、相关作者和其他主要信息,可以为读者提供高效的科学研究保证。

6. 智能节能减排系统

智能节能减排系统利用 IOT 技术中的核心技术,如射频识别和红外技术,通过在图书馆的相应位置安装传感器固件,在互联网的基础上形成馆内环境实时监控。该系统获取馆内的环境数据和读者数据,将采集到的数据与照明控制、温控系统、空调系统、门禁系统整合在一起,达到馆内照明和空气循环的整体智能调节,实现了图书馆内节能减排的效果。该综合节能系统由环境数据检测系统、智慧光控系统、温度调节系统、空气循环系统和数据监测系统组成。系统采用环境监测系统进行室内采集,每个环境参数信息都反映在采集到的数据到各个相应的子系统中。每个子系统都将采集到的数据(包括来自门禁系统的数据)进行整合,并将其与系统预设参数进行比较以打开数据。监控中心可以对各个系统进行调控和监测,当某一环节发生状况时,可以及时出台应对措施,确保整体有条不紊地运行。

(1)环境监测系统

该系统首先在馆内的各个位置安装相应的传感模块,通过获取相应的数据信息,对整个馆内的环境进行实时监控。该系统分为光感检测部分、红外线人体检测部分、温度检测部分、湿度检测部分、空气流通情况检测部分等。通过对这些数据的检测，来达到实时了解馆内照明、温湿度、空气质量等目的。仪器测量每个区域的照度、人员密度、温度、湿度和有害气体浓度，并将获得的环境参数发送到服务器上相应的照明控制系统，温度控制系统和新风系统通过执行室内环境控制提供数据，使得室内环境参数信息通过大屏幕显示，帮助用户获取馆内环境信息，同时方便图书馆馆员预防风险，进行防控调节。

（2）智能灯控系统

在每间阅览室的每张桌子上安装刷卡来电装置，通过此装置可以通过刷读者卡来控制阅读灯。同时可以为桌面上的插座供电。当读者离开之时，桌面阅读灯自动熄灭，以此达到节能的效果。各个阅览区域安装可控智能灯，当有用户经过时，有红外感应器能感觉到有人的到来，随后控制器开启这个区域的灯光，当用户离开该区域时，灯光会自动关闭。

（3）智能温控系统

温控系统通过对阅读室内安装的空调上安装一个节能控制装置来控制温控系统。该系统可以感受馆内实时温湿度数据，可以按照事先的设置，开启温湿度调节模式，发送相应的信号，进行温控或者除湿，最终达到舒适环境的调节。

（4）新风系统

将获取的实时空气质量信号进行分析，与系统设置的规定值进行对比，在达到标注的时候开启应急空气循环功能。在普通工作状态下，该系统处于低能耗的运行状态，一旦发生空气质量有毒有害的特殊状况，立即启动预警机制，快速进行空气交换，来消除危险。与传统的新风换气模式不同，室外新风直接作为气源。该系统不仅可以有效导出室内的多余热量，还可以进一步降低室内空调的能耗，进一步达到节约能源的效果。

（5）自动湿度调节

针对珍贵纸本类书籍，如典藏古籍的收藏及保存的特定条件，实时对典藏书库进行除尘以及干湿度调节，可以保证良好的储存环境。

（6）环保能源利用

图书馆可以引进太阳能发电模块以及风力发电模块，根据图书馆所在地的气候情况酌情安装在馆外墙等处。当馆内出现停电时，可以利用太阳能风能存储的电量进行供电，既节约能源，又有利于改善服务。

（7）远程抄表系统

节能减排，计量先行。远程抄表系统含有无线网络、垂直网络、分散网络组成的三部分，来完成远程仪表数据获取任务。首先，使用星形网络将连接到每个网格的仪表与数据收集器连接，然后将数据收集器通过垂直线网络连接到无线数据终端，并且通过垂直线路网络将获取到的信息传输给各个用户终端。该智能系统能够便捷、迅速、高效地读取馆内各种电气产品的功耗。它也可用于每月一次、每天一次或一天几次的定期读数，自动保存历史数据。该系统还可以对获取的信息进行进一步分析、存储和反馈，导出耗电图，供馆员查询备案。

7. 自动安防功能

安全系统的本质可以理解为使用诸如存储、处理、识别数据以及图像和图像的选择性操作之类的技术。在传感器，探测器和其他安全产品的帮助下，保护公共安全的目的是为环境提供日常条件，用于记录，监控潜在的危险信号。图书馆人员密集，人员流动性大，还是公共服务机构，在图书馆建立这样的安全系统是非常必要的。该智慧安防系统主要具有以下几点功能。

(1) 门禁自动化

图书馆的入口处要设置自动门禁，可以通过刷卡、刷电子读者证的二维码进入，同时还要具备人脸识别功能，与公安系统进行联网，可以鉴定读者身份的合法性，还可以避免出现冒名顶替现象，对社会治安和图书馆内治安有很大的作用。

(2) 自动火灾预警与处置

图书馆由于其功能方面的特殊性，是重点防火单位，所以应该重视防火安全问题。智慧图书馆的火灾预警和管理系统可以对火情进行预警，在第一时间发现火情时可以进行妥善处理，切断电源，启动应急喷射装置。该系统可以为馆内读者和海量藏书提供有效保护。

(3) 自动突发事件预警

图书馆智能监控设备可以对监控区域进行 24 小时不间断的监控，并且配合自动数据影像处理技术，自动识别人、物、轨迹、环境等。对异常画面信息能够进行分析处理，同时启动报警系统。比如当图书馆内出现异常的人流轨迹、异常的人员密度、火灾、地震等情况时，会及时报警，此外还能监控图书馆内的水电线路，一旦发生异常，及时告知工作人员。

(4) 应急疏散自动化

一旦图书馆内发生重大突发情况如地震、火情等时，应急疏散模式会第一时间开启，为大家提供最佳的逃生路线，避免在逃生过程中发生踩踏等事件。火灾发生时，应急疏散系统采用广播通知、灯光闪烁等方式引导读者有序逃生。同时馆内的消防栓供水瞬间启动，对相应位置的供水进行优先调配。

8. 智能座位预约系统

图书馆都有自习区域资源，但是各大高校的图书馆都存在占座问题，为了杜绝占座情况，各高校也是挖空心思，然而都没有根本性地解决占座问题。占座会导致图书馆资源的浪费，有需求的读者得不到满足，容易引发读者之间的口角。智能座位预定功能彻底解决了这一问题，作为目前大部分图书馆采用的方式是在图书馆设置选座机，读者通过在卡机刷卡来实现功能。但该功能存在一些缺陷，比如在选座高峰期刷卡机前的排队现象，离开时还需要刷卡签退，到一定时间需要刷卡续时，可以代刷卡占座等，虽然一定程度上解决了占座问题，但是也给读者带来诸多不便。于是本文中的该系统采取了更加科学与人性化的方式。

图书馆智能座位预订系统总体集中在 IOT 的三个层面。红外传感器安装在感官层上以确定座椅的状态；RFID 读取器模块确认座位预约信息；连接蓝牙通讯网对数据信息进行实时传输。在传输层中，数据传输和交换主要通过蓝牙和以太网进行，最后将数据存储在 SQL 数据库中，并将获取的数据反馈给应用层网页选择界面和 Wechart 选择界面。

通过红外线技术人体感应器可以用来应对占位问题。红外设备可以用于确定当前库中是否使用了座位。然而这样的设计存在一个巨大缺陷，就是可以通过物品遮挡在传感器前，红外传感器就会判断此座位有人使用，针对这一问题采用人体红外感应模块。人体红外感应模块是依据生物发出的电磁波的固定波长的红外线来进行工作的。采用人体红外感应器可以判断是人在占座还是物品在占座，这样可以规避掉传统红外感应器的诸多弊端。

针对校园图书馆的座位预定系统可以选择用校园卡来进行座位判定，从而方便每一位读者。通过校园卡中储存的信息进行身份校对，并且确认座位已经使用。这里应用到了 RFID 读卡设备。获取到读者信息之后，通过蓝牙通信装置将信息进行传播，连接人体红外感应系统和射频读卡模块，将信息实时传输至后台数据库中，并且实时反馈到选座界面，以供读者进行选择。

在软件方面，为了实现选座系统整体服务，在网页页面对图书馆的各个区域、各个楼层要进行可视化的构造，用不同的颜色将座位标记为使用中或空座。读者可以选择暂时离开，当读者离开时需要二次在手机客户端确认离开或者 PC 终端刷卡确认离开，从而在软件层面规避占座行为的产生。

系统保留限制预订时间的权利（包括预订的开始和结束时间以及座位的持续时间）；使用智能座位预约系统，读者可以通过图书馆账号登录任何终端；预定成功后，预约区域访问控制模块将与图书馆员交互监督：如果有用户由于临时变更而无法联系，可以在指定时间之前的规定时间内取消谁拥有他的座位，没有理由超过规定的时间限制。如果用户以前没有抵达，系统会自动取消其预订，扣除用户的信用额度后退出座位，并且扣除一定金额后，系统有权暂停用户座位预订服务。

9. **馆内智慧导航**

由于国家对图书馆的建设提供了很大的支持，不断增长的图书馆不但体现在硬件设备上，而且在空间规模上也得以展现。许多新建的图书馆规模宏大、气势磅礴，空间布局千奇百怪，给不熟悉的读者带来新奇的同时也带来了许多不便。而智慧馆能够为读者设置一个3D智能的全景导航，用户可以利用手机终端查询自己的当前位置，并且可以规划去某一阅览室的路线图，并提供相应阅览室的具体信息，以达到少走弯路、节约时间的作用。

10. 自助打印服务

智能自助打印机相对于传统打印机及其服务拥有固有优势，如占地面积很小，安装方式多样，分散式布局，远程监控，便捷支付，完整的管理系统，健全的后期管理、维护及服务体系等。图书馆内的智能自助打印机系统可以最大限度地满足读者便捷、高效、安全的打印需求。对于使用者来说，把自助打印机放到图书馆，能够节省读者去打印店的时间，方便读者的打印需求。读者使用在线支付即可付费，免去支付零钱和找零的麻烦，消费额明确无误。简单便捷的操作，给读者充分的打印自由，免去烦琐的交流沟通，并确保打印资料的私密性。对于智能自助打印机这种硬件设备、软件系统和线下支持相结合的服务项目来说，云存储和智能联网技术的推动使得自助打印机服务具有更好的发展机会，可以使服务系统进一步完善和多样化，将服务过程变得更加便利和高效。在未来，智能自助打印机将会利用云技术提高其自助服务的便利性，可以通过云输入方式提高打印输入的效率。用户可以通过多种途径和平台接收、上传或编辑自己即将打印的内容，通过云存储将文件储存到打印系统网上云盘，并绑定到用户的PC端个人中心或移动端APP，实现便捷存储，达到免硬盘传输；也可以通过云共享将自己的各类云盘账号相连，实现多通道获取共享文件，同时也可以设置绑定多账号，方便多名用户共同共享云端文件。

三、大数据背景下图书馆建设内容

(一) 大数据背景下图书馆信息化建设[①]

在大数据背景下的教育改革的影响下，不论是学生的生活方面还是学习方面，都需要通过网络来加以辅助。互联网的发展，改变了我们的生活方式和行为习惯，值得注意的是，当前我国的高校图书馆信息化建设落后于国家企业图书馆信息化建设，国内的高校图书馆信息化控制体系改革与发达国家图书馆信息化改革相比，差距更加明显。改变当下的图书馆建设模式，转变学校的图书馆部门的相关职责，推动图书馆信息化技术和学校人才培养的共同发展至关重要。将大数据运用于高校图书馆的建设，将为高校图书馆带来生机与活力。所以，加大对大数据背景下的图书馆信息化建设十分必要。

1. 提高对管理人员的重视程度

责任是对一个人做事的基本要求，在责任心的驱使下，人们能够更快更好地完成工作。在图书馆信息化建设中，需要引起管理人员的重视。定期对管理人员进行培训，可以通过角色互换的方式，让管理人员当读者，检索借阅书籍，更准确地发现借阅中出现的问题，及时反馈给维护人员，并根据在日常工作中的经验，不断地提出改进建议，更有效地推进图书馆信息化建设。提高管理人员的服务意识，不能仅仅停留在表面，做一些表面工作，更应该落实到工作的实处。对前来阅读的人员，要耐心地指导，帮助他解决在检索过程中出现的问题。管理人员自身要不断地学习，具备信息意识。在收集、下载信息的活动中，自觉抵制违法的、黄色的、危害社会的垃圾信息，要具备鉴别信息的能力，运用信息处理图书馆实际工

[①] 王杰. 大数据背景下的图书馆信息化建设 [J]. 中国高新科技, 2019, (16): 113-115.

作中的问题。通过筛选、加工,将对读者有效的信息整合,为读者提供向导性的服务。

2. 提高数字图书馆自身的安全性

在数字图书馆安全性的提升上,相关人员必须具备虚拟化管理技术。首先,图书馆人员需要加大图书馆信息资源的虚拟化监管力度,并在该过程中制定有效的安全管理措施,这样不但可以降低数字图书馆系统的安全成本,而且可以实现有效的图书馆信息化建设。其次,对图书馆而言,图书馆人员是不可缺少的一部分。在大数据背景下,需要根据图书馆信息化的建设配备相关数字图书管理人员。针对用户对图书馆的访问,还需要制定出相应的访问条件,并根据用户在访问过程中的实际情况,进行有效的监管以及必要的干涉,进而提高数字化图书馆的可操作性以及安全性。再次,需要根据虚拟系统的功能,完成对相关方安全职责的确定。而要在该过程中达到强化安全监管的目的,就必须要根据相关的标准进行全面的评估。最后,由于大数据背景下的黑客等攻击现象非常多,为避免图书馆在信息化建设的过程中遭受攻击,图书馆需要根据实际情况,在建设及发展的过程中不断开发权限的智能化监管系统,给用户带来安全的体验。

3. 加强软件系统开发

图书馆建设的过程中时常会出现数据重叠、处理能力表面化等问题,而这些问题的存在不但会给大数据背景下图书馆信息化的建设带来一定的阻碍,而且不利于图书馆实现快速且便捷的数据共享。图书馆的信息化建设必须尽量避免这些缺点,通过对相关软件系统的充分利用,使得图书馆自身的系统得到进一步优化。总之,在大数据背景下,图书馆的信息化建设必须提高数据资源的处理能力。

但需要注意的是，图书馆需要以用户的需求为重点，在为用户提供可靠且满意的数据信息的同时，还要做好图书馆信息化建设过程中的软件开发工作。

4. 合理使用经费，做好创收工作

图书馆经费来源于中央财政拨款，用于日常运行支出，专项经费的使用应坚持合理安排、专款专用、厉行节约的原则。它决定了图书馆各项资源在内部的分配，也为各项活动提供了保障。专项经费的使用，要严格执行国家有关法律和财务规章制度，并接受相关部门的监督。近些年图书馆不断进行市场发展，但是并没有产生与之相匹配的收益。通过多样化的采购机制用于激发市场竞争，使得经费得到充分的利用，有利于图书馆的长足发展。合理使用经费，要做好图书馆的预算工作。将资金在纸质图书、电子图书、期刊文献之间合理分配。一般来说，预算是根据经验和图书馆的实际情况做出的。所做的预算越准确，经费的使用越充分。从图书馆近些年的预算来看，用在电子图书及学术期刊等资源上建设的力度在不断地增加，表明图书馆的信息化建设在不断地推进。图书馆经费来源过于单一，为了促进图书馆持续健康的发展，要依靠自身的优势，利用好市场资源做好创收工作。比如，可以在图书馆分出一块场地卖一些笔墨纸砚、琴棋字画；又如，图书馆一名员工有书画特长，品德优良，图书馆就可以批准他创办"书画学堂"，既给图书馆带来了创收，又提高了自身和图书馆的知名度，为图书馆的长久发展添砖加瓦。

5. 提高图书馆信息化建设中的服务质量

大数据背景下，图书馆信息化建设需遵循快捷和方便的原则。一是图书信息资源的更新要跟进信息化的发展，做到与时俱进。用新的信息管理系统，去解决图书信息设置简单、检索信息指向不够明确、查找效率低下等一系列问题。不断地完善信息网，提高信息的交换能力。时代发展日新月异，图书馆的资源信息要与知识的更新换代速度相匹配，只有这样才能满足人们获取新知识、了解各领域前沿动向的要求。二是充分利用图书馆的图书资源，提高资源的使用效率。将传统的纸质图书与现代的信息化资料相结合，取长补短，实现互通有无、资源共享。图书馆的管理越来越依赖于科技的进步，图书馆要建立专业化、信息化的管理系统，图书馆系统的检测功能以及导航功能使前来图书馆学习的人们可以快速找出自身所需的书籍，有效节省时间。推荐功能作为图书馆信息化建设过程中不可缺少的一部分，在建设的过程中，相关人员需要加以重视。完善的推荐功能可以根据用户选择的类型，推荐用户感兴趣的内容，充分考虑到读者的实际需求，服务大众，从而带给用户更好的体验。这就需要图书管理员适时地跟读者沟通，从图书馆现有的资源信息中查缺补漏，增加最新的电子图书和论文期刊数量。按照国家规定，达到其在整个图书馆资源中的比例，使图书馆的信息化建设工作落到实处。每个阶层的人需求是不一样的，在引入信息资源时，要考虑个性化的管理方案，加大资源信息的覆盖面，确保资源的不断更新，为图书馆信息化建设做出贡献。在图书馆信息化的建设过程中，为保证建设有序且科学合理，相关人员除了需要给予其相应的资源，还应明确建设的重心及方向等。

6. 提高对图书馆信息化建设的重视度

相关人员在图书馆信息化的建设过程中，还需要给予图书馆应有的重视，即投入建设所需的人力、物力、以及财力等。一是对图书馆的软件系统进行定期更新，对图书馆中的数字资源进行有效的整理。二是需要加大对数字图书馆管理人员的培训。数字管理人员是图书馆中不可缺少的组织部分，提高数字管理人员的综合素质，不但有利于图书馆整体信息管理水平的提升，而且有利于图书馆服务质量的提升等。

（二）大数据背景下图书馆业务管理

大数据的到来，不仅给社会的发展、人们的生活都带来了一定的影响，还给图书馆的业务管理模式带来了创新。随着大数据的应用与发展，图书馆也从发展的角度对大数据进行了探究。图书馆的业务部门一般包括采访编目部、流通阅览部、信息技术部、参考咨询部等，传统的业务工作流程包括采访、编目、加工、存储、服务等。在大数据的影响下，图书馆的业务也发生了变化。如图书馆传统的采购和编目工作，通过招标等形式外包给其他机构，图书加工也对外委托，图书馆的业务工作重心转向以数据为中心的信息资源组织、利用与保存，数据的采集、存储、挖掘和分析成了图书馆的主要业务。

图书馆对复杂的大数据进行数据挖掘和可视化分析，可以使用户更准确、及时、有效地利用信息，但大数据也给图书馆的业务管理带来了以下问题。

一是数据采集问题。图书馆的工作量并没有因为业务外包而减少。大数据时代，图书馆的每一项业务都涉及数据，如何高效收集各种数据，成为决定图书馆业务工作成效的重要因素。二是质量控制问题。图书馆传统的结构型数据库已经不能适应非结构化数据和半结构化数据的动态管理和分析需求，业务管理模式如不加以革新，其业务工作的质量将会难以跟踪和控制。三是数据利用问题。图书馆收集大数据的最终目的是为了提高图书馆的服务质量，让用户充分利用图书馆的资源创造价值。从图书馆业务工作的内容来看，信息资源如何组织、存储和利用，都涉及大数据的利用问题。从图书馆业务工作的形式来看，任何一个业务工作流程都会产生新的数据，而这些数据往往包含着隐性的有用信息。图书馆只有把这些隐性信息挖掘出来，发现业务工作中的重点和难点，才能改进业务工作流程，提高业务工作水平。

1. 利用相关信息建立动态图书采购分析平台

图书馆的信息资源开展，是业务服务的基础。图书馆信息资源的采集，要对使用对象及采购经费进行考虑，为图书馆的信息资源进行科学合理的采购。因此，图书馆的发展，要建立一个动态化的采购平台，能够对图书馆内的使用对象、使用数据、借阅方式等进行分析，能够在第一时间内了解到使用对象的需求，在使用的过程中，设置权限，利用大数据的优势对图书馆的现状进行评价。对于平台的建设，只要把相关书籍的种类、供应商的信息、出版社等直接导入平台内，就能够帮助使用者准确找到自己想要查阅的书籍。图书馆首先根据现实情况、社会政策、图书馆地理位置等进行调查，确定自身的用户定位以及用户的相关特性，之后根据信息进行相应的图书种类采购。由于这种大数据是不稳定的、动态的，需要及时地根据信息的变化采取相应的图书馆图书采购活动。这样一来，就能有效提高图书馆的图书购置效率和资金费用率。

2. 图书馆在业务开展之前建立风险评估系统

图书馆的业务发展与服务工作存在着关联，如果图书馆的业务出现了问题，那么就会导致图书馆的服务出现偏差。因此，图书馆在发展过程中，要结合自身的现状及发展需求制定风险评估系统。例如，在建设初期，对经费、技术等方面都要加以考虑，在第一时间内对图书馆的发展现状充分了解,能够在第一时间内了解到供应商、发展数据等,利用这些数据信息对图书馆的发展做出风险评估,能够科学合理地对数据信息进行分析,充分利用有利的信息资源,最大化降低数字信息资源存在的风险。

3. 针对用户的相关数据建立数据系统

图书馆服务的对象,即图书馆用户的相关数据对于图书馆的业务管理方面有着实质性的作用。用户的数据分类首先是用户的相关资料,有用户的性别、年龄、文化程度以及平时的图书馆种类偏爱程度,图书馆了解到图书馆用户的相关资料后,可以有针对性地进行相关阅读推荐和咨询的服务。

图书馆通过对用户进入图书馆的时间数据进行分析,然后制定各项业务的最佳开展时间和周期长度,避免出现业务开展时间点不对、浪费图书馆资源的情况。图书馆通过对用户在馆查询书目等数据信息,分析用户的用书需求,及时进行采购,从而满足用户的需求。用户在图书馆的查询电脑上的数据应当即时保存并且加以分析和归类,避免出现浪费这些数据的情况。

用户的借书还书时间周期以及借书数量、种类的数据可以帮助图书馆进行分析用户普遍的读书时间和周期,然后进行科学的计算,并对图书馆的同一书目需求量进行补全。最后,用户在图书馆的电脑房访问图书馆的电子资料的种类,时间等数据也应及时进行分析保存。分别对用户访问电子资料时浏览的项目以及下载项目等进行分类分析,这样一来,能够充分地了解用户对馆藏的电子资源的需求程度和满意程度。

通过对以上的用户相关数据的整合分析,对图书馆的业务管理模式有所借鉴,有利于图书馆的业务管理水平有所提高。图书馆的管理人员根据数据分析结果构建相关管理系统，可以建立更有效的工作模式，通过利用数据发现图书馆业务开展中的不足，及时改正，从而增加用户使用馆藏资源的满意程度。

4. 根据人员构建明确的管理模式

图书馆的发展，需要管理人员借助信息技术的优势进行搭配管理。技术主要是能够针对信息数据进行采集、归纳、整理与分析，但是也需要相关的管理人员对其进行操作，那么就要求相关的管理人员对管理工作内容充分了解与掌握，能够明确自己的工作内容与岗位职责，能够及时发现管理中存在的问题，并且采取有效的解决措施解决。因此，图书馆要定期对相关管理人员进行培训与管理，以图书馆的相关管理人员为主要目标，提高工作效率与服务质量。

5. 构建支撑系统

图书馆的业务发展及管理模式都与信息技术息息相关，信息资源、管理人员、使用者等在图书馆的发展中都起着重要的作用。在大数据的影响下，可以从多角度出发对问题进行考虑，对数据信息资源、信息技术、储备数据等进行分析。当前，图书馆的业务发展，可以利用大数据的优势对其进行大规模的处理，对信息数据进行分析，找出问题的原因对其进行解决。这样不仅为图书馆的相关管理人员减轻了工作负担，还为使用者节省了时间，减少了图书馆发展中的程序化。

大数据的利用使得图书馆的业务管理角度变广，管理精确度提高，对图书馆的业务发展提出了明确的管理模式，图书馆的管理层领导可以从多个渠道采取相应的业务管理模式，在图书馆的发展中，要对每一个工作环节进行严格的管理，要为图书馆的业务发展构建明确的管理模式与体系，针对存在的问题及时进行解决，对具有价值的信息资源及时利用，避免图书馆业务发展中存在一些隐患问题，从而提高服务质量与水平。

（三）大数据背景下图书馆服务创新

1. 大数据背景下图书馆服务创新模式的必要性

传统的管理模式已经不能适应时代的进步需求，因此，图书馆开展工作要不断跟踪、适应新时代变化的读者需求，不断拓展信息资源渠道，不断地进行深化、创新读者服务工作，为读者提供一个舒适、方便、快捷的服务环境，让读者获取大量信息资源。

（1）大数据环境下的创新

数据资源不但是图书馆生产力和服务资源的重要组成部分，而且是读者服务"知情权"和"数据权"的有效载体。大数据开放的安全性和有效性已成为图书馆读者权益和服务质量保证的重要因素。同时，数据开放也关系到图书馆生产资源的可靠获取、数据高效整合和服务能力的创新，可有效提升图书馆的市场竞争力和服务质量保障。

（2）各层次读者的需求

传统的图书馆管理是利用自己的馆舍、藏书资源及人力、智力资源等开设专题讲座，举办学术报告会，开展有奖读书活动、征文活动，开展各种展播、培训等一系列活动，这在知识需求较为专业化今天，在解决读者知识需求的过程中，需要设定一套适合读者的个性化特色的服务模式和版块。因此，针对不同层次的读者，需要不断充实图书馆的资源建设，利用多种方式和手段搜集、储藏和整理资料，建立具有专业和学科优势的服务数据库，是图书馆服务的一大典型特点。同时，也可以利用网络优势实施个性化定制服务，向读者推送更多其需要的有效信息。

2. 大数据背景下图书馆服务模式变革

随着大数据时代的来临,数据将成为决定图书馆服务有效性和市场竞争力的关键因素,是关系图书馆服务模式变革、服务创新、提高个性化服务水平和增强服务透明度最重要的战略资源。

(1) 数字资源整合,书目信息采用开放式链接

读者在网上可以进行图书续借、预约与取消预约等操作;有虚拟书架功能,并按收藏时间排序;可自定义屏蔽 OPAC 上显示的图书类型或状态的图书资料信息。同时,异构数据库跨库检索、VOD 视频点播系统、电子资源馆外访问系统和随书光盘云服务、特色资源库等让读者的获取数字服务智能化,在图书馆门户查询图书光盘信息和图书馆购买的各类数字资源、图书馆藏信息等,提高了数字资源的利用率,推动共享工程资源的有效传播。数字资源系统对接到读者行为大数据分析平台进行数据挖掘,全方位细致了解读者使用数字资源的偏好和趋势,提供给图书馆管理者采购数字资源的数据参考。

(2) 图书馆运用 RFID 系统

①实现自助借还

RFID 技术可采用非接触式和一次多本的方式实现快速安全的文献自助借阅,操作简单,不仅方便了读者自己借阅图书的手续,还能有效减轻文献流通部门的工作负担。

②实行严格的架位管理

严格遵循《中图法》分类规则和图书馆馆分类排架及专题排架规则,将图书馆书架的一层作为基本排架和文献定位单位,使 OPAC 查询和图书管理员不仅能够显示文献的流通状态,还可以精确地指出该文献在图书馆中所在的位置,有效地解决了图书馆在采

用开架阅览方式中所存在的文献定位不精确、管理人员整理书架困难等问题。

③精确典藏数据

通过使用便携式的 RFID 设备，大大提高了工作人员馆藏清查工作的效率，更重要的是准确度也较传统方式有了大幅度的提高。通过对馆藏的清点工作，工作人员不仅可以掌握文献的准确数目，还可以掌握文献如此海量的类目，这对于手工清点的方式来说是不可能完成的任务，为读者服务和图书馆采购部门提供了准确的数据支撑。

（3）多卡合一，系统整合

读者使用多种读者卡均可以借还图书，包括身份证、专用读者证、市民卡等。一卡通行是指读者持上述任何一种证卡，都可以在图书馆内借还图书，实现通借通还。应用系统服务整合，包括活动报名、积分管理、图书馆空间预约等。这些智能应用系统与图书馆业务自动化系统结合，读者利用身份证就能在馆内登录无线网络上网，无线网络后台进行管理监控，并分析读者使用无线网络的情况。读者的借阅情况可以获取积分，其他应用系统也可以对接积分平台，例如电子资源的使用也可以获取积分，积分可以兑换礼品或者抵消滞纳金，从而提高读者赢取积分的积极性。

业务管理系统实现管理图书馆业务自动化，资源共享通借通还，电子阅览室安全管理监控网络，搭配无线网络自助上网，统一用户管理系统与业务系统对接读者信息，满足读者身份证管理、财经结算等。

（4）搭建微信交互渠道，主动推送信息资源

把图书馆信息、服务、总分馆馆藏信息等通过微网站全方位整

合展示在微信上，及时获取图书馆网站相关栏目信息，更新到微信菜单中，图书馆可在公告通知中提供展览讲座、公告、图书馆简介等信息。整合分析图书馆的新闻和活动信息，可通过指令和检索词查询图书馆的活动与新闻信息。读者可以通过微信端实现网上读者证的注册，并根据图书题名、ISBN、著者、主题、分类号、索书号、出版社等关键字检索图书及馆藏信息。同时，图书馆通过微信平台对读者推荐最新入馆藏的图书，并与读者行为数据分析系统对接，挖掘读者的借阅爱好和习惯，从而自动向读者推荐相关图书，满足读者的个性化需求。

(5) 智能视频流量监测

通过对图书馆读者流量进行连续精确检测，获取其随时间的变化趋势和不同地点间的对比统计，并在此基础上结合内部信息分析系统，深层分析图书馆读者流量特征，和安保系统完美结合。实时视频监控的同时对进出图书馆的人群流量进行精确的分析统计。在标准环境下，具备较高的统计精确度，为图书馆提供实时、直观、准确的客流量数据，有利于图书馆高效的管理和组织工作。利用客流量的统计数据，图书馆可以合理调度人力、物力，合理配置资源，从而获得最佳的运营效果。

(6) 读者行为大数据系统

基于图书馆业务需要及读者需求而建立一套读者行为大数据挖掘分析系统，通过智能化分析基于精确统计数据的读者与图书馆的各种关联行为，使图书馆管理者充分地掌握本馆资源利用、功能定位、读者服务的实际效果，并形成每个读者的全方位图书馆数据流；同时也使读者可以随时了解自己利用图书馆的实际情况以及与所有读者的横向比较情况。

通过对接读者入馆闸机统计数据、OPAC借还书统计数据、VPN馆外访问统计数据、图书馆精细化管理统计数据、移动图书馆使用统计数据以及可能的其他统计数据源，对这些数据进行挖掘和分析，整合成需要的基本统计数据库，形成相关报表，进而可以自动或人工干预生成任意时间范围内图书馆管理者所需的分析报告，同时产生所有读者的个人报告单，对该时间范围内本人各类图书馆行为进行图形化展示，读者可以在系统界面登录查看、下载本人的图书馆记录报告。

（7）"手机图书馆"服务模式

手机资源具有内容丰富、使用方便、共享性高、易于检索、更新及时、便于收藏、性价比高、便于统计、易于管理和服务的特点。手机图书馆资源建设促进手机资源的有序化、提高资源的利用率与检索效率、提高良好的人机交互界面是今后图书馆资源建设的重点。"手机图书馆"移动服务，从服务内容看，其提供的服务除了对文献资源的描述性信息及相关服务的获取，还包括通过移动终端直接获取文献信息本身。相比其他网络媒体所提供的阅读服务，图书馆的优势在于丰富的目录资源及通过正规渠道出版的文献资源。读者可通过笔记本、平板电脑、掌上阅读设备、手机等，利用各种无线网络模式，且以登录或匿名浏览的方式随时随地获取图书馆服务。

（8）读者个性化服务

读者个性化阅读服务具有突发性和随机性的特点。图书馆可根据采集的读者需求、阅读行为和服务系统监控数据，准确预测未来读者的个性化需求，提前对读者的服务模式和系统资源进行分配、调控和优化，不断增强服务的安全性、效率、经济性和个性化水平。此外，图书馆还应实现全方位的数据开放，构建基于开放大数据的读者服务决策、管理、调度和优化系统，智能、自动化地依据读者个性化服务需求和服务市场变化情况，调整、优化图书馆读者服务的模式和方法。

①读者个人阅读单

读者个人阅读单能够提供给本年的借阅情况，包括借阅的数量、阅读的偏好等众多针对读者本人的个性化统计分析，还可以获得图书馆的推荐订阅信息，帮助读者回顾自己的阅读历史、梳理阅读轨迹、完善自身的阅读架构。读者自身的阅读情况可以通过电子邮件、移动图书馆、读者空间主动推送给读者。

②图书馆年度阅读报告

图书馆年度阅读报告包含了读者的平均借阅量、每本书的借阅频率、谁是年度借阅量最多的读者、哪本书是年度最受欢迎的书、借阅读者的年龄分布情况等统计数据，还有主要分馆的流通量、所借阅的热门图书分类等。阅读报告以简洁而颇具冲击力的信息图方式呈现，辅之以简洁优雅的文字，将图书馆读者一年的阅读情况呈现于公众面前，从而为国内同行和读者了解图书馆一年的阅读状况提供依据。

③读者推荐服务

通过对图书馆读者、文献、网络检索、标记书签、服务、设备等结构或非结构化数据类别以及对多馆、多系统、多维度的数据整合分析，挖掘出隐含在其中的对图书馆有价值的信息，抽取出图书馆综合知识，发掘数据之间的逻辑关系，分析和探究读者行为的规律，并为读者进行图书推荐，最后对读者信息和文献信息加以分析和挖掘，整理成推荐结果推送给用户。根据强关联规则，挖掘潜在用户和现有用户的知识兴趣点，提供个性化推荐服务。

3. 大数据背景下图书馆信息服务应遵循的原则

（1）普惠公共性原则

为用户的信息行为提供最大的便利条件一直以来是智慧图书馆信息服务的宗旨。以人为本是当今大数据时代的一大主要原则，也是智慧图书馆管理及智慧图书馆服务的根本追求。智慧图书馆的惠民，即在网络环境下运用智能化的技术提供优质服务，惠及读者，提供便捷，为用户减少不必要的操作程序。利用现代信息技术克服时间、空间的阻碍，使信息资源能够在不同地域、不同行业、不同平台中实现共享，使用户使用信息服务的程序更加便捷，大大提升服务的效率。

通过新型互联网智能操作平台以及一体化服务平台，读者可以不受时间、空间的限制。智慧图书馆发展的有机体所提供的这一种服务，是一种便民快捷的服务，是高效一体化的服务，这将有利于去除用户的陌生感，进而刺激用户的消费需求，挖掘潜在的用户需求，给信息服务的未来注入新的血液，让图书馆充满旺盛的生命力。

（2）应用智慧性原则

智慧图书馆区别于其他图书馆的一个显著核心是其智慧性。智慧图书馆的服务体系更加完善，且具有高效的业务流程。它将各个独立且分散的事务相联系，构建一个具有事务处理、管理和决策机能的服务智慧系统，用现代化智能技术加以处理，从而得到最为精准、及时、有效的信息数据。同时，智慧图书馆所建立的一站式资源共享平台，通过读取用户的个性特征以及馆藏文献基本信息，结合用户的切实需求，可以向读者推送真正的、全方位的、个性化的、立体化的智慧服务。这样的一种智慧服务不受过多的因素所限制，真正做到了用户可以自由选择自己偏好的方式去获取想要的资源信息，真正实现了以人为本的服务理念。

（3）有效价值性原则

印度图书馆学家 Ranganathan 在 1931 年撰写的《图书馆学五定律》中的第四定律就是"节约读者时间"。在当前网络普及的环境下，智能图书馆的信息服务仍应当坚持有效价值性原则。由于智能图书馆的技术设备相对于传统图书馆来说要更为复杂多样，而很大一部分读者的网络应用水平不高，对于使用智能图书馆的各项设备可能略微显得吃力。因此，图书馆必须想尽办法让读者能够高效地使用各种智能化设备，缩短读者获取自己所需信息的时间。在读者获取信息的过程中，图书馆也应当创造方便使用的操作环境。同时，在网络环境下，用户在进行网上检索的时候，只能表达出他们部分简单的需求，其他更加深层次以及多元化的复杂信息难以通过搜索来得以满足。在这种情况下，智能图书馆应该更主动去提升信息服务的有效价值，利用先进的科学技术水平，为读者提供快速、准确、有效的信息，使读者能够在最短时间内获得自己所需的服务，并丰富自己的知识储备。

（4）多维揭示性原则

不同事物有许多不同的属性，通过属性可以将诸多事物关联起来，从而形成一张关联数据网，通过数据网中的数据就可以将与其相关的数据内容全部查找出来，为读者一站式获取全面的知识夯实基础。例如一篇数字文献，我们可以根据作者将其关联起来，也可以将其按学科、主题、关键词、发表时间、发表刊物等其他属性将其关联起来，这样读者在检索的时候就可以按文献之间的相关度给予推荐，从而使读者能够在短时间内掌握到该文献的相关信息。这种从点到面的方式，读者通过关联数据网就可以了解文献的其他情况，包括检索词、作者介绍、论文摘要、主题、其他相关链接等，一次性了解到全部内容，而无须分头去查询，这无疑极大地减轻了读者的搜索负担。

智慧图书馆通过智能化的图书馆建筑设备，大大优化图书馆业务流程，最大限度地实现自助化和人机智能化，用户得到了最佳的阅读体验。读者通过佩戴终端设备可以实现文献定位、人员信息读取等，图书馆根据读者偏好和情境感知推送给用户最可能需要的资源。另一方面，智慧化的设备也实现了文献资源的科学管理。基于物联网和云计算技术将文献资源和信息资源相互整合，搭建知识管理平台，图书管理员只需在知识管理平台上管理信息资源，节省了大量工作量，这样就能将节省出的时间用于更加有价值的图书馆管理活动中去。

（5）管理集群化原则

基于大数据的图书馆管理体系能够建立具有图书馆自身特色的科学的风险模型，运用其自身图书馆的情况如报机构软件、硬件和数据资源等来预测可能存在的风险或故障，进行风险评估，从而制定相应的应对策略。通过整合和分析多种新型数据如涉馆数据、关联数据、动态数据流、社会网络数据等以及对读者需求及图书馆发展环境进行深刻洞察，来实现智能化推进图书馆智慧服务的目的。作为智慧图书馆管理的一项基本特征——集群化，不仅可以实现知识与信息的共建性整合、集群化显示等，还可以实现跨时空的传递和无障碍的转换，即其不受时间、空间的限制，故而集群化可以表现为以下几点。

①整合

当今社会，各类信息资源井喷式呈现，各类学科的划分也愈发精细化，许多新兴学科、边缘学科和交叉学科出现，由此图书馆的信息资源也是愈发复杂，愈发庞大。在这样的背景下，图书馆想要单凭丰富自己馆内的收藏去实现信息资源的获取、存储显然力量是微不足道的,因而图书馆若想要满足当前时代用户的信息需求,就必须实现图书馆之间的互联互通的连接,实现资源共享。信息整合可以汇聚全国各地的图书馆资源信息,形成图书馆知识库,形成人文知识的海洋。全国各地的图书馆系统都具有相当数量的特色文化和数字资源,但是由于图书馆系统的相对封闭,即不互通互联,不共建共享,从而导致相当一部分资源利用率较低,同时获取困难,途径单一,一部分资源甚至处于深度冬眠状态。这就需要智慧图书馆来进行数据的整合,打破各图书馆相互独立的格局,从而建立畅通的地区与国家间的信息通道。通过知识资源的整合、从点到线、从线到面的方式,将孤立的图书馆连接成完整的系统,相互联系,相互沟通。当前,已经涌现出许多为实现资源互联互通的实践,例如图书馆联盟、总分馆建设、图书馆联合发展等。通过这样的实践,不仅可以大大丰富图书馆的馆藏资源,还节省了图书馆的经营成本,更有利于智慧图书馆的建设发展。

②集群

以上海市为例,原本相互独立、分割的各级图书馆与大学、专业型图书馆,本着同城、同网、同卡、同系统的创新发展理念,经过长时间的驱动创新发展,形成了一个完整、完善的集群系统,从而提高了图书馆的借阅率和服务率。从上海形成全球最大的城市图书馆集群系统的例子来看,提升集群化管理能够创新、优化服务。不难发现促进图书馆转型发展的有效工具是图书馆的集群化管理。20世纪90年代初,来自美国哈佛大学的迈克尔·波特教授首次提出了集群这一概念。管理集群,凸显了规模效应,丰富了信息内容,拓展了资源共享,降低了转换、传递成本,从而明显地提高了服务质量，可使更多的读者受益。

③协同

公共图书馆的发展活力是主要表现为协同服务。包括行业协同、区域协同、国家协同、国际协同等在内的各种形态的协同服务体系在现今的社会已经逐渐形成一种发展趋势，成为全球图书馆的一大共识。而智慧图书馆的管理任务，就是在设计层面克服散状分布、互为独立、重复建设的弊端，做出整体的规划和推进，将分散化为集约，将异构变为统一，将"自治"转变为信息协同。

（6）与时俱进、不断提升原则

随着当今移动互联网的迅猛发展，数字资源逐渐代替实体文献资源，开始往数字化、网络化的方向发展。基于现代网络的便捷高效，用户也逐渐将数字信息资源作为信息的主要提供对象和咨询对象。智慧图书馆所秉承的"绿色发展"宗旨，注重可持续发展，提倡节能减排，减少人力、物力，综合高效利用资源，注重生态、经济、人文、社会等的协调发展。智慧图书馆采用现代化网络信息技术代替传统的搜索模式，减少人力、物力的浪费，提高有效率，还有对其自身的设施进行有效管理，从而使资源效益最大化。

（7）个性化彰显原则

处于信息爆炸时代，符合获取价值信息已经和个人发展、社会进步紧密联系在一起。个性化的信息服务因其能为不同的用户提供及时、可靠、有价值的信息，在当今社会越来越受到推崇。一方面是是指根据读者的需要、兴趣爱好等，对所有的数据信息资源进行过滤匹配，从而检索出适合读者或读者所需的资源，从而使节约效率最大化。另一方面，根据个体用户或者群体用户的不同阅读爱好和专业诉求，组织个性化信息资源。在大数据时代，其大数据的核心就是预测，预测事情发生的可能性。智慧图书馆的个性化服务运用大数据，可以便捷地数据海洋中抓取有用的信息、模式等，了解读者的行为、意向、需求等，从而预测读者所需，继而提高信息资源的效益并减少时间成本。

智慧图书馆的这种个性化服务较传统图书馆服务更为灵活，例如资源信息的实时更新、读者信息的更改更新等，继而通过计算机算法，快速筛选信息，重新建立个性化推荐信息。

因此，智慧图书馆的个性化服务具有以读者为中心、关注读者互动、方式灵活便捷、服务及时安全等特点。

①以读者为中心

其主要体现了智慧图书馆"以人为本"的服务理念，即针对不同的服务对象，通过不同的方式或者渠道传递读者所需或可能所需的主动性资源，这与传统图书馆服务平台有着本质性的差别。从传统的"读者找什么，图书馆就提供什么"转变为"读者可能想什么，图书馆已经准备好什么"的主动模式。由于大数据技术具有快速的动态分析功能，将复杂的信息资源进行有序的分类，从而筛选出有利用价值的数据。图书馆可以针对每位读者，大胆预测其潜在需求，并向其推送个性化信息。

②关注读者互动

智慧图书馆是建立在读者和图书馆的良好互动基础上的，即重视两者间的交流，并及时反馈，从而在保护双方的前提下为读者提供个性化服务的最大化效益。图书馆可通过读者的注册、研究方向及行为等来获得不同读者的个性化信息用于主动化的信息检索，而读者可以借助先进的现代网络技术获得所检索的准确、最新、潜在的信息资源推送。

③方式灵活便捷

摆脱传统的借还模式，使其方式多样，不受时间、空间的限制，具有动态性、及时性、特色性等特征，为每位读者制定优质的专属个人的个性化信息服务。这样的方式可以根据读者的行为习惯来确定服务种类及方式，也可以根据个人需求制定具有个人特色的资源。

④服务及时安全

在当下这个信息爆炸的时代，读者在检索信息资源时，怕的不是找不到资源，而是不知道用何种方式或何种途径，从而降低了搜索效率。当今时代竞争激烈，谁能快速掌握所需信息资源，谁就具有主动权，赢在起跑点上。因此个性化服务的最低的根本要求就是及时、快速、准确。在此基础上，用户、读者的信息保护也相当重要，一旦发生信息泄露，读者将对图书馆服务系统不再信任。随着移动终端的产品升级、种类繁多，对图书馆的服务系统有了更为高层次的要求，比如信息资源必须与不同终端的系统、类型、屏幕大小及处理能力等相适应。同时，秉承以人为本的思想，为方便读者阅读，可采用图文并茂、全文混排等方式，也可采用不同的传播方式，包括文字、语音和视频影像等。

四、大数据背景下图书馆建设存在的问题[①]

图书馆作为人们丰富自我精神世界、拓展自我知识的重要基地之一。在大数据背景下，图书馆建设所面临的挑战非常大。就目前大数据背景下图书馆的发展来看，其在建设的过程中仍存在有以下问题。

（一）资源信息缺乏特色

从实际角度看，虽然我国相关人员加大了对图书馆的建设，但

[①] 王傑. 大数据背景下的图书馆信息化建设[J]. 中国高新科技，2019，(16)：113-115.

是却忽视了图书馆资源信息的特色。若该问题不能及时解决，无疑将在极大程度上阻碍大数据背景下图书馆信息化的建设，以及图书馆今后的发展。

（二）图书馆管理专业性不足

我国图书馆的建设及发展与先进国家还存在较大差距，原因主要在于，图书馆中的图书资源在实际生活中不但得不到有效的利用，自动化水平偏低，而且缺乏专业化的管理。基于该现象以及大数据技术的提升，其势必将对我国图书馆的发展造成严重的影响，再加上图书馆中大部分的信息资源格式都朝着数码资料的形式在转变，所以在该过程中加大对图书馆的发展趋势研究以及管理理念分析逐渐显得尤为重要。

（三）图书馆服务质量欠佳

大数据背景下的图书馆信息化建设，对服务质量提出了更高的要求。技术与用户需求之间的有效变化作为推动图书馆今后服务水平与质量提升的重要因素之一，相关人员需要加以重视。但就目前图书馆的建设来看，图书馆的服务质量并不是特别理想。图书馆信息化建设的最终目的是对相应的资源配置进行优化，节约人们的时间，提高阅读的效率，然而大部分图书馆的检索功能以及信息引导功能等水平普遍偏低，导致人们到图书馆查找所需书籍时，花费时间长。再加上图书馆信息筛选以及推荐工作不够到位，导致图书馆中的网络电子资源的高效性以及便捷性不能最大程度体现出来。

（四）对图书馆信息化建设重视程度不够

当前，为提高人们的精神文化，我国加大了对图书馆的建设，但却没有给予图书馆该有的重视，只是单纯地建设了图书馆，增添了相应的书籍，而并没有对图书馆的信息化系统进行有效的更新维护。电子图书资源的引进以及信息化建设方面的投资等都还存在着严重不足的问题。再加上图书馆中的管理人员缺乏对图书馆馆藏进行动态调查，长此以往，势必导致图书馆的网络资源利用效率偏低，难以满足人们的需求等。

第三节 大数据背景下少数民族地区图书馆特色资源建设

一、大数据背景下少数民族地区图书馆特色资源建设现状

（一）大数据背景下贵州省少数民族地区图书馆建设现状

1. 发展现状

2014年以来，贵州省大力发展大数据产业，将其作为全省重要发展战略。贵州省凭借良好的生态环境、丰富的矿产能源、优良的政策环境，在大数据发展上取得了可喜的成果，开创了全国的多项"第一"：全国第一部信息基础设施法规，首个国家级大数据产业发展聚集区，全国首家大数据交易所，全国率先开放政府数据目录，全国第一个省级政府数据云服务平台，全球首次以大数据为主题的峰会和展会，等等。贵州大数据产业规模已达到2000多亿元，以发展大数据作为突破口，推动贵州经济、政治、文化等领域发展的探索取得了一定成效，大数据影响着贵州人民生活的诸多领域。

2. 发展思路

在全省积极发展大数据的背景下，贵州少数民族文献数字化应该乘着发展的东风，借人、借物、借技术，抓住政策、把握政策、

用好政策,实现快速发展。

(1) 组建专业团队,加快少数民族文字信息化平台搭建

贵州省已建成首个国家级大数据产业发展聚集区,且首次以大数据为主题举办了峰会和展会,科技界领军人物出席并演讲。数博会作为国内第一个大数据类型的展会,已签约包括阿里巴巴、微软等在内的国内外知名企业350余家。业界知名企业的加入势必会吸引大批科技人才到贵州发展,真正实现以"数据流"吸引"人才流"。贵州少数民族文字信息化平台自搭建以来一直发展缓慢,就是因为懂民族文字的人,不懂得信息技术,对于国际编码申报、编码字符集建设、字形标准制定、键盘标准制定等基本不了解,而语言文字信息处理人才更多的关注点在汉字上,对少数民族文字的关注远远不够。借助大数据产业的发展契机,可以吸引更多的语言文字信息处理方面的技术人才,关注贵州、关注贵州少数民族语言文字,借助地方少数民族语言资源优势,结合贵州少数民族语言文字特点,组建多元专业的团队,更快更好地帮助贵州少数民族群众完成民族文字信息化平台搭建。

(2) 制定严格的规范标准,借用已有资源和技术,合理构建少数民族语言文字资源库

贵州少数民族语言文字资源库的建设还处在起始摸索阶段,为了便于今后少数民族语言文字资源库的开发利用、资源库之间的交互共享,在建库初期,制定严格的规范标准,统一今后的运行操作环境是十分有必要的。利用发展大数据的契机,请在数据库建设维护方面有经验的公司团队协助贵州少数民族语言文字资源库建设者制定严格的规范标准,并成立统一的专门机构监督执行,使以减少贵州少数民族语言文字资源库在使用过程中遇到的问题。

第五章 大数据背景下少数民族地区图书馆特色资源建设

首个国家级大数据产业发展聚集区的建立,为贵州少数民族语言文字资源库的数据采集和数据储存提供了便利。对于少数民族语言文字资源库的建设,一方面要善于整合已有语言文字资源,实现高效数据转换。前沿信息技术的借用可为贵州少数民族语言文字资源库建设提供便利,贵州少数民族语言文字方面有一些现有资源,如有传统文字的少数民族有大量的民族文字文献,运用图像识别等技术,可以将纸质文献转换为电子资源储存利用。另一方面,要运用现代技术手段快速获取资源信息,采集符合要求的高质量数据。贵州已建好的和正在建的少数民族语言文字资源库大都靠专家、学者逐项收集材料并手工入库,这样收集的语料虽然精度高,但费时费力,而现有的网络实时抓取技术就能辅助专家学者快速获取语料,并对语料进行实时更新,能够保证民族语言资源库的实效性、动态性、平衡性。少数民族语言文字资源库建设数据储存需要稳定可靠的服务器做保障,大数据产业发展聚集区的建立不仅为数据储存提供了空间和设备等资源,也为后期数据维护、保证少数民族语言文字资源库的长期运行提供了可能。

(3)重视已有信息技术应用,深度挖掘少数民族语言文字资源库

如何将建好的少数民族语言文字资源库加工利用,是我们下一阶段需要考虑的问题。对于收集到的少数民族语言文字材料,我们不是简单的储存保护,而是要进行深加工以便更好地再次利用。对于中文信息处理的一些成熟技术,我们可以结合少数民族语言文字特点借鉴应用。如对收集到的语音材料,需要借鉴汉语语音分析的技术和软件,信息技术人才和懂得少数民族语言的人相互配合,进行切音标注,并进一步做声学分析,这些语料的加工都是为之后少

数民族语言文字语音识别和语音合成技术做准备的。对少数民族文字材料的处理，也是需要根据贵州每个少数民族的文字特点，做出符合少数民族文字规律的分词、词性标注、句法标注等相关算法，对少数民族文字资源进行深加工，将生语料转换为熟语料加以利用。此外，注意开发少数民族语言资源库的检索功能，不仅要做好基本字段检索，还应开发实现更具实用性的高级功能检索，让建好的少数民族文字资源库得到最大限度的应用。

（4）结合民族文化宣传，建设少数民族语言文字网站

贵州目前基本还没有纯少数民族语言文字的网站，主要原因是缺技术、缺人才、缺资金。曾经有本民族的有识之士尝试兴办本民族语言文字的网站，但最终都因以上问题最终停止。借助大数据产业发展的人才和技术，在少数民族语言文字信息化基础建设的基础上，结合少数民族文化宣传内容，搭建少数民族语言文字网站，并对网站记者和编辑进行信息化方面的相关培训，让他们成为复合型人才，将贵州的少数民族语言文字网站办好办活。这也是贵州少数民族语言文字信息化的一个重要、直观的体现。

（5）结合少数民族语言文字特色，加速少数民族语言文字软件开发

软件的利用才是少数民族群众最直接感受到自己语言文字信息化的部分，单靠只懂少数民族语言文字的专家、学者是无法对软件进行开发的，但少数民族语言文字又各有特点，因此，要对少数民族语言文字软件进行开发，需要语言文字信息处理的技术人员在充分调研少数民族语言文字特点之后进行。贵州大数据产业的发展，将语言文字处理的技术和人才带到了贵州，贵州少数民族群众需要抓住机遇，加速本民族语言文字软件的开发，这对于今后本民族语

言文字的使用和保护都具有重大意义。

3. 发展的指导原则

贵州大数据产业总体发展思路围绕回答"数据从哪里来、数据放在哪里、数据怎么应用"三个问题,坚持"数据是资源、应用是核心、产业是目的、安全是保障"四个理念,重点打造"基础设施层、系统平台层、云应用平台层、增值服务层、配套端产品层"五个层级产业链,发展大数据"核心业态、关联业态和衍生业态"三类业态,实现"以大数据提升政府治理能力,以大数据推动转型升级,以大数据服务改善民生"三个目的,分三步走建设"国家级大数据内容中心、大数据服务中心、大数据金融中心"三个中心。

在这样的总体发展思路的引导下,贵州各项产业都在大数据产业的推动下加快了信息化建设的步伐,让企业、群众都能切身感受到大数据带来的便利。贵州少数民族语言文字信息化建设起步晚、步伐慢,也希望能在贵州大数据产业的发展推动下,得到一定的帮助,从而实现真正意义上的少数民族语言文字的信息化。

(二)大数据背景下新疆兵团图书馆建设现状

大数据伴随着云计算、移动互联网、物联网等信息技术的日渐成熟和发展,给包括图书馆在内的各行各业带来了巨大的变革。图书馆作为社会信息服务的中心,已受到大数据时代到来的剧烈冲击。而互联网和大数据对图书馆的影响首先是对馆藏的影响,根据新疆生产建设兵团(以下简称"兵团")图书馆(室)近年的发展而言,在馆藏建设上影响最大、最有特色和最缺乏的就是少数民族文献资源。

兵团处于新疆这个多民族的地区,融洽的兵地关系是新疆社会和谐、稳定发展的根本。60多年来,兵团各民族人民团结奋进,共同维护新疆稳定，巩固边防，繁荣新疆经济，创造出了举世瞩目的成绩，也创造和保留了珍贵的民族文献。兵团少数民族文献是兵团文化遗产的重要组成部分，也是兵团文化遗产中不可或缺的部分。顺应大数据时代的发展，加强对兵团少数民族文献资源建设的研究，大力开发利用少数民族文献资源，对繁荣兵团少数民族文化事业，增进民族团结和民族文化交流，发展兵团民族聚居地区经济建设具有重要的理论意义和现实意义。

1. 大数据时代对兵团图书馆（室）的冲击

大数据最早提出是在 20 世纪 80 年代由美国人提出的，经历了 20 多年的发展，各行各业的数据量剧增，促使大数据逐渐成为一种新的重要资源，以至于成为国家和政府层面的发展战略。

大数据时代的提出正是基于对当下社会信息超载现象的宏观描述。兵团图书馆作为承担大数据的"三者"功能的载体必将面临挑战和冲击：一是基于读者对新知识的渴求，对文献信息的需求量更大，文献信息要求也更专业，更有特色，更个性化；二要兵团图书馆馆藏，特别是特色馆藏中少数民族文献资源能否满足读者需求；三是能否为读者快捷地提供所需的各种数字化的馆藏信息资源；四是馆员队伍建设是否能适应时代需求，以大数据技术为读者提供信息服务的现代化的服务手段。

2. 积极应对大数据时代的需求，加强兵团少数民族文献资源建设的对策

兵团图书馆（室）作为兵团现代社会中公共信息服务体系的重要组成部分，在大数据时代背景下，必然受到大数据技术应用潮流的影响，要适应社会的发展，兵团图书馆应积极应对大数据时代给图书馆事业带来的影响，加强兵团文献中少数民族文献资源建设，才能更好地融入竞争环境。

(1) 从新疆稳定的高度认识兵团少数民族文献资源建设的重要性

民族和宗教问题是全社会敏感问题,特别是新疆"三股势力"渗透的重点,它的危害直接影响新疆、兵团的稳定,是当代新疆、兵团潜在的最主要的不安定因素。而且国际上的一些分裂主义者,就是通过各种方式和渠道对我国的民族政策进行攻击,制造分裂舆论的。加强少数民族文献资源建设,不仅能促进边疆少数民族地区经济信息资源的保障,还会为巩固国防、加强民族团结、维护国家的稳定和统一、实现各民族共同繁荣发展提供可靠资料,意义重大。我们要从国家、从新疆稳定的高度认识兵团少数民族文献资源建设的重要性。

(2) 要做好对兵团少数民族文献资料的搜集整理工作

兵团有37个少数民族,13个世居民族。受诸多因素的影响,有些具有价值的少数民族文献资料未能得到妥善的收藏和保护,一些零星分散在民间的少数民族文献资料还没有得到挖掘、搜集和整理。兵团图书馆(室)及各级文化机构应该深入广泛地做好少数民族文献资料的挖掘、搜集、整理。从师、团、连遗存下来的绘画、图符以及流传下来的故事、传说中搜集,从兵团各少数民族聚居区的族谱、家谱、地方志以及从各个专家、学者对兵团少数民族问题的相关研究成果和论文资料中搜集和整理,等等。

(3) 制定征集兵团少数民族文献资料的计划、制度,拓宽征集渠道

兵团图书馆(室)及文化机构要重视对兵团少数民族文献资源建设工作,其收藏的完备程度关系到特色馆藏的影响力。兵团少数民族文献资源既繁复又分散,其征集工作至关重要,而拓宽征集渠

道是关键。一要安排专人负责,建立征集兵团少数民族文献的制度,制订具体计划,有步骤、有重点地进行征集。二是调查走访与了解全面情况相结合。应经常到兵团各级机构,如新闻出版局、音像制品与电子出版物管理等部门以及出版社、报社、杂志社等单位走访,了解兵团少数民族文献出版信息。同时,把握馆藏兵团少数民族文献资源的情况,编制兵团少数民族文献目录,做到心中有数,有的放矢。四是预订与征集相结合。一方面在各种公开出版和发行图书目录中,订购兵团少数民族文献;另一方面也要走访兵团大专院校(石河子大学、塔里木大学)和兵团各级科协、作协、文联、社科联、方志办、文史馆、档案馆等群众团体,向会员和社会公众散发少数民族文献征集启事,争取兵团社会各界人士和团体捐献兵团少数民族文献。

(4) 培训专业的少数民族文献信息建设队伍

兵团图书馆(室)专业队伍整体素质仍需提高,人才队伍的结构性矛盾还很突出,特别是学科馆员素养仍需提升,高层次图情专业人才较为欠缺。在职馆员缺乏系统的图书馆知识的学习,所掌握的知识仅仅是在工作实践中边学边管理积累的经验,知识结构不全面、不系统,有待进一步培训、学习或引进专业的信息人才。在少数民族文献资源建设过程中,要注重配备精通兵团少数民族语言文字、民俗文化、宗教、历史等知识的人才队伍,促进兵团少数民族文献保护工作的顺利开展。要注意兵团的特殊性和兵团少数民族文献资源的特殊性,重点培训和引进既懂得兵团历史、兵团发展概况、兵团地理沿革及兵团各少数民族的风俗习惯、宗教信仰等知识,又在整理兵团少数民族文献资料的过程中具有图书馆专业知识的特殊人才。

3. 基于大数据思想的兵团图书馆（室）发展前景

兵团少数民族文献资源数字化大数据时代使人们实时性、全范围搜索的需求变得越来越强烈，而数字化是能满足这一需求的根本，承载着知识存储、利用和开发重任的传统图书馆也开始向数字图书馆转型。要抓住当前国家数字化和远程通信技术发展的契机，在建成纸质少数民族文献馆藏的基础上，依靠先进的信息技术，开展民族文献数字化的转换工作，建立各种有特色的数据库和民族文字数据库，加强信息处理手段的现代技术应用，更好地服务于社会、服务于用户，以满足不同层次、不同需求人们的要求。

兵团少数民族文献是兵团成立以来各民族经历60多年的发展中形成的文化资源，是兵团文化的重要组成部分。兵团少数民族文献在保证兵团总体经济建设、科学研究、文化建设等方面都发挥着重要的作用。兵团少数民族文献馆藏机构未来的工作就是实现兵团少数民族文献资源的数字化。兵团少数民族文献数字化建设是兵团信息数字化建设的组成部分。利用现代化手段为兵团及研究兵团的教学科研人员提供研究信息动态、最新研究成果，把握研究方向，引导民族学科研究走上为兵团少数民族聚居区现代化建设服务的方向。通过实现兵团少数民族文献数字化建设，打破少数民族文献封闭、分散状态，实现文献资源的共享共建。同时，用快速有效的方式实现兵团少数民族文献的价值，为兵团各级党政领导机关的科学决策，特别是兵团民族地区各项政策的制定提供信息咨询，为兵团政治、经济、文化全面发展注入活力。

二、大数据背景下少数民族地区图书馆馆员能力的提升

大数据已经深入民心，如何在大数据时代提高少数民族地区高校图书馆馆员的能力已经成为决定民族地区高校图书馆未来发展的

决定因素。少数民族地区的图书馆馆员只有提高自身修养，找准自己的角色定位，培养核心能力，才能做好少数民族地区信息服务的工作，将少数民族地区的优秀文化广泛传播、发扬光大。

大数据时代，将数据转化为某种有用的东西，需要相当多的人力和智慧，对任何一个组织来说，人力资源都是第一资源。无论是图书馆的资源采集、资源分析还是用户服务，最终都要通过人的价值来体现。因此，图书馆要适应大数据时代的发展，必然对其人力资源开发管理提出新要求。民族地区的少数民族高校图书馆的馆员作为图书馆的核心，面对汹涌的大数据潮流，应如何定位自己的角色？

为了弘扬中国多民族文化，少数民族地区高校图书馆有责任发挥优势，培养少数民族馆员，提供多元的服务。这不仅有利于少数民族地区读者与用户的沟通，更好地服务读者，也有利于促进民族文化的发展和民族和谐。大数据是民族地区高校图书馆信息服务和资源发现必须面对的问题，是图书馆资源发现克服目前技术和模式的局限性、获得突破创新的关键。

少数民族高校图书馆是少数民族地区文献信息的聚集地，图书馆应该发挥其自身人才优势，弘扬地方文化，服务地方经济建设。大数据时代馆员的自身能力决定了图书馆的发展水平和发展趋势，只有构建合理的人力资源配置，提升馆员的核心能力，图书馆才能在时代面前不被弱化乃至淘汰。而作为信息工作人员，少数民族地区馆员也应该有意识地自我提升，让自己在信息行业里保持优势。只有这样，图书馆才能在大数据时代乃至未来的任何一个时代立于不败之地，为本民族乃至多民族的共同繁荣做出贡献。

（一）少数民族地区图书馆馆员的核心能力

大数据时代的高校图书馆馆员具有关键性作用。提高少数民族馆员的比例和能力，构建具有核心能力的民族高校图书馆人员结构是少数民族地区高校图书馆提升竞争力、深化服务的重要举措。针对少数民族地区高校图书馆的特殊情况，在具有图书馆常规业务能力的前提下，提出以下几条民族地区图书馆馆员在大数据时代应该具备的核心能力要求。

1. 图书情报专家

在少数民族地区，许多图书馆馆员仍然把自己看作是一个图书馆中的文件实物保管人，只能提供日常借还和一般咨询性工作，信息意识薄弱，同时进的图书馆人才中图书情报学类专业人才较少。信息活动并不仅仅限于一个特定的场所和特定内容，所有这些都需要有专业的图书情报人员来开展专业的服务，也就是不仅要有具有分类、搜集和分析能力的图书馆馆员，在了解用户信息需求的前提下，最好还要具备程序员、网络技术员和网页编辑等这样专业计算机能力的图书情报专家。这样图书馆就可以提供一站式的信息服务，把图书馆变成知识来源中心和信息发布中心，真正发挥图书馆资源的作用。

2. 学科化的信息咨询专家

学科馆员是以某种专业、学科为背景，熟悉图书馆业务，具有敏锐的信息意识和较强的信息获取、组织、加工、分析处理能力的图书馆高级专业服务人员。这种馆员所具备的能力也是目前国内外正在兴起的网络虚拟参考咨询专家人员所具备的能力。大数据时代，信息咨询的专业化和广泛化都要求馆员必须深化自己的馆员能力，在大量的数据中筛选有价值的信息提供给读者。

3. 嵌入式的信息专家

这种信息专家的核心在于以用户为中心，主动交互，通过实体或虚拟的方式嵌入用户的日常生活环境、学习环境、工作环境等，为用户提供全程的、不受时空限制的知识信息推送专家指导、协同创新、交流互动等一系列内容的服务，使用户真正感受到"图书馆服务无处不在、无时不有"。

4. 多样性的语言服务人员

这种馆员是以某种或多种民族语言为背景的少数民族图书馆馆员，熟悉图书馆业务和流程，精通少数民族语言文字的检索系统。此类馆员主要服务的是少数民族地区少数民族语言读者。对于少数民族地区这种多民族杂居和少数民族聚居的情况，图书馆提供这样的服务人员是特别有必要的。

5. 参与非物质文化遗产保护的技术专家

少数民族地区高校图书馆在非物质文化遗产保护中也担负有重要的责任。图书馆通过社会参与，对文化遗产进行研究和整合，并以数字化技术对其进行处理，保证非物质文化遗产以最为保真的形式保存下来。少数民族地区有很多优秀的文化，也是中华文化的重要部分，这些隐性的、跨学科的、具有鲜明特色的非质文化遗产以多种形式存在着，图书馆对其进行整理，使之成为可交流、可共享的显性知识产品，就需要有专门的图书馆馆员理解其价值并有相应的技术能够使之显性化。

6. 多语种文献采购能力

针对少数民族语言图书馆，需有专业的人员进行采购。少数民族语言图书数量少，质量良莠参半，所以必须由掌握少数民族语言同时还要了解图书出版发行情况的专业馆员才能进行采购。广大的少数民族地区文化繁荣，种类繁多，必须拥有这种专业能力的图书采购人员，才能购买到符合少数民族群众读得懂、看得懂的文献资源。

7. 多语种二次文献编纂能力

少数民族高校图书馆一般都设有地方特色馆藏，这些部门的设立和相应文献的数字化以及二次文献再加工都需要由掌握多语种、了解文献加工方式的专业人士才能完成。只有深入加工这些特色文献，建立全文数据库、多媒体数据库、索引目录数据库等多种形式的数据库，才能把隐藏在这些文献背后的相关数据挖掘出来，解释隐藏在这些数据背后的大量游离信息，为当地少数民族的发展做出贡献。

8. 数据监管

为了帮助研究者识别和获取相应的数据资源，国外许多大学图书馆都把数据产品作为馆藏建设的重要内容。以数据产品为依托的服务称为数据服务，而提供数据服务的图书馆馆员则称为数据馆馆员，或数据服务馆馆员。这是图书馆的更高层次服务，需要由专门的数据专家来完成。对于目前少数民族高校图书馆，这也是未来需要考虑培养的主要能力之一。

（二）构建核心能力的措施和策略

1. 提高管理意识

保守落后的管理意识是制约少数民族地区高校图书馆发展的主要因素。少数民族地区高校图书馆更应该注重有针对性地培养馆员的能力及核心能力，提升图书馆的服务深度和广度，在大数据时代发挥图书馆的信息作用。

2. 教育培训

专业的教育是图书馆馆员提高自身信息素养最重要的一环，国外很多大学图书馆都开设了与目前大数据相关的课程来提高图书馆员的能力。另外，对于急于用人的图书馆馆来说，弥补教育周期长这一缺点的图书馆馆员培训是图书馆帮助馆员提高自身能力的必要手段。各图书馆使用不同的培训方式，如馆内培训、研讨会、联机培训以及开发或购买专用的培训软件等，来提升馆员的能力和核心能力。经常性、制度化的教育培训对于馆员能力的构建是必不可少的。

3. 绩效考核制度

构建科学评价指标的图书馆绩效考核制度，是少数民族地区高校图书馆提高服务水平的基础。少数民族地区一般都是经济比较落后的地区，管理意识、馆员自身素养和能力与东部沿海地区相比明显落后。如果没有科学、合理的绩效考核制度制约，就无法提高馆员的积极性和主动性。这就需要管理层精心设计，多方参与和支持，从一个机构的创新能力和可持续发展能力出发，制定出科学合理的绩效考核制度，促进图书馆馆员能力的提升。

第六章　社会化服务背景下少数民族地区图书馆特色资源建设

党的十八大提出了"建设社会主义文化强国，必须走中国特色社会主义文化发展道路，坚持为人民服务、为社会主义服务的方向，坚持百花齐放、百家争鸣的方针，坚持贴近实际、贴近生活、贴近群众的原则，推动社会主义精神文明和物质文明全面发展，建设面向现代化、面向世界、面向未来的，民族的科学的大众的社会主义文化"的精神。

图书馆作为社会公众提供基本公共文化服务与产品的主要渠道之一，发挥着不可替代的作用。因此，发展图书馆社会化服务职能，对于我国公共文化服务体系建设具有重要意义。图书馆的社会化服务就是将服务推向社会，让图书馆服务目标面向社会读者。目前，服务性行业在社会上十分盛行。社会化服务就是要让图书馆摆脱以往陈旧的服务方式，向社会服务行业学习新的服务方式，以适应社会发展，融入社会，更加便利地满足读者的需要。图书馆科学是一门社会科学，本来就应该属于社会、融入社会，而传统的图书馆是与社会相脱节的象牙塔。社会化服务首先要开阔视野，博采众长，学习社会上先进的服务方式，并根据图书馆自身条件和特色加以改进，尽量让读者感觉方便快捷。

第一节 社会化服务的概念与特征

一、社会化服务的概念

社会化服务主要是指由政府职能部门、行业协会、经济合作组织和其他服务实体组成的，集政府公共服务体系和群众自我服务体系于一体的综合性服务。社会化服务是为全体社会公众提供物质性和精神性服务。物质性服务包括提供社会保障和社会救助等，如开办福利院来接受弃婴、孤儿，开办养老院为孤寡老人提供住所与基本救助，开办救助站来帮助流浪者、残疾人。精神性服务是指文化事业单位、行业协会等不定期地开设一些讲座课堂、文学音乐鉴赏、法律维权等公益服务，以满足社会公众的需求和愿望。

二、社会化服务的特征

社会化服务具有广泛性、平等性、自主性、无偿性的特点。

1. **广泛性**

社会化服务是面向所有社会公众的，它的服务对象为全体社会公众。

2. **平等性**

无论处于社会的哪一个层级，对于享受社会化服务来说，都是平等的，受到的服务是一样的，不会因为相关背景不同而有所不同。

3. **自主性**

社会化服务不是强制要求的,作为社会成员,如果需要则提出需求,不会违背个人的真实意愿。

4. **无偿性**

社会化服务是一种不以盈利为目的的公益性活动。社会化服务对于全社会的健康运行和协调发展有着巨大的意义和作用。

第二节 社会化服务下的图书馆

一、公共图书馆社会化服务

《公共图书馆宣言》指出,图书馆是通向知识之门,它通过系统收集、保存与组织文献信息,实现传播知识、传承文明的社会功能。现代图书馆秉承对全社会开放的理念,承担实现和保障公民文化权利、缩小社会信息鸿沟的使命。这充分体现了图书馆的公益性与社会服务性。

(一)公共图书馆简介

公共图书馆是为市民服务的图书馆,一般由政府税收来支持。与专业图书馆不同,公共图书馆的服务对象可以针对儿童到成人,即所有的普通居民。提供非专业的图书(包括通俗读物、期刊和参考书籍)、公共信息、互联网的连接及图书馆教育。这类图书馆也会收集与当地地方特色有关的书籍和资讯,并提供社区活动的场所。其主要特征是:内收藏学科广泛,读者成分多样;向所有居民开放;经费来源于地方行政机构的税收;其设立和经营必须有法律依据。

19世纪末,中国维新派倡导的公共藏书楼和他们建立的学会藏书楼已具有公共图书馆的性质，20世纪初出现了公共图书馆。1902年，古越藏书楼对外开放。1903年，武昌文华公书林建立并对外开放。1904年，湖南图书馆、湖北省图书馆建立。随后，江苏、山东、陕西、浙江、河北等省都建立了公共图书馆。1909年，清政府颁布《京师图书馆及各省图书馆通行章程》，促进了公共图书馆的建立和发展。1912年，京师图书馆对外开放。1914年，全国共有省级公共图书馆18所。1949年中华人民共和国成立后，建立了全国规模的公共图书馆系统。1987年底，全国县以上公共图书馆共有2440所，藏书2.7亿册，全年服务读者1.16亿人次。

公共图书馆的馆藏大多是综合性的，通常建有地方文献的专藏。一些大中型公共图书馆常设有分馆，其服务对象广泛，包括各种职业、各种年龄和各种文化程度的读者。许多国家都有专门的公共图书馆法，以保证公民可免费获得图书馆提供的多种多样的服务，包括文献外借、阅览服务、参考咨询、文化活动（文献展览、报告会、讲座、电影、音乐会等）以及为老年人、儿童和残疾人提供的专门服务等。有些公共图书馆还对边远地区的读者开展流动服务。

对中国来说，公共图书馆取决于具体城镇的大小及当地政府的投入，图书馆的状况及藏书量相对会有很大的差别。与美国、英国、加拿大、德国等西方发达国家相比，中国公共图书馆的发展起步较晚，总体来说财政投入匮乏，广大人口中公共图书馆的建设和使用严重落后于发达国家。据统计，"中国平均每46万人口才拥有一家公共图书馆，总共3000家公共图书馆中有600多家全年无一分购书经费，全国人均拥有公共图书馆藏书仅为0.27册。全国公共图书馆持证读者数582万，仅占全国总人口的0.47%，美国这一比例是67%，英国是58%。美国每1.3万人拥有一家公共图书馆，英国和

第六章　社会化服务背景下少数民族地区图书馆特色资源建设

加拿大每1万人左右拥有一家公共图书馆，德国每6600人一家，奥地利每4000人一家，瑞士每3000人一家"。据调查，中国公共图书馆一项，在农村几乎就是空白，普及率仅为5.9%；90.3%的农村居民表示当地没有任何可供借阅图书或音像的公共图书馆。文化体育设施的缺乏使农村居民的业余生活非常单调，影响了生活质量。

在中国，公共图书馆担负着为科学研究服务和为大众服务的双重任务。其中省、市、自治区图书馆是所在省、市、自治区的藏书、目录、馆际互借和业务研究、交流的中心，它们还为中小型图书馆提供业务辅导。县图书馆多为本县工人、农民、乡镇居民和少年儿童服务。大、中城市区图书馆的主要任务是为城市人民群众服务，其主要服务对象是城市中的各阶层居民。有些大城市的区图书馆藏书数十万册，它们在开展馆内流通阅览的同时，还到街道、里弄开办借书站和流通点，把书送到基层，并协助和指导街道图书馆（室）建立城市基层图书馆网。

公共图书馆是"人民的终身学校"，是公共文化服务体系的重要组成部分，是一个国家公共文化事业发展水平的重要标志，在提供公共文化服务，提高市民文化素质，尤其对弱势群体获取文化权利等方面承担着重要责任。2011年2月，《文化部、财政部关于推进全国美术馆、公共图书馆、文化馆（站）免费开放工作的意见》中明确指出，公共图书馆是政府举办的公益性文化事业单位，是开展公共文化服务的重要场所，是保障人民群众基本文化权益的重要阵地。公共图书馆应在拓展公共图书馆服务的公益性的深度与广度的基础上，切实保障公共图书馆服务的公益性的有序健康发展。

(二) 公共图书馆社会化服务[①]的特点及意义

图书馆科学是一门社会科学,本来就应该融入社会、服务社会。社会化服务就是要让图书馆摆脱以往旧的服务方式,学习新的服务方式,以适应社会发展,更加便利地满足读者需求,尽量让读者感觉到方便快捷。

1. 公共图书馆社会化服务的特点

(1) 主动性

社会化服务是主动的,而不是被动的。图书馆工作的实现是自己的一种选择,是馆员们集思广益、开动脑筋,主动地去接触社会,改变思路,以逐渐适应飞速发展的社会状况。

(2) 贯穿于图书馆发展的过程

图书馆属于人类社会,其发展必须紧紧跟随社会发展的脚步,在不同的阶段,图书馆的职能、信息载体和馆员的业务工作都有所不同。所以,图书馆社会化服务是图书馆努力改变自身服务模式而不断适应社会发展变化的过程。

(3) 社会局限性

图书馆的社会化服务能力受社会发展程度的制约,只有当社会发展快速,科学、经济能力允许,基础设施到位,才能够产生更新颖的服务方式。

2. 公共图书馆开展社会化服务的意义

(1) 实现社会化服务的需要

图书馆开展社会化服务,就是要面向社会、面向公众,走出馆门,向社会开放,开展多种形式、多种渠道(有偿或无偿)的文献

[①] 阮可等.公共文化服务协调机制研究以浙江拱墅"三联模式"为样本[M].杭州:浙江大学出版社.2015.

信息服务，使广大公民能够平等地、充分地利用公共文化场所，从中汲取知识，获得教育，从而最大限度地实现图书馆的社会价值。

首先，创新服务是适应信息时代读者的需要。网络化、数字化环境下，用户对信息的需求无论从广度上还是深度上都发生了巨大的变化，获取信息手段的多样化使得读者利用图书馆已不再仅限于传统的印刷型文献，而是向电子化、数字化、网络化信息资源方向发展。图书馆需开通数字资源门户网站，实现信息检索、服务、推送的一站式服务。

其次，开创性服务是满足个性化读者的需求。信息化、网络化时代，用户的信息需求已经不仅仅满足于简单的信息提供，特别是一些科研机构的研究人员，要求图书馆将本专业或相关的信息、知识加以集中。图书馆馆员就是要根据时代与读者的双重要求，提供个性化的服务。

最后，改变服务模式是图书馆自身发展的需要。信息技术的快速发展打破了传统图书馆的服务模式，人们获取信息的方式发生了根本的改变，新的信息服务模式必将取代传统的信息服务模式，公共图书馆必须根据本地区的实际情况和馆藏特色，建立以开放、主动、超前、多样性、便捷服务为主的适合本地区的公共图书馆服务体系。只有创新服务模式，图书馆才能生存。

(2) 公共图书馆拓展社会化服务的职能

公共图书馆具有社会化教育职能，是文献信息资源的集散地，是人们学校教育之外的终身学习之地。通过在这所"没有围墙的大学"中不断学习，人们的科学文化素质得到提高。我国是有着13亿人口、9亿多农民的发展中国家，国民文化素质参差不齐。根据资料统计，目前，我国成人文盲有1.16亿人，约占总人口的11%，青壮年文盲有 2600 万，约占总人口的 3.57%；同时，每年约有 1000 万初中毕业生不能升高中，400 万高中毕业生不能上大学；另外，全国还有占总数一半的劳动力需要转岗培训。这些社会成员的继续学习教育都需要由包括图书馆在内的各种社会教育机构来完成，这是摆在现代公共图书馆界面前的一个全新课题。1994 年，联合国教科文组织和国际图联共同制定的《公共图书馆宣言》指出，对用户能力的培训即教育功能，是图书馆的主要职能之一。因此，公共图书馆服务于社会化的职能必须加强。

（三）公共图书馆开展社会化服务的内涵

图书馆服务社会化是社会发展的要求，它具有丰富的内涵：从服务对象来看，指实现图书馆服务的大众化；从服务内容来看，指实现图书馆服务的个性化；从服务手段来看，指实现图书馆服务的现代化。三者之间紧密联系、相辅相成、缺一不可①。

1. 服务对象的大众化

所谓大众化服务，就是要逐步降低图书馆的准入门槛和标准，在最大程度上扩大受益群体的数量和范围，实现公共图书馆知识服务的普及化。近 20 年来，我国图书馆事业虽然取得长足发展，但这更多是纵向比较结果，如若与发达国家及地区横向相比，我们的图书馆事业还存在相当大的差距，不论是从设施建设、网点分布、服务能力，还是资源利用率来看，都还处于一个相当低的水平。直至 2010 年，全国县级公共图书馆为 2884 个，还有 200 多个县没有建立公共图书馆；平均 45.9 万人才拥有一个公共图书馆；全国公共图书馆持证读者数 582 万，仅占全国总人口的 0.47%；全国公共图书

---

① 刘淑华，鞠红耘，周明璇. 公共图书馆社会服务能力建设与实践——以赤峰市图书馆为例 [J]. 图书情报工作. 2019，63（01）：125-132

藏书 3.4 亿册，人均拥有 0.46 册，平均每册藏书年流通率仅为 0.4 次。这样的现状根本无法保证每个公民享受图书馆资源。为此，新形势下要不断提高、改善、加强图书馆的创新服务能力，尽全力满足读者的知识信息需要。

（2）服务内容的个性化

个性化服务是公共图书馆在传统服务工作基础上更为深层次的发展和延伸，是新形势下为适应不同读者的不同知识信息需要而进行的服务创新。数字化时代，读者要求拥有平等的信息获取机会，这不仅要求图书馆提供信息资源，还要求图书馆提供获取信息的渠道和设备，更要求图书馆帮助用户获得信息，以此来提高用户获取知识信息的效率。图书馆的服务工作必须从满足读者的要求出发，只有这样图书馆才能生存和发展，真正实现联合国教科文组织《公共图书馆宣言》中宣示的"不分年龄、种族、性别、宗教、国籍、语言或社会地位，向所有人提供平等服务"的理念。

（3）服务手段的现代化

网络技术的飞速发展使图书馆的服务手段发生了巨大变革。传统图书馆坐等读者上门，满足于文献资源简单借还的服务方式已不能满足读者获取信息的需要，图书馆必须转变服务方式。现代图书馆应充分利用网络高科技手段为用户提供各种功能强大、灵活、方便、实用的信息检索和浏览工具，变被动服务为主动服务，否则就不能发挥图书馆的社会化教育职能作用。

（四）新时期公共图书馆社会化服务途径

党中央提出，把发展公益性文化事业作为保障人民文化权益的主要途径，加快建立覆盖全社会的公共文化服务体系。图书馆应提供多层次、多样化、专业化、个性化的数字文化服务，扩大公共文化服务的覆盖面和辐射力，切实保障人民群众获取公共文化服务的普遍性和均等性，应建设满足不同层次用户需要的开放式数字文化服务平台。

1. 坚持大众化的社会服务

服务是公共图书馆的核心价值，应该坚持为公众服务，使公众受益的公益性质，始终把社会效益放在第一位。以衢州市图书馆为例，近年来，该图书馆坚持改革创新，改善服务，积极拓展服务空间，创新服务模式，具体包括：采取各种可能的措施扩大受益对象群体，如为农民工送书到工地，免费开放电子和报刊阅览室；专设残疾人阅览室服务，为盲聋哑学校送书、送电影；以组织参观、展览、讲座、开放少儿多媒体阅览服务等方式，为未成年人开展形式多样的文化教育活动；坚持数十年积极参加市社科联科普周活动，被衢州市命名为"科普教育基地"，等等。今后图书馆开展社会化服务，还需充分利用网络化、数字化优势，不断扩大数字资源服务；开通数字资源门户网站，实现一站式服务；开放无版权的数字资源，供全国读者免费使用，以全开放的姿态实现数字资源门户与学术资源搜索的链接。

2. 进行文献知识重组服务

图书馆要利用特色馆藏资源优势，搜集、整理、筛选、重组和提炼网络信息资源，建立特色数据库。

首先，图书馆工作人员要有目的、有重点、有计划地采集读者所需要的文献资源，形成印刷型、电子型、网络型文献共存互补的局面，并不断优化、组织、集成，使其系统化、规范化、有序化，能够及时、准确、高效地为读者提供服务。其次，馆员不仅要做现代书刊信息的操作员，更应该成为分析、筛选文献信息的专家，指导广大用户充分利用文献资料，最大限度地满足用户的信息需求，提高资料利用率。再次，提高图书馆工作人员的综合能力，要求馆员不仅要能对传统的纸质载体的文献资源进行加工、整理、开发，还要能利用现代化设备对数字化信息进行加工、组织、整理、开发，不仅要有扎实的学科基础知识和网络专业技能，还要有对信息价值的洞察力、判断力以及对海量的知识信息进行识别、整理、排序、推送的能力，发挥知识导航员的作用。

3. 整合各种合作机制，提高其公共文化服务能力

公益性文化事业是一项全民性的崇高事业，其发展主要靠政府投入，也需要全社会的大力支持和共同参与。与社会各行业共同制定社会化服务机制，引导带动社会行业共同开展公共文化服务活动。主动与大中型企业、媒体、机关等广泛合作，强强联合、优势互补，组建读书俱乐部，图书馆可与俱乐部成员签订某种服务协议，制订服务计划，为俱乐部会员提供借阅服务、阅读交流、专场讲座、新书推荐到深层次的内容服务等形式多样的公共文化服务；采取以赞助冠名、合作主办方式，举办有现实性和针对性的各种系列高端讲座活动，不定期邀请一些优秀学者到馆做高层次的论坛讲座，为社会公众提供高质量、高品位、高层次的讲座服务，彰显高端讲座活动传播精品、优品、深度的大文化内涵，进一步体现公共图书馆服务社会的能力。

4. 拓展延伸服务的社会覆盖面

在不断优化阵地服务质量的同时，积极开展延伸服务，让人人都能得到基本文化生活的保障。实现人人都能得到基本的公共文化服务，是实现逐步形成覆盖全社会的比较完备的公共文化服务体系的基本出发点。创新延伸服务机制，把公共图书馆服务的触角向行业、社区和农村延伸，有效地扩大服务社会覆盖面。确立"普遍获取，全面共享"的服务理念，走进军营，援建军营图书室，为官兵提供针对性强、教育面广的公共文化服务；走进大中企业，为企业提供专题情报服务，针对企业用户的个性需求，推出一对一的信息服务；随时了解科研人员的信息需求，及时为科研人员提供信息支持；走进社会福利院，为老人们送去健康养生、卫生保健等方面的书刊报纸和关爱，充实和丰富晚年生活，满足老人们的精神文化生活需求，让老人们老有所学、老有所得、老有所乐；走进贫困山区，建立爱心图书室，改善山区孩子们读书难、读好书更难的窘困现状；走进农村，服务于"农家书屋"建设，利用图书馆的人才和技术优势，开展流动服务等形式多方面帮扶，逐步使农村居民与城市居民一样，公平地享有公共文化服务；走进工读学校，把各类优秀图书及适量的最新期刊送到这群未成年的特殊群体中。图书馆实施知识援助，设立图书流动站，定期更换书刊，与工读学校建立长期合作关系，持之以恒地为这些特殊群体提供这项服务。把图书馆办到残疾人的手边，图书馆应建立长效服务体制，惠及广大残疾人，为他们提供便捷服务措施，让他们享受到公平、平等的借阅权益；把健康有益的各类文献送到农民工的工棚前，帮助建立农民工书屋，体现社会对农民工的关怀，也使公共图书馆的均等化服务得到更大程度的体现。图书馆的延伸服务是当代图书馆服务实践的新发展，不仅服务了读者，满足了社会的知识需求，引导了社会资源共同参与公共文化服务体系的建设，同时也展示了公共图书馆的自身价值，促进了图书馆自身的可持续发展。

5. 丰富服务方式，彰显服务个性

公共图书馆应充分利用自己的资源、人才、技术、设备、管理等方面的综合优势，突破传统单一的图书资源服务社会的形式，不断谋求复合型、多功能的服务形式。在传统单一提供图书馆业务宣传、指导、阅读推荐、免费办证的基础上，在本馆馆藏资源和专业技术力量的支撑下，利用行业优势，以网络技术为重点，以文献服务为手段，以馆藏为依托，提供全方位的开放服务，为社会公众提供与生活息息相关的科普知识咨询、医疗保健问诊、法律援助、艺术收藏鉴定。针对当前全球金融危机和国内经济动荡的形势，编制并发布与读者普遍关心的社会问题相关的公共信息，发布科技经济社会最新动态、代检代查有关文献、信息咨询、定题定向服务、专题展览、专题研究报告会等公共服务项目，切实发挥公共图书馆作为信息枢纽和信息中心的作用，以更新颖、更全面、更有吸引力的公共文化服务项目，不断满足社会不同层次的文化需求。

6. 建立健全网上资源服务

网络环境下的信息量越来越大，公共图书馆应充分发挥信息组织与检索优势，通过整序网络资源，建立网上专题数据库，提供远程服务等手段，使社会用户及时、准确地获得所需信息。第一，要实现馆藏资源数字化，建立书目、索引、全文数据库。第二，开发网上信息资源，建立特色数据库。第三，利用网络开展远程服务，如提供文献、实时信息咨询等服务。第四，开展高层次定题服务，收集整理重大科研课题、高新技术产品开发等信息分析鉴别，撰写专题综述和专题研究报告，及时向特定用户群体推送。

7. 加大政策法规的支持力度

政府应尽快出台科学合理的法律法规，为公共图书馆社会化服务提供支持。针对公共图书馆服务实际，以法律文件的方式固定抽象的社会化服务理念，如出台《公民阅读条例》《公共图书法》等，敦促公共图书馆开展社会化服务工作，保障全民阅读推广的持续性、规范性。同时从政策与法律层面，明确公共图书馆的社会职能，明确相关主体的法律责任与义务，明确经费来源、管理制度与人员配置等，激发公共图书馆的服务热情，为公共图书馆的发展创造良好环境。除了政策法规层面，还应该制定图书馆行业服务标准，对服务设施、环境、模式等进行细化，并鼓励社会人士监督，进而规范图书馆的社会化服务行为，促进公共图书馆的健康发展。

公共图书馆在开展社会化服务中，要充分发挥馆藏优势和特色，打破被动式的服务，走向社会，服务社会，拓宽信息服务方式与范围，充分履行图书馆的社会教育职能，最大限度地满足公众的基本文化需求，并且不断探索尝试，从而全方位、多角度、多层次地为读者提供创造性的社会服务。

二、高校图书馆社会化服务

（一）高校图书馆社会化服务概述

1. 高校图书馆社会化服务的概念

社会信息化的推进和社会主义市场经济的发展，对高校图书馆提出了社会化服务的需求。在这样的时代背景驱使下，高校图书馆社会化服务的概念也应运而生。

高校图书馆社会化服务是在社会信息需求增长的历史背景之下，以高校图书馆为主体，以社会成员为服务对象，以满足社会用户的信息需求为目标，并主动针对广大社会用户而开展信息服务的活动。它反映了高校图书馆与社会用户在社会化服务中的相互关系，也体现了这种相互作用的关系程度，抽象概括并描述了高校图书馆服务社会的这种作用方式。简而言之，所谓的高校图书馆社会化服务，是指高校图书馆根据自身所具备的能力和资源，在保证满足本校的教学等正常工作需求的前提下，通过传统的或是网络的途径，向广大的社会用户敞开高校图书馆的大门，开放高校图书馆收藏的实体资源和虚拟资源，并为社会用户提供高校图书馆力所能及的信息服务，从而主动满足社会成员的信息资源需求的过程，这种服务可以是无偿的，也可以是有偿的。

从高校图书馆社会化服务的概念，我们可以看出两层意思。一是高校图书馆的社会化服务首先是在保证本校服务的前提下开展的，也就是说高校图书馆要以本校师生为服务重点，要以满足本校的教学科研服务为首任。同时，高校图书馆的服务对象又不能仅仅停留在本校师生群体，还要有接纳全社会成员并为其服务的意识。二是高校图书馆要采取各种服务方式将所有资源对社会开放，允许社会读者来馆查阅书刊资料，也允许社会用户通过网络获取所需资源，使高校图书馆的资源实现真正的共享，从而更好地为社会公众服务。高校图书馆开展社会化服务，要有开放的意识，要打破只在馆内服务、只为校内服务的思想的束缚，突破传统服务模式，积极投身到社会大环境中去，愿意并且乐于向社会用户开放资源、提供服务。

高校图书馆进行社会化服务时要明确以下几点：在服务的范围方面，高校图书馆要努力把范围逐渐扩大至全社会；在服务的层次方面，高校图书馆要与校内读者一视同仁，提供各种多层次、深层次的服务；在涉及的内容上，由于社会用户的需求可能涉及社会的方方面面，所以高校图书馆工作人员要扩大视野，满足各类组织、个人多元化的信息需求。只有这样高校图书馆才能更好地适应社会的发展，适应社会各界的需求。

目前高校图书馆的任务就是顺应时代发展的要求，大力突破传统的管理模式和传统的服务方式，在做好为本校师生教学、科研、学习服务的同时，积极利用高校图书馆自身具有的独特优势开展社会化服务。高校图书馆社会化服务具有重大的现实意义，不仅意味着社会资源得到合理利用，也使社会知识财富进行再分配，同时给高校图书馆也指明了未来的方向，让其承担起继续教育以及终身教育的重要角色。

2. 高校图书馆社会化服务[①]的依据

（1）政策导向

从政策导向来看，国际图联在其发表的一份关于学校图书馆的宣言中强调，学校图书馆是地区性和全国性公共图书馆及信息网络机构的重要合作者，这也意味着学校图书馆可以协助公共信息服务机构完成社会服务的重要任务。美国图书馆协会在2005年4月起草的一份《大学图书馆为本科生服务的指导原则》中曾指出，对于其他用户（即大学师生以外的市民或社会团体），图书馆也应像对待本校师生一样，为他们提供服务，满足他们的信息需求。我国首次明确提出高校图书馆社会化的规定是《普通高校图书馆规程（修订）》，其中的第十条针对有条件的高校图书馆提出了社会化服务的要求，这也是高校图书馆发挥资源优势以人才、设备等方面优势的必要；第二十一条对高校图书馆的社会化提出了进一步明确，即高校图书馆要尽量向社区读者及其他社会用户开放，开展社会化服务的项目可以是信息或是技术咨询等服务，同时也提到了高校图书馆可以根据成本和效益来适当地收取服务费用。这些都说明了国家和政府重视高校图书馆的服务，从政策上积极地鼓励高校图书馆开展社会化服务。

[①] 王宇. 高校图书馆社会化服务研究［M］. 北京：中国社会科学出版社. 2014.

第六章 社会化服务背景下少数民族地区图书馆特色资源建设

政策导向为高校图书馆指明了社会化服务的方向，所以高校图书馆也应该积极响应号召，把社会服务纳入高校图书馆定位的范畴。这不但可以使高校图书馆的办馆效益明显提高，而且能为建立和谐社会做出卓有成效的贡献，同时也可以拓展高校图书馆深入服务的空间。因此，高校图书馆应发挥其社会信息基地的重要作用，尽可能地向社会开放。

（2）信息需求

在今天这个知识经济和市场经济的时代，信息的作用日益显著，信息情报的竞争也日益激烈，信息需求在成倍激增。科学文化知识的普及需要信息、全民族思想文化的水平以及综合素质的提高需要信息，经济的增长更加需要信息，社会的发展需要高价值高质量的信息。在社会进步潮流的推动下，终身学习思潮风靡全球，劳动者需要不断学习来更新知识，增强其劳动技能。人们需要有一个继续学习、查阅资料和读书娱乐的场所，单位的专业性工作和科研项目的进行也需要利用图书馆获取各项信息资料，而这些都与更加充分及全面地发挥各级别、各类型图书馆的职能密切相关，当然高校图书馆也包括在其中。

众所周知，我国的许多地方至今文化比较落后，这些地方的公共图书馆事业更是很不发达，公共图书馆的书籍资料按当地的人均来计算的话其数量微乎其微，如果仅仅靠公共图书馆来服务社会读者，广大社会公众、企事业单位以及其他研究者的信息需求就很难能到满足，整个社会的科技文化水平、全民综合素养的提供也会受到严重的影响。也就是说，信息需求的猛增需要高校图书馆进行社会化服务，因此，高校图书馆必须充分发挥并利用自身的优势向社会开放，为社会提供最基本的信息支撑和最重要的信息保障。

(3) 社会舆论

早在17世纪，德国著名图书馆学家G·诺德就提出了图书馆开放的观点。他认为所有愿意来图书馆学习的人都是图书馆的服务对象，图书馆应该积极地为其服务。首都师范大学图书馆馆长胡越也是高校图书馆社会化服务的支持者，他认为大学图书馆是图书馆大家族中重要的一员，应该为社会公众服务。高校图书馆社会化服务的话题越来越受到社会的关注，在2006年的人大会上，首都图书馆馆长倪晓建提议，高校图书馆有责任积极地参与社会化服务的进程中，和公共图书馆携手共同向社会开放。詹福瑞作为中国图书馆学会第七届理事会理事长，也主张大学图书馆应适当地为本地区的社会大众提供服务。

同时，在全国的许多地区，许多高校图书馆都意识到了社会化服务的作用与意义。例如，在哈尔滨理工大学图书馆馆长李肖滨认为，向社会开放、进行资源共享是大学图书馆必然的发展方向。福建师范大学图书馆的周国忠的观点是，大学图书馆应该突破过去对图书馆职能的错误定位，将社会用户接纳到高校图书馆的服务范围中来。《国际先驱导报》与新浪网举办的联合调查中，有75.99%的人支持高校图书馆向公众全面开放。有些高校大学生也认为高校图书馆应该对外开放，因为文化就是开放的，狭隘和闭塞只会迟滞退步。从图书馆界知名人士到社会大众，从学者专家到图书馆的用户，大家的观点都趋于一致，即整个社会都在呼吁高校图书馆开展社会化服务。

(4) 资源优势

第一，丰富优质的馆藏资源是高校图书馆社会化服务的基石。目前，我国共有普通高等学校2000多所，高校图书馆的藏书总量也已经超过6.6亿册，在各类型图书馆中独占鳌头。高校图书馆不但收藏有学科覆盖面广的各类图书，本校教师、科研人员的科研成果，博硕学位论文，科技报告，会议记录，政府出版物，工程实践报告及社会调查报告等纸质资料，而且数字资源也非常丰富。许多高校图书馆不仅引进了电子图书、中国期刊全文数据库、超星数据库、重庆维普数据库、高教资源网、读秀数据库，还有自己的一些特色数据库等。这些资源的连续性、系统性、完整性，是其他信息机构不可比拟的。但我国多数高校图书馆馆藏资源的利用率普遍较低，资源整体的平均流通率低40%，还有很多甚至更少，仅仅为20%，这说明在资源利用上存在着极大的浪费现象。如果把这些资源向需要他们的社会用户开放，就可达到人有其书、书尽其用的良好效果，既解决了社会读者读书难的问题，又解决了图书馆的资源浪费的问题，一举两得。高校图书馆丰富优质的馆藏资源为高校图书馆社会化服务奠定了坚实的基石，高校图书馆应有目的、有计划地向社会提供信息服务，以一种开放的姿态积极投入社会中去，充分利用自身资源的优势使馆藏资源，最大限度地发挥作用，使信息资源真正转化为生产力。

第二，先进的技术设备为高校图书馆社会服务提供强有力的支持。科学技术是第一生产力，计算机和网络的发展，让图书馆由手工时代走向了先进的现代化时代，这必然要求图书馆馆员掌握先进的技术，而高校图书馆内人才济济，正是具备了这方面的优势。同时，高校图书馆也配备了大量的计算机，拥有大容量的存储设施、服务器等硬件设备，建立了统一的检索平台、电子资源导航等，形成了较为完整的信息资源服务网络。利用网络的便利，可以及时广泛地组织和传播信息，为用户提供像E－mail文件传输、共享公用软件等信息服务项目，为广大读者检索图书馆资料提供了极大的方便。此外，很多高校图书馆还开通了 DIALOG 系统、ORBIT 系统等国际大型联机检索系统，大部分高校图书馆内已建成局域网，读者可以利用图书馆自建局域网数据库和引进数据进行光盘检索、联机检索等服务。馆内文献的数字化使用户可以通过网络进行检索和阅读，检索效率和质量都发生了质的飞跃。这些基础工作的开展，为高校图书馆社会化服务提供了强有力的支持。高校图书馆的先进技术设备也只有应用到社会中去进行社会化服务，才能更加充分地发挥作用。

  第三，人才优势为高校图书馆社会服务提供强了的保障。高校图书馆在长期的服务教学科研的实践工作中，培养了大批高素质的专业化人才。有资料表明，高校的高级知识分子在全国高级知识分子总数中占 46.35%。他们是一支文化素质较高，专业结构、知识结构、职称结构都较为合理的人才队伍。高校图书馆的大多数工作人员不但具有图书馆专业学历背景，而且熟悉其他学科的基本理论和方法。他们在长期的实践中，积累了丰富的业务经验，熟悉各种信息资源的特点及其使用方法，掌握着信息资源等专业学科知识，对于传统资源和网络信息资源都能很好地把握和利用。特别是面对海量的信息，具有一定的查找、分析、识别、加工的能力，这可以让用户在最有效的时间内得到最有效的信息。同时，高校图书馆的工作人员可以帮助用户开展参考咨询服务，也可以辅助读者对中外文检索工具进行使用。高校图书馆工作人员是为那些对无序、分散的资源无所适从的人们提供服务的最好帮手，这就为高校图书馆开展社会服务提供了强有力的保障，是高校图书馆进行社会化服务的坚强力量。

(5) 自身发展

高校图书馆必须依存于社会，从高校图书馆自身的发展来看，开展社会化服也让高校图书馆受益匪浅。首先，一个直接可见的方面就是，高校图书馆通过社会化服务可以扩大自己在社会上的影响力。通过对社会公众的服务，让更多的人了解高校图书馆，通过较好的服务水平赢得社会公众的认可和支持。第二，高校图书馆需要与社会的沟通与交流。通过社会化服务，通过社会化服务中得到的反馈信息，高校图书馆可以不断弥补自己的不足，有助于高校图书馆服务水平和服务质量的提升。第三，能让馆员更多地接触社会，有利于馆员扩展视野，提高工作的效率，促进馆员的成长。第四，能产生一定的经济效益。高校图书馆社会化服务可以通过适当的有偿的方式进行，在一定程度上可以缓解图书馆经费拨款的不足问题。第五，可以产生良好的社会效益。高校图书馆的社会化服务直接服务于社会上的个人或团体，这些社会公众来源广泛并服务于社会的方方面面，也就是说高校图书馆间接上服务于整个社会，有利于社会的进步、经济的发展和文化的提升。从以上几点可以看出，高校图书馆自身的发展也要求高校图书馆进行社会化服务。

3. **高校图书馆社会化服务的基本内容**

(1) 服务对象社会化

传统意义上，高校图书馆的服务对象是本校的师生，但社会化服务的要求迫使高校图书馆扩展视野，将服务对象扩大到社会成员。高校图书馆的社会化服务的开展使服务对象必然将由"师生读者"向"社会读者"延伸，使高校图书馆的服务延伸至社会各个角落。这充分体现出了高校图书馆服务对象的社会化。但由于不同类型、不同层次的用户所需信息资源在专业内容、类型、深度方面都存在很大的差异,所以就要求高校图书馆首先要对所服务的社会用户进行分析研究,掌握他们信息需求的特点。其次,根据高校图书馆服务所能覆盖地域的范围、人口密度、用户群分布等来确定服务市场规模的大小。高校图书馆社会化服务的基本内容是服务对象社会化,也就是说服务对象要体现社会化的特点。从服务对象的范围来说,高校图书馆社会化服务对一切人平等对待,所有人都有享受服务的权利;从服务对象的所属单位来说,不再局限于本校的师生,还可以是政府部门、城市社区、企事业单位以及农村或者其他社会团体;从服务对象从事的行业来说,可以是涉及一切人类科学的各行各业。

(2) 服务内容社会化

众所周知,高校图书馆是为教学和科研服务的,高校图书馆的服务内容一般也是围绕着教学和科研工作开展的,为教师的教学提供所需的资料和科研相关的信息,为学生获取各种知识、参加考试、提高技能等提供相应的资料与辅助。然而高校图书馆社会化服务的进行,要求高校图书馆服务的内容也随之社会化。由于社会各类用户对信息的需求越来越多,而且不同用户所需文献信息的内容也不尽相同,高校要了解用户的信息意识、信息接受能力、个性化需求,以便为其提供所需的准确信息内容。

高校图书馆服务内容的社会化体现在其涉及面广、几乎扩展到社会的方方面面。政府在处理政务、服务人民的时候需要掌握全面、正确的信息,以便于其参考并做出科学的决策;科研部门的工作对社会的发展具有重要的意义,在科研选题阶段、课题研究的阶段以及最终结果的分析阶段,收集信息、利用信息都对其非常重要;企业新技术的发现与应用、新产品的开发与生产、新市场的扩展等更是离不开信息;农业知识的普及、科技的提高以及城乡居民生活娱乐等方面，都与信息息息相关。这就为高校图书馆的社会化服务提供了广阔的空间，给高校图书馆带来了良好的发展契机。

（3）服务功能社会化

高校图书馆的基本功能也是为教学科研服务，这种观点严重地束缚了高校图书馆工作人员的思想，也将高校图书馆的功能禁锢在高校的围墙之内。高校图书馆社会化服务要求其摆脱对高校图书馆功能的狭隘定位，将高校图书馆的服务功能社会化，即充分利用高校图书馆的资源，采用多种方式、全方位地向全体社会成员开放，使其能更好地适应各类社会用户多元化的信息需求，更充分地发挥高校图书馆在人类进步、社会发展、经济腾飞以及文化提升等多方面的功能。具体讲，主要表现在：高校图书馆可以为中国经济的快速发展以及中国参与国际市场竞争提供强有力的信息支撑，为社会的进步做出巨大贡献；高校图书馆可以为和谐社会建构提供知识、人才资源等方面的支持，使高校图书馆成为和谐社会的建设中不可或缺的组成部分；高校图书馆还可以为传承文明、提高全民素质、建设学习型社会等发挥重要的作用，推动社会的文明和进步。

（二）国外高校图书馆社会化服务[1][2]启示

高校图书馆作为公益性的文化教育机构，不应仅为本校师生服务，还应该秉承为全社会开放的服务理念，满足社会公众对于信息资源的强烈需求，保障公众平等、自由利用信息的权利，促进公众科学文化素质的提升，带动社会经济文化繁荣，从而构建全民学习、终身学习的学习型社会。但国内高校图书馆向社会开放的普及程度

---

[1] 包瑞著.高校图书馆服务与资源开发［M］.长春：吉林大学出版社.2017.

[2] 陈继兰.美国图书馆信息服务社会化模式及其启示［J］.图书情报工作，2010，54（01）：143－146.

非常低，没有发挥应有的社会服务职能。国外发达国家的高校图书馆社会化服务工作开展得都比较早，并且经过多年的发展已经相当成熟，达到了一定的水平，形成了相对完善的社会化服务模式和体系。

1. 美国大学图书馆的社会化服务概况

美国高校图书馆的社会化服务工作比较成熟，且达到了较高的水平。在美国，联邦及各州公立大学图书馆向所有公众免费开放，部分私立学校的图书馆如哈佛大学图书馆分馆等也向公众开放。可以说，在美国几乎所有的高校图书馆都向校外公众免费开放，出入不需要出示任何身份证件，高校图书馆被读者誉为高校里的"公共图书馆"。美国高校图书馆制定有健全的图书馆法律，坚持为社会服务的理念，细分不同的服务对象，加强与校际和社会机构的合作，建设各层面各类型的图书馆联盟，为校外读者提供丰富的社会化服务，成为各国典范。

（1）健全的图书馆法律制度

美国完善的图书馆法律制度是高校图书馆开展社会化服务的有力保障和支撑。早在1925年美国就制定了《图书馆法》。该法规定，公共图书馆的管理机构是图书馆理事会，理事会成员由议员、作家、银行家、社会名流组成，由市政当局或市长批准任命；理事会负责研究解决图书馆的方针、政策、经费经费与实施等问题。美国联邦政府只对图书馆事业提供经济资助和政策、法规引导，赋予各州及图书馆相对多的自主权。1956年，艾森豪威尔总统亲自签署了国家级普通法《图书馆服务法案》。1965年制定的《高等教育法》规定，凡美国的大学图书馆都有权享受联邦政府的补助。1997年，美国政府还颁布了《图书馆服务与技术法案》，该法案是各类图书馆获得部分项目经费的制度保障。2005年,美国图书馆协会(American Library Assoliation,ALA)一份《关于大学图书馆为本科生服务的指导原则》中提到,对于其他用户(指市民或者社会团体),图书馆应该像对待本校师生一样,为他们提供服务。此外,美国还通过了《美国图书馆互借实施规则》《数字千年版权法》等一系列相关图书馆的法律法规。这些成为高校图书馆开展社会化服务的可靠法律依据。

(2) 根深蒂固的社会服务理念

美国高校图书馆界形成一种共识,既然接受了来自国家税金的补助,就理应向全体国民开放。美国图书馆协会在一系列重要的规范性文件中也明确了"服务社会是美国图书馆业界的自觉义务"这样的理念。美国图书馆业界充分重视图书馆与社会的双向互动关系,他们认为信息服务社会化应该是双向的,一方面,图书馆应该积极反映社会的需求;另一方面,图书馆影响、服务于社会。在美国图书馆协会的几份重要的规范性文件中有明确的规定:"通过恰当而有效组织的资源,根据平等的服务政策,坚持平等获取信息的权利以及对所有的请求给予准确的、无偏差的和谦恭的回答,我们向所有图书馆的使用者提供高层次的服务。"在ALA的重要文件中,服务社会的价值理念也被反复重点地强调:在美国,图书馆是民主最有力的国家象征之一。图书馆通过"保卫观念和看法的多样性、清楚地表达各种观点的知性自由、所有人无论其社会经济地位如何都有获取信息的平等权"这三个理念来坚守民主。图书馆通过坚持能读会写和终身学习的价值使这三个理念得以实现。

(3) 细分服务用户,提供高质量服务

美国高校图书馆社会服务的对象范围广泛并进行了细分,以实现"为尽量多的人提供尽量好的服务"。在美国，公立和私立高校图书馆规定，除了一般性的服务对象，即在校注册学生、教师和职工，还规定了一些特别的社会服务对象，包括访问学者与研究人员、校友、中小学师生、游客、残障用户、家属、社区居民、机构组织、图书馆友人、其他社会大众、社会机构等。针对不同的用户群体开展不同层次的服务。服务的内容主要包括文献流通、馆际互借、文献传递、参考咨询、培训讲座以及校外学习支持服务、特色服务（如为视障人士提供朗读服务、开展家庭型学习活动服务）等。除了为社会各群体提供常见的服务，还提供其他服务，如斯坦福大学图书馆提供外借资料召回服务，即超过 7 天外借期的图书资料、短期外借的光盘、其他媒体资料等可以召回，收到召回通知的 7 天内必须及时返还。这些都是为了更好地平衡图书馆用户的利益。此外，对残障人士和儿童有特别完善的设施和人性化的服务，包括专职服务人员、专用电话、位置指示图、残疾人专用通道、轮椅、助听器、颚夹、放大镜等。图书馆实体服务时间长，平均每周开馆时间都在 100 小时以上，甚至有的 24 小时全天候开馆。图书馆聘用很多按时计酬的学生工来完成大部分繁重和重复的工作，或者招募志愿者从事相关服务，以保障服务的质量。

（4）加强与校际和社会机构的合作

美国高校图书馆通过校际合作或与社会组织机构合作拓展社会服务项目[①]，实现资源共享与国际化。如麻省理工学院发起 MIT 图书馆组织成员计划；斯坦福大学图书馆与密歇根大学图书馆、印第安纳大学图书馆、加州大学伯克利图书馆和麻省理工学院图书馆五

---

① 何林. 美国机构知识库发展现状对我国发展机构知识库的启示[J]. 图书馆论坛，2008（03）：101－103+148.

所大学图书馆合作的 Sakai Project 计划（斯坦福大学图书馆 Academic Computing 下的子项目）等。美国高校图书馆还与社会机构合作开展少年儿童服务项目，如斯坦福图书馆的 Cardinal Kids Club。这些项目一般服务18岁以下的少年儿童，家长及志愿者可以加入。这些项目主要通过在线学习，让他们掌握并学会高效地利用图书馆的资源与服务，并设计丰富的专题模块，如机器人模型、打野兔游戏过关、网页设计、园林管理等，这些项目就是为了激发他们的学习兴趣，让他们在活动中学习新知识和新技能。美国高校图书馆与国际性社会信息机构合作，在公共机构或私人基金的帮助下，为国际信息需求者，特别是发展中国家及非营利性机构提供低价无偿的知识与资源。如康奈尔大学图书馆与美国国家环境项目及私人团体合作的 OARE（Online Access to Research in the Environment）是国际上关于环境科学研究的最大资料库之一，HINA（The Health Internetwork Access Research Initiative）是关于生物和社会科学的资源库。哈佛大学图书馆的 Open Collection Program 是对外开放的教学性、历史性资源，并努力为全球的学者和学生提供一种新的数字资源访问模式。

美国国会通过的《公共获取科学法案》提出，由公共资金资助的科学研究成果要开放存取。美国大多机构知识库都由图书馆负责建立，收藏的多数是教职工和学生的科研成果，数量最多的资源型包括期刊论文、博硕士学位论文、工作报告、预印本等。美国高校图书馆还为公众及私人机构供专业信息服务，服务依托学校资源，内容丰富，形式多样，对于提高公众的信息素养、促进社会和谐发展发挥了一定作用。如加州大学戴维斯图书馆和耶鲁大学的图书馆公众服务中心，为公众和私人机构提供支持信息和专业服务，加深了公众服务的深度。加州大学伯克利分校图书馆通过商业合作将研究成果与知识发现转化为实用技术与工艺革新，获得了一定的经济和社会效益。美国高校图书馆与博物馆、公共图书馆等合作开办公益性特色展览等，展示特色稀有收藏。如田纳西大学阿灵顿图书馆的 Texas Map Society 项目主要是对历史地图和绘图法历史研究，并与 Special Connections 联合，把田纳西历史、墨西哥海湾材料和美国历史等相关材料定期对公众开放。北卡罗来纳州立大学图书馆举办网上展览，对学校和普通公众开放，并向其展示历史、文化及科技方面的视觉产品。

2. 加拿大高校图书馆社会化服务[①]概况

加拿大图书馆最早受英、法文化的影响，后来则一直处于美国的强大影响之下，几乎在图书馆事业的各个领域都仿照美国同行的模式。加拿大的图书馆事业无论在理论与实践研究方面，还是在事业发展方面，都显示出一定的超前性。加拿大是个法治国家，人们的法律意识特别强，1983年生效的《信息自由法》使公众更便于利用政府的情报资源，而现有的《国家图书馆法》于1985年生效，至2001年8月曾修订过几次。加拿大图书馆的经费主要来自税收。公民利用图书馆的意识、信息意识比较强，他们乐于向各级各类图书馆捐赠、遗赠图书，因而以个人名字命名的图书馆非常多。各类型图书馆的功能也非常多元与融合，如公共图书馆普遍有儿童借阅室，且经常通过故事会等方式吸引儿童利用图书馆。他们还把自然博物馆、科技博物馆引进图书馆以激发人们学习的兴趣。

加拿大是个社会福利非常高的国家，各类型图书馆数量众多，

---

① 赵国忠，张创军. 高校图书馆社会化服务概论[M]. 北京：国家图书馆出版社. 2016.

其中公共图书馆、专业图书馆、高校图书馆、中小学图书馆数量达1.5万多个，而高校图书馆仅占其中的1.4%。以大温哥华地区为例，有大大小小100多个公立图书馆，几乎分布到每个社区，如果所需图书所在社区图书馆没有，也可以非常方便地通过图书馆联盟进行馆际互借。住的地方离图书馆远，会有流动图书馆，装满了书的车按时停在读者家附近等候阅读。没有时间还书，可以打个电话续借。读者如果没时间来还书，可就近在社区图书馆把书还掉，所有图书馆会每半个月相互归还一次图书。

加拿大的大学也是没有围墙的大学，任何人都可以自由进出，部分高校图书馆也会直接办成省或地区的中心图书馆，所有高校图书馆都对公众开放，如需借阅，只需付费办理借阅证即可。如维多利亚大学图书馆甚至在门口都没有任何防盗监测装置，只有起缓冲作用的栅门而已，读者可以带书包随意进出。他们之所以不怕丢书，除了读者素质的因素，与社会文化背景也有关系，这也充分体现了他们管理理念的开放性。高校图书馆还为读者提供各种形式的会议室、研讨室，都不上锁，可随时自由使用。加拿大高校图书馆外借图书是没有数量限制的，只要书架上有，借多少都可以，但是借期限制得却是很严的，到期可以续借，但不得过期，否则将按章罚款，绝对没有商量的余地，这也保证了所有读者平等使用资源的权利。图书馆就像一个大的超市，虽然人多，但工作人员并不多，大家自行取书，自行在机器上操作刷卡借、还图书，借书，不时会打出一张清单，列有书名、书号及还书日期，一单在手，便于读者查对，也不会忘记还书的日期。图书馆还会开展各类活动，如旧书买卖、作者签名会、读者阅读分享会等，吸引社会读者来图书馆积极参与。

加拿大图书馆联盟分为地区性图书馆联盟、全国性图书馆联盟和国际性图书馆联盟,主要采用松散型或严密型管理模式以及会员制或政府基金资助的经费模式,在共享内容、形式和成果等方面具有较大的优势。加拿大高校图书馆员工也招聘按时付酬的非固定职工。开馆时间一般都在 90 小时以上。图书馆设有完善的为残疾读者服务的设施及人性化服务,如提供为老人阅读方便而设计的大字印刷图书,为盲人读者准备的凸字印刷图书等。

3. 德国高校图书馆社会化服务概况

德国著名的图书馆学家诺德早在 17 世纪就提出"图书馆不应只为特殊阶层服务,应该向一切愿意来图书馆学习的人开放"。这个观点在德国图书馆界达成共识。各类图书馆,包括国家图书馆、城镇图书馆、乡村图书馆、教会图书馆、少儿图书馆、盲人图书馆、监狱图书馆等,都肩负着为公民平等享有信息资源权利服务的使命。图书馆在政府政策的引导和关注下,有专门款项和多渠道的资助经费支撑着图书馆的运作。

图书馆立法是图书馆事业顺利发展的保障。德国颁布过《出版社缴本送呈制度》《录用(普鲁士)学术图书馆员试行法令》《图书馆互借法令》等法规。第二次世界大战后,德国分裂使得两德的图书馆法律各有不同。民主德国颁布了《儿童图书馆的组成与大众图书馆写作》《公共图书馆情报服务条例》《民主德国图书馆法》等。这些法规规定了各种类型图书馆的基本职能,指明了图书馆与情报部门合作协调的方向,立法的目的在于保证图书馆能充分发挥其应有的作用,以满足人民读书的愿望,适应国家文化教育发展的需要。1969 年,联邦德国政府通过了《关于德意志图书馆的法令法》,给予法兰克福的德意志图书馆以国家图书馆法律地位成为联邦实体,2006 年扩充条款并更名为《德国国家图书馆法》,有力地保障了图书馆事业的发展。

德国很多的城市被称为大学城，大学校舍分布在城市各地，城市在各方面为大学师生提供服务和方便，大学和图书馆也担负着向全社会传播思想、文化和提供服务的责任，因此面向全社会开放，尽可能与社会融为一体。很多高校图书馆同时承担着州图书馆或市图书馆的职责，如汉堡大图书馆和德累斯顿大图书馆就具有大学图书馆和公共图书馆的双重功能。它们的服务对象并不仅限于本校师生，任何对图书馆有兴趣的市民，甚至包括外地读者，都可以前往浏览或借阅。每位读者进入高校图书馆只需要出示身份证或护照（外国人持护照按在德国签证有效期就能办理图书证），同时将用户信息记入个人信息诚信互联网体系。在德国，诚信是每个人进入社会的通行证，它存在于社会生活中的方方面面，与每个人形影相随，每个人对自己的诚信都非常重视。不守诚信的读者，他的行为也将被记录在诚信网络系统，受到惩罚的同时以后的诸多社会行为也将受到影响和限制。诚信网络体系在很大程度上保障了高校图书馆向社会读者开放的有序性，降低了向社会开放的风险和不利因素。

在德国，每所高校图书馆都以创新服务让读者满意为使命，为读者提供全天候、全方位的优质服务。例如，法兰克福大学图书馆在双休日、节假日、寒暑假为学习型家庭提供服务，经常可以看到夫妻二人、祖孙三代、家长陪同儿童、带队组团等来图书馆学习阅览与休闲。高校图书馆为了吸引更多社会读者来馆加入学习的行列，还会开展形式多样的特色服务，如提供信息知识服务，读者可以约定具体时间、地点、服务项目和服务内容等；提供导读服务，充分利用板报、宣传栏、电子屏等形式进行宣传，通过导读节省读者阅读待选图书的时间；定期组织各类活动，如读书心得互动、读书演讲赛、智力比拼赛、儿童读书成果展、互动游戏等活动,并提供丰富的奖品吸引读者。

由于历史原因,德国高校一般都存在一个中心图书馆和多个相对独立的专业图书馆,形成双重图书馆网。中心图书馆对外开放,读者可以借阅图书,而专业图书馆为了保证本校师生的使用,一般只能阅览,不提供外借服务。中心图书馆设有教科书收藏部,收藏教师制定的参考书目,此一般不对校外读者开放。高校图书馆开馆时间一般为每周90小时以上,如比勒菲尔德大学图书馆开馆时间为周一到周五早8点到凌晨1点。但一般周末开馆时间比较短,如特利尔大学图书馆周六开放时间为8点至19点,周日开放时间为11点至15点。欧洲还有一个复杂情况,就是存在许多语言,图书馆收藏的资料中许多是非德语的,因此图书馆员要会至少三种语言,以便更好地为德语和非德语的各类读者群服务。图书馆也会提供部分职位给勤工俭学的研究生,以弥补人员不足及图书馆员专业知识欠缺的问题,同时为向社会开放提供有力的人力保障。

资源共享是德国图书馆的服务宗旨,德国大部分图书馆都开展馆际互借和预约制度。在德国共建有7个联借区,服务范围遍及全德国,几乎每个城市都有至少一个图书馆办理联借业务,从而实现全国各大学图书馆、地方公共图书馆及所有专业图书馆的馆际互借与文献传递业务,使读者充分感受到获取原始文献的便捷。联借请求经图书馆工作人员确认本馆确实没有收藏后转给本区域的联借网点,如果本区无法满足,就沿联借运行线逐层向上传递,直到国内专业图书馆,甚至到国际联借网。德国图书馆完善和高效的联借网,充分保障了所有读者快捷方便地获取所需文献信息资源。

4. 英国高校图书馆社会化服务概况

英国是当今世界图书馆事业最为发达的国家之一，这与其图书馆立法最早、法律法规制度完备不无关系。早在 1708 年，英国就专门针对教区图书馆制定了《教区图书馆法》，它也成为第一部以法的形式保护图书馆的正规法律，是英国迄今为止最为古老的图书馆法。1850 年，英国制定了世界上第一部全国性图书馆法《公共图书馆法》，由此揭开了世界图书馆立法的序幕，对当今图书馆法律制度产生了深远的影响。该法案甚至早于《教育法》整整 20 年，这也是英国图书馆事业长期处于世界前列的重要原因之一。此后，各地区分别颁布本地图书馆法，如《苏格兰公共图书馆法》《爱尔兰图书馆法》《威尔士公共图书馆法》等。1947 年，英国颁布修改后的《公共图书馆法》。1964 年颁布《公共图书馆和博物馆法》，虽然公布有 50 多年，但仍是英国目前执行的公共图书馆法。1972 年，英国制定了《大英图书馆法》。1992 年颁布了《公共图书馆调查程序法则》，它是一部专门针对图书馆调查而制定的法律，详细规定了图书馆调查的程序和方法，具有很强的专业性。2003 年公布的《法定缴存图书馆法》，是英国首部关于图书馆与出版物法定缴存的专门法。

英国的高校图书馆一直有向社会开放的悠久历史和传统，一般的高校图书馆从建校起就向社会开放。虽然近些年英国经济不景气，其教育经费也被大幅度削减，但英国为社会服务的宗旨一直没有变过，而且还在不断地发展和创新。英国的国会议员哈特雷认为，学习和研究不应该被限制在一个研究机构里，很多人尽管不是正式学生，但是他们常常需要使用大学图书馆的资源。高校图书馆应在原来开放的基础上制定新的措施和办法，进一步免费向社会的每一个成员开放。设菲尔德大学图书馆馆长琼斯认为，高校图书馆是为大众使用图书馆提供方便，为当地居民提供继续教育机会的机构。在英国，高校图书馆开放的主要目的是与社会保持持久的密切联系，这也是为社会服务及争取社会支持的一个渠道。如为毕业生服务，步入政界、商界、有一定社会地位和决策权的毕业生就有可能为母校带来一定的研究项目、基金或捐赠，因此，各高校图书馆几乎都对本校毕业生永久敞开。同时，高校图书馆专业藏书的丰富性更是吸引外来读者的重要因素。如伦敦法学院图书馆在法律方面的藏书是全英国最优秀的，很多法学界人士都将它作为最后的希望，难以获取的文献，在这里几乎都能找到。通过向社会开放的方式，英国大学图书馆将大学与毕业校友、专业协会、社会团体、企业及个人兴趣爱好者密切联系起来，从而创造出一种新的社会效益。

高校图书馆对外服务对象包括本校毕业生、其他个人或团体。本校毕业生可以免费办理借阅卡，其他读者按不同学校要求需要缴纳一定的年费办理借阅卡。如设菲尔大学图书馆的收费标准为，个人读者25英镑/年，团体读者45英镑/年。外来读者的权利与校内的其他读者一样，可以免费使用图书馆的一切服务与资源设备。但不同的外来读者在借阅规则上有一定限制，校外读者借阅一般为5本，借期为3个星期；校内读者可以借30本，借期为3个月。外来读者使用馆际互借需要支付一定费用，包括交换费、邮费、保险费，如每本书的馆际交换费为9英镑，外来读者要自付5英镑。一般参考咨询和馆内所有设备设施都可以免费使用。英国高校图书馆里大约5%是市民。英国高校图书馆向社会开放，图书馆的工作量也并非想象中那样激增，英国的高校图书馆几乎都是开架，并且有完善的自助式服务，包括自助复印机、检索机、借还机等，各处都有明确的指示牌，校外用户无须人指导都可自行操作，如需特殊服务或专业咨询,可以先打电话或邮件预约,这样图书馆可以事先准备。这些措施使高校图书馆向社会公众开放减少了人力资源的投入,与平时几乎没有多大变化。

英国图书馆信息资源共享活动可谓卓有成效,主要表现为图书馆联盟。主要的图书馆联盟有英国联合信息委员会 JISC(Joint Information Systems Committee)、英国大学学术图书馆联盟 CURL(Consortium of University Research Libraries)、欧洲学术出版与学术资源联盟 SPARC Europe(Scholarly Publishing and Academic Resources Coalition Europe)、国家和大学图书馆协会 SCONUL(Society of College,National and University Libraries)、英国研究理事会(RCUK Research Councils UK)等。在英国,以公共图书馆为主的联盟数量比较少,而以高校和研究所图书馆为主的联盟占绝大多数,地位也是相当重要的。

(三) 国内高校图书馆社会化服务概况

深入分析目前我国高校图书馆社会化服务作用的发挥状况,总结经验教训,有助于进一步加强和促进高校图书馆在公共文化服务体系建设中更好地发挥职能作用。

1. 我国高校图书馆社会化服务的发展历程

对于国内高校图书馆来说,从 20 世纪 80 年代开始就有部分大学对开展社会化服务进行了尝试,也取得了较好的社会效应。从 20 世纪 80 年代至今,我国高校图书馆社会化服务经过了 3 个发展历程。

第一个发展历程,即破冰阶段。这个阶段以北京大学为代表的部分高校图书馆在 20 世纪 80 年代率先实施对社会公众部分开放使用,随后国内其他高校陆续跟进。从这时起,高校图书馆社会化服务如雨后春笋在国内高校发展起来。这个时期的高校图书馆社会化服务由于受到当时客观环境的限制，基本上开展此项服务的高校图书馆都只是为社会公众提供简单的基础性服务，包括书籍、报刊资料的借阅以及馆藏专业文献的阅读等。而即使只提供这样简单的基础性服务，刚刚开展此项业务的高校图书馆也饱受校内外争议，因此，这些高校图书馆对希望获得社会化服务的公众设置了诸多限制，以此希望消除这些影响。比如，绝大多数开展社会化服务的高校图书馆都要求来馆的校外人员必须提供所供职单位的介绍信，凭介绍信办理临时图书证，临时图书证的适用范围与校内师生员工的图书证相比，受到很大限制，一般仅对其开放部分馆藏阅览，而且临时图书证的有效期大多少则一天，多则几天。即使如此，很多高校图书馆在向社会公众提供社会化服务时，还要收取一定的费用。虽然这个时期部分高校图书馆提供的社会化服务项目少、限制多，但毕竟是一种有益的尝试，而且就是这样的开放服务，也为当时的社会公众获取知识、提升文化素养发挥了相当重要的作用。

第二个发展历程，即摸索阶段。20世纪90年代开始到90年代中后期，随着电子计算机和信息技术在各高校图书馆领域的逐渐普及，我国高校图书馆开始从传统的手工检索服务向计算机辅助检索发展。新技术的发展也给高校图书馆社会化服务带来新的变化，很多高校图书馆开始摸索新技术开展后的社会化服务方式。比如咨询服务和数字信息检索服务这两种在高校图书馆已经被最广泛应用的社会化服务，就是在这个历程阶段出现的。

当然，受到客观环境和资源条件的限制，这一历程阶段中开展摸索的高校图书馆基本集中于我国经济社会发展较为发达的城市，如北京、上海等城市，而且也仅仅是少部分重点大学。另外，这一时期开展社会化服务的高校图书馆,因为已经通过一段时间的摸索和总结,对于之前开展社会化服务的措施也进行了优化,比如开展服务的条件放宽了,不再严格限定必须持有所供职单位的介绍信才能办理临时图书证,而是只要凭借本人法定有效身份证明就可办理临时图书证。此外,在服务范围上也有所扩大,除了某些涉密的敏感资料,其他资料基本都可以对社会公众开放使用。有条件的高校图书馆,还开展了网络资源服务的尝试。

第三个发展历程,即深入摸索阶段。20世纪90年代中后期至今,随着电子计算机在高校图书馆的普及已基本完成,信息技术带来的新应用越来越多地进入图书馆领域。在这一阶段,高校图书馆除了一般的馆藏,还增加了数字音频、视频资料和电子书刊资料等,基于互联网的虚拟数字图书馆也在国内大部分高校图书馆中建立。同时,中国经济社会发展经过一段时期的高速发展阶段,公众的物质生活水平也得到显著提高,越来越多的人渴望得到更多的科学文化知识。这些新的变化促使高校图书馆社会化服务也发生着翻天覆地的变化。

2015年底,教育部颁布《普通高等学校图书馆规程》,其中明确提出:"有条件的高等学校图书馆应尽可能向社会读者和社区读者开放。"自此,国内绝大部分高校图书馆都开始研究、开展社会化服务,其中尤其是被教育部列为"985工程"和"211工程"的大学的图书馆,其社会化服务开展得更加深入。2005年,中国高校图书馆馆长论坛在武汉举办,参会的各高校图书馆与会人员在最终拟定的大会宣言中提出:"高校图书馆的资源应在满足本校读者需求的前提下,努力向社会、社区开放。"这个宣言的提出,是我国高校图书馆主动要求承担更多社会公共文化服务的倡议书。2008年,《图书馆服务宣言》由中国图书馆学会颁布,其中明确强调了高校图书馆应当开展社会化服务这一重要服务事项。自此之后,国内各高校图书馆的社会化服务从最基础的传统服务开始,也开始摸索,增加了不少新的服务内容,如科技查新服务、某类行业的专业性专题服务等。

根据国家社科基金项目"图书馆核心竞争力的研究"课题组对我国中央部委所属高校、省(市)所属高校及高等职业技术学院三类高校社会化服务工作的调研数据显示,所调研的中央部委所属高校中,已经开展社会化服务的高校占60%,准备开展社会化服务的高校占20%;在省(市)所属高校中,已经开展社会化服务的高校占42.2%,准备开展社会化服务的高校占24%;在高等职业技术学院中,已经开展社会化服务的高校占38.5%,准备开展社会化服务的高校占17%。虽然近年来国内大学的图书馆社会化服务无论从开展的数量上还是服务的范围上,或是服务质量上,都有较大程度的改进,但与国外发达国家的高校图书馆社会化服务相比差距依然明显。因此,学习借鉴国外高校图书馆社会化服务的有益经验,完善我国高校图书馆社会化服务依然任重而道远。

2. 我国高校图书馆社会化服务的主要方式

(1) 有限开放

现阶段我国高校图书馆社会化服务的形式以采用有限开放这种形式的居多。江苏大学校长袁寿其的一番话道出了选择这种开放方式的原因,他认为,高校图书馆提供社会化服务,是应该值得肯定的,但"学校图书馆的容量是有一定限度的,我们本身的学生就很多,有时学生还会抢位置,开放后可能会加剧这种情况"。因此,高校图书馆社会化服务,"可以先开放一部分,或者市民办理借书证,但不在图书馆内阅览"。绝大部分高校图书馆在优先考虑校内教职员工的用馆需求基础之上，通过一定的限定条件，向特定数量的社会公众发放图书证，社会公众可以凭证进馆享受服务。

为了避免社会公众日常使用图书馆与校内教职员工发生资源使用上的冲突，高校图书馆通常对社会公众使用图书证的时间也有所限定，主要将服务时间安排在大学处于寒暑假期间的特定时间段。另外在服务内容上，社会公众也并不会完全享受到与校内教职员工一样的内容。一般来说，高校图书馆通常只为社会公众提供文献信息传递服务、电子数据库查询服务、信息参考咨询服务及继续教育培训服务。四川大学在图书证办理上，要求办理借书证和长期阅览证的社会公众，必须携带本人合法身份证明、所在单位介绍信和1寸照片办理，而且还要交200元押金。办理临时阅览证的社会公众只需携带本人合法身份证明办理即可，但不能外借图书，只能在馆内阅读。西南石油大学图书馆在开放群体上只面向学校所在的新都区机关、事业单位和地处新都区的科研院所。西南民族大学则是面对学校所在的成都市武侯区、高新区和双流县行政区划内的社会公众及民族地区驻蓉机构开放，而且办理图书证也都要求必须持有本人合法身份证明及所在单位介绍信，并交纳押金。在提供服务方面，西南石油大学和西南民族大学面向社会公众有限开放文献资源与服务，电子科技大学只提供到馆阅读服务。此外，其他高校提供的服务也主要以借阅服务为主，基本不提供其他服务。

（2）联合开放

我国高校图书馆社会化服务的另一种主要形式是联合开放的形式。很多高校图书馆采用这样的形式是为了回避在短期之内无法解决的、社会化服务过程中无法回避的体制与管理问题，以求更快速地开展服务，实现资源共享。比如东南大学校长易红就对这个问题，提出过自己的看法。他认为，以自己所在学校来看，目前学校图书馆的资源即使能满足校内师生员工的需求也捉襟见肘，"做到完全开放，还有一定的困难"。但有困难不意味着高校图书馆要保持封闭，他认为，"图书资料可以跟社会图书馆合作，实现资源共享，市民可以借阅"。成立于2008年的吉林省图书馆联盟，由吉林大学图书馆、长春大学图书馆、长春理工大学图书馆等在长春的高校图书馆与吉林省图书馆共同合作构建，开创了我国高校图书馆与公共图书馆联盟之先河。在联盟中，任何成员中的读者到其他馆内都享有与本馆读者相同的待遇，这实际上是联盟成员之间形成了一种接近于完全开放的状态。2012年，武汉高校图书馆、华中科技高校图书馆等5所在武汉高校的图书馆与武汉市图书馆成立武汉图书馆联盟，希望在发扬吉林图书馆联盟优势的基础上，寻求更多的社会化服务突破。除了直接联盟，还有一些高校图书馆与公共图书馆共建分馆实施社会化服务，如广州高校图书馆与广东省立中山图书馆在广州大学桂花岗校区合作共建桂花分馆。除了以上这种公共图书馆与高校图书馆联盟合作开放的形式，更有部分高校图书馆与校外企事业单位联合开展业务合作，如中国矿业高校图书馆与几十家煤炭企业共同组建中国煤炭工业协会科技文献信息咨询专业委员会，中国矿业高校图书馆无偿向委员会成员单位提供信息参考咨询等服务。

（3）共建开放

除了上述两种形式，随着一些大学在办学体制上的创新摸索，一些高校图书馆利用这样的机会与所在行政区域政府展开合作，这不仅为高校图书馆社会化服务又探索了一条新路，也提高了高校图书馆的社会影响力。这方面做得比较好的如山东省的聊城大学。聊城地处鲁西，经济发展水平在省内处于后位，发展也相对落后，聊城市图书馆由于长期的投入不足，无论从硬件条件还是软件条件，都难以满足聊城市公众的服务需求。而聊城大学图书馆的软硬件条件相对较好，与投入大量资源新建或扩建公共图书馆相比，充分开发利用大学图书馆潜能可以获得更好的效果，也可以为地方政府节约大量资源。因此，聊城市政府与聊城大学开始合作成立校地共建馆。共建馆在满足校内师生员工的科研、教学基础上，政府以政策、资金为扶持，通过市场化的管理方式，为地方政府和社会公众提供各类信息服务，收到了极好的效果。聊城大学图书馆充分利用馆藏资源和大学的专业人才，为政府提供有关决策的依据，为当地农业发展提供信息技术支持和市场信息服务，为地方企事业单位提供各种科技资讯服务以及查新服务，还为社会公众开办各类继续教育培训班、技术学习班、各种讲座，甚至还开办了网络大学。除了政府的各类资源扶持，聊城大学图书馆还在馆内为社会公众及企事业单位提供延伸服务，提供图书、文具及各类出版物的销售和打印服务。这样不但丰富了图书馆的公共文化服务功能，而且通过延伸服务获得的少量经济收入，弥补了社会化服务给大学图书馆造成的资源占用。聊城大学与地方政府合作共建馆的这种方式，不仅实现了校地资源共享，还扩大了大学的社会影响力，更为社会公众提供了高质量、充足的公共文化服务。这样的社会化服务方式，可以在总结经验的基础上，在有条件的地方实现推广，拓展大学图书馆社会化服务的路径。

3. 我国高校图书馆社会化服务取得的成绩

（1）社会化服务的领域逐渐扩大

当前，我国高校图书馆社会化服务的领域呈现出不断扩大的发展态势。比如，高校图书馆的服务对象从最开始的只为校内师生员工提供业务服务逐渐扩展到首先向一般社会团体提供社会化服务，接着向大学所处行政区域的社会公众提供服务。随着高校图书馆信息化程度及网络技术的不断提高和发展，传统的以行政地域或者特定行业为开放服务对象，已经被部分高校所突破。这些高校的对外开放服务对象已经扩展至全国甚至国外不特定区域内的对象。当然，超出行政区域提供社会化服务的大学，在当前还仅仅是个别有条件的大学，而且即使提供服务也要满足一定的限定条件，就国内多数大学而言，基本能实现向所在行政区域内的所有公众提供服务。在开展社会化服务的过程中，最初时期绝大部分高校图书馆因为种种顾虑，为希望得到社会化服务的对象设置了很多限定，比如有些高校图书馆考虑，实施开放服务可能会让很多社会人员进入相对封闭的校园，这些人员的进入有可能会影响大学校园内正常的教学、科研秩序，存在着一定的安全隐患；还有的认为，过多的社会公众进入高校图书馆享受服务，会占用校内师生员工的资源，影响教学、科研任务的展开。因此，为了避免这样的事情出现，高校图书馆设置了严格的准入门槛，以避免大量校外人员进入高校图书馆，比如，要求必须提供所供职单位介绍信，要求必须明确使用高校图书馆服务的具体用途，或者明确要求必须具有本行政区域户籍的等，甚至还有某些大学明确规定社会化服务所针对的服务对象只限定于本校毕业的校友。这些办法施行过一段时期后，各高校图书馆发现之前所担心的问题并没有发生，而严格的限制措施却违背了高校图书馆社会化服务的本意，所以一部分大学开始简化规定，很多大学仅要求提供法定身份证明就可以办理大学图书证，这大大方便了社会公众更好地获得高校图书馆服务。

另外，高校图书馆向社会公众提供服务的内容范围也是一个逐渐扩大的过程。最早实施社会化服务的高校图书馆,一般仅向社会公众开放提供少部分馆藏资源,而且对馆藏资源借阅的限制也非常多,这非常不利于社会公众充分利用高校图书馆资源。但随着高校图书馆环境和条件的不断改善,新设备、新技术不断在图书馆领域应用,高校图书馆提供服务的内容范围限制也渐渐放开,有效增加了社会公众使用服务的积极性。我国高校图书馆社会化服务的领域伴随着时代的发展和客观环境的变化正在逐渐扩大,但这个过程不会是一个一蹴而就的过程,所以,高校图书馆社会化服务的领域还有待于进一步挖掘和发展。

(2) 社会化服务的内容逐渐增加

高校图书馆社会化服务不但在开放的领域上逐渐增多,而且在服务的内容上也更加丰富,从最初的馆内一般书报刊阅读逐渐发展到专业资料的阅读和借阅。在此之后,随着计算机的普及和电子信息技术及互联网在高校图书馆的普及,高校图书馆社会化服务的内容也随之增加。截至目前,我国高校图书馆提供社会化服务的内容主要包括以下几类服务。

第一类为实体文献借阅服务。这一类服务是图书馆系统,当然也包括高校图书馆,为服务对象提供的最为基础也是最传统的服务。它利用高校图书馆内所藏有的实体书刊资料,通过向满足特定要求的社会公众发放本馆图书证,校外人员持图书证使用这些实体书刊资料,以获取所需的科学文化知识。高校图书馆的这类服务,不仅有利于充分调动馆藏资源效率,发挥大学服务社会的职能,也可以更好地发扬大学所具有的文化传承创新职能。当然,向社会公众发放的本馆图书证数量,要充分考虑图书馆的自身服务能力,要以不妨碍校内师生员工使用图书馆服务为前提和基础。

第二类为数据库虚拟信服务。随着数字技术和互联网在各高校图书馆的普及，国内几乎全部高校图书馆都设立了自己的网站，以方便用户了解和使用馆内资源。各高校图书馆网站根据自己的实际情况，在网站上发布相关信息，并提供某些数据库虚拟信息服务，以供用户选择使用这些内容。而且数据库虚拟信息服务没有时空限制，不会增加馆舍使用面积，也不会对校内教职员工产生直接影响，具有很多优点。

当前，多数高校图书馆能够为用户提供的数据库虚拟信息服务主要有五大类。一是某些付费的数据库检索下载服务。这些服务对于校内教职员工来说是免费使用的，但社会公众如果想使用这些服务，就必须向所申请的高校图书馆支付一定的服务费用之后，由高校图书馆提供相关数据库的用户名和密码，只有这样申请此服务的社会公众才可以使用相关服务。二是各大学自身优势资源数据库的检索下载服务。对于大学来说，其在发展过程中都形成了能够体现自身特色的优势学科，其所属的图书馆也会对本校优势学科相关的资料予以优先收藏。另外，高校图书馆所处的行政区域相关地域的具有区域特色的资源，一般也是各高校图书馆优先予以补充的，这两类资源形成了各高校图书馆具有各自特点的优势资源数据库。这类数据库不但有利于提高社会公众对某一领域问题了解时检索的便利性，而且有利于为本地相关行政部门在解决这一领域问题决策时，提供足够的资料支撑。三是文献数据信息导航服务。对于使用数据库虚拟信息服务的用户来说，网络上的信息浩如烟海，即使相关学科的专业人士也很难在如此之多的信息中找到自己想要的，而且就算找到，也是费时费力。为了解决这个问题，各高校图书馆普遍提供了文献数据信息导航服务，按照学科门类进行归类，将常用的信息链接站点收集汇总起来,以方便校内外数据库使用者。

第三类为科技信息资源查新服务。知识经济时代,科技发展速度日益加快,社会各行各业普遍将科技进步放在了十分重要的地位上,在重视科技发展的同时,科技查新的地位也日益凸显。科技查新服务是科技管理部门在管理科研立项、科研成果鉴定、科技企业认定、科研资金支持等管理活动所需要的重要判定依据,只有由具有相关资质的科技查新机构出具科技查新报告,科技管理部门才能在上述管理活动中予以认定。过去,相关的科技查新机构仅设立在各地省级科技管理部门附属的科技信息研究所。由于数量太少无法满足用户的需要,很多省份遂将相关资质发放给一些重点高校图书馆。与科技管理部门附属的科技信息研究所相比,高校图书馆在查新人员的专业素质等方面都更容易让用户接受。此外,高校图书馆提供科技查新服务,也分担了科技管理部门附属的科技信息研究所的工作压力,大大增加了用户的查新效率。目前,科技查新服务已成为高校图书馆社会化服务中一项重要的服务内容,也是各大学服务地方经济社会发展的一个相当重要的手段。

第四类为参考咨询服务。当前,参考咨询类服务不仅是高校图书馆社会化服务中最为常见的一类服务,也是社会公众向高校图书馆提出最多需求的服务。高校图书馆提供的参考咨询服务主要包括两种类型:一种是常规咨询服务,主要服务方式为 FAQ、表单咨询和实时咨询;另一种是专题咨询服务,主要是为专业技术人员解答某些专业问题。但无论是哪种参考咨询服务,都必须基于所在高校图书馆所拥有的学术资源,具有较高专业素质的服务人员以及必要的电子信息技术。

电子信息技术的引入,也为传统的高校图书馆参考咨询服务带来了巨大的变化。过去的高校图书馆参考咨询服务仅能为到馆人员提供服务，而且效率较低，引进电子信息技术后，不但地域上的限制没有了，而且还大大地提高了服务人员的工作效率。有条件的高校图书馆还开通了在线服务功能，可以实时提供服务。另外，有的高校图书馆还对传统的参考咨询服务模式进行了革新。传统的参考咨询服务是一种被动等待用户来寻求帮助的一种模式，在这种模式下，丰富的高校图书馆馆藏资源与社会上巨大的科技知识需求无法对接。面对这种情形，一些高校图书馆开始在参考咨询服务上变被动为主动，适时搜集一些社会热点问题，利用高校图书馆丰富的馆藏资源和大学的专业人员进行分析、归纳、总结，最终形成研究结果公布于高校图书馆的网站上，以供有需要的社会公众参考。还有的高校图书馆，根据不同群体或行业提供专项服务，比如针对农民群体，可以提供相关的农业生产资料分类目录，为不同需要的农民推荐解决其问题的常用参考资料。随着更多的信息技术和手段运用到高校图书馆参考咨询服务，传统的参考咨询服务将面临着重大变革，未来的高校参考咨询服务将更多地展现信息资源的价值，将为高校图书馆创造更多的社会效益，为用户创造更多的经济效益。

第五类为继续教育培训服务。过去的高校图书馆，针对校内教职员工会经常开展各种讲座与专题培训，这实际也是一种继续教育形式。目前，很多高校图书馆已经将这种形式的受众不仅仅限定于大学校园内，更是开始对校外的社会公众开放。高校图书馆在开展校外的讲座与专题培训之前，一般都会针对某一具体问题或者社会热点，要么就是某一行业急需进行资料准备；还有的高校图书馆与所在地各类行业管理部门合作，针对这些管理部门的服务对象的需求进行信息搜集、分析、整理和人员配置，充分发挥高校图书馆的馆藏资源优势及所在高校具有的相关专业人员素质优势，为其开展有关提高管理能力或者了解行业发展趋势的继续教育培训服务。这样，不但图书馆的各种资源被充分有效地调动起来，更是成为高校图书馆回报社会的有效方式。

（四）高校图书馆社会化服务存在的问题[①][②]

1. 社会化服务的思想观念落后

高校图书馆隶属于高校管理，依附于高校生存发展，一直只为本校师生服务，而现在需要高校图书馆开展社会化服务，高校的原本管理模式肯定不适合，为社会服务，由管理可能会造成一系列问题，导致图书馆混乱、图书馆馆员工作量上升和书籍借阅出现问题等。图书馆社会化服务正处于初期阶段，图书馆馆员思想观念还在转换当中，不知道对社会的服务和对学生服务的区别，再加上图书馆长期对社会自守，图书馆馆员缺乏竞争意识，一旦开展社会化服务，对馆员也是一直挑战，馆员需要付出更多的精力和时间在图书馆管理上，长期这样下去，如果没有什么措施，馆员就没有动力。另外，高校本来就因为安全问题，不让校外人员进校，所以很多高校都不同意社会化服务，社会化服务开展比较难，这是对高校管理的进一步挑战。还有，社会人员大多对于图书馆的认识也仅仅在为学生服务的层面上，对于高校的社会化服务不知道，在他们心中，高校不是他们能够进入的，更何况是图书馆的大门。但是人民日益增长的需求需要高校图书馆开展社会化服务，社会大众渴望高校图书馆进行社会化服务。因此，落后的思想观念导致图书馆难以向社

[①] 汪聪，杨晓晴. 高校图书馆社会化服务的调查与思考[J]. 图书馆工作与研究，2013，(11)：31-33.

[②] 谢丽娟，郑春厚，吴庆伟. 中美高校图书馆社会服务比较研究[J]. 图书馆建设，2009 (02)：64-67.

会开放，图书馆的资源不能合理利用，公众不能使用高校图书馆的资源。图书馆思想观念落后是制约图书馆社会化的重要原因。没有先进的进步社会化思想，即使资源再多、再好，设备再先进，都是不行的。高校图书馆社会化服务应当为社会经济建设的发展提供一份助力，图书馆资源得以利用，民众也能借阅图书，从而增强自身素质，实现终身学习。

2. 社会化服务的相应法律法规缺失

从国家的层次上看，只有对高校图书馆社会化的引导，缺乏明确的、强制性的专门法律。我国教育部于 2002 年 2 月 21 日修改的《规程》中的第 21 条提出倡导性意见："有条件的高等学校图书馆应尽可能向社会读者和社区读者开放。"于 2004 年 3 月 14 日修订的《宪法》中的第 22 条规定："国家大力促进人民生活质量和精神需求，为人民服务，图书馆等文化事业需开展群众性文化活动。"但是这些法规也只是对高校图书馆开展社会化进行引导，用的词也都是"尽量""有条件"等模糊不清的词，没有法律的权威性，也没有明确的目标。因此，高校图书馆社会化服务需要强制性法律实行，保证高校图书馆社会化的进程。

从地方层级上看，2014 年，安徽省教育厅在《意见》中指出，全省高等学校需向社会开放，要最大限度地利用图书馆现有的各类资源满足校内外读者的需求，并且将高等学校的图书馆、体育场、教学楼、实验室等都列为应开放范围。《意见》出台后，多省高等院校对社会开放，其中有本科院校，也有高职专科院校，由于高校在管理方面不太完善，同时也要考虑学生的学习生活，所以开放时间与方式都有规定，各高等学校之间也不相同。开放时间一般都是本着优先考虑本校师生的基础上，向社会开放，有的是周末开放，有的则是寒暑假。开放方式也是不一样,有的只有在规定的日子居民凭借有效身份证明可以进馆阅读,有的高校不但允许居民进馆阅读,还可以让居民办理借阅证以外借图书。从图书馆行业上看,中国图书馆学会也同样缺乏明确的章程,对下面的各省高校图书馆同样也是没有指导性和强制性的政策和规定。2005年6月,以武汉地区为首,60多所大学图书馆馆长签订《宣言》,对信息需求和资源共享有所承诺。2008年10月,中国图书馆学会的《图书馆服务宣言》在重庆召开,指出了图书馆对社会开放以及全体社会成员都能享有图书馆服务。这些文件都为高校图书馆社会化提供了帮助,但是也不具有监督和管理图书馆的权力,高校图书馆社会化不知何去何从,我国的高校图书馆社会化缺乏明确规定。

3. 社会化服务的社会宣传力度不够

高校图书馆拥有种种优势,资源优势和人才优势都是公共图书馆不能比的,但由于思想的约束,很多社会读者对高校图书馆社会化服务是不了解的,他们也不会去问图书馆是否社会化,导致不知道图书馆的社会化服务。这是很多种原因导致的,其中有一个非常重要的原因,就是图书馆由于传统的观念约束不会在社会上宣传,只注重自身的发展,传统的思想观念导致图书馆难以向社会开放,图书馆的资源不能合理利用,公众不能使用高校图书馆的资源。思想观念落后也制约图书馆工作的各方面,图书馆必须大力宣传,才能对落后的观念进行改变,才能使公众更好地接受。因此,宣传图书馆社会化服务是比较重要的任务,高校图书馆的社会化服务发展离不开宣传。

4. 图书馆缺少动力和激励机制

由于受到国家政策的影响,高校图书馆无法发挥公益性文化服务的作用。高校图书馆社会化服务缺乏明确的指导性政策,高校对图书馆社会化没有明确的目标,也不知道该如何实行,高校图书馆社会化实行程度很低,限制了图书馆在公益性文化服务上发挥作用。除了受到法律的影响,在管理制度的约束下的图书馆社会化服务,也不能实现社会公益性的职能。我国的很多图书馆都在逐渐开展社会化服务,但图书馆管理体制的不完善,阻碍了图书馆社会化服务的发展,也无法发挥图书馆的公益性职能。另外,图书馆社会化服务得不到政府和有关部门的经济补贴。政府和社会应当给予图书馆一定的资金支持,通过经济补偿,提高图书馆社会化服务能力,保障图书馆社会化服务的开展。高校图书馆社会化服务中,国家和地方政府都没有奖惩措施,高校图书馆在不同的地方有不同的条件,国家和当地政府应根据高校图书馆的实际情况,出台相应的奖惩措施,支持图书馆社会化服务。此外,教育主管部门也没有将高校图书馆社会化服务纳入高校评估系统,从目前和评估上面看,没有哪个环节哪个部分将图书馆社会化服务作为高校评估的一部分,高校自然没有动力进行图书馆社会化服务,对图书馆社会化的重视程度也不高。教育主管部门应当意识到高校图书馆开展社会化的重要性,把高校图书馆社会化服务作为高校评估的一项指标,促进高校图书馆社会化的发展。还有,高校本身也未给予不重视,没有将图书馆的社会化作为工作绩效。将图书馆的社会化作为工作绩效有利于提高馆员的热情,使其明确各自的职责,建立激励机制的图书馆社会化服务,促进图书馆社会化的更好发展。

5. 图书馆馆藏资源的适应性不强

开展图书馆社会化服务,社会读者的需求不同,他们所需要的图书也不一样,高校图书馆的馆藏适应性不高。一方面是文献资源的专业性太强,高校图书馆是为师生服务,馆藏资源都是围绕师生所需要的,基本都是教学、科研、专业等方面的资源,这些资源对于那些抱着娱乐消遣的校外读者来说,明显不适应他们的需求。由于专业性强,高校图书馆馆藏资源无法满足所有社会读者的需求。另外,图书馆的经济状况也不容乐观,没有多余的资金去购买那些倾向社会读者需求的书籍,制约了图书馆的社会化发展。另一方面,图书馆文献资源不具有地方特色,一般来说,图书馆最吸引校外读者的就是地方特色资源,但高校图书馆基本都没有这类地方特色资源,自然而然就制约了图书馆为地方服务,限制了图书馆的社会化发展。

6. 图书馆财力资源存在困难

高校图书馆的社会化服务,需要资金的保障才能全面开展。图书馆资金来源单一,基本都靠高校进行投入,但目前是信息时代,各类资源与数据库越来越贵,图书馆的资金来源满足不了同步增长的各类图书馆必需的资源,导致图书馆资源越来越老化。图书馆也无力购买先进的设施和技术,从软件和硬件上,图书馆都不能满足公众的要求。我国图书馆还缺少社会关注,缺少高校对图书馆的投入和社会的援助。高校图书馆的投入一直以高校投入为主,以社会捐款和图书馆自身业务为辅,高校投入一直不高,这就限制了图书馆社会化服务的发展。另外,图书馆的资金投入满足不了增长的信息资源成本,有限的资金无力购买先进的设施和技术,图书馆社会化发展非常艰难。随着各行各业的发展和社会的进步,成本越来越高,书刊价格也年年攀升,在资金紧缺的情况下,图书馆只能减少书刊订购量,馆藏资源减少,公众对于信息需求本来就是越来越高,成为图书馆社会化服务发展的阻力。此外,我国的数据库高度垄断,数据库价格年年增长,图书馆对电子资源的需求要求每年都得购买数据库,使得图书馆每年都有巨大的压力购买数据库,到最后只能是资金不足,无力购买。总之,资金投入的不足严重影响了我国高校图书馆社会化服务的发展。

7. 图书馆人力资源存在困难

在我国,高校图书馆的在编人员都是通过图书馆的馆藏资源和校园内师生数量等因素决定的,馆员的数量是一定的。如果实行社会化服务,工作量必然会增加,人才需求也会增长。另外,目前我国的图书馆馆员的专业性人才紧缺,远远不能满足图书馆的需求。还有,图书馆管理的专业人才也极其缺乏,图书馆社会化发展受到阻碍,限制了图书馆的社会化服务发展。

(五)高校图书馆社会化服务的对策[①]

1. 转变社会化服务的观念,树立社会化思想

高校图书馆开展社会化服务,首先要做的就是转变社会化服务的观念,树立社会化的思想。高校图书馆隶属于高校管理,依附于高校生存发展,一直只为本校师生服务,可是人民日益增长的需求需要高校图书馆开展社会化服务,社会大众渴望高校图书馆进行社会化服务。转变理念,必须要高校图书馆和社会普通公众共同努力,一方面是图书馆,高校图书馆馆员和图书馆管理人员,都要改变以前只为师生服务的旧观念,转变自身想法,为校外人员服务,不该把图书馆看成是属于高校的图书馆,而应当将图书馆看成是为师生和社会共同服务的图书馆,逐步地发展图书馆社会化服务。另一方面是社会大众,在社会的旧思想中,社会人员大多对于高校图书馆

---

① 王永忠,牛淑红. 浅谈高校图书馆社会化服务的现状和保障[J]. 图书馆理论与实践,2009,(11):98-99.

的认识也仅仅是停留在为学生服务这一层面上。这种想法是对高校图书馆的一种误解，社会大众需要改变这种观念。高校图书馆就是为师生和社会服务，图书馆的资源应该合理地被利用，人们使用图书馆资源是为了解决自身的问题，满足自身的需求。图书馆思想观念落后是制约图书馆社会化的重要原因，没有先进的进步社会化思想，即使资源再多、再好，设备再先进，都是不行的。

2. 建立完善社会化服务的法律法规和规章制度

高校图书馆开展社会化服务需要政策的支持和保证。国家、地方层级出台了一些关于高校图书馆社会化服务的文件，这些文件为高校图书馆开展社会化服务提供了一定程度的帮助，但缺乏权威性，使得高校图书馆社会化不知何去何从。高校图书馆社会化服务需要法律和政策的保证实施，以指导图书馆社会化服务的开展。

从政策上，政府部门应当大力宣传和支持图书馆的社会化服务，为图书馆社会化服务打开方便之门，高校和图书馆需转变自身旧观念，坚持理论结合实践，共同促进图书馆社会化服务的进程。从法律方面，应当尽快出台《图书馆法》，强制性发展高校图书馆社会化服务，把一些规定写入《图书馆法》，图书馆社会化服务就按照《图书馆法》上的内容来执行。如果图书馆社会化服务在实施过程中遇到问题，也有法可依，有明确的规定，保证图书馆社会化服务的实行。只有政策和法律的共同保障，图书馆社会化服务才能有条不紊地开展，图书馆的资源才能得到合理利用，为社会提供更优质的服务，同时保证图书馆的合法权利，让图书馆社会化服务一直持续不断地实施下去。

3. 开展社会化服务的宣传工作，提升社会影响力

社会读者对高校图书馆缺乏了解，不知道图书馆开展社会化服务这种行为。这是很多种原因导致的，其中有一个非常重要的原因是，图书馆由于传统的观念约束，没有在社会上宣传。对于高校图书馆的宣传，不仅要在学校进行宣传，还要在社会上进行广泛宣传，做好本校师生、图书馆馆员和社会读者等方面的工作。社会人员中的大多数对于图书馆的认识也仅仅停留在为学生服务这一层面上，对于高校的社会化服务不了解。因此，为了更好地开展图书馆社会化服务，图书馆要做好宣传工作，根据地区居民的特点，有针对性地进行宣传，并在宣传的过程中可以适当了解他们的需求，以便图书馆更好地开展社会化服务。宣传可以先从周边开始，慢慢延伸，对图书馆的服务各方面进行讲解，引起社会的广泛注意力，激起社会大众去图书馆的热情，提高社会化影响力。

4. 制定图书馆动力和激励机制

首先，权威性的国家政策的明确指导，能够为高校图书馆提供动力。但是国家对于高校图书馆社会化服务缺乏明确的指导性政策，导致高校对图书馆对于开展社会化服务没有明确的目标，也不知道该如何实行，使得高校图书馆社会化实行程度很低，就这限制了图书馆在公益性文化服务上发挥作用。

其次，完善合理的管理制度也能为图书馆提供动力。我国很多图书馆都在逐渐开展社会化服务，在一些公共图书馆建设欠缺的城市，高校图书馆实行全面对外开放，在社会化服务方面做了自己的努力，并一步一步推进。但即使图书馆非常渴望开展社会化服务，由于图书馆管理体制的不完善，阻碍了图书馆社会化服务的发展，使其无法发挥图书馆的公益性职能。

再次，政府和有关部门的经济补贴也是图书馆社会化服务的动力。高校图书馆在开展社会化服务过程中，国家和地方政府都应当有明确的奖惩措施。高校图书馆在不同的地方具备不同的条件，国家和当地政府应根据高校图书馆的实际情况，出台相应的奖惩措施，支持图书馆开展社会化服务。

最后，教育主管部门也应当将高校图书馆社会化服务纳入高校评估系统，这样高校自然有动力进行图书馆社会化服务。此外，高校本身也应重视图书馆的社会化服务工作。将图书馆的社会化服务作为工作绩效，建立激励机制，有利用提高图书馆馆员的热情，使其明确各自的职责，加快图书馆社会化服务的进度。

5. 社会化服务的资源保障

充足的馆藏资源保障是图书馆开展社会化服务的基础。图书馆通过了解社会读者的需求加以满足，丰富馆藏资源，使社会读者更好地使用图书馆资源，对图书馆资源合理利用，有利于保障图书馆社会化服务，加快图书馆社会化服务的步伐。

对图书馆社会化服务的资源保障包括：加强对各类资源的购买；实体资源和虚拟资源合理整合；图书馆资源整合和资源共享。图书馆社会化服务的资源保障最根本的还是加强对各类资源的购买，丰富馆藏资源。图书馆开展社会化服务之后，馆藏资源除了围绕师生所需要的教学、科研、专业等方面的资源，还需要针对社会读者的阅读习惯、阅读总量等信息需求，有针对性地进行图书购买。当然这其中要有一个度，既要保证师生的馆藏阅读不受影响，又要兼顾校外读者的需求。要力求对图书馆的资源进行保障，合理整合实体资源和虚拟资源，将不同的资源，按照一定规律重新整合，使这些不同的资源形成一体化的有机整体，合理使用图书馆的资源并使资源利用最大化。对图书馆社会化服务的资源保障还有区域图书馆联盟，通过区域内的资源整合和资源共享，最大限度地发挥图书馆的作用。不同性质的各馆之间通过网络进行联盟，取长补短，保障图书馆的合理利用，实现图书馆资源利用的最大化，以便为社会读者提供更优质的服务。

6. 社会化服务的财力保障

我国高校图书馆的资金来源一直以财政拨款为主，以社会捐款和图书馆自身业务为辅，财政拨款由所属高校统一进行各部门的分配。高校图书馆社会化发展，需要充足的资金保证。一方面，图书馆应积极争取国家和学校的财政投入，做好各部门的统计和预算，并以促进社会化服务发展为理由请求政府拨款；另一方面，高校图书馆应当积极扩展自身的资金收入来源，如可以考虑对某些信息服务进行适当收费。此外，高校图书馆应当大力宣传新思想，主动进行募捐，以得到社会的广泛关注，实现对图书馆进行捐款。通过这些保障，扩大开展图书馆社会化服务的资金投入，这样，才能保障图书馆社会化的顺利实行，不断提高图书馆社会化服务的质量，从而促使图书馆将优良的社会化服务反馈给社会。

7. 社会化服务的人才保障

高校图书馆开展社会化服务，人才是关键。首先，要积极引进新的图书馆馆员，除了图书馆专业方面的人才，还需要引进其他专业人才，使图书馆社会化服务的专业性更强，保证有足够的图书馆馆员为图书馆服务。其次，新时代背景下的图书馆员不仅要掌握本身的专业知识，还要热情积极地为读者服务，有强烈的事业心和责任感，具备优良的馆员素质。再次，高校要对图书馆社会化服务的馆员权益加以保障，制定合理的图书馆动力和激励机制，提升图书馆员的竞争力，加强图书馆员各方面的培养，提高图书馆员在社会的地位，提高图书馆员的薪资，使其为开展图书馆社会化服务努力奋斗。最后，图书馆馆员也应该树立"以人为本"观念，需转变观念，知道图书馆对外开放的必然性，大力支持图书馆社会化服务事业，充分发挥自身专业性，热情积极地为社会读者服务，塑造出良好的图书馆馆员形象。

第三节 社会化服务背景下少数民族地区图书馆特色资源建设

一、社会化服务背景下少数民族地区公共图书馆特色资源建设

2017年11月4日，第十二届全国人民代表大会常务委员会第三十次会议通过了《中华人民共和国公共图书馆法》，其中第四十一条提出，公共图书馆应当加强馆内古籍的保护、古籍宣传、古籍数字化，传承发展中华优秀传统文化。从条款里可以看出政府对古籍馆藏、特色馆藏的重视度以及新时代国家倡导"文化自信"的宏观表现。民族地区图书馆需要与时俱进，开发利用地方特色馆藏，保护和传承地方文化、少数民族优秀文化，促进民族地区图书馆可持续发展。

民族地区文化是中国特色社会主义建设事业的重要内容，民族地区文化建设对渲染中华民族传统文化的国际影响力有重要意义。图书馆是收藏文献资源、保存民族文化、促进民族文化发展的重要基地。民族地区图书馆的发展普遍落后于发达地区的图书馆，虽然多数少数民族地区地理位置偏远，交通、信息不发达，经济增长速度慢，科技发达水平较低，新型技术普及率不高，但是民族地区有其自身的地域特色、历史悠久的民族特色。依托自身的特色，定位

自身的功能,开发特色资源,建设本地区独有的特色资源库是民族地区图书馆的可持续发展道路。

公共图书馆的特色资源,通常是指公共图书馆依托馆藏特色文献信息资源,针对当地用户的信息需求,对某一专题或某一学科的信息资源进行收集、分类、整理,按照一定的标准与规范对其进行加工处理、标引、组织与存储,并向用户提供检索与利用的文献信息资源库。在当前数字化语境下,民族地区公共图书馆特色数据库的建设发挥着越来越重要的作用。一方面,特色数据库建设是民族地区公共图书馆数字化发展的核心内容,也是民族地区公共图书馆在数字化时代增强核心竞争力的重要途径;另一方面,特色数据库的建设有利于将民族文化进行数字化保存,促进优秀少数民族文化的网络共享与传播,为少数民族数字文化资源的整合奠定良好基础。近几年来,在全国文化信息资源共享工程、数字图书馆推广工程等项目的有力推动下,民族地区公共图书馆逐步建成了一批兼具民族特色与地方特色的数据库。公共图书馆作为地区文献信息中心,收藏各种具有地方特色和文化特色的信息资源,挖掘本地特色文化,根据本地需求建设特色数据库,为读者提供专题信息服务,从而为地方的文化建设和经济发展做出应有的贡献。

(一)社会化服务背景下少数民族地区建设公共图书馆特色资源的必要性

1. 民族文化传承的需要

中国各少数民族地区都有着悠久的历史和深厚的文化底蕴,蕴藏着丰富多彩的民族文化与历史文化,各地区公共图书馆承担着文献收藏、文化传承的社会责任。民族地区公共图书馆特色馆藏建设能够保存、传承、弘扬当地的特色物质文化和精神文化,加深民众对地方文化、传统文化的认知,增加文化归属感,文化自信。

2. 互联网时代的必然选择

在互联网、大数据时代背景下,人们日常生活方式发生了很大变化,而且很多传统行业的运营及服务模式发生了颠覆性变化。读者获取信息资源的渠道、途径也产生了巨大的变化。现代信息技术、"互联网+"渗透在各行各业中,图书馆也不例外。因此公共图书馆应顺应新时期的要求,加强地方特色馆藏工作的创新,加强特色馆藏建设利用,加快特色资源数据库建设。

3. 图书馆自身发展需求

回顾图书馆服务的历程,历经了图书馆传统文献信息服务、复合图书馆信息服务、数字化时代现代图书馆信息服务。图书馆的以纸质文献的收藏与利用为基本任务的模式转变为收藏与利用载体类型多样化、信息开发多样化和信息服务多样化的新模式。公共图书馆突出内涵建设,突出特色建设,既是互联网新时期的需求,也与图书馆事业未来发展的需要相吻合。

(二) 社会化服务背景下少数民族地区公共图书馆特色资源的选题

选题决定了特色资源开发的方向与使用对象。特色资源选题一般要求应遵循需求第一、特色为重、优势互补、先易后难、不重复建设的总原则。通过对民族地区省级公共图书馆特色数据库的分析,可将已建成的特色资源选题分为以下几种类型①。

1. 馆藏特色资源

民族地区公共图书馆长期致力于对民族文献、地方文献的收集,

---

① 冯云. 民族地区公共图书馆特色数据库建设现状调查分析——以我国民族八省区为例 [J]. 山东图书馆学刊, 2017, (4): 38-43.

在文献收集类型上日趋广泛，近年来逐渐重视对手稿、地方志、口述资料等文献资料的收集，形成了独具特色的馆藏优势。这些特色数据库均具有一定的民族特色与地方特色。

2. 地方文化特色资源

地方文化特色数据库是以民族地方特有的历史文化遗产、语言习惯、民俗习惯、独特的风景名胜为数据来源而构建的用以反映地方文化特色的数据库。民族地区由于特殊的地理环境、语言习惯以及宗教信仰等，在长期的发展中积淀了具有较为浓郁民族风情的文化资源，为地方特色文化数据库的建立奠定了良好的基础。

3. 专题特色资源

专题特色数据库是根据用户的特定需求，结合图书馆实际情况，围绕某一特定的研究专题而建立的数据库，旨在为特定用户和特定任务提供有针对性的专题信息服务。民族地区公共图书馆特色数据库可分为两类：一类是少数民族专题数据库，一类是红色文化专题数据库。

4. 非物质文化遗产资源

民族地区是非物质文化遗产较为集中的地区，少数民族在特定的地理环境下形成了独具特色的非物质文化遗产，这些文化遗产往往承载了少数民族社会文化发展的历史记忆。这些非物质文化遗产往往以传承人的"口传心授"世代相传，是少数民族文化存在和延续的根基。2011年2月25日我国颁布的《中华人民共和国非物质文化遗产法》中明确规定："文化主管部门应当全面了解非物质文化遗产有关情况，建立非物质文化遗产档案及相关数据库。除依法应当保密的，非物质文化遗产档案及相关数据信息应当公开，便于公众查阅。"民族地区公共图书馆为非物质文化遗产的保存以及为优秀民族民间文化弘扬、展示与传播提供了平台，不少民族地区公共图书馆将本地区非物质文化遗产资源进行收集与数字化保存，构建了具有鲜明地方特色与民族特色的非物质文化遗产资源库。

5. 面向特定用户的特色资源库

特定用户的特色资源库通常是为了满足特定用户群体的特殊需求而构建的资源库。在所调研的数据库中，有的民族地区省级公共图书馆针对少儿、农牧民等不同群体专门构建了数据库。

（三）社会化服务背景下少数民族地区公共图书馆特色资源建设存在的问题

虽然我国少数民族地区公共图书馆在特色资源建设的探索与实践方面取得了一定的成绩，但还存在一些待进一步改进与完善的不足之处①。

1. 缺乏统一的资源库建设标准

缺乏统一的建库标准一直是制约数据库信息资源共建共享的重要瓶颈，民族地区公共图书馆特色数据库的建设也并不例外。在已建成的特色数据库中，缺乏以下的统一标准：一是数据库资源描述标准与规范不同；二是数据库特色资源的组织、存储与发布规范不同；三是用户检索界面和检索语言之间尚未采用统一标准，数据库检索、利用与共享平台之间的兼容性、互操作性较差。不同民族地区特色数据库建库标准的不一致不仅阻碍了少数民族文化资源的共建共享、我国少数民族文化信息资源保障体系的构建以及整体效能的发挥，更不利于形成我国信息资源保障体系的独特性与核心竞争力。

---

① 宝晓红．浅谈如何加强少数民族地区公共图书馆的特色馆藏资源建设[J]．内蒙古图书馆工作，2012，(004)：49－51．

2. 缺乏合作共享意识

我国民族地区地域广大，不同地区之间公共图书馆事业发展不平衡，缺乏彼此相互合作的意识。目前，少数民族地区公共图书馆特色数据库建设合作意识较为欠缺，在一定程度上造成了资源的重复建设。以藏学文献特色数据库建设为例，西藏自治区图书馆、西藏大学图书馆、西藏民族大学图书馆、西南民族大学图书馆等都不同程度地收集了大量的藏学文献，在藏学文献特色数据库的建设过程中，倘若只着眼于对单一图书馆藏学文献的数字化，不仅会造成资源的浪费，还会加大数据库建设的成本。只有增强合作共享意识，采用联合建库的方式，才能有效降低数据库建设的成本，进一步提高特色数据库的建库质量，促进特色数据库社会效益的提高。

3. 数据库使用效能较低

当前，少数民族地区公共图书馆特色数据库信息服务效能较低，尚未充分挖掘数据库资源的文化价值与应用价值。首先，少数民族地区公共图书馆的特色数据库的资源内容有待充实。在调研中发现，虽然一些公共图书馆主页在数字资源中标明了特色数据库的栏目链接，但是在用户实际操作点击进入之后难以找到与之相匹配的信息资源，使很多数据库成为有名无实的"空壳"。其次，检索功能有待完善。一些数据库虽然按照用户的不同需求进行了分类，但是在检索需求的实现上难以满足用户的特定检索需求，特别是尚未挖掘特色信息资源之间的深度知识关联，一站式检索功能较为欠缺。再次，特色数据资源只是来自于对网页信息资源的简单获取与罗列，缺乏对信息资源的深度加工，导致信息资源质量不高。

4. 数据库版权意识较为缺乏

知识产权问题是特色数据库建设中普遍存在的问题。当前，少数民族特色数据库的数据库软件、自主数字化所建成的特色数字资源版权的保护等问题尚未引起足够的关注与重视。在所调查的特色数据库中，仅新疆图书馆有"版权说明"，新疆维吾尔自治区分中心完善心网站做出了"旨在保护知识产权权利人合法权益的措施与步骤，当著作权人依法可以行使著作权的权利人发现新疆维吾尔自治区分中心共享工程网站资源内容涉及其著作权时，具体事宜请联络新疆维吾尔自治区分中心"的公示，而其他民族地区公共图书馆特色数据库网站对版权问题并未做特殊说明。这表明数据库版权问题尚未引起我国民族地区图书馆的普遍关注。

5. 宣传推广不力

在所调查的民族地区公共图书馆特色数据库中，已建成的特色数据库利用率总体偏低，由于缺乏有效的宣传推广，影响了数据库的实际使用效果。一些公共图书馆特色数据库资源只限于局域网或本馆持证读者访问。例如，宁夏图书馆所建的西夏春秋多媒体、回族暨伊斯兰教文献、红色记忆多媒体资源库以及宁夏非物质文化遗产资源库等目前均只限于馆内访问，这在一定程度上限制了优秀少数民族文化在更广范围内的传播与弘扬。

（四）社会化服务背景下完善少数民族地区公共图书馆特色资源建设的措施

针对目前少数民族地区公共图书馆特色数据库建设中所存在的问题，依据特色数据库建设标准化、实用化、可扩展化、完整化等原则要求，可从以下几个方面对民族地区公共图书馆特色数据库建设进行进一步完善。

1. 统一资源描述标准

数据库建设的标准化和规范化是实现信息资源共享的必要前提。

特色数据库资源实现共建共享的关键在于信息资源的异构问题，解决对不同形态的资源存在类型，如文本、音频、视频等多媒体信息资源的一体化编目、索引、检索与访问。基于对最大程度发挥少数民族文献资源保障体系整体效能的考虑，民族地区公共图书馆在特色数据库资源建设，特别是少数民族特色文化数据库建设方面，应采取统一的数据描述标准以及数据库平台建设规范，为少数民族文化信息资源的共建共享打下良好的基础。

为了有效解决数据库资源描述的不一致问题，可以考虑采用统一的元数据资源描述标准。元数据，即为关于数据的数据，也就是可以容纳任何数字资源的结构化数据。这些被容纳的数字资源可以是单一的全文、目录、图像、数值型数据以及多媒体（如声音、动态图像）等，也可以是多个单一资源组成的资源集合，或者是这些资源生产、加工、使用、管理、技术处理、保存及其过程中参数的描述。它所具有的模块化、可扩展性、互操作性、多语种化等特点可以使不同的数据库平台实现统一管理与共享。

2. 走联合共建之路

联合共建是特色数据库产生规模效益和提高社会服务效益的关键。早在2003年，CALIS就提出了专题特色数据库的建设方案，遵循"分散建设、统一检索、资源共享"的原则，构建统一的公共检索平台，采取重点支持和择优奖励相结合的资助方式，鼓励具有学科优势和文献资源特色的学校积极参与专题特色数据库的建设，鼓励多个单位联合共建同一专题的数据库，并根据情况，给予一定的资金支持和技术支持。不同少数民族地区图书馆之间、少数民族地区与非少数民族地区图书馆之间以及与高校图书馆、科研机构图书馆等不同图书馆系统之间通过相互合作，共同致力于民族特色数据库的建设与开发，可以有效弥补少数民族地区单一图书馆在资金、信息技术、人力资源上的不足，避免重复建设所造成的资源浪费。此外，还可借助全国文化信息资源共享工程之力推进民族地区公共图书馆特色数据库建设进程。民族地区省级公共图书馆通常也是全国文化信息资源共享在各个民族地区的分中心，承担着民族地方特色资源的收集、整理、译制、加工等工作，并将加工后的优秀资源通过各级支中心、基层服务点及合作单位免费向广大群众提供服务，可进一步加强民族文化信息服务共享。

3. 完善数据库服务功能

当前，民族地区公共图书馆特色数据库使用效益有待进一步提高，最为关键的是要进一步完善数据库功能，提高建库质量。

首先，进一步补充与完善特色数据库资源内容。在选题上应从当地少数民族地区各族民众用户的实际需求出发，结合图书馆特色馆藏的具体情况，选取与少数民族地区文化、经济、社会发展息息相关的专题资源，在坚持突出民族特色与地方特色的基础上，不断对特色数据库资源内容进行丰富与完善。其次，进一步完善检索功能，构建统一检索平台。数据库统一检索平台应满足用户对网络信息资源的多种需求，在功能上能够实现分类浏览功能，并能实现对电子文档、图片、音频、视频、多媒体等多种文件类型的统一检索，以及对不同时间范围、地域范围等条件下的检索范围进行有效控制。通过设置必要的标题、关键词、分类号、出处、作者、摘要等检索项以满足用户不同的检索需求，并完善多级分类导航功能，增强特色数据库的浏览功能。再次，加强对特色数据库资源内容的深度加工，强调异构资源之间的知识关联，为用户提供积极主动的个性化信息服务，并尝试运用比较、逻辑、属性、限定、加权等运算符来建立系统的操作性较强的链接,实现特色信息资源之间的检索点之间的网状关联,以满足不同用户的多样化检索需求。

4. 提高数据库版权保护意识

在民族地区公共图书馆特色数据库版权保护方面,可采取以下措施。其一,以法律声明的方式保护数据库的版权。我国新修订的《著作权法》对权利限制条款进行了修改,同时确立了著作权集体管理机构解决版权统一授权的法律地位,为自建特色数据库中知识产权问题的解决与规避提供了法律依据。其二,制定相应的版权管理规章制度,如版权声明,并对保护作品范围、免责条款、技术保护措施、许可使用等方面内容进行有效的声明。其三,可采用数字技术保护措施(TPM)来控制访问数据库的权限。TPM是控制访问作品或者使用作品所采取的技术措施,包括控制访问的技术措施如数字口令、IP认证等以及控制技术,如电子签名、数字水印等。

5. 加大宣传与推广的力度

公共图书馆特色数据库建设的根本目的在于供用户使用,有效的宣传与推广是扩大数据库影响力、提升使用效益的必经途径。特别是少数民族地区公共图书馆的特色数据库,更是发挥着保存与传播少数民族文化的特殊职能,更需要在数字时代下实现少数民族文化的数字化传播与利用。针对目前少数民族地区公共图书馆特色数据库缺乏有效宣传与推广的现状,可通过在图书馆网站首页设立较为醒目的特色数据库服务链接,或采用滚动式公告形式加强用户对特色数据库的关注,也可在图书馆新闻公告栏中及时报道特色数据库的建设情况、资源更新与利用情况。

总之,少数民族地区公共图书馆特色数据库建设的关键在于要以创新的思维充分发挥数据库的价值,促进少数民族文化的数字化保存、传播与利用。而更为重要的则是，突出民族特色与地方特色，满足当地各族人民的多样化信息需求。

二、社会化服务背景下少数民族地区高校图书馆特色资源建设

《普通高校图书馆规程》（2015）中明确规定，高校图书馆要积极参与各种资源共建共享，发挥信息资源优势和专业服务优势，为社会服务。作为民族地区高等学校图书馆应积极整合特色资源，逐步向社会开放，为地方经济发展提供智力支撑。

（一）社会化服务背景下少数民族地区高校图书馆特色资源建设[①]的主要成就及特点

国内民族地区高校图书馆普遍重视特色资源的搜集、保存和保护工作，将特色资源作为图书馆的核心馆藏进行了专藏，并投入大量人力对其进行整序、修复和建库工作。特色资源的载体更加多样，传统的纸质文献外，实物、图片、音频、视频、口述等非书文献受到青睐，一些图书馆还建设了展示民族、民俗风情的博物馆，为保护民族语言文字文献和少数民族文化传承做出了努力，体现了学科特色、民族特色和地域特色，极大地丰富了中华文化的内涵，提高了中华民族的文化自信。

民族地区高校图书馆大多基于特色馆藏开展数字化建设工作。以民族、民俗、方志、古籍、民国文献为主。自建数据库以题录和文摘数据库为主，全文数据库较少。数据库在数据量、数据格式、发布平台和可用性等方面差异较大。比较而言，中国高等教育文献保障系统（China Academic Library & Information Systern，CALIS）特色资源数据库、大学数字图书馆国际合作计划（China Academic

---

① 中国民族图书馆编．民族图书馆学研究四第十次全国民族地区图书馆学术研讨会论文集［M］．沈阳：辽宁民族出版社．2008.

Digital Associative Library，CADAL）项目数据库以及国内知名商业数据库商参与建设的数据库质量和共享程度较高。

（二）社会化服务背景下少数民族地区高校图书馆特色资源建设存在的问题

与国内其他地区相比，民族地区高校图书馆在特色资源数据库建设方面所反映出的问题既有共性的又有个性的。其中，数据标准不统一、标引不规范、可获得性差、利用率和共享程度低、缺乏后期维护是共性的问题。此外，还存在以下涉及民族语言文字文献、边疆少数民族地方文献整合与利用等个性化问题。

1. 数据库数量多，规模小，数据质量良莠不齐

从已有成果看，国内民族地区高校图书馆特色资源数据库以题录、文摘型数据库为主，全文数据库较少，网站和机构知识库形式建设的特色资源数据库更是凤毛麟角。有的数据库仅仅是特色馆藏的扫描件，以图片格式存储起来；有的只是把特色文献的外部特征录入 Excel 表格，将表单的电子版视为数据库，没有对文献进行揭示和标引。这些基于馆藏的数据库，数据量少，数据描述简单，难以形成知识体系，使得数据库建设停留在从文献到文献的层面上。

2. 数据库建设分散，共享程度低

调查发现，民族地区高校图书馆在特色资源数据库建设中，仅有少数图书馆得到了 CALIS 和 CADAL 项目的经费或技术支持，数据库质量较好，实现了资源共享。绝大多数图书馆各自为政，埋头工作，数据库建设分散。由于建库过程中没有很好地解决版权问题，数据库访问受限，共享程度低。纵观整个民族地区高校图书馆，目前尚缺乏规模较大、数据相对完整、共享程度和利用率较高、有区域特色的数据库。

3. 手段落后，对资源的破坏性大

国内民族地区高校图书馆在特色资源数据库建设过程中，有的是自发行为，没有相应的经费资助和技术指导，一些所谓的数据库不具备可用性。主要表现为：有的图书馆在建库前没有对特色资源按主题进行分类，建成的数据库缺乏学科特色、地方特色；在元数据标引、格式规范等方面未执行较一致的标准，建成的数据库大多不具备统一元数据检索与分布式全文服务功能。从长远看，这些自建数据库不能与CALIS中心建立起特色库元数据收集及对象数据访问机制。绝大多数图书馆的特色资源数据库建设是阶段性或突击性工作，数据缺乏经常性维护和更新，建设的持续性较低；一些数据库建设工作游离于国家教育行政主管部门知识体系构建的外围，不能被纳入CALLS知识资源总库，不能在成熟的专题特色数据库运行平台上运行，造成图书馆人、财、物力的巨大浪费；一些图书馆在数字化过程中将纸本文献进行了拆装，损坏了文献的原貌，对资源的破坏性较大。

4. 重数字化轻数据化，重建设轻服务

民族地区高校图书馆在特色资源数据库建设过程中，普遍重数字化轻数据化。一方面，已建成的数据库中专题库较少，数据的揭示和标引粗放，数据间缺乏必要的知识关联，不利于形成知识集，可用性低下；另一方面，数据库检索途径少，缺乏高级组合检索，查准率不高。国内民族地区高校图书馆在特色资源数据库建设中仍停留在从文献到文献的数据库建设的初级阶段，尚没有结合读者文献需求进行深层次文献揭示、评价和提供知识服务。

当前，一些图书馆在特色资源服务方面甚至陷于既不提供特藏文献查阅也不开放数据库访问权限的尴尬境地。数据库的类型和数

据标准决定了数据库的质量,也是未来实现资源共享和跨库检索的重要前提。民族地区高校图书馆在特色资源数据库建设过程中,应尽可能采用国内外通用的数据著录标准、数据格式标准、数据标引标准、规范控制标准及协议进行系统化、逻辑化组织。此外,数据库的主题是否集中,检索界面是否友好,检索技术是否完善,检索结果和效率是否令人满意,都是衡量数据库优劣的主要指标。

(二) 社会化背景下少数民族地区高校图书馆特色资源建设对策与建议[①]

1. 重视数据库专题凝练和知识体系构建

数据库数量并不能准确反映各馆特色资源数据库的建设质量和发展水平,但在某种程度上能够说明各馆的建设规模和力度。针对上述民族地区高校图书馆特色资源数据库数量多、规模小、数据质量参差不齐以及数据库建设分散、共享程度低等问题,建议民族地区高校图书馆在未来的发展中,首先要在本地搭建平台充分展示各馆自建的特色资源数据库,实现区域内特色资源数据库的共享。其次,要不断凝练数据库的主题,构建区域性特色资源知识体系,实现特色资源的共建共享。

2. 对数据条目进行规范著录,提高数据库建设质量

针对当前我国民族地区高校图书馆在特色资源数据库建设中技术手段落后、未执行统一标准、缺乏元数据标引、对资源的破坏性大等方面的不足,提出对特色资源数据库相关条目进行规范著录、有效揭示,直接提供网上阅读服务的策略。

首先,鉴于CAMS中心和众多的地区中心门户有CALIS特色

---

① 郑荣,阿热依古丽. 新疆地区高校图书馆少数民族语言文献数字化建设研究 [J]. 情报科学,2018,36 (5):41—46.

资源服务系统，且当前民族地区高校图书馆质量上乘的特色资源数据库主要是 CALIS 三期项目成果，建议各自建单位自觉执行 CALIS 三期建设标准，在纸质特色馆藏数字化时，对数据库条目进行规范著录。其次，建议在被数据库收录的文献 MARC 数据中添加 856 字段，提供 URL 链接，将数字馆藏纳入图书馆的 OPAC 系统，通过统一检索，可有效提高资源的利用率。此外，通过 856 字段指引，将网络数据库与图书馆查询系统之间建立起基于 Z39.50 等协议的链接，便于读者使用。针对版权问题，图书馆可以设置访问限制，通过用户识别加以解决。最后，要提高自建特色资源数据库的建设质量，使建成的特色数据库不只停留在对文献的表面描述和分析上，要把文献中所包含的知识挖掘出来，揭示出某一领域的知识内容和资源的相互关系，构建一个具有知识内容性、层次关联性的知识体系。

3. 通过项目形式进行特色资源数据库的规范建设

杜绝任何形式的非标准建库工作，针对民族地区高校图书馆特色资源数据库建设中重数字化轻数据化、重建设轻服务等方面的不足，建议 CALIS 中心组织专家对民族地区高校图书馆前期建设基础较好或验收未达标的特色资源数据库建设项目进行后期资助和重点扶持。同时，指导图书馆对先期建设的非 CALIS 标准的"数据库"进行数据转换，尽快将其纳入 CALLS 特色资源服务体系。在数据化过程中，尝试引入关联数据技术对图书馆特藏资源按照主题进行聚合组织。项目经费考虑通过申请省级民委或教育厅重点项目，并争取承建馆所属高校的配套支持。教育部应在援藏、援疆的基础上，进一步拓宽援助范围，给予少数民族地区高校图书馆政策上和技术上的持续援助。有条件的高校图书馆可以参加 CASHL 的"特藏＋

+"项目或 CADAL 新建项目进行规范建设。要重视数据库的后期维护和常态化管理，尝试采用众包模式让用户参与特色资源数据库的建设工作。

4. 建设国家层面民族地区特色资源知识总库，实现资源共享

同一地区高校图书馆在特色资源的收集上既有同质性又有互补性，民族地区高校图书馆在特色资源数据库建设中要进行统筹和分工，走联合建库资源共享之路，为建设国家层面上的民族地区特色资源知识总库做准备。国内民族地区在行政区划上是独立的，但文化是相互融合的，没有清晰的地域界线。民族文献资源建设要打破地域界线，可以通过建设基于民族文化传承与发展的跨区域协同创新中心来实现。现阶段，民族地区高校图书馆应当以民族语言文字文献的搜集、整序以及对现有特色资源数据库的整合为出发点，凝练主题，协同发展。在资源的选择上尽量求全，要重视前期有一定基础的省（自治区）级社科院图书馆、公共图书馆、档案馆、非物质文化遗产保护中心已有资源的整合。

5. 重视宣传推介工作，实现特色资源数据库的价值

民族地区高校图书馆的特色馆藏以及基于馆藏的特色资源数据库是民族文化的载体，应当受到重视和充分利用，实现其价值。首先，要重视特色资源数据库的推介工作，让更多的读者了解并学会使用数据库，实现其服务高校教学科研的价值。其次，要将民族地区高校图书馆特色资源数据库建设工作纳入国家战略，实现其服务社会和国家战略的价值。同时，民族地区特色文化产业发展、文化产业园区建设、文化人才培养等民族地区文化事业的发展也离不开高校图书馆的文献支撑和智库支持。

党的十九大报告把"文化自信"提升到新的高度，中华民族的优秀传统文化是我们的自信源泉，是中华民族的精神命脉，是最深厚的文化软实力。民族高校图书馆民族特色数据库建设的关键在于突出专业学科特色与地方民族特色，满足高校学科建设和学术研究的信息需，对大学生树立正确的世界观、人生观和价值观也很有益处。民族高校以创新的思维充分发挥数据库的价值，促进了少数民族优秀传统文化的数字化保存、传播与利用，为民族现代化数字图书馆建设提供了强有力的基石。在民族特色数据库的建设过程中，各民族高校图书馆要"摸着石头过河"，不断发现问题，及时解决问题，重视民族特色文献和民族文化研究成果的整合，随时关注读者的需求变化，为建设中国少数民族文化信息总库而不懈奋斗。

第七章　信息资源共建共享背景下少数民族地区图书馆特色资源建设

第一节　信息资源共建共享概述

一、信息资源共建共享的概念

在传统技术条件下，信息资源共享一般是指信息物质载体的共享，即文献的共享。这种信息资源共享由于受到共享成本的限制，只能在一定空间和一定时间范围内实现有限的共享。而计算机网络的兴起和数字化技术、通信技术的飞速发展开辟了信息资源共享的新天地，为信息资源共享带来了新的契机。计算机网络能够随时随地为用户提供大量的信息资源。在网络环境下，信息异地传播的成本将极大地降低，几乎可以忽略不计，充分发挥了网络跨时空的资源共享优势。

第七章 信息资源共建共享背景下少数民族地区图书馆特色资源建设

全媒体环境下的信息资源共享能在全球范围内充分开发利用信息资源,是一种信息资源生产者、加工者、服务者与用户之间的广泛共享,他们的职能以及角色的区分变得模糊,是一种真正的信息共享,不再只是文献的共享。一方面,伴随着知识经济的兴起,以计算机技术、现代通信技术、网络技术和多媒体技术为主要特征的现代信息技术正在得到长足的发展,它们为文献信息资源的共建共享奠定了可靠的物质基础;另一方面,诸如文献信息资源量的激增与奖金匮乏的矛盾,用户信息需求的广泛性和层次性与信息服务机构个体能力有限、开发不足的矛盾,以及不同地域间信息资源发展的不平衡与地区经济发展需求的矛盾等问题的激化,迫使我们不得不将信息资源的共建共享提到议事日程上来。这是信息社会化大环境下所有信息的选择,更是现代图书馆的必然选择。

信息资源共建共享,是指图书馆或其他信息服务机构在自愿、平等、互惠的基础上,通过建立图书馆与图书馆之间以及其他信息服务机构之间的各种合作、协作、协调关系,利用各种计算机技术、媒体方法和途径,开展共同揭示、共同建设和共同利用信息资源,以最大限度地满足用户信息资源需求的全部活动。

二、信息资源共建共享的理念

信息资源共建共享理念与信息资源共享宗旨是一个概念,二者都强调信息资源共享这一出发点。国外学者认为,资源共享是共享者对共享的信息资源所完成的一种共同的管理方式,目标是提供积极的净效益,资源共享本身不是目的,而是共享用户服务方式的一种改进。这代表了国外从信息资源本身收藏向信息服务转变的一种理念变革。

在我国,信息资源共享的理念则是提高信息资源利用率。在现代信息网络环境下,信息资源保障不再是拥有信息的同义词,保障能力具体化为可获知能力与可获得能力。网络环境下的信息资源共享模式从重拥有转化为重存取,并强调信息资源的存取和传递,这种模式将成为文献资源共享的主要活动范式。而在网络环境下,获取信息资源不再是信息资源的本体,而是信息资源的网络使用权。信息的获得,则有购入、入网、联机使用权、租用、交换、免费等多种方式。我国信息资源的利用率不高,所以信息资源的流动和共享必然会带来效率的改进。新的共享理念大大推动了信息资源共享实践的发展,却也引发了新的问题。比如,信息资源共享过程中的利益分配及费用承担问题、技术统一和标准制定问题、标准制定前信息资源开发的沉没成本补偿问题等。

三、信息资源共建共享的"5A 理论"

从图书馆的历史来看,自人类社会第一家图书馆产生之日起,最大限度地满足用户信息资源需求的活动就已经随之开始了。之后,图书馆的每一个发展与进步,无不以最大限度地满足用户信息资源需求为目的,也就是说,信息资源共建共享一直贯穿于图书馆的整个发展过程之中。因此,在实践上,信息资源共建共享是一个不断发展的运动过程。

作为一个不断发展的实践过程,在不同的历史阶段,信息资源共建共享具有不同的现实目标。20 世纪 70 年代,美国图书馆学家肯特层对这种现实目标做过概括:"资源共享是一种由许多图书馆共同承担各种职能的运作方式,其目标是:在获得更多的资料和服务方面,对图书馆用户产生积极的效果;在用最少的花费提供同等水平的服务,用同等的花费提供更多的服务,或者用比过去更少的花费提供比现在更多的服务方面,对图书馆预算产生积极的效果。"从图书馆的现实来看,图书馆用户的信息资源需求始终是无限的,而图书馆的信息资源始终是有限的,用有限的资源去满足无限的需求是不可能的。尽管如此,用有限的资源去最大限度地满足无限的需求又是完全可能的。因此,在理论上,信息资源共建共享又是一种梦寐以求的崇高理想。

作为一种梦寐以求的崇高理想,我们可以将信息资源共建共享的最终目标概括为:任何用户(Any user)在任何时候(Anytime)、任何地点(Anywhere),均可以获得任何图书馆(Any library)拥有的任何信息资源(Any information resource)[①]。

四、信息资源共建共享的意义

信息资源的建设与共享已经成为时代发展的需要和必然,它的兴起与发展具有重要的意义。

第一,信息资源共建共享能最大限度地满足读者的需求,最大限度地提高馆藏资源的利用率,同时也最大限度地为教学和科研提供服务。目前,许多图书馆一方面存在着信息资源匮乏,不能满足读者需求的窘况,另一方面又存在着一部分资源利用率低的问题。据中国医学科学院图书馆对他们馆内陈列的外文期刊的统计,在2535种外文期刊中,有650种从没有利用过,所占比例为25.6%,这无疑是对资源的一种极大浪费。信息资源共建共享以后,可以使图书馆不仅面对本馆读者,同时还可面向合作的各个信息机构的用户,这样一来就大大扩大了用户范围,不仅盘活了图书馆呆滞的资源,提高了馆藏资源的利用率,而且能在最大限度、最大范围内满足读者的需求,大大提高读者的满足率。对各高校来说,能最大限

---

① 金胜勇.图书馆信息资源共建共享理论[M].北京:人民出版社.2015.

度地为教师和学生的教学和科研服务，大大提高了高校的教学质量、科研水平以及人才培养的规格。

第二，信息资源的共建共享可以避免重复建设和信息遗漏，有利于形成系统的图书馆信息资源体系。在当今信息时代，各类信息载体数量急剧增长，任何图书馆都不可能收集全面的信息。在缺乏整体规划的情况下，图书馆只能以完善自身的信息资源体系为目的进行采集。这种信息资源建设的方式必然使得图书馆资源相互重复，缺乏特色，同时还会使得一些重要的、有价值的信息遗漏，从而大大降低了整体信息资源的保障能力。信息资源共建共享要求各馆将本馆的信息资源看成是整体信息资源的一部分，并将本馆的信息资源纳入统一的信息资源体系加以规划和建设。各馆重点建设自身有特色的信息资源体系，优化自身的信息资源结构，使本馆的资源能够最大限度地满足读者的需要，既节省了建设经费和时间，又能切实提高整体信息资源系统的保障能力。

第三，信息资源共建共享以最大限度地实现信息资源公平合理的使用。信息资源共建共享的最终目的，是保障社会全体成员能够无障碍地使用信息资源，能够平等、自由地享用信息资源。但是由于我国存在不同地区间经济、文化发展的不平衡状况，使得发达地区的信息资源富集，而不发达地区的信息资源匮乏，这种信息资源分布的不均衡状况又加大了经济、文化发展的差距，从而影响了社会的和谐、稳定、持续发展。信息资源共建共享，就是对信息资源在全社会进行合理配置，这样有利于消除区域间的信息鸿沟和隔阂，保障每个公民的基本文化权利，达到在信息资源面前人人平等、人人充分共享，进而促进社会的全面进步和和谐、快速发展。

第四，信息资源共建共享有利于国家对信息资源建设的投入得到优化使用。信息资源建设必须遵循的一项基本原则是：用有限的经费获取较多的资源。但在缺乏整体规划和协调的情况下，各图书馆在采集信息资源时，既要考虑读者经常性的信息需求，采集大量的常用信息资料，又要顾及读者偶然性的需求，采集一些价格昂贵的文献资料。这样就自然而然造成图书馆信息资源结构庞杂，缺乏特色，而且极易造成重复建设，让有限的经费得不到合理使用。在近年来进行的图书馆数字化过程中，就存在着多个图书馆对同一文献进行数字处理的现象，这就会造成资金的浪费。实行了信息资源的共建共享，就能使图书馆按照整体规划，统一部署，合理使用经费集中购买本馆分工采集的那些体现本馆特色的书刊资料或数字化文献，并能形成完整的系统，避免了资金的分散使用。对于一些偶尔使用的文献，则以通过馆际交流、文献互递的形式来解决。许多图书馆已经开始了组建联盟，以集团购买的形式采集信息资源，这样就大大节省了信息资源建设的成本，提高了经费的使用效益。

第二节 信息资源共建共享背景下的图书馆

一、图书馆信息资源共建共享发展历程

关于文献资源整体化建设和资源共享问题的探索已开展多年，早在20世纪20年代就已涉足资源的协调。1924年3月30日，北京图书馆协会成立，先后组织过善本书展览、图书馆学术讲演，出版了北京图书馆协会会刊，特别是开展过图书馆调查、编制联合目录等活动。1952年6月2日，中华图书馆协会在北京召开成立大会。协会宗旨是研究图书馆学术，发展图书馆事业，并谋求图书馆的协

作。但是，真正实现信息资源共享的活动则是出现在中华人民共和国成立以后。1956年，教育部颁布了我国第一个馆际互借条例——《高等学校图书馆馆际互借办法草案》，有力地促进了高校系统的馆际互借工作。1957年，国务院第五十七次会议通过批准了《全国图书协调方案》，组成了国务院科学规划委员会领导下的图书小组，建立了两个全国性的、九个地区性的中心图书馆委员会以后，我国各系统、各类型的图书馆间的协调和协作，便走上了由国家全面规划和统一管理的道路[①]。各图书馆协调采购外文书刊、图书调拨、编印统一印制卡片、编制联合目录和共同培训在职干部等方面做了大量的工作，取得了显著的成绩。其中，在北京和上海分别建立第一、第二全国中心图书馆委员会，在武汉、沈阳、南京、广州、成都、西安、兰州、天津、哈尔滨等9个城市分别建立地区中心图书馆委员会，在各省市区分别建立省级中心图书馆委员会。这些中心图书馆委员会负责具体规划、实施全国的藏书协调工作，组织编制全国图书联合目录，等等。

自1957年《全国图书协调方案》颁布之后，各地区、各系统的图书馆进行了广泛的协调。其内容包括：第一，在某一地区内有计划地分工订购外文原版和影印书刊资料；第二，本馆多余的书刊资源本着协调的精神，调拨给有关图书馆。

1962年12月，中华人民共和国科学技术委员会和中华人民共和国文化部拟定了《1963—1972年科学技术发展计划》（草案）图书馆部分等，对加速图书馆事业的建设起了重要作用。1976年10月粉碎"四人帮"后，图书馆界按中共中央部署，进行拨乱反正，

---

① 苏坤. 信息资源共建共享研究进展[M]. 北京：中国言实出版社. 2014.

第七章　信息资源共建共享背景下少数民族地区图书馆特色资源建设

图书馆工作得到迅速恢复和发展。1977年8月，文物、博物馆、图书馆工作座谈会在大庆、哈尔滨召开；1978年4月24日，国务院批转国家文物事业管理局《关于图书开放问题的报告》；1978年8月，教育部下发了《关于加强高等学校图书资料工作的意见》的通知；1978年11月13日，国家文物事业管理局颁布了《省、市、自治区图书馆工作条例》（试行草案）；1978年12月，中国科学院颁布了《中国科学院图书馆情报工作暂行条例》（试行草案）等，进一步明确了各系统图书馆的方针和任务。

1979年11月，南京地区第一、三、四、七、八机部、化工部所属20个工厂和科研院（所）的科持图书馆组成南京地区工厂图书馆网，协作建立了中外文现刊和中外文新书目录的交换制度和馆际互借制度，做到互通有无，资源共享。同年全国高校图书馆工作委员会与全国文献工作标准化技术委员会第六分委员会于8月1—11日在北京共同召开中文图书编目标准化与自动化研讨会。会议认为，编目工作自动化是图书馆自动化的基础，标准化则是必不可少的前提条件，要实现标准化，就要有统一的或中心机构来制定统一的原则和条例。

1984年4月7日，教育部召开的全国高等学校图书馆工作经验交流会在西安开幕。来自全国各地高等学校图书馆的159名代表出席了会议。会议期间，为了互通信息，交流经验，互相促进，共同提高，以适应开发西北，建设西北，培养四化建设人才的需要，经较长时间的酝酿，乘全国高等学校图书馆工作经验交流会之际，西北五省区高校图书馆工作委员会的代表反复商议，准备开展委员会之间的协作活动，以加快图书馆工作从传统方式向现代化发展的步伐，逐步实现这一地区图书馆事业的网络化和资源共享。

1987年10月,全国馆际相应工作协调委员会成立,专门协调各部的文献信息资源共享,组织落实文献协调、编制联合目录,开放馆际互借等项目。1988年,这一协调委员会组建了全国文献资源调查课题组,围绕国家"七五"社科重点研究课题全国文献资源调查与布局开始了一次跨部门、跨系统的罕见的全国文献资源调查,形成了一系列的研究成果。作为一场图书馆界全面改进文献资源建设的运动,它将我国的文献资源共建共享事业推向了一个新的历史阶段。

20世纪90年代以前,信息资源共享的主要方式是图书交换、馆际互借、编制联合目录等。进入20世纪90年代后,随着网络技术和信息技术的发展,信息资源共享方式发生了巨大的变化,现代技术的发展成为信息资源共享的里程碑。

上海市文献资源共建共享协作网的前身是上海地区文献信息资源协作网。1994年,上海地区公共、科研、高校、情报四大系统的19家图书情报机构在上海图书馆召开了馆(所)长会议,举行了《上海地区文献信息资源协作网工作条例》等3个文件的签字仪式。从1999年5月上海图书馆接通上海交通大学图书馆、中国科学院上海文献情报中心专线光缆起步,至2004年末,全市公共、高校、中科院的三大图书馆网络已构成统一的体系,为达到全市文献资源共建共享发展目标打好了基础。2000年5月,"上海市文献资源共建共享协作网"主页在互联网上开通,开设了新书架、新闻、成员馆介绍、协作网通讯、书目查询和馆际互借等栏目,成员馆和用户能从网上迅速了解全市文献资源的最新信息。2000年5月,"上海市文献资源共建共享协作网"开放研究室成立,加强了书目联合查询系统的开发,已完成基于Z39.50协议的广播式查询,实现了分布式的检索。2001年1月，上海市文献联合编中心成立。经过了单机编目到网上在线编目两个阶段，实现了网上联合编目，已积累书目数据190万条。实现了编目、查询和馆际互借等网络环境下的服务，服务对象从本市向全国拓展，并开始向图书出版发行单位延伸。书目数据直接用户253家，间接用户超出别家。2001年5月，上海图书馆联合所高校、科研图书馆建立网上联合知识导航站，组织国内外图书情报界35位不同学科背景的资深参考馆员、5个机构回答读者咨询。至2004年11月末，共接受各类读者咨询5596例。全市34家研究型图书馆开展外文期刊采购协调，保证了上海地区外文期刊集藏的完整性和系统性；同时，成员馆联合采购Netlibrary，已经采购8000多种电子图书，可通过电子资源导航系统进入电子图书检索页面直接查询阅读。研制开发网，馆际互借系统，逐步改变了传统手工的互借方式，提高了资源利用率。另外，还和20家境内外图书情报机构建立双边馆际互借合作关系，并通过OCLC馆际互借平台开展文献传递与馆际互借工作，实现文献资源的共享。

1997年3月21日，江苏省教委下发苏教高（1997）5号文件，在南京大学召开江苏省高等学校文献信息保障系统建设项目论证会议，来自教育部及北京、上海和省内的专家委员会在听取汇报、审阅材料的基础上，经过认真的讨论和评议，通过了《江苏省高等学校文献信息保障系统项目建设可行性研究报告》。1997年9月26日，江苏省教委下发苏教高（1997）50号文件，正式成立江苏省高等学校文献信息保障系统领导小组，并举行了第一次工作会议。会议宣布了领导小组的组成人员，批准成立"江苏省高校文献资源建设专家组"和"江苏省高校图书馆计算机网络应用专家组"，在南京大学设立项目建设管理中心。专家组作为咨询和监督机构，对项目建设的过程进行论证和评估，管理中心负责项目的具体实施，从而全面启动了"江苏省高等学校文献信息保障系统"（英文全称为JiangSu Academic Library & Information System，以下简称JALIS）的建设，正式拉开了JALIS建设的序幕。JALIS一期建设期间自主开发的"汇文"图书馆自动化管理系统，实现了全省高校图书馆自动化管理软件的统一，为江苏数字图书馆建设打下基础，也在国内许多省市高校图书馆得到应用；二期致力于全省高校文献信息资源保障建设和学科布局，标志性成果之一是"JALIS区域流通管理系统"的启用，目标是构建JALIS区域流通管理系统与各成员馆流通管理系统相链接的网络化服务体系；三期重在推动区域性共享服务水平的全面提高，教学联合体文献资源的共建共享得到很大发展，部分教学联合体开展面向更广读者，适用更多范围、更高层次的图书纸本文献馆际互借服务。

CALIS是中国高等教育文献保障体系（China Academic library & Information System）的简称。该项目于1993年开始提出思路，1997年上报项目建议书，1998年经国家发展计划委员会批准开始实施，2000年验收建成。它是经国务院批准的我国高等教育"211工程"总体建设规划中两个公共服务体系之一。CALIS的总体目标是在"九五"期间，建成以中国教育与科研计算机网（CERNET）为依托的网上信息资源共享系统，使信息资源网与通信网协调发展，真正为高校的教学、科研人员营造一个与国际接轨的信息网络环境，为"211工程"立项高校和其他院校提供丰富的文献信息资源、先进的技术手段和便利的服务体系。CALIS管理中心设在北京大学，下设文理、工程、农学、医学4个全国文献信息服务中心，华东北、华东南、华中、华南、西北、西南、东北7个地区文献信息服务中心和1个东北地区国防文献信息服务中心。

全国文化信息资源共享工程（以下简称"文化共享工程"）是2002年起，由文化部、财政部共同组织实施的一项国家重大文化惠民工程。它应用现代信息技术，将中华优秀文化信息资源进行数字化加工与整合，依托各级公共图书馆、文化馆（站）等公共文化设施，通过互联网、广播电视网、无线通信网等新型传播载体，在全国范围内实现中华优秀文化资源的共建共享。文化共享工程是政府提供公共文化服务的重要手段，是实现广大人民群众基本文化权益的重要途径，是改善城乡基层文化服务的创新工程，在我国公共文化服务体系建设中具有战略性、基础性地位。截至2011年底，已建成1个国家中心，33个省级分中心（覆盖率达100%），2840个县级支中心（覆盖率达99%），28595个乡镇基层服务点（覆盖率达83%），60.2万个村基层服务点（覆盖率达99%）；拥有全国专兼职人员68万人，累计服务超过11.2亿人次。通过广泛整合公共图书馆、博物馆、美术馆、艺术院团及广电、教育、科技、农业等部门的优秀数字资源，文化共享工程数字资源建设总量达136.4TB，整合制作优秀特色专题资源库。

2003年12月22日，中国高校人文社会科学文献中心（CASHL）项目正式网上运行并提供服务，全国性的唯一的人文社会科学外文期刊保障体系已经正式启动和运行。中国高校人文社会科学文献中心的管理中心设在北京大学，全国中心设在北京大学和复旦大学，区域中心设在武汉大学、南京大学、四川大学、吉林大学、中山大学。依托CALIS已经建设的服务网络和馆际互借系统、CASHL文献传递服务得以在较短的时间内便开始投入试运行。2004年2月17日至3月14日，CASHL在北京大学、复旦大学、武汉大学、南京大学、吉林大学、中山大学、四川大学等几个中心馆范围内开展了馆际互借系统安装和文献传递服务试运行工作。CASHL文献传递服务一经推出，便受到了广大师生和研究人员的热烈欢迎。短短20余天，全国中心共收到文献传递请求3000多份，系统注册用户超过200个（含机构用户），文献传递服务取得了良好的开端。2006年至今，CASHL管理中心密切结合各地用户需求，联合CASHL东北、华北、华中、华南、华东北、华东南、西南和西北区域中心或代行区域中心，并依托各省高校图工委，开展了面向区域的"CASHL走入"宣传推广活动，每年都组织人员针对各地区的高校图书馆及其用户推广CASHL资源和服务，并邀请当地的省图书馆、市图书馆、社科院图书馆、军队院校图书馆等参加，扩大CASHL品牌知名度，同时有计划、有规律地开展文献传递优惠活动，免费为成员馆读者提供馆藏文献。

1999年岁首，在国家图书馆的倡议下，全国100多家图书情报单位的负责人聚首国家图书馆，召开了全国文献信息资源共建共享协作会议，通过了《文献信息资源共建共享倡议书》，诚邀全国图书情报单位加盟，按照"资源共享、优势互补、互利互惠、自愿参加"的原则，建立以国家级文献信息资源网络为主导，地区级文献信息源网络为基础的全网图书馆文献信息资源共建共享网络。其具体的工作内容包括：建立各具特色的馆藏体系；协调外文书刊文献的订购；实施全国网上联合编目；合作进行馆藏文献数字化；充分利用网络开展服务；加强并完善馆际互借业务；扩大业务交流和培训；建立协调机构。

2005年7月8日，在由武汉大学信息管理学院主办的中国大学图书馆馆长论坛上，来自国内50多所高校的图书馆馆长在就进一步加强图书馆之间的合作与信息资源共享的重要原则达成共识的基础上,联合签署并发表了《图书馆合作与信息资源共享武汉宣言》,在国内图书馆界产生了一定的反响。

二、图书馆特色资源共建共享

随着计算机技术、网络技术的发展,特别是Web2.0的诞生,使得信息资源的共建共享已不再是图书馆之间的障碍。同时,随着社会各群体对知识信息需求的激增,迫使图书馆要不断开发各种文献信息资源以满足服务群体的需求。图书馆要想在激烈的社会竞争中求生存、谋发展,就必须形成自己的鲜明特色,发挥自己的特点和优势。只有形成特色,才能在信息资源的建设中体现出自己的优势和竞争力。

(一)图书馆特色资源共建共享现状

网络环境为文献信息资源共建共享创造了良好的条件,网络信息资源生产与使用的社会化,对图书馆文献资源的建设产生了重大的影响。当前,大多数图书馆结合自身的馆藏特色、资源优势和区域文化特点,对此进行发掘和深加工,以便为广大读者提供更多的特色资源。

特色资源主要包括地方特色资源和学科特色资源,前者主要是指某一地区特有的且又有一定影响和较大价值的文化资源,包括该地方的历史文化、风土人情、宗教信仰、风景名胜等领域;后者是指高校图书馆根据各校长期以来文献信息收集的实际情况和特定学科信息用户的需求,结合本校重点学科建设、专业设置和教学科研发展方向,搜集和整合的具有鲜明学科专业特色的文献信息资源。特色资源具有鲜明的专业学科特色、区域经济特色、地方文化特色和馆藏特色。特色资源的共建共享模式如下①。

1. 基于某一区域的特色资源共建共享

从相关的文献中可以看出,主要以省域为范围进行调查统计的较多,如浙江省、江苏省、山西省、安徽省、海南省等。文献中对各省的特色资源调查类型主要分为地方特色、学校特色、学科特色和专题特色。其中部分省份已经在省政府、省教育厅和各有关单位的牵头下,在全省范围内进行特色资源数据库项目共建,并设立专项资金进行资助,如浙江省、江苏省、海南省。

2. 基于同专业院校的特色资源共建共享

关于同专业院校特色资源共建共享的文献不是很多,主要是专业性较强的中小院校。由于经费、资源和人力等方面的限制,它们在自愿互利的前提下,达成资源的共建共享,如医学院校图书馆、军队院校图书馆、农业院校图书馆等。这类特色资源的特点是实用性、目的性较强,但适用范围偏窄,所以此类特色资源共建共享只适合对此类专业信息有需求的院校或科研机构。

3. 基于CALIS的特色资源共建共享

近年来,CALIS(China Academic Digital Library & Information System,中国高等教育文献保障体系)地区中心特色数据库的共建共享成为地区中心服务的重要内容。CALIS地区中心的特色数据库分布情况:一是来自一个地区范围内的高校图书馆,如东北地区中心和华东地区中心的特色数据库;二是来自一个地区的某一个省内的高校图书馆,如华南地区中心和华东北地区中心的特色数据库;三是来自一个地区中心的所在图书馆,如西北地区中心的特色

---

① 陈维.数字图书馆特色资源共享与服务研究[M].杭州:浙江工商大学出版社.2015.

数据库是由西安交通大学图书馆建设的,共建有7个特色数据库。

(二) 图书馆特色资源共建共享的意义

1. 特色资源共建共享是图书馆与时俱进的需要

21世纪是知识创新的时代,知识信息的骤增导致信息承载体的扩大,作为知识载体之一的图书馆,更是面对大量冗余信息的采集、加工和整合,并以此为广大读者提供有价值的信息。同时,科学技术更新速度的加快,使得图书馆不得不紧跟时代发展的步伐,不断创新服务方式,最大限度地满足读者日益增长的信息需求。但是,由于经费、人力和馆舍条件的限制,任何一家图书馆都不可能把所有文献收集齐全,加工整理并迅速传递。因此,图书馆间的合作带来的相互依赖性逐渐提高,图书馆之间走联盟合作发展的道路成为一种新的发展形势,资源的共建共享更是成为未来数字图书馆的发展趋势。

2. 特色资源共建共享为科研活动提供信息保障

对于从事地域文化研究的专家学者来说,在其科研活动中,需要对特定时期该地域的历史人物、文化遗产、文学艺术等进行了解,需要图书馆给予他们充足的地方文献信息资源帮助。各地图书馆将分散的地方文化特色资源进行区域内特色文献信息资源的整合,大大满足了研究地方文化的专家学者的需求,使他们在足不出户的情况下,借助网络就可以完成对地方文化历史的研究和利用。而不同地区的特色文献资源的共建共享更是为此类科研活动提供了信息保障。

3. 特色资源共建共享间接促进地方经济与文化建设

图书馆是人类知识的宝库和人类文献信息资源的中心,担负着为区域经济发展和文化建设服务的伟大使命。没有地方文化的支持,地方经济的发展就会缺乏后劲和推动力。地方特色资源反映了该地区政治变革、经济发展、人文文化等发展情况，它在为当地政治、经济服务的同时，通过区域内图书馆特色资源数据库的共建共享，成为宣传本地的一扇窗口，可以使更多读者方便快捷地了解该区域各种文化资源情况，加强文化资源的对外宣传，从而吸引外商进行商业投资和旅游资源的开发，促进区域经济的发展。

4. 特色资源共建共享有利于实现知识增值

区域内特色信息资源的共建共享克服了长期以来地方文献资源只为当地政府、学者和企业服务的局限，通过共建共享体系，地方特色信息资源可以走出当地，被更多的学者和科研人员了解、熟知并加以利用。在这样一个知识相互传播、相互利用的过程中，知识的价值也随之增加。

（三）图书馆特色资源共建共享建设中存在的问题

1. 知识产权和版权问题

特色数据库建设在信息资源的收集、传播和为用户提供信息服务的过程中，会面临版权问题及知识产权保护问题。从版权保护的角度来讲，对于在版权保护期内的特色信息资源，要尽量和版权人进行必要的协调，争取既不侵犯版权人的权益，又可以进行不乏特色信息资源的搜集和利用。对于知识产权问题，图书馆应在遵从国际知识产权秩序的基础上，调整和解决好特色数据库建设与知识产权保护的关系。

2. 特色资源数据库种类繁杂甚至重复

各图书馆对其所建特色资源数据库命名不一，有特色数据库、自建数据库、自建特色数据库等。不仅如此，各图书馆无论是特色数据库还是自建数据库，看起来都是内容繁杂，各成体系，没有统一的标准,甚至图书馆之间出现特色数据库内容重复的现象。混乱的内容和命名系统给特色信息资源共建共享和读者检索利用带来很多麻烦,重复的数据库内容造成了图书馆资金投入的浪费。因此,图书馆需要利用国际统一标准来构建特色资源数据库,为特色资源共建共享工作节省人力、物力和财力,为用户提供简便、快捷、高效的文献检索系统。

3. 特色资源建设水平参差不齐

特色馆藏是各图书馆的资源品牌,是图书馆开展特色服务的资源基础,也是网络时代数字图书馆共建共享的资源依托。目前,多数图书馆都比较重视特色资源的建设,但各图书馆特色资源建设的水平却参差不齐。首先,一些图书馆还没有自己的特色资源,或者是一些图书馆已经开始从事这方面的建设工作,但读者现在还无法利用到本馆的特色资源。其次,在已经进行特色资源建设的图书馆中,有一部分图书馆虽然收藏有特色资源但是没有进行建库保存,甚至有的图书馆虽建有特色数据库却利用率过低。再次,各馆特色资源建设的系统性和全面性方面还存在一定的差距,只是简单地就现有特色资源进行建设,而没有意识到特色资源跟其他馆藏资源一样具有保存和利用价值。因此,在特色资源建设过程中就需要尽可能多地、全面地、系统地收集此类资源,这样才有利于形成特色。

4. 特色资源共享范围受限

在对特色资源数据库调查过程中,特色资源共享只是在已达成共享范围内的图书馆之间进行共享,即使同是成员馆,访问特色数据库也会受到限制。以 CALIS 地区中心特色数据库调查为例,不是一个地区中心的不可以互相访问,同是一个地区中心的,也存在部分成员馆不能访问该地区特色数据库的现象,如广东工业大学图书馆无法访问华南地区中心的特色数据库。

5. 特色资源数据库导航效果一般

调查发现，只有少数图书馆将特色资源以"特色馆藏"或"特色收藏"置于图书馆主页上，如北京大学、清华大学等。多数图书馆均把特色资源数据库置于二级类目下。如果是初次访问图书馆网站的读者，需要凭经验才能找到特色数据库，而对于没有经验的读者来说，想要准确地查找到自己所需要的特色资源需要一定的时间。这不仅会浪费读者的时间，也不利于特色数据库的推广，还可能导致特色资源的利用率过低。

（四）图书馆特色资源共建共享的策略

特色馆藏不仅是传统图书馆的精华，也是数字图书馆内容建设的基础，目前处在一个全新的数字环境中。网络使人们学习和获取信息的方式发生了改变，面对海量的文献资源，用户越来越缺乏耐心，读者的需求也越来越不容易把握，这就迫使图书馆要提供差别化服务，因此其资源也要具备特色。随着现代网络技术的发展，为了避免资源的重复建设，也为了提高资源的利用率，图书馆需要对特色资源共建共享做出周密的规划方案，进而为教育和科研提供完整的文献保障，促进当地文化和经济的发展。

1. 共建共享特色资源的选择策略

图书馆随着社会的发展，不再仅仅是一座"藏书楼"，面对新的挑战，不同区域、不同类型的图书馆建设特色资源时，需突出地方、学科、历史等特色，这样才能更好地实现特色资源的共建共享。

（1）构建具有地方特色的特色资源

地方特色资源就是以本地区经济、文化、历史、地域特点为基础，以本地区、本单位的优势学科为依托，建立起来的馆藏资源，如云南、西藏、内蒙古、新疆等少数民族地区的民族文化、民俗传统和特殊的地理、地貌。各图书馆可结合当地的民风、民情，大力挖掘物质和非物质的民俗内容，形成具有特色的民俗文化馆藏。同时，各图书馆也可根据本地区的政治、经济、社会和文化等方面的特色，收集反映本地区的研究课题、出版物、地方专题等具有一定地域的文献或与地方政治、经济和文化发展密切相关的资源，建立具有研究级水平的藏书体系和突出地方特色的地方文献部。这样既突出了独一无二的地方特色，又为学者研究本地区的民俗风情、编纂新修方志、开发特色旅游资源、发掘传统经济等科学研究和社会发展服务，促进本区域经济文化的发展。

（2）收集具有历史特色的特色资源

图书馆要保存和梳理地方的史前文化、家谱、历史人物、地方史料等具有历史文化积淀的非物质文化遗产。图书馆可逐步搜集和完善当地龙头姓氏的族谱、家谱及历史名人贤达的著作、手稿、传记等文史资料，并纳入自己的特色馆藏体系。通过其中蕴藏的内涵，可了解社会结构、宗教制度、民族史、家族史等具有重要价值的历史文化，为社会学、人口学、民族学、经济史的研究和文艺创作等方面提供宝贵的资料，从中可以寻找文化资源与地方社会经济发展的联系、规律，从而促进经济发展和弘扬地方文化特色。同时，也可以作为教学、科研的第一手资料，为阅读、教学、研究提供便利的服务。目前，不少学者认识到历史资料的重要价值并利用其取得了丰硕的成果。例如，从孔府家谱中可以考证曲阜孔府的世系、世表、墓记、祠堂记、家规家训等内容；钱杭则通过家谱及深入调查撰成《江西泰和农村宗族形成》、葛剑雄运用家谱和其他史料撰成《中国移民史》，等等。

(3) 挖掘具有馆藏特色的特色资源

馆藏特色资源是指其他图书馆所不具备或只有少数图书馆具备的特色馆藏，或因散在各处而难以被利用的资源，具有稀缺性、不可再生性、文化或学术独特性、系统积累和传承性等特点。信息技术的广泛应用带来的新环境和新需求是图书馆发展的驱动力。例如，高校图书馆具有明确的教育性、专业性和学术性等特性，结合本校的专业设置、办学风格、培养目标等特点，通过纸质文献与电子文献、实体馆藏与虚拟馆藏、馆际互借与资源开发的结合，逐步建立各具特色的馆藏资源体系，使馆藏信息资源配置合理化、数量最大化、质量最优化和利用高效化，从而满足读者对特定知识的需求或实现某些特定的目标。如北京大学图书馆设置了古文献资源库、北京历史地理数据库、北京大学学位论文数据库、北大名师数据库、热点话题数据库、视频点播多媒体数据库等特色的馆藏资源。

此外，高校教师所著、所编、所译的学术著作，发表的学术论文、科研成果报告、改革方案，本校召开的学术会议文献，教师外出参加学术会议带回的文献，出国人员带回的文献资料，以及有价值的赠送资料和教授、研究馆员、博导、硕导、博士生的国家、省级科研基金项目，特色学科师生互动的多媒体教学课件，聘请相关专业专家和研究生搜集到的最前沿的学科信息资源，本校学报发表的论文等都是具有自身特色的文献和信息资源，把这些极富特色的资源积极数字化并建成本校特色资源数据库供用户使用，将具有重要的意义和利用价值。

(4) 建设具有学科特色的特色资源

学科特色资源主要体现在以高校为主的图书馆，高校图书馆作为高等教育事业的重要组成部分，与教学、科研是密不可分的，其主要的服务对象是教师和大学生。因此，高校图书馆应当有计划、有目的地围绕学校专业、学科特点及自身的服务指向，从所在学校的发展规划和学科队伍现状出发，分清主次，突出学术性特色，为某重点学科或某特定专题交叉学科和前沿学科提供能体现高等教育特色的资源，为特定用户、重点学科提供全面、实用的特定信息服务。同时，高校图书馆还应注重服务信息的多向性开发，不断对特色数据库进行深加工，有计划、有重点、有步骤地拓展学科特色化的馆藏文献资料信息空间，将及时而实用的电子信息资源送上校园网，最大限度地满足各种类型的读者需求，发挥图书馆的功能，使高校图书馆成为真正意义上的文献信息中心、学术交流中心、文化教育中心和科研成果中心，全力推进高校图书馆的可持续发展。例如，北京大学图书馆建立了科研成果在线（机构库），而清华大学图书馆则建立了收藏中外文法律图书、国内外法律期刊、电子出版物等富有专业特色的法律图书馆，为法学院的教学、科研工作提供具有专业性、学术性的特色服务。

2. 实现特色资源共建共享的策略

（1）提高特色资源共建共享的认识

随着信息时代的快速发展，人类必将迎来全球信息网络化的新时代，科技文献信息资源是国家科技创新体系的重要支撑和基本保障条件。图书管理工作者要从根本上改变过去那种"等、靠、要"和无所作为的工作观念，克服求稳怕乱、封闭保守的落后思想，改变重藏轻用以及满足于自给自足的工作作风，在思想上彻底扭转"大而全""小而全"的保守主义和本位主义观念，由小到大，由点及面，由浅入深，逐步探索，从而尽快建立网络环境下的特色资源共建共享保障体系。

(2) 加强共建共享工作的组织保障

数字图书馆特色资源共建共享与文献信息资源共建共享一样，是一项庞大繁杂、有一定难度的社会系统工程，具有覆盖面大、渗透性强的特点，要做好此项工作，必须打破"条块分割、各自为政"的格局，为共建共享扫除体制上的障碍。加强信息资源建设的宏观调控，建立各级权威管理机构或协调工作领导小组，明确目标，制定正确可行的政策标准，领导和协调特色资源建设的规划和实施。当前我国在创建自主知识产权、强调自主科技创新的进程中，已深刻地认识到了信息资源共建共享的重要意义。因此，在特色资源建设过程中，组织机构上是虚拟的，但在共建共享业务上的领导、组织、协调、管理方面却是现实的，在组织形式上打破了我国现行的行政管理体系，特别是科技文献信息系统内条块分割的局面，淡化了行政隶属色彩，推进了不同系统、不同部门的文献服务机构的联合，使特色信息资源共建共享能够发挥巨大的作用。

(3) 完善特色资源共建共享的建设体系

首先，各图书馆应开展馆藏特色资源的调查工作，对本馆收藏的特色资源的类型、数量、学科等做到心中有数，了解本馆的任务和目标，对重点学科、读者群体参与共建共享的环境进行分析，根据现实和潜在的特色资源利用需求，大力加强特色资源的可持续性建设，以提高特色资源收藏的相对完备程度。只有在不断提高本馆馆藏特色资源保障程度的基础上，才能够形成本地区、本系统乃至更大范围的保障体系。

其次，各馆之间应加强沟通与协调，统筹规划，通过分工协作，互通有无，减少重复和遗漏收藏，扩大学科覆盖面，坚决走馆际联合和资源共建共享的道路，利用馆际互借、网上信息传递等手段来扩大充实特色资源。

（4）建立特色资源工作的标准化体系

标准化是网络化的必要条件，数据格式、描述语言、标引语言只有符合公认的统一标准，才能实现用户与系统、系统与系统之间的有效沟通，共建共享体系的建设必须建立在较高的标准化基础之上。无论是文献的采集、分编、加工和组织，还是文献的整合、开发、揭示和共享，各馆都必须建立一套科学合理的规范标准，同时加以自觉遵守。目前，图书馆中还存在着分类标准不统一、不能严格按照 MARK 格式进行著录、检索软件缺乏兼容性等问题。因此，各图书馆要强化自身馆藏数据库的标准化、规范化建设，要加强书目资源数据库的建设，必须强调坚持数据标准和数据共享原则，只有格式化、标准化，才能实现数据的转换、交换、兼容和不同系统之间的资源共享，从而搭起本馆与其他图书馆乃至国外图书馆的沟通桥梁。

（5）提高人才素质，发展各种网络化信息服务

特色资源的共建共享归根结底是为了方便广大读者，离开了用户就失去了共建共享的必要。由于共建共享网络采用了先进的电子技术和通信技术，这就要不断提高读者的文献检索能力与应用能力，培养用户的信息意识，使他们尽快掌握网络的数据信息，提高检索效率，而这一切全部取决于现有图书管理人员的事业心及其业务技能的强弱。因此，要多途径、多层次地大力培养懂外语、懂专业、懂计算机的复合型人才。图书管理人员不仅要谙熟本专业知识，还要有一定的计算机及网络技术的运用技能，能够开发、储存和传递深层次的文献信息。要使他们能够了解本专业发展的最新动态，掌握各种新技术、新方法，拓展知识面，全面提高内在素质，建设一支与文献信息资源共建共享网络相适应的专业队伍。这也是图书馆

做好共建共享工作的基本保障。

图书馆间的合作交流，共知是前提，共建是保障，共享是目标。共建共享机制是推动文献资源建设的重要基础，是加快图书馆事业发展的一项重要举措，完全符合网络环境下文献资源建设的发展潮流，开拓了全新的图书文献服务模式。当前，各图书馆应当努力解决所面临的各种问题，增强"大图书馆""大服务"的观念，认真做好"为人找书、为书找人"的工作，协作采购，规范加工，联合上网，共建共享，大力倡导资源的共建，在共建资源的基础上致力于共享资源目标的实现。资源共建是通向资源共享的必由之路，通过资源共建，必将增强图书馆的整体服务功能，为最终实现真正的、彻底的资源共享打下坚实的基础。

第三节　信息资源共建共享背景下少数民族地区图书馆特色资源建设

一、少数民族地区图书馆特色资源共建共享的现状

少数民族地区图书馆是我国目前各系统、各类型图书馆中独具特色的图书馆群体，是我国图书馆事业的重要组成部分。在新的时代背景下，如何适应网络技术、高性能存储技术、超文本技术等现代信息技术的发展，实现文献资源共建共享，是民族地区图书馆界共同关心、共同研究的重要课题。

（一）民族文献资源共建共享是少数民族地区图书馆发展的必由之路

少数民族文献是中华民族文献的重要组成部分，是民族图书馆

开展各项工作的重要物质基础。网络时代的到来,使传统的民族图书馆在藏书建设、信息资源集利用方面发生了很大的变化。当前我们正处在信息激增的时代,文献成倍增长,社会信息迅速增加,信息的社会化和产业化是当前社会发展的潮流和趋势,也是21世纪现代图书馆的特征之一。随着无线网络和数字图书馆的发展,民族文献信息资源共建共享必然打破疆域国界,深入百姓之家,这已成为时代的趋向。民族地区图书馆的民族文献信息资源实现网络化,可以使馆与馆之间共同采访、编目,共同建设馆藏文献信息资源,共同利用网上的文献信息资源的构想变成现实。只有这样,民族地区图书馆才能得到根本性的转变,在不久的将来,图书馆的民族文献信息资源才能真正进入一个共建共享的发展阶段。

(二) 共建共享背景下少数民族文献资源共建共享遇到的困难

1. 观念意识问题

"重藏轻用""大而全""小而全""自给自足"的思想长期以来一直存在,有些图书馆的工作人员仍然有陈旧观念,对民族文献信息资源共建共享的意义和作用认识不足,没有把参与和支持资源共建共享当作自己应有的权利和义务。因此,出现难以合作的局面。大型图书馆实力雄厚,不愿与较弱的图书馆合作;专业图书馆认为自己拥有的资料在数量、质量上有优势,也不想与文献信息资源匮乏的图书馆协作。在网络环境下,图书馆传统的民族文献组织管理模式已经远远不能适应信息社会的发展要求,因此,少数民族地区图书馆要想尽快从传统的馆藏资源建设的局面走出,首先必须更新观念,树立开放意识,开拓进取,勇于创新,从一馆一地的文献信息收集发展到多馆多地乃至全国、全世界联网获取民族文献信息,从而走出一条民族文献资源共建共享的新路子。这是民族地区图书馆在新世纪求得生存和发展的唯一的途径。

2. 资金问题

由于书刊价格不断上涨，文献购置经费紧张一直是困扰图书馆界的问题，没有充足的经费，少数民族地区图书馆的资源建设与共建共享就无从谈起。例如，成立于1955年的延边图书馆，经过50多年的建设和发展，文献资源建设已有了长足的进步，目前藏书40万册，其中民族文献8万多册，是普及传播科学文化知识、传递科技情报信息和开发人们知识资源的重要场所。该馆新设置了中国朝鲜文文献研究中心和地方文献收藏中心，但因地方财政和图书经费短缺，此项工作进展缓慢，已严重阻碍着本地区图书馆事业的向前发展①。

3. 人才问题

由于高新技术的发展，网络时代对少数民族地区图书馆员素质和专业知识结构提出了更高的要求。因此，图书馆馆员要扩大知识面，除了具备扎实的专业知识、现代科学技术和计算机技术，还要具有较高的外语水平以及知识创新和综合分析能力。但是绝大部分民族图书馆工作人员知识老化，网络信息知识缺乏，难以胜任信息资源建设与共建共享的工作任务。

二、共建共享背景下少数民族文献资源共建共享的总体思路

（一）建立民族文献信息库，实现资源共享

随着计算机和信息技术的高速发展，少数民族地区图书馆的网络建设已十分普遍，特色化信息资源数据库的建立已成为图书馆界

---

① 白真淑，崔永鹤. 论少数民族地区图书馆民族文献信息资源建设与共享[C]. 中国图书馆学会. 第九次全国民族地区图书馆学术研讨会论文集. 2006：202—204.

普遍关心的问题。民族文献信息的数字化，对于我国科学技术、文化教育以及经济振兴有着重要的意义。为了尽快实现少数民族地区图书馆的现代化建设，必须想方设法加快计算机等高科技设备的引进、技术培训和软件开发，尽快实现民族文献信息的收集、加工、存储、检索业务的自动化。民族文献信息库的建立，不仅能为读者提供方便的网络检索服务，还能为读者提供电子化阅览检索服务。只有这样，才能构成有层次的民族文献资源开发体系，才能充分利用网上的信息资源，达到民族文献资源共建共享的目的。

（二）加强队伍建设，提高人员素质

高素质的图书馆员是图书馆现代化的主体，是做好图书馆工作的关键，也是图书馆实现文献资源共建共享目标的关键。少数民族地区图书馆馆员应成为管理民族文献的多面手，既懂得图书馆专业知识，掌握一定的业务技能，又具有新兴科学、交叉科学知识和计算机操作等多方面的才识与技能。因此，必须加强对馆员的职业道德教育，完善知识结构，大力提倡终身学习的好风气，提倡边学边干，努力培养适应信息时代图书馆所需要的复合型人才，从而为少数民族文献资源建设提供可靠的人力保障。

（三）大力加强地方文献建设

地方文献是民族地区图书馆的重要信息资源。在网络化、数字化迅速发展的今天，地方文献的搜集及数字化建设已成为少数民族地区图书馆信息资源建设中不可缺少的一项工作。我们可以通过采购、馆际互借、复制等多种方式，多方面收藏本地区过去和现在的有关政治、经济、文化教育、风俗民情、地理沿革、天文气象、矿藏河流等具有保存与利用价值的各种文字、图表、声像等历史文献。只有狠抓此项工作，少数民族地区图书馆才能发挥自身的优势，在

本地区打下坚实的基础，成为具有民族特色的图书馆，才能体现弘扬民族文化的社会职能。

（四）加强对外交流

每一个地区都有自己的优势，对于图书经费短缺、民族文献极少的少数民族地区来说，通过对外交流来充实馆藏是弥补图书经费不足的一个途径，并且能够促进民族文献资源的共建与共享，有利于促进民族地区图书馆迈上一个新台阶。

（五）争取政府支持

主管领导的高度重视和政府的大力支持是实现少数民族地区图书馆信息资源共建共享的重要条件。国家对少数民族地区图书馆事业的发展应予以必要的财政扶持。经过几十年的发展，少数民族地区的图书馆事业有了长足的发展，但离国家对少数民族地区图书馆的发展要求还有很大差距。对于各方面都不够发达的少数民族地区来说，要想真正实现民族文献资源共建共享的确难度很大。所以，国家在对少数民族经济建设、科学教育事业进行财政扶持的同时，也应从财政上多拨款项支持少数民族地区图书馆的发展。这是网络环境下少数民族地区图书馆民族文献信息资源共建共享的需要，也是21世纪各族人民的意愿，是时代的需要。

第八章 "双一流"背景下少数民族地区图书馆特色资源建设

第一节 "双一流"建设概述

2015年8月8日,党中央全面深化改革领导小组第15次会议审议通过《统筹推进世界一流大学和一流学科建设总体方案》(以下简称《方案》),决定统筹推进建设世界一流大学和一流学科,推动我国实现从高等教育大国向高等教育强国的历史性转变。伴随党的十九大报告将"一流大学和一流学科建设"提上议程,表明了党中央对高校教育工作的高度重视,更体现了新时代对我国高等教育发展提出了新的更高要求和期望。立足中国特色社会主义步入新时代的关键时期,我们将坚定不移地走中国特色高等教育发展之路。"双一流"建设的提出实施顺应了新时代背景下我国高等教育改革发展的要求，将进一步推动我国高等教育事业迈向一个更高的台阶，谱写高校教育改革新的篇章。

一、"双一流"建设的提出

教育是强国的基础，是国家兴旺发达的标志。一个国家是否有发展潜力主要取决于教育。毋庸置疑，教育在培养人才和提高国民素质方面起着重要的作用。历史和现实都表明，一个国家的繁荣强盛离不开强大的教育。中华民族历来有重视教育的传统，不论是自先秦以来中华传统文化的得以完整的保存延续，还是从辛亥革命到"五四"运动时期陶行知等人提出"教育救国论"的探索。以邓小平为代表的中国共产党人，同样看到了教育的重要性。在20世纪80年代的社会变与革时期，作为经济发展的强国之举措——科教兴国战略应运而生。正如邓小平认为的，要想达到世界一流的先进水平，就必须在科学技术和国家教育方面下功夫，"科学技术人才的培养，基础在教育"。之后，国家历届领导人同样都把实施科教兴国战略作为提升综合国力的关键。在进一步实施科教兴国战略的同时，以胡锦涛总书记为首的党中央又提出了人才强国战略，并指出科技发展的根本是人才，科技创新的关键是人才。十七大报告也强调教育是民族振兴的基石。伴随科教兴国建设的进一步发展，20世纪末，我国提出实施"211工程""985工程"等重点高校建设项目，这在有效提升我国高等教育综合竞争力的同时，也为我国向世界一流大学迈进起到了巨大的促进作用。自1995年重点大学项目实施20多年来，我国高等教育的发展致力于建设世界一流大学的同时也为我国社会各项事业的发展输送着源源不断的人才保障。但我们也应该看到，重点建设工作中，诸如身份固化、竞争缺失等问题日渐凸显，在高等教育方面也存在输出人才社会适应性差、与社会需要脱节、创造力和综合素质不足、人才高度同质化等现象。尤其是钱学森院士晚年曾在各种场合多次提出著名的"钱学森之问",让我们不得不在科教兴国的建设中重新审视高校教育体制问题。

面对21世纪经济全球化的迅猛发展伴随的知识经济强烈需求的严峻形势,我国必须进一步实施和发展科教兴国战略与人才强国战略,通过提高全体国民的素质将人口大国向人才强国转变。中国特色社会主义进入新时代,对教育事业发展提出了更高的要求,"双一流"建设应时代需求而生。党的十八大提出了"教育是民族振兴和社会进步的基石"的论题,表明了习近平新一代领导集体推进教育兴国的决心。为了进一步提升我国高等教育发展水平,增强我国综合竞争力,国家适时提出加快推进世界一流大学、一流学科建设,就是为实现我国社会健康可持续发展奠定坚实的基础。2015年8月《统筹推进世界一流大学和世界一流学科建设总体方案》的审议通过,标志着我国高等教育建设进入2.0时代,国家"双一流"建设正式拉开帷幕。十八届五中全会将世界一流大学和一流学科建设纳入经济社会发展全局,写进了《中共中央关于制定经济和社会发展第十三个五年规划的建议》,体现了我国高等教育发展由重点建设向协同创新的政策跨越[①]。2017年1月《统筹推进世界一流大学和一流学科建设实施办法(暂行)》的发布,意味着"双一流"建设的顶层设计、配套制度、工作方案、遴选标准等都已具备。2017年9月,教育部、财政部、国家发展改革委员会正式公布世界一流大学和一流学科建设高校及建设学科名单。至此,我国"双一流"建设正式迈入新的发展轨道,这也必将推动中国高等教育发展开创新境

---

① 张璐璐. "双一流"背景下高校图书馆创新服务研究[M]. 天津:天津科学技术出版社. 2018.

界、迈入新时代。

党的十九大报告指出，优先发展教育事业。教育强国建设作为中华民族伟大复兴的基础工程，必须把教育事业放在第一位，办好人民满意的教育，加快我国教育现代化建设。从十九大报告中可以看出，我国对高等院校的更高定位和对未来高等教育工作的更高要求。这也必将推动高等教育进入内涵式发展的新阶段，成为我们推进创新性国家建设和教育强国的强大动力。

当前，我国已步入中国特色社会主义新时代的关键时期，站在新的历史方位上适时提出实施"双一流"建设，表明了我国坚定不移地走中国特色高等教育的决心和信心。"双一流"建设的提出和实施必将助推我国高等教育事业迈向更高的台阶，也将为增强我国国家综合实力和国际竞争力奠定基础。

二、"双一流"建设的基本内涵

（一）以一流的人才汇聚为核心

为国家和社会培养创新型人才是一流大学和一流学科建设的主要目的，而一流人才的培养需要建设一流的师资队伍。"双一流"建设的提出和实施，必将推进高校教育资源和教师队伍的竞争，最终形成以一流的人才汇聚竞争为导向。通过高校一流人才的汇聚构建起的一流师资队伍，必将推动建立一支高水平的科学研究团队，培养学术带头人，支撑起高校学科的建设和发展，从而有利于培养拔尖的创新型人才，推动高校一流人才汇聚的良性循环。

（二）以一流的科学研究为基础

构建一流大学和一流学科，必须以一流的科学研究为基础。一流大学的定位并非都是学科齐全的综合性大学，某一学科精而专、科研教学有特色的大学同样有条件办成一流大学。所以，高校学科建设应该坚持根据自身情况发展能力有所选有所舍,通过学科专业交叉融合,致力于打造精而专的学科基础上扩大自身综合实力,形成优势学科带动、多元门类发展、各专业交融并存的高校建设的良好发展态势。毋庸置疑,"双一流"建设重点在教育质量和学科特色,而非高校师资规模和学科数量上的比拼。

(三) 以一流的教育治理为支撑

一流大学和一流学科的建设要想持久永续地满足人才培养的需要和科学研究的职责,离不开一流的教育治理为支撑。"双一流"建设高校及建设学科遴选认定主要通过竞争优选、专家评选、政府比选、动态筛选等方式产生,其遴选程序坚持公平公正、开放竞争的原则,组建设立世界一流大学和一流学科建设专家委员会,通过论证确定采用的第三方评价结果,确定遴选认证标准,继而产生拟建设高校名单和拟建设学科名单,最后确定拟建设高校的建设方案,经过专家委员会的审核认定后报国务院批准。科学合理的遴选机制,将破除传统封闭固化的终身制,以一流的教育治理为支撑,扶优扶强,引领示范,稳中求进,继承创新。

(四) 以一流的社会服务为导向

"双一流"建设的发展战略目标是坚持中国特色办学理念、世界一流标准,支持和鼓励高校高水平一流建设,服务社会和配合国家重大战略布局,扶持特殊需求。通过"双一流"建设,推动一批高水平的大学和学科进入世界一流行列或前列,为实现"两个一百年"奋斗目标、实现中华民族伟大复兴的中国梦提供有力支撑。因此,一流大学和一流学科建设应该以服务于国家发展需要为导向,以满足社会经济发展需求为责任,为我国的经济发展和人民幸福生活谋福祉。

（五）以一流的经费投入为保障

"双一流"建设目标的实现离不开大量充裕的资金、必备的仪器设备以及掌握现代科技信息资源，需要一流的经费作为保障。同时，这些双一流大学的科技研发，要为国家的经济发展和提升国际竞争力做贡献。"双一流"建设的提出和实施，不仅需要的是国家大量教育经费的投入，也将转变教育经费的投向，逐步实现从单位制到项目制的战略转型，同时资助模式也将由学校整体的资助转变为基于学科的资助模式，从而打破高校之间的身份壁垒，使部属和地方高校获得更多创优创特的资源和支持。

（六）以国际化一流建设为目标

世界一流大学和世界一流学科是我国高等教育想要走向国际化的必由之路"双一流"建设通过把握国际合作的方向，参与国际竞争，增强竞争力，使大学的综合实力或学科实力跃升至世界前列。

改革才能谋发展，科教兴国和文化强国的建设也应该坚持与时俱进。高校教育改革是一项长期的工程，直接关系到国家富强和民族振兴。高校教育体制改革应该在始终坚持社会主义办学方向的基础上，树立建设一流大学和一流学科的目标，在充分把握国家政策和资金支持的同时，致力于建设迈向国际化、跻身世界前列的世界一流大学和一流学科，在注重实践与创新中稳步有序地推进。

三、"双一流"建设的根本价值目的

"双一流"建设的根本价值目的是建设高等教育强国。

高等教育强国这一概念，可以有两种理解，一种是高等教育的强国；一种是通过建设强大的高等教育为国家发展、强大提供重要支撑和动力。两种理解有区别也有联系，联系主要反映在强大的高等教育是推动国家发展、强大的重要支撑和动力。本文侧重于第二种理解，兼顾第一种理解。高等教育能够为国家发展、强大提供重要支撑和动力，根本原因是，一方面，从"结构—功能"的视角来审视，国家是一个有机体，有机体上的各个部分均承担着整体赋予的特殊功能和要求，在有机体的运行和发展中居于重要地位，发挥着特殊的重要作用。高等教育作为国家有机体的重要组成部分，承担着国家赋予的重要任务和职责，理所当然地应当以自己的发展、强大为国家的发展和强大服务。另一方面是高等教育的本质功能所必然，人才培养、科学研究、社会服务是高等教育在长期发展过程中逐步呈现的三项基本功能，其中，任何一项功能都无不因国家需要而产生，也无不因国家需要而发展。人才培养是大学的根本功能，也是国家发展支撑的根本所系，科学研究是大学的重要功能，又是国家发展的重要"加速器"，社会服务是大学的重要功能，更是直接为经济社会发展提供帮助。

高等教育强国是我国近代以来的百年追求。中国自1840年鸦片战争失败，逐步沦为半殖民地半封建社会的深渊，外无主权，内无民主，国家衰败，列强欺凌，水深火热，暗无天日。为拯救中华民族，实现国家富强，人民富裕，无数仁人志士先后尝试过实业救国、变法维新等多种方式，最后把眼光聚焦于办教育、启民智，引进西方高等教育，一批受过西方高等教育的学者承担起按照西方高等教育模式发展中国高等教育的重任。中国共产党在革命战争年代极其艰难困苦的条件下，同样进行过创办高等教育的尝试，为革命和解放区建设培养必需的高级人才。1949年中华人民共和国的成立，为我国高等教育的发展提供了坚实的制度基础，在中国共产党领导下，中国政府对包括高等教育在内的教育系统进行了革命性改造。其中在高等教育方面，汲取苏联经验，进行院校重组，减少综合型高校，发展行业型高校，为国家的各方面现代化建设提供大量的专业人才和技术支撑。在邓小平的领导和支持下，国家重新恢复高考制度，通过考试择优录取德才兼备的人才进入大学，我国高等教育发展重新转入正轨。

进入改革开放和现代化建设新时期以来，党和国家一直致力于加快高等教育发展，将教育置于优先发展的战略地位，提出和实施"科教兴国"战略。20世纪90年代中期以来，党和政府开始实施"211"工程和"985"工程以及"优势学科创新平台"和"特色重点学科项目"建设，使一批重点高校和重点学科的实力与水平得到明显提升，进而带动了我国高等教育整体实力和水平的提升，为我国经济社会持续健康发展做出了重要贡献。但是，必须看到，我国的高等教育水平与世界一流水平整体上还有较大差距，我国高等教育对国家发展和强大的贡献与世界一流水平还有较大差距，与我国实行创新驱动发展战略，实现"两个一百年"奋斗目标和中华民族伟大复兴的中国梦还有较大差距。在这样的背景下，党和政府推出"双一流"建设，直接目的固然在于加强资源整合，创新高等教育领域重点建设的实施方式，有效解决"211"工程、"985"工程、优势学科创新平台建设、特色重点学科项目建设方面存在的身份固化、竞争缺失、重复交叉等问题，提升我国高等教育的整体实力和水平；而根本的价值目的则是在已经取得成就的基础上，进一步提升我国高等教育的综合实力和国际竞争力，进而为我国实施创新驱动发展战略，实现"两个一百年"奋斗目标和中华民族伟大复兴的中国梦提供强有力的人才支撑和科学技术支撑。高等教育界，特别是具有实力建设世界一流大学、一流学科的大学，一定要对这个问题形成高度的理性认知和行为自觉。

四、"双一流"建设的根本立足点

"双一流"建设的根本立足点是国家战略需求。

战略,原本为军事学术语,指有关战争全局的谋划,包括战争的性质、战争的目标、战争的发展方向、进程、特点以及所需资源与保证等。在西方,"Strategy"一词,源于希腊语"strategos",意为军事将领、地方行政长官,后来演变成军事术语,指军事将领指挥军队作战的谋略。在中国,"战略"一词历史久远,远在春秋时代的《孙子兵法》被认为是中国最早对战争进行全局筹划的著作。战略具有宏观性、全局性、长远性、发展性、预测性等特点。战略的正确与否从根本上影响和制约着战争的胜败。"战略"一词引申到经济社会领域,是指关于经济社会发展全局的重大谋划。国家战略是一国战略体系中居于最高层次的战略,不同国家对于国家战略的定义各不相同,但是它们的基本含义都是指国家根据一定历史时期国内外发展状况和趋势所确定的总体发展目标、发展任务和政策。所谓国家战略需求,就是为达成一定时期的国家发展总目标,完成国家发展总任务,实施国家发展总政策必须满足的重大要求和条件。

当下,我国党和政府推出高等教育"双一流"建设方案,其鲜明目的就是为实现当下至 21 世纪中叶的战略目标服务。与此相应,"双一流"建设必须积极、主动地立足国家战略需求而展开。按照弗莱克斯纳的观点,大学不能简单地迎合时尚,但必须满足经济社会发展的长远要求,以自己的实力和声望对科学和重大而紧迫的问题进行研究,对相应的社会政策产生影响,否则脱离社会,孤芳自赏,社会在发展,大学却拒绝因势而变,势必无法维持持久的繁荣。对此,我国大学在争创"双一流"建设中同样必须深刻地认识,自觉地践行。

自 1978 年底党的十一届三中全会将党的工作重点转移到经济建设上为标志，我国的改革开放和现代化建设按照邓小平设计、党中央确定的"温饱、小康、基本实现现代化"的"三步走"发展战略以及 1995 年《中共中央关于制定国民经济和社会发展"九五"计划和 2010 年远景目标的建议》提出的新"新三步走"发展战略，即"小康社会更加充裕—全面建成小康社会—基本实现现代化"，先后完成了温饱、整体小康及小康生活更加充裕阶段的战略任务，进入全面建成小康社会的现代化发展新阶段，社会生产力快速发展，综合国力明显增强，人民生活水平和质量明显改善，国际地位明显提升，这是举世瞩目的伟大成就。当下，我国的经济社会发展，特别是经济发展正处于一个重要的转折期，即从连续十多年的高速增长转向中速增长；经济结构从低端向中端不断优化升级，第三产业消费需求逐步成为主体；发展驱动从要素驱动、投资驱动转向创新驱动。这是一个面临国内外种种复杂情况的新阶段，也是面临一系列发展中问题的新阶段，更是一个向更高层次跃升的新阶段。

为适应我国经济发展新常态，整体提升我国经济进而整个经济社会发展的水平和质量，党的十八届五中全会做出的《关于制定国民经济和社会发展第十三个五年规划的建议》明确提出了"创新、协调、绿色、开放、共享"五大发展理念。这五大发展理念既是我国改革开放和现代化发展经验教训的深刻总结，又汲取了当代世界发展理论的精华，不仅是未来五年我国国民经济和社会发展必须遵循的重大理念，也是我国在改革开放和现代化建设新阶段进一步发展的重大理念。高等教育领域的"双一流"建设，作为与我国全面建成小康社会和 21 世纪中叶基本实现现代化同步推进的重大战略，可以有诸多路径选择，但是最为根本的却是深刻把握我国现代化发展新阶段的战略需求,与国家现代化建设同步推进,贡献服务。在这样的意义上,无论是具有较强综合实力的大学建设世界一流大学,还是具有较强学科实力的大学建设世界一流学科,都应特别注意把握重要领域,适应国家发展的战略需要。

第二节 "双一流"背景下高校图书馆特色资源建设

一、"双一流"高校图书馆特色资源建设概况

党的十九大报告中要求加快"双一流"建设,这不仅是高等教育未来发展的主旋律,也是高校图书馆事业发展的新动力。2016年到现在,中国高校图书馆界的专家学者们就围绕图书馆的资源建设、学科服务、图书馆创新知识服务等主题探讨高校图书馆如何助推高校的"双一流"建设。图书馆如何集聚优质资源,如何构建特色鲜明、种类齐全、结构合理的文献资源保障体系,创造一流的服务,打造一流的图书馆,适应高校"双一流"建设,为高校"双一流"建设提供强有力的信息保障与服务支撑成了当下重要的研究课题。

特色文献资源是图书馆在长期的文献信息收集过程中形成的具有独特性的馆藏资源,是图书馆馆藏资源的重要组成部分。教育部教高〔2015〕14号印发的《普通高等学校图书馆规程》规定:"图书馆在文献信息资源建设中应统筹纸质资源、数字资源和其他载体资源;注重收藏本校以及与本校有关的各类型载体的教学、科研资料与成果;形成具有本校特色的文献信息资源体系。"

当前,在推进世界一流大学和一流学科建设的背景下,立足学校的办学特色和重点建设学科,建设具有本校特色的学科文献数据

库，形成内容丰富、功能完善的馆藏文献体系，搭建集合文献信息检索、资源揭示推送、数据统计分析等功能数据库平台，依托平台开展有针对性的信息服务以及包括课题跟踪、专利分析、学科竞争力分析等深层次的知识服务，让文献信息资源更好地嵌入学院、课堂、科研和管理决策，达到辅助教学科研、助力学科建设的目标显得尤为重要。同时，建设特色学科资源数据库有利于高校科研工作者开展有针对性的教学科研工作，推进高校在特色学科领域形成比较优势，提升高校在特色学科研究领域的持续性和影响力。

（一）我国高校图书馆特色数字资源建设[①]内容

高校图书馆特色数字资源按其内容大致分为学校特色、专业或学科特色、地域或历史文化特色和专题特色。

1. 学校特色

学校特色是指该校独有的馆藏数字化资源，包括本校师生的学术论文、著作、教学课件、参考资料、校刊、高校的校志等。比如燕大论文、人大文库、清华大学学生优秀作品数据库等，均收集整理了本校师生的科研学术成果，是该校极具学校自身特色的数字资源。再如北大侯仁之与段宝林赠书、人大馆藏古籍书目数据库、北京师范大学图书馆馆藏古文献珍品鉴赏等，则是学校特有的馆藏资源的数字化，充分反映了本校数字馆藏的特色。另外，还有诸如华东师范大学方志库这类体现学校发展的资源；又如北大讲座、网上人大、清华学堂在线、浙江人文大讲堂等类似该校教学课程、讲座视频的汇集，以及清华周刊、《新清华》等校刊网站，都能充分表现出学校特色。

[①] 冯用军. 中国特色世界一流民族大学和民族学学科专业建设进展评价研究［J］. 民族高等教育研究，2017，5（5）：1—8.

2. 专业或学科特色

专业学科特色的数字资源是指能体现该校一些重点专业或学科特点的数字资源。"双一流"高校的评定，与专业、学科的建设发展有很大的关系。所以，特色的数字资源与重点专业、学科的相关性很大程度上能反映该校的特色数字资源建设是否可以服务于学科建设，同时也能反映专业学科的建设与发展是否注重资源的建设。如北京大学建设的海洋、数学、教育、信息管理学、经济与管理学信息门户，同济大学的医学与生命科学、环境、土木工程、化学、测绘学科服务平台，中国科学技术大学的数学专业学科门户、火灾科学学术资源网，武汉大学的动物生物学、微生物、分子生物学教学网站，四川大学的口腔医学、中国语言文学网络资源导航库等不同名称、各具特色，为重点学科专业发展提供支持的数字资源。还有一些单学科性高校，其资源的学科专业特色一目了然，例如，海洋大学的海洋教育科技文献信息数据库、中央音乐学院的歌曲全文库、电子科技大学的电子信息学科特色数据库、美术学院的雄狮美术知识库、中国医药大学的中医案例库、体育学院体育珍藏文献数据库，等等。

3. 地域或历史文化特色

建设地域或历史文化特色的数字资源对于高校图书馆而言，是彰显一所高校图书馆人文情怀的重要方式。地域的、历史的、文化的特色使高校图书馆承载着某一地区古往今来的记忆。如吉大东北亚研究数据库，是关于东北亚地区社会、政治、外交、经济、军事、历史、文化等问题的全面内容；苏州大学吴文化数据库是收藏、传播、研究、分享吴文化的大型数据库，分吴地春秋、文学艺术、名胜古迹、吴作技艺、科技教育、宗教民俗、新吴文化七个大类，收藏有图书、期刊、报纸、老照片、音视频、网页等多种类型的精品资源；川大巴蜀文化特色库围绕蜀汉文化、巴蜀山川、三峡风光、南方丝绸之路等方面，汇集了各种报道与研究；兰大敦煌学数字图书馆将敦煌莫高窟发现的以文字或图画为表现形式，反映了中国古代文化，等等。

4. 专题特色

专题特色数字资源是指具有特定的主题，专注于汇集包括特定人物、历史文化、民族特点等主题有关信息的特色数字资源。如暨南大学的华侨华人特色专题数据库，包括了华侨华人书刊全文数据库、华侨华人人物数据库、华侨华人图片数据库、华侨华人学术资源数据库、华侨华人政策咨询问答、华侨华人政策法规数据库、华侨华人视频数据库、海外侨情数据库、侨务信息数据库等9个自数据库，全面收集整理了华侨华人、华文文学、华文教育、华语传媒等"四华"文献，是一个面向侨学、侨研、侨务、华侨与社会各界，服务于政商产学研的涉侨文献信息宝库。又如西安交大钱学森特色数据库，一方面整理了大量其人物生平事迹和研究，另一方面涵盖了自动控制工程与科学的学科领域研究，是人物专题特色资源的代表。湖南大学的湖南戏曲专题库通过图片、文字、视频等手段，全方位地展示了湖南地方19种剧种的源流沿革、流布区域、艺术概况、剧本曲谱、代表剧目、研究评论和获奖情况等信息，是一个大型文化专题数据库。云南大学因其边境的地理位置及特别因素建立了禁毒防艾库，介绍毒品艾滋病，时刻警醒人们其危害。新疆大学的西北少数民族研究专题库，侧重于西北边疆少数民族及新疆民族问题的研究，致力于维护边疆稳定，促进民族共同发展，是民族专题数据库的代表；天津中医药大学的中医经验方与健康特色库，发挥了该校专业学科特色,将中医领域的经验汇总形成中医专题的特色资源服务于生活健康。上财"百年庆典、校友助力、凝聚人心、汇聚祝福"是特色馆藏部校友捐赠的专题网站,从这一专题特色网站不难看出一个学校的凝聚力。北京师范大学的师范教育专题数据库,立足于自身师范教育类学科特点建立教育专题数库以及为获奖设立的"高校人文社会科学研究优秀成果奖"获奖成果专题库与"教社医研究论文奖计划"专题库,等等。诸如此类数据库涵盖了各种领域的特色资源,也是一所高校展现自身独特性的方式。

(二)我国高校图书馆特色数字资源建设形式

1. 数据库形式

数据库形式是特色数字资源最为代表性的,它也可分为以下几类。

一是学校师生著作、作品、学术前沿的汇总数据库。如南京师范大学的南师大博士后研究报告数据库、南师学人;广州中医药大学的本校师生 SCI 论文库;北京师范大学的图书馆解放前师范学校及中小学教科书全文库等。

二是以目录索引、题录形式的特色数据库。如北京师范大学的图书馆优秀参考书题录库、中文珍稀期刊题录库、线装方志书目数据库、50年来整理出版清代诗文集书目、全元文篇名作者索引等;中南财经政法大学的图书馆馆藏纸本期刊目录;中国政法大学的法学文献题录索引,等等。

三是能够充分体现高校的专业优势和重点学科特色的数据库。如天津工业大学的纺织特色外文文献全文数据库、东华纺织特色文摘库等,充分反映了天津工业大学的纺织科学与工程学科特色;河海大学的水利古籍数字文献库、中国河湖大典数据库,也体现出了该校水利工程重点学科的特色。

四是以图片、音频、视频等多媒体资料形式建设的数据库。如浙江大学的图片信息资源库、重庆大学的重大影像特色库、北京体育大学的体育视频数据库、东北师范大学的东北文献视频库、中国音乐学院的世界民族音乐多媒体数据库,等等。

2. 网站形式

通过建立独立的网页对数字资源进行专门的整合,体现其特色资源的特点与优势。网站也可以分为以下几类。

一是学术信息门户网站。学科信息门户以学科为根本,针对某个特定的学科或者跨学科、交叉学科领域,收集整理这一领域各方面的信息资源(文献资源、研究前沿热点、动态讯息、学术成果等信息),利用工具和服务(资源推荐、科研学术评价等),将这些信息整合为一体,为用户提供一个特定而便捷的信息检索和服务入口。如武汉理工大学的材料复合新技术信息门户、同济大学建筑信息门户等。

二是服务平台(系统)。它通过整合特定领域的主题信息,定期搜集和发布信息,如浙江大学情报信息服务平台,华中农业大学国内外油菜品种及栽培技术信息系统,华南理工大学土木与交通、机械与汽车、化学与化工学科服务平台,武汉理工大学重点学科文献群等。

三是校办电子刊物或出版电子图书的网站。如清华大学的新清华、清华周刊,中国政法大学的《法律评论》周刊,内蒙古大学的蒙古文期刊网等。

四是学校教学中课程、讲座视频的集合。如北京航空航天大学精品课程网、中国医科大学的好医生医学点播课堂、华东理工大学悦读网等。

五是数字图书馆。数字图书馆是参照实体图书馆的资源组织模式，借助计算机网络通信技术，造性地运用知识分类和精准检索手段，有效地进行信息整序，使人们获取不受空间与时间限制的多种数字化媒体内容信息资源的集合，能够为用户提供便捷、权威、高质量的信息化服务机制，它在高校的特色数字资源中也是不可或缺的一种形式。如湖南师范大学的刘少奇数字图书馆是全国第一家博物馆与大学合作、面向网民开放的历史人物数字图书馆。该数字图书馆系统全面地收录了有关刘少奇同志及相关政治、历史、人物等方面的文献史料和学术资料。中国美术学院高居翰数字图书馆包括大师生平、高氏藏书、著述研究、视频讲座、图像典藏、博客典藏、江岸送别等几部分内容，旨在利用该资源来扩大视觉艺术及其研究成果在全世界范围内的影响。此外，还有中国矿业大学中国煤炭数字图书馆、矿业工程数字图书馆，上海中医药大学中医药文献数字图书馆，复旦大学李兆基图书馆，等等。

六是数字博物馆。数字博物馆是运用虚拟现实技术、三维图形图像技术与显示系统、计算机网络技术、互动娱乐技术、特殊视觉效果，将现实中的实体博物馆馆藏以三维立体的形象展示于网络上的博物馆页面。它与数字图书馆类似，但较少出现在图书馆的数字资源建设中，不过每一个建设的数字博物馆都必然彰显着该校的特色。例如，西南财经大学货币证券博物馆、货币证券虚拟博物馆，涵盖中国历代货币、证券、票据、保单、供应票证等；中国美术学院皮影数字博物馆，收藏有47000多件皮影及其相关文物并保留着不同派别的皮影戏技艺传承，是国内首家颇具规模的皮影艺术博物馆；北京交通大学数字铁路博物馆是国内首个关于铁路的数字博物馆，全面介绍了中国的铁路建设以及铁路知识。

此外，还有其他类型的网站。如暨南大学国际论文资讯网、"华东师范大学—康奈尔大学"图书馆联合资源网、海南大学海南记忆网等。

3. 学科导航形式

学科导航是按学科门类将学科信息、学术资源等集中在一起，以实现资源的规范化搜集、分类、组织和有序化整理，并能对导航信息进行多途径内容揭示，方便用户按学科查找相关学科信息和学术资源的系统工具。如南开大学重点学科导航、浙江大学学术资源导航、上海财经大学"国际组织资源与利用"学科导航等。

4. 机构知识库

高校机构知识库是一个数字化资源集合，也是高校为其员工提供的一套服务，它保存着个人或部门所创作的数字化智力产品，并进行传播推广囗。如成都理工大学油气藏地质及开发工程国家重点实验室专著机构知识库、中国农大机构知识库、同济大学机构知识库、西工大机构知识库，等等。

二、"双一流"高校图书馆特色数字资源建设中存在的问题

（一）发展不平衡

纵观"双一流"高校图书馆特色数字资源发展的总体情况，不同层次高校之间资源数量相差较大。据统计，首先，一流高校总共42所，其中拥有特色数字资源的学校图书馆有39所，占比为92%。而95所一流学科高校中，拥有特色数字资源的学校图书馆有76个，占比80%。由此可见，在拥有特色数字资源的学校的比例上，一流学科高校与一流高校之间仍有差距。其次，一流高校拥有的总资源量为335项，占了"双一流"高校图书馆资源总量的45%。平均而

言，每一所一流高校图书馆约有8.5项资源。而一流学科高校拥有的总资源量为414项，平均而言，每一所拥有特色数字资源的高校馆约有5.4项资源。在资源的平均数量上，一流学科高校与一流高校之间也存在着差距。再次，从学校各自拥有的资源来看，仅有A类高校的北京大学、厦门大学、清华大学和武汉大学拥有超过20项的特色数字资源，其他高校均未有达到20项以上的特色资源。大多数学校的特色数字资源量都在5项以下，尤其是一流学科高校中有2/3处于这一层次①。

（二）数量普遍较少

从学校角度来看，能进入"双一流"高校名单的都是国内高校中的佼佼者，然而在特色资源建设方面，有不少学校却缺乏特色。比如在A类高校中，中央民族大学和哈尔滨工业大学两所高校并未建设特色数字资源。中央民族大学在民族类高校中处于领先地位，而哈尔滨工业大学同样在全国工科院校中名列前茅，但是它们对于自身优势及特色并没有通过特色资源建设的方式展现出来。抛开个例来看，目前大多数高校均有特色数字资源建设的意识，所以拥有特色资源的学校占比较高。但是从数量上来看，建设了1～5项资源的一共有63所高校，占比高达55%，其中有16所高校的图书馆仅仅建设了1项资源，多为本校论文库。另外有12所高校是建设了2项资源。其中A类高校如东南大学仅有硕博士论文库1项，大连理工大学等6所高校的图书馆仅建设了2项，多数也是本校的学位论文库。B类高校中，有2所资源量在1～5项：西北农科大建设了3项，其中包括水文气象库、黄土高原生态环境数据库这两项相对优

---

① 奚朝辉. 我国"双一流"高校图书馆特色数字资源建设调查与思考 [D]. 安徽：安徽大学，2018.

质的资源；东北大学建设了4项资源，其中也有张学良文献数据库与冶金科学与技术文献数据库两项较为优质的资源。所以这一类别中，学校数量少，资源建设质量却相对较高。一流学科建设高校中排除无法访问的图书馆主页，未进行资源建设的一共有5所高校。究其原因，虽然各高校拥有初步建设意识，但缺乏深入建设特色数字资源的观念。

（三）质量普遍不佳

"双一流"建设高校在资源建设上不仅数量较少，在质量上也普遍不佳。

一是学科内容相对较少。据统计，A类高校中拥有学科专业相关资源的图书馆一共16家，意味着近一半的A类高校图书馆建设了学科专业相关的资源；B类高校中仅郑州大学与湖南大学拥有学科特色资源；一流学科高校中仅有19所拥有学科专业特色资源，只占拥有特色数字资源一流高校总数的24%。而"双一流"高校的建设以学科为基础，全国137所"双一流"高校共有465个重点学科，可是从资源建设数量上来看，差距相当大。其中资源建设做得相对较好的如北京大学，建设了海洋、数学、教育学、信息管理学和经济与管理学信息门户、北大法宝法意等法学学术资源、生物信息中心等，但与"双一流"名单公布的41门重点学科仍有差距。而在调查的137所高校中，仅有同济大学建设了医学与生命科学、化学、测绘、土木工程、环境学科服务平台与园林建筑信息门户较为符合"双一流"学科名单中其拥有的7项重点学科。

二是，地域文化特色资源不足。我国的历史古老悠久，地域广阔而充满特色，地域、经济、历史、文化、人物特色都非常多，资料也十分丰富。每一所高校的建立，或多或少都与这些因素有关，所以这类资源应该不少。然而在调查过程中发现，真正重视地域、文化、人物特色的高校相当少，做得比较突出的，如在地域特色方面，安徽省高校关注徽州，东北地区的高校会关注东北亚；文化特色方面，兰州大学关注敦煌文化，新疆大学关注西北少数民族文化，厦门大学关注妈祖文化；在人物特色方面，西安交通大学的钱学森特色数据库、东北大学的张学良文献数据库、中国音乐学院耿生廉老师剪报数据库等，特色资源屈指可数。而有很多地域特色、传统文化、历史名人在缺少关注中慢慢被人们遗忘。

（四）资源利用率低

究其原因，图书馆把主要精力放在了特色数字资源的建设上，往往忽视了宣传和推广工作。高校有什么资源用户都不了解，这在一定程度上给用户的使用带来了诸多不便，用户很难及时找到自己想要的资源，往往需要花费大量的心思和时间去搜索引擎上寻找，由搜索引擎进行导流到高校图书馆网站，从而导致高校图书馆数字资源利用率低下、影响力小。建设数字资源的目的就是服务及利用帮助用户查询利用信息资源。然而，如果各高校建设的数字资源都很难被发现，那么不但耗时耗力，而且无法体现资源的价值，形同虚设。这显然违背了各高校建设特色数字资源的初衷。首先，栏目设置不明；其次，特色数字资源没有介绍。在新闻、公告等信息发布栏目中极少能看到对特色数字资源的介绍，大多数时候特色数字资源同其他资源一样排列在栏目中，用户甚至不知道该校有这样的特色数字资源。

（五）缺乏统一标准

据调查，各高校、各类型资源建设内容、设计等各式各样，水平层次不齐。同时结合文献发现，目前特色数字资源建设普遍呈现出数据平台异构、数据质量参差不齐等质量标准问题，而标准影响着资源服务的质量。在资源开发过程中，如果没有一个通用的标准（包括元数据标准、质量标准、操作性标准、系统标准等），那么日后资源在更新维护时，或者在数据的导入和与其他资源对接时，往往容易出现如格式不兼容无法合并、平台特性不同导致的资源失效等问题。然而目前各高校图书馆的特色数字资源在内容上多种多样、资源涵盖范围涉及方方面面，建设水平的差异也相对较大，没有一个统一的体系，缺少一致的资源选择与内容组织标准。

（六）重内容，轻管理

一是资源介绍页面设计不佳。很多高校图书馆仅提供特色数字资源名称，并未对资源进行介绍或者附上使用说明。而优质的资源介绍页面能很大程度上提升用户的使用效率。如果页面中包括资源名称、类型、建设时间、访问入口、使用说明、问题咨询、联系人、联系方式等细节，那么该资源是否符合用户需要、出现问题找谁咨询等问题都可以知晓。二是缺乏更新与维护。特色资源建设后，很容易忽略后续存在的一系列问题，如不能及时解答资源使用中的问题，不能及时更新相关内容的最新资源动态，不能及时维护资源稳定性保证其正常访问。这些问题都缺少相应部门、人员的管理。

（七）共建共享程度低

目前我国高校图书馆特色数字资源在共建共享方面还暴露出了大量的问题。首先是各高校图书馆的对外开放程度较低。开放程度低意味着高校资源的相对封闭，导致共享程度也相对低。其次，多数资源都是图书馆自建或与商业机构、社会组织等进行合作共建，而本校参与的却比较少，即使学校间合作颇多，但资源层面上却缺乏合作共享，使得资源一直都封闭在本校的小环境中，得不到广泛的传播，导致共建共享程度低。另外，上文已经提到了目前的特色数字资源建设缺乏统一的标准，各馆各自为政，各高校间缺乏合作，并且缺少一致的目标，各高校仅以自身情况来建设特色数字资源，导致高校图书馆不存在系统的特色数字资源体系。这也就增加了特色资源建设与管理方面的难度，阻碍了高校进行特色数字资源的共建与共享。此外，特色数字资源在统筹规划方面也存在着不合理现象。特色数字资源方面的规划和协调远不及其他数字资源，降低了特色数字资源建设的效率。而大量数字资源闲置、利用率极低，也阻碍了资源的共建共享。不容忽视的还有知识产权问题，如今各高校图书馆纷纷制定了知识产权政策，说明对知识产权的保护意识已经具备。但政策内容如对各类资源仅限于在校内使用等条目，在保护本校资源的同时也一定程度上制约了资源的共享。

三、"双一流"高校图书馆特色数字资源建设的建议

（一）注重数字资源建设平衡发展

种种原因导致各类高校之间达到平衡发展是很难的，因此对于平衡发展的思考必须打破固化思维。目前，各高校图书馆在特色数字资源建设的方面投入和产出往往缺乏周全而系统的成本、效益计算，导致出现资源主题重复、数据量过少、缺乏新数据补充、文献类型少、资源内容涉及范围小、标准化和规范化程度差、共享率和利用率低等缺陷，数据库重复建设和利用率不高的现象普遍存在，造成特色资源实质上相对的浪费，没有真正实现特色数字资源的使用效益。所以要想实现资源建设的平衡发展，应注重资源建设的"收支"平衡，即高校在资源建设上的投入与收益能够平衡。其中，投入包括人力、物力、财力，收益包括对教学科研工作的支持等难以估算的收益和经济效益这类有形的回报。无形的收益如何计算？

可以通过对高校学生进行调研，从认知程度、满意程度等方面考量其收益。高校都可以根据自身能力，通过调研确定数字资源满足用户边际需求的能力，即资源的边际效用，优化数字资源的配置效率，合理分配资源建设所需的资金、人力、设备及其他资源，适当控制投入，努力促成特色数字资源的效用最大化。可以说，这种平衡的内核就是理性、科学，将社会与市场纳入考虑去建设特色数字资源。

（二）提升特色数字资源建设意识

虽然一些高校的图书馆在特色数字资源建设上已有一定成绩，但是还有一半高校的图书馆资源建设数量较少，甚至还未建设。首先，高校图书馆特色数字资源建设一定要能满足用户的特定需求，明确建设目的是满足读者的刚性需求和隐性需求，因此做好前期调查，充分了解本校师生用户的使用需要必不可少，一般从两方面着手：第一，调查用户的阅读需求及对数字资源的要求等；第二，发挥用户的主观能动性，让他们的选择成为数字资源建设的一部分，并接受用户监督反馈。其次，做好资源建设选题和规划，在选题时要考虑到数字资源的独特性、权威性、新颖性及可持续性。刚刚起步的高校可以先创建一些选题较小、专指度高、具有本校特色文化的特色数字资源，如学位论文库等。对于低于平均值的高校图书馆，要联合各个工作部门共同努力，投入适当的人力、物力、财力等相关支撑资源，不仅要注重增加的资源的内容，还要注重相匹配的完善的介绍、帮助、后续的更新维护等。

（三）围绕特色，丰富数字资源内容

目前，各高校对于本校特色诸如论文、著作、科研成果等资源的建设相对较好，但也不能忽视这一部分的内容建设，注重立足馆藏，基于学校情况开展并完善学校特色数字资源建设工作。而学科

与地域文化特色的资源建设依然有待加强。

1. 立足于高校重点、特色学科

高校图书馆在特色数字资源建设中，必须以学校的重点、特色学科为基础。首先，高校图书馆应该充分发挥馆藏资源的优势，利用熟悉网络资源获取的优势，紧紧围绕学校重点、特色学科建设要求，对网上纷繁复杂的信息资源进行收集、筛选、组织、分类和整理，使之有序化、系统化，以便利用，建设专业、全面、高质量的学科数字资源。再次，要开展知识管理与知识服务。特色数字资源建设不应该只是提供信息，而是需要把目标与价值拓展到知识管理与知识服务的层面。这就要求服务提供者充分掌握重点、特色学科以及与之相关的各种教学与科研情况，为用户提供学科资源导航，并紧紧根据用户的需要，寻找挑选其中具备利用价值的信息，对已经筛选的学科信息资源进行全面深入的开发，并随时围绕实际的科研需求不断地收集、加工学科信息资源，为科研管理、学科评估、实现"双一流"高校学科建设目标服务。

2. 加强地域文化特色数字资源，丰富资源内容

在学科资源建设的基础上，重视地域文化特色数字资源的建设。各高校图书馆利用地域文化特色、地域自然资源特色和地域经济特色所建成的地方特色数字资源，是一个地区高校所特有的，在该地区高校进行人才培养、科学研究和社会服务过程中都发挥着巨大的作用，这也是一个地区高校用以提升图书馆核心竞争力的有效途径。在学校收集自主搜集整理资源的同时，高校还可以尝试与地方公共数字文化特色资源建设项目相结合，如正在开展的全国文化信息资源共享工程以及分步实行的下属省级分中心特色数字资源建设工程。该工程内容涉及地方历史、民族文化、地域专题、自然风光等多方

面的地域特色，是较为成熟的地方特色数字资源建设项目。高校图书馆完全可以利用自身的优势和地方公共文化部门合作开展建设。

（四）加强特色数字资源推广宣传

开发与建设特色数字资源整合了学术与社会两种资源，最终目的是服务用户与社会，充分发挥其应有的学术效益与社会效益。积极的宣传推广工作必不可少，这样才能够引导社会公众形成认知、产生兴趣，而只有用户、社会对特色数字资源充分地了解和感兴趣，才能积极使用，提高其利用率。

首先要做好的便是资源组织与数据发布的工作，对于相关特色数字资源尽可能的发布动态与公告并放置于图书馆主页醒目位置；其次，特色数字资源的相关动态和公告也应该及时地以补充的形式添加到该资源的介绍中，让用户在访问该资源的时候就能全面了解其相关动态。另外，寻求社会力量的介入，在服务教学科研的基础上，可逐步向相关企业或事业单位提供无偿或有偿信息服务，引入市场机制，提高资源附加价值，使得社会力量可以配合高校图书馆定期开展校园和社会两地的用户培训，并通过图书馆主页和社会组织机构网站、新媒体平台、论坛以及其他途径积极在校园和社会中同时介绍推广特色数字资源。

（五）制定特色数字资源统一标准

针对当今高校图书馆特色数字资源在建设过程中没有统一标准的问题，高校应考虑寻找发起者，由其牵头，各高校响应共同建立起统一规范的标准。首先要对内容设立标准，才能使数据的整理与加工工作变得轻松；同时需要实现数据著录标准的一致，使得各高校的特色数字资源得到有效的整合。从建设规划、元数据、数据源、著录规范、功能设计、维护更新、推广应用等全面评价特色数字资源的独特性、权威性、规范性、科学性、共享性、可持续性等统一标准,实现数据库的全面性、协调性和可持续性发展。目前行业内已经建立起了不少行之有效、可供参考的标准,比如 DC 元数据标准、CALIS 特色库标准、CNI(工建库元数据与数字对象标准)、国家图书馆数字对象建设标准等。

(六)成立特色数字资源管理部门

成立专门的管理部门是保证图书馆特色数字资源建设质量的重要一环。这一部门承担着图书馆特色数字资源的开发与咨询服务工作,负责特色数字资源的收集、加工、维护以及服务(学科服务亦是该部门的重要工作之一)。该部门的人事构成主要应该包括两类:一类是计算机应用技术人员,负责解决系统运行、资源建设与维护上的技术问题;一类是专业的图书工作人员,负责信息资源的整理加工及提供服务。

(七)倡导特色数字资源共建共享

高校图书馆内拥有的特色数字资源通常是一个高校图书馆中独特的并且较为稀少的信息资源,这些资源具有保存利用与分享的价值,如果能实现对这些资源的共享,就可以最大限度地体现特色数字资源的价值,发挥其作用。首先是需要国家层面上的关注,并推动特色数字资源共建共享工作的展开,向各高校宣传特色数字资源共建共享的理念,让越来越多的高校参与特色数字资源的共建共享活动。其次,需要国家实行有效的宏观调控手段,统筹众高校之间的资源建设工作,促进资源的共建。而对高校而言,高校图书馆自身应该秉承开放合作的理念。各"双一流"建设高校都有其重点学科,每个图书馆都有学科特色资源的收藏,这样也为学科的合作共建提供了可能。

在共建共享过程中，可以选择的方式也有很多。

一是同类型高校图书馆联合开发。例如，同为师范类高校的北京师范大学、华东师范大学、东北师范大学等均可形成师范类图书馆联盟，以利用各自资源进行优势互补开发师范教育类特色数字资源。

二是同地区高校图书馆联合开发。比如同为安徽省的中国科学技术大学、安徽大学、合肥工业大学，可以形成省级图书馆联盟并利用中国科学技术大学的技术优势、安徽大学的文化资源优势等开发共建地域性特色数字资源，同样也可以联合其他高校建设类似安徽省高校资源共享服务平台的区域性资源共享平台。

三是同资源类型高校联合开发。例如，高校古文献资源库由北京大学、南京大学、复旦大学等24所全国重点高校的图书馆合力建设，主要包括了各参建馆所藏古文献资源的书目记录并配以书影或全文图像。

四是联合社会力量共建开发。如高校图书馆、公共馆、博物馆、名人纪念馆、社科院、企业等不同的社会力量，因其职能不同各有其优势，联合其中一方或多方进行共建资源，不仅使资源服务了本校师生，更是向社会推广了特色数字资源。例如，湖南师范大学图书馆与宁乡刘少奇故居管理局合作开展的文献信息资源共建共享项目"刘少奇数字图书馆"，充分发挥了刘少奇故居管理局的资源优势和湖南师范大学图书馆的信息处理与技术优势，集两方之所长，开发了一个既能丰富师大数字馆藏又能产生社会影响力的数字资源项目。

第三节 "双一流"背景下少数民族地区图书馆特色资源建设

五十六个民族五十六朵花，五十六个民族是一家。民族高等教育是中国高等教育的重要组成部分，民族大学、学科和专业是培养民族类高级、专门复合型、应用型人才的主载体、主平台和主阵地。高等教育强国离不开民族高等教育强国，中国教育梦离不开中国民族教育梦，所以，将我国民族高等教育做大、做强、做优、做特，融汇民族教育基因，不忘民族教育基质，是中国民族院校、民族学学科和专业建设中国特色世界一流大学、一流学科、一流专业和一流本科教育的必由之路。世界一流大学培育世界一流人才，世界一流人才成就世界一流国家，世界各国、各民族、各组织的博弈，归根结底是人力资源的博弈。世界一流大学、世界一流学科是世界一流国家、世界一流民族的重要品牌和核心竞争力。国务院提出要"优化高等教育布局和结构，提升民族高等教育发展水平。以就业为导向，优化民族院校和民族地区高校学科专业结构，重点提高工、农、医、管理、旅游等学科比例，支持办好师范类专业，提升民族特色学科水平。办好民族院校，加大省部和行业共建力度"。这为中国特色世界一流民族大学、学科和专业的建设指明了战略方向，高等教育理论界也必须积极做出科学回应，即在党中央、国务院"双一流"战略顶层设计下，中国高等教育体系"要建什么样的一流大学和一流学科"和"如何建这样的一流大学和一流学科"必须以特色为统领，以贡献为优先，对党和政府高度关注、人民群众非常关心的"双一流"这个理论与实践问题必须做出回应、做好回答[1]。

一、各民族地区关于"双一流"建设的政策

各少数民族地区政府及相关部门,根据国家"双一流"建设文件要求,结合各地区自身特色,出台了一系列"双一流"建设的实施方案和建设意见。

(一)贵州省教育厅《关于大力推进区域内一流大学和一流学科建设的实施意见》

该意见包括总体要求、发展思路、总体目标、工作措施、保障措施、组织实施等6个方面的内容。

总体要求中提到,高举中国特色社会主义伟大旗帜,以邓小平理论、"三个代表"重要思想、科学发展观为指导,认真落实党的十八大,十八届二中、三中、四中、五中全会和省委十一届三次、四次、五次、六次全会精神,深入贯彻习近平总书记系列重要讲话精神,按照"四个全面"战略布局和党中央、国务院决策部署,全面落实省委、省政府《关于支持高校加快改革发展的意见》,以区域一流为目标,以提升实力为核心,以立德树人为根本,以支撑创新驱动发展战略、服务经济社会发展为导向,推进区域内一流大学和一流学科、专业建设,全面提升我省高等教育综合实力和竞争力。全面贯彻党的教育方针,坚持社会主义办学方向,加强党对高校的领导,立足贵州实际,遵循教育规律,创造性地传承和发展中华民族优秀传统文化,追踪科学前沿和经济社会发展的重大问题,坚持国家战略与区域发展需要同向同行,积极探索具有贵州特色的区域内一流大学和一流学科专业建设之路,培养中国特色社会主义事业建

---

[1] 祁兴兰.民族地区高校图书馆特色资源数据库建设现状、问题及对策[J].图书情报工作,2018,62(16):111-119.

第八章 "双一流"背景下少数民族地区图书馆特色资源建设

设者和接班人。

发展思路中提到,瞄准一流,加快发展。突出重点发展,错位发展,大力引导和支持具备一定实力的高水平大学、学科和专业,瞄准区域内一流、国内国际一流,整合优质资源,培养一流人才,产出一流成果;突出特色,协同发展。发挥政策指导和资源配置的作用,引导高校合理定位,克服同质化倾向,形成各自的办学理念和风格,在不同层次、不同领域办出特色,争创一流。以合力强优势,建立多形式、多领域的发展战略联盟,共享和整合优质科研教学资源,开展科技合作攻关,协同发展。按照需求导向、深度融合、创新引领的原则,与科研机构、行业企业开展深度合作,建立开放、集成、高效的协同创新模式,有效整合创新资源,在基础研究和前沿技术领域取得重要突破。加强协同创新,重点建设一批高水平有特色的研究基地和平台。集聚社会资源,形成校校、校企、校地、校所以及国际合作的协同育人长效机制,促进高校开放合作、共建共赢。

总体目标中提到,全面提升高校人才培养、科学研究、社会服务、文化传承与创新的整体水平,创新型人才培养体系和科技创新服务体系,加快建设全省高等教育现代大学制度,推动有条件的高校和学科专业进入区域前列或接近全国一流水平,一些具有冲击国内国际一流的能力和影响力的重点学科领域成为培养和造就科技领军人才的基地,服务区域和全省经济社会发展的能力更加突出,高等教育核心竞争力显著加强。

工作措施中提到,加强现代大学制度建设;推进高水平大学、学科和专业建设;加强高水平教学科研等重大平台建设;扩大对外开放,培养具有国际化视野、知识能力与国际接轨的国际化人才;

加强师资队伍建设；培养创新型拔尖人才；提高科学研究水平；推进科研成果转化；推动文化传承创新；优化整合资源。

保障措施中提到，鼓励引导全社会参与办学，完善多方共建机制；建立健全评价机制；完善财政教育投入保障机制。

组织实施中提到，加强组织领导；建设实施。

（二）内蒙古《关于印发自治区统筹推进国内和世界一流大学一流学科建设总体方案的通知》

通知包括总体要求、建设任务、支持措施和组织实施等。

总体要求中提到，本通知指导思想是以党的十八大、十八届二中、三中、四中、五中全会精神为指导，深入贯彻落实习近平总书记系列重要讲话和考察内蒙古重要讲话精神，按照"四个全面"战略布局和党中央、国务院相关决策部署，坚持创新、协调、绿色、开放、共享的发展理念，在自治区重点高等学校和重点学科建设中，突出地方和民族特色优势，争创国内一流，瞄准世界水平，加快建成若干所国内世界一流大学和一批国内世界一流学科，提升我区高等教育综合实力，为实现教育现代化、实施创新驱动发展战略、促进自治区经济社会发展、打造祖国北疆亮丽风景线提供有力支撑。争创国内一流，瞄准世界水平，就是要全面贯彻党的教育方针，坚持社会主义办学方向，加强党对高等学校的领导，立足服务国家和自治区经济社会发展，遵循高等教育规律，创造性地传承中华民族优秀传统文化，积极探索我区建设国内和世界一流大学、一流学科之路，深入推进高等教育改革，培养中国特色社会主义事业建设者和接班人，更好地为社会主义现代化建设服务、为人民服务；基本原则：坚持以一流为目标。引导和支持我区具备一定实力的较高水平大学和较高水平学科瞄准国内世界一流水平，汇聚优质资源，培养一流人才，产出一流成果，加快走向国内和世界一流。坚持以学科为基础。引导和支持高等学校优化学科结构，按照世界前沿、国内领先、体现自身优势特色、符合自治区经济社会发展需求和自治区"8337"发展思路的总体要求，凝练学科发展方向，突出学科建设重点，创新学科组织模式，打造更多一流学科，带动学校发挥优势、办出特色。坚持以绩效为杠杆。建立激励约束机制，鼓励公平竞争，强化目标管理，突出建设实效，健全我区建设国内世界一流大学和一流学科评价体系，充分激发高等学校的内生动力和发展活力，引导高等学校不断提升办学水平。坚持以改革为动力。深化高等学校综合改革，加快中国特色现代大学制度建设，着力破除体制机制障碍，加快构建充满活力、富有效率、更加开放的学校科学发展体制机制，引领全区高等教育综合改革。总体目标：努力在我区建设4~6所国内一流大学，重点支持内蒙古大学率先进入国内一流大学行列，争取早日达到世界一流大学水平；重点加强我区高等学校的国家重点学科和重点（培育）学科，自治区优势特色学科和省部级重点学科，自治区经济社会发展特别是实施"8337"发展思路亟需的具有较好学科基础的学科建设，使其逐步进入国内一流学科行列或前列，其中11个左右学科争取达到世界一流学科水平。加快高等教育治理体系和治理能力现代化建设，提高高等学校人才培养、科学研究、社会服务和文化传承水平，使之成为知识发现和科技创新的重要力量、先进思想和优秀文化的重要源泉，培养各类高素质优秀人才的重要基地，在支撑自治区实施创新驱动发展战略、服务经济社会发展、弘扬中华优秀传统文化、培育和践行社会主义核心价值观、促进高等教育发展等方面发挥重要作用。

到2020年，全区有4~6所高等学校初步具备建设国内一流大学的基础条件，内蒙古大学争取在2025年率先进入国内一流大学行列；民族学、中国语言文学（蒙古语言文学）、中国史、化学、生物学、生态学、科学技术史、材料科学与工程（含稀土工程）、化学工程与技术（含稀土工程、煤化工）、农业工程、食品科学与工程、畜牧学、林学、草学、蒙医学、蒙药学等学科进入国内一流学科行列，其中民族学、中国语言文学（蒙古语言文学）、生物学、蒙医学、蒙药学等5个左右学科争取进入国内一流学科前列。

到2030年，内蒙古大学争取进入国内一流大学前列，有2~3所高等学校达到国内一流大学水平；马克思主义理论、数学、物理学、心理学、力学、动力工程及工程热物理、冶金工程、矿业工程、计算机科学与技术、林业工程、作物学、园艺学、农业资源与环境、兽医学、农林经济管理等学科进入国内一流学科行列，生物学、生态学、化学、材料科学与工程（含稀土工程）、化学工程与技术（含稀土工程、煤化工）、农业工程、食品科学与工程、畜牧学、林学、草学等10个左右学科争取进入国内一流学科前列，民族学、中国语言文学（蒙古语言文学）、生物学、蒙医学、蒙药学等5个左右学科争取达到世界一流学科水平；我区高等教育整体实力显著提升。到21世纪中叶，内蒙古大学争取达到世界一流大学水平，再有2~3所高等学校达到国内一流大学水平；理论经济学、应用经济学、教育学、体育学、世界史、地理学、机械工2程、电气工程、信息与通信工程、建筑学、土木工程、环境科学与工程、基础医学、临床医学、中（蒙）西医结合、工商管理、音乐与舞蹈学、美术学、设计学等学科进入国内一流学科行列，生态学、农业工程、食品科学与工程、畜牧学、林学、草学等6个左右学科争取达到世界一流学科水平；基本建成高等教育强区。

建设任务中提到，建设一流师资队伍；培养拔尖创新人才；提升科学研究和技术研发水平；着力推进成果转化。

改革任务中提到，加强和改进党对高等学校的领导；完善高等学校内部治理结构；实现关键环节突破；构建社会参与机制；推进国内国际交流与合作。

支持措施中提到，总体规划，重点支持；强化绩效，动态支持；多元投入，合力支持。

组织实施中提到，加强组织管理；有序推进实施。

（三）云南省人民政府办公厅《关于印发云南省 统筹推进一流大学和一流学科 建设行动计划的通知》

指导思想中提到，坚持以习近平新时代中国特色社会主义思想为指导，全面贯彻党的十九大精神，紧紧围绕统筹推进"五位一体"总体布局和协调推进"四个全面"战略布局，牢固树立和贯彻落实新发展理念，紧密结合把我省建设成为我国民族团结进步示范区、生态文明建设排头兵、面向南亚东南亚辐射中心；全面贯彻党的教育方针，坚持社会主义办学方向，以立德树人为根本，以支撑创新驱动发展战略、服务全省经济社会发展为导向，建设一批世界或国内、省内一流的大学、学科，为谱写好中国梦的云南篇章提供更加有力的人才支撑和智力支持。

基本原则中提到，以跨越发展为引领；以学科建设为基础；以重点建设为突破；以绩效评价为杠杆；以改革开放为动力。

建设目标中提到，支持云南大学建成世界一流大学，支持昆明理工大学创建世界一流大学，大力引进或联合世界一流大学、国内知名高校全力创办1所世界顶尖研究型大学；支持建设5~8所特色鲜明的国内一流大学和10所左右省内一流大学；遴选建设一批冲刺世界一流或国内一流的"高峰"学科和一批特色鲜明、贡献突出的"高原"学科。推动高校人才培养、科学研究、社会服务和文化创新以及高等教育治理体系和治理能力现代化水平不断提升,在支撑创新驱动发展战略、服务经济社会发展、弘扬中华优秀传统文化、促进全省高等教育内涵发展等方面发挥重要作用。到 2020 年,一流大学和一流学科建设取得明显进展,世界一流大学建设有力推进,2～3 所高校基本建成国内一流大学、5～6 所高校基本建成省内一流大学,20 个一级学科在国内权威第三方评价排名中进入同类学科前 30%,8 个学科进入 ESI 全球排名前 1%,2 个以上学科进入世界一流学科行列。打造一流师资队伍,培养优秀创新人才,产出一批重大教学科研成果,全面提升高校文化创新引领能力.与国际、国内知名高校和科研机构合作取得明显成效。到 2030 年,世界一流大学初步建成,4～5 所高校基本建成国内一流大学,7～8 所高校基本建成省内一流大学,办学实力持续提升。力争 20 个一级学科在国内权威第三方评价排名中进入同类学科前 20%,10 个以上学科进入 ESI 全球排名前 1%,5 个以上学科具备一定国际竞争力。到 21 世纪中叶,基本建成 2 所世界一流大学、5～8 所国内一流大学和 10 所左右省内一流大学。力争 30 个一级学科在国内权威第三方评价排名中进入同类学科前 20%,15 个以上学科进入 ESI 全球排名前 1%,10 个以上学科具备较强国际竞争力。一流大学和一流学科数量不断增加,实力进一步提升。

建设任务中提到,加强一流学科建设;加强一流师资队伍建设;促进优秀创新人才大量涌现;提升科技创新水平;增强社会服务能力;推进文化传承创新;提升教育国际化水平。

改革措施中提到,完善高校内部治理结构;深化人事制度改革深化科研及成果管理改革；推进"互联网＋高等教育"融合发展。

从以上几个少数民族地区"双一流"建设政策中可以总结出，"双一流"建设以突出特色为基点。每所大学要想在"双一流"建设中突出重围，必然要以特色求发展，以发展特色化道路取胜。

二、"双一流"背景下少数民族地区高校图书馆特色资源建设存在的问题

（一）区域的不平衡发展

我国少数民族地区图书馆建设特色数据库，大约是从20世纪90年代开始的。改革开放以来，各地区都迎来了发展的新机遇，但由于各个地方不同的实际情况，呈现了不同的发展态势，有不同程度的经济建设状况，逐步形成东部地区经济高于西部地区的特点。因此，少数民族分布较集中的西部地区常出现经费不足的情况。加上民族特色数据库建设本身的难度、文献史料搜集的困难、标准的不确定、特色定位的难度等，使得民族地区图书馆数据库的建设，虽较之前有了很大突破，但是与东部沿海地区的数据库建设相比，还是存在较大差距。我们要尽最大努力改善区域不平衡发展的状况，意识到问题，面对问题，解决问题。

（二）当地工作动力不足

正如上文提及的，民族地区经济发展还有较大进步空间，生活在此的民众更多的注意力是在如何解决生活问题上，被生活牵绊的民众很难有闲暇的时光成为读者，更难成为有方向性的专业读者。供需关系未能成功有效地建立，没能给予建设工作充分的动力，工作有着更大难度，成果出来得缓慢。当地人才是最了解本地区民族文化特色的人，如果他们不关注，不投入激情，工作开展自然容易动力不足。所以我们应该改变他们的意识，图书文化对当地经济发

展来说同样是重要的话题，要建立"办法总比困难多"的信心，树立"没条件创造条件"的意志。

（三）开发力度不够

数据库的建立是为了提高资源利用率、有效开发文献史料，但是西部地区数据库管理还多采用老办法，许多珍贵的史料被当作镇馆之宝，使得普通读者一面难求，直接导致最有价值的史料被埋藏在图书馆。这是史料的不幸。我们要打破这种保守的资源管理方式，倡导走出去交流，建立共享与合作意识。各个民族地区的图书馆其实能够建立起许多的文化联系，而且多多进行交流对于数据库的开发以及各自民族特色的形成都是大有益处的。以开放的心态多听取不同的想法，多参考其他民族地区图书馆的优秀示范，才是开发本民族资源的正确之道。

另外，许多民族图书馆数据库的建设形式较为单一，没有把数字化功能充分运用起来，如图像、视频等许多便利途径从未启用。虽然已经建成数据库，但数据库中的资源量仍然较少，不同数据库之间还有许多重复之处。整体就是框架已经建立，但在开发和完成度上仍亟待提高。

三、"双一流"背景下少数民族地区高校图书馆特色资源建设的意见及建议

（一）切实解决目前存在的问题

从内部来说，本身要建立足够的信心，要有咬定青山不放松的意志力；从外部来说，我们要多给予西部民族地区图书馆数据库建设的资金，不仅从物质上帮助他们，还要从技术上帮助他们，多引进专业人才，给予正确的建议和根据实际情况提出的积极方案。本地区的相关工作人员要多组织专业知识的学习活动，多到其他优秀

地区学习交流，多总结多思考，结合本民族的实际情况，实行具有本民族特色的管理方式。此外，还要建立专题资源库，丰富数据库内容，克服数据库文献资源少的缺陷。

（二）形成民族图书馆特色数据库区域联盟

在不断完善建设、不断寻求创新的道路上，民族图书馆特色数据库的前景，在资源共享的主题下，运用整体思维，必然会出现区域联盟。单个独立的发展是有限的，区域的联盟才能使弱变强，使强变更强。目前，由于各民族地区图书馆条块分割，地域隔离，独立建设，造成了大量的数字化资源重复建设，加大了信息资源的利用成本。而加入图书馆区域联盟，可以在一定程度上增加馆藏，解决经费不足的问题。我们要让联盟中的每一员都成为受益人，优势互补，搭乘联盟快车，奔向更美好的前景。我们可以看见民族地区图书馆特色数据库开发的新高度、新深度和新阶段。

（三）形成专业人才队伍

拥有人才就像鲜花拥有沃土。加强西部教育工作的开展，与时俱进，注意培养与特色数据库相匹配的人才。数据库绝非纯机器性质的工作，仍然需要人发挥主观能动性，有了专业人才队伍，就有了自我调整和自我创新的能力，这样才能充分发挥这一智能工具的价值。随着学习的不断加深，通过引进专业人才，重点培养工作人员，鼓励发展较好的带动发展较慢的，相信在日积月累的过程中，各地区的民族图书馆都会拥有自己的专业人才。

我国国土面积大、人口众多，拥有 56 个民族，基础问题由来已久。但经过我们华民族每一个人的努力，我国民族地区图书馆特色数据建设现状目前还是较为良好的，相信未来我们一定会迎来最美好、最崭新的时代。

附录1：CALIS 数字资源唯一标识符规范

一、元数据唯一标识符

（一）元数据仓储唯一标识符

元数据仓储标识符用于唯一标识某一数据库、数据仓储、数据资源系统等。元数据仓储唯一标识符的命名规则：

仓储 OAI－Identifier = scheme ":" namespace－identifier ":" local－identifier

scheme = " oai"

namespace－identifier = DomainName－word " . " DomainName

DomainName = DomainName－word [" . " DomainName]

DomainName－word = alpha * (alphanum | " －")

local－identifier = 1 * uric

按上述规则，对于高校图书馆中的资源仓库（数据库）的唯一标识符，其命名规范如下：

- ◆ oai：lib.高校域名.edu.cn：仓库简名（推荐）
- ◆ oai：CALIS_ID.calis.cn：仓库简名（推荐）
- ◆ oai：CALIS_ID.calis.edu.cn：仓库简名（推荐）例：

北大学位论文仓储唯一标识符：

- ✓ " oai：lib.pku.edu.cn：etd，或者
- ✓ " oai：211011.calis.cn：etd，或者
- ✓ " oai：211011.calis.edu.cn：etd

（二）元数据唯一标识符

元数据唯一标识符用于唯一标识某条具体的元数据记录。元数据记录的唯一标识符（OAI－Identifier）为：

记录 OAI－Identifier ＝ 仓储 OAI－Identifier ＋ " － "
　　＋ LocalPrefix ＋ " / "
　　＋ 应用系统内部元数据标识其中 LocalPrefix 为应用系统本地前缀

应用系统内部元数据标识定义规则（各个应用系统可自行约定，以下仅为规则建议）：

◆ 方案一：前缀（4）＋年份（4）＋月份（2）＋流水（6）
◆ 方案二：前缀（6）＋流水（8）
◆ 方案三：学号（若干位），可用于学位论文。元数据记录的唯一标识符的样例如下：

✓ 北大学位论文仓库唯一标识符：oai：pku. edu. cn：etd
　　◆ 某条学位论文记录：oai：lib. pku. edu. cn：etd－ETD/innerMetaId
　　◆ 其中 innerMetaId 可以是学号。

✓ 北大古文献仓库唯一标识符：oai：lib. pku. edu. cn：ancient
　　◆ 古籍类的某条记录：oai：lib. pku. edu. cn：ancient－rarebook/innerMetaId
　　◆ 拓片类的某条记录：oai：lib. pku. edu. cn：ancient－rubbings/innerMetaId
　　◆ 舆图类的某条记录：oai：lib. pku. edu. cn：ancient－altas/innerMetaId

二、数字对象唯一标识符

(一) 数字对象唯一标识符方案

就目前而言,DOI 作为数字对象的唯一标识符方案在管理、注册和解析方面是发展最为完善的。但 CALIS 无论是为自己的资源申请 DOI,或是申请成为 RA,都需要缴纳不菲的会员费或 DOI 的注册费及维护费。因此,在 CALIS 项目建设中,决定采用与国际命名相结合的方式,完成 CALIS 数字对象唯一标识符方案:

命名方式＋注册机关代码＋注册资源代码

- 命名方式:如以 URN 方式则为 urn,DOI 则为 doi。
- 注册机关代码:如为 URN informal 方式,则由申请机关向注册中心(IANA)申请分发为 urn－d(d 为数字),或申请 URN formal 方式;若为 DOI,则向注册中心(IDF 或 CrossRef)申请分发一代码。
- 注册资源代码则由注册单位内部自编,无一定格式,但要保证内部为唯一代号。如 URN 则需要提出内部编码方式给 IANA 协会审查,而 DOI 只要资源识别码注册时不与现有重复即可。
- ＋ 为区分码,如 URN 为 ":",DOI 为 " /" 等。

不管加入哪一个网络资源组织,其注册资源代码都是要由注册机关自定,未来只要再加上注册机关代码即可为国际间唯一的识别码。故在未来不管国际间盛行哪一种网络资源组织,都可以快速简单地转换成该组织命名方式,使其符合系统扩充性及未来性。

(二) 数字对象唯一标识符元素

综上所述,CALIS 制定的数字对象唯一标识符(简称 CALIS－OID)要符合 URN 的标准,成为 URN 的一个子集。

对于复杂数字对象,其语法为:

urn：CALIS：CALIS_ID－CollectionName/ObjID

对于简单数字对象，其语法为：

urn：CALIS：CALIS_ID－CollectionName/ObjID.type.format

说明：

命名方式"urn"应全部采用小写字母；

CALIS－OID 的长度最长不应超过 255 个字符；

复杂数字对象与其所含的简单数字对象的 CollectionName、ObjID 并无继承关系，请参见示例中的具体例子。

1. CALIS ID

由 CALIS 管理中心统一分配的六位机构代码，可以从 CALIS 机构服务平台查询获得。

2. 集合名称

集合名称（又称仓库名称）CollectionName 是必备的，可嵌套。其中，CollectionName 采用《信息资源名称规范列表》中资源的英文简称。为避免唯一标识符过长，取其最具体的一种分类。如在《信息资源名称规范列表》中不能找到合适的 CollectionName，可自行分配。

下面列出 11 种元数据对应的 CollectionName。

资源名称	CollectionName
古籍	rarebook
舆图	atlas
拓片	rubbing
家谱	genealogy

地方志	chorography
期刊论文	JNArt
会议论文	ConfPaper
学位论文	ETD
电子图书	ebook
音频资源	audio
网络资源	website

如一个学校承担了 CALIS 多个子项目的建设，而这些项目的数字资源类型有交叉，在没有一个统一的唯一标识符分配系统时，为避免发生重复分配唯一标识符的情况，可以在

CollectionName 加以区分，如使用 rarebookA、rarebookB 等来区分数字资源来源于不同的系统。

3. ObjID

要求 ObjID 符合网络资源的命名规则：

✓ 使用 ASCII code 命名；

✓ 文件名称大小写不敏感；

✓ 不使用 "％"、"/"、"？"、"＃"、"＊"、"－"、"."、":" 字符。

如在镜像、备份等情况下，发生数字对象的拷贝情况，原则上使用相同的 ObjID。

4. type

对于简单数字对象，类型 type 是必备的，表明该对象的用途。以下具体阐述已定义了一些资源的 Type。

资源名称	Collection—Name	表现形式或用途	Type
古籍	rarebook	图像	A—档案典藏级（Archives Image）
			L—网上发布浏览级（Display Image）精细浏览级
			M—网上发布浏览级（Display Image）普通浏览级
			S—网上发布浏览级（Display Image）袖珍浏览级
		电子书	REB—rarebook eBook
舆图	atlas	图像	A—档案典藏级（Archives Image）
			P—复制加工级（Process Image）
			L—网上发布浏览级（Display Image）精细浏览级
			M—网上发布浏览级（Display Image）普通浏览级
			S—网上发布浏览级（Display Image）袖珍浏览级
			MrSID—地图浏览
拓片	rubbing	图像	A、P、L、M、S（解释同上）
		全文	T
家谱	genealogy	图像	A、P、L、M、S（解释同上）
		全文	T

地方志	chorography	图像	A、P、L、M、S（解释同上）
		全文	T
期刊论文	JNArt	封面图像	S—网上发布浏览级（Display Image）袖珍浏览级
		文摘	AB—journal article abstract
		全文	A—全文图像，保存级
			L—全文图像，浏览级
			T—非图像格式的全文
会议论文	ConfPaper	封面图像	S—网上发布浏览级（Display Image）袖珍浏览级
		文摘	文摘 AB—journal article abstract
		全文	A—全文图像，保存级
			L—全文图像，浏览级
			T—非图像格式的全文
学位论文	ETD	文摘	AB—journal article abstract
		前16页	P—浏览级
		全文	A—全文图像，保存级
			L—全文图像，浏览级
			T—非图像格式的全文

电子图书	ebook	封面	S—网上发布浏览级（Display Image）袖珍浏览级
		目录	C
		摘要	I—Introduction
		前17页	P—浏览级
		全文	L—全文图像，浏览级
			T—非图像格式的全文
视频资源	video	本地浏览或保存	L—低（相当于VCD）
			M1—中1（相当于SVCD）
			M2—中2（相当于DVD）
			H—高（相当于DVD）
		流式播放	VL—低
			VM1—中1
			VM2—中2
			VM3—中3
			VH—高
音频资源	audio	录音资料	H—高（特殊录音资料，用于保存或本地播放）
			M1—中（极高质量要求，用于保存或本地播放）
			M2—中（CD质量标准，用于保存或本地播放）
			L—低（录音最低质量，用于保存或本地播放）
			D—低（用于流式播放）

网络资源	website	语音资料	AH—高（语音质量，用于保存）
			AL—低（语音最低质量，用于保存）
			AD—低（用于流式播放）
		文本资料	T—非图像格式的全文
		图像资料	A、L、M、S（解释同上） F—FLASH，如 FLA、SWF 文件
		视频资料	同"视频资源"
		音频资料	同"音频资源"
		其他类型资料	O—其他资源，如 EXE、RAR、ZIP 等文件

5. format

对于简单数字对象，文件格式（format）也属必备项目，指明该数字对象的文件类型，以下列举了一些 format 的编码，如不在下列列举中，请向 CALIS 技术中心报告，获批准后推行。

（1）文本

TXT、PDF、HTML、XML、SGML、DJVU、DOC、RTF、CEB、PPT、PDG、KDH、NH、CAJ；

（2）图像

TIF、GIF、JPG、PNG、PCD、MrSID、EPS、FLA、SWF、SVG、VML、VRML；

（3）音频

WAV、MID、RMI、MP3、WMA、RA；

（4）视频

MPG、AVI、MOV、WMV、RM；

format 项，可由唯一标识符注册系统（根据数字资源的文件扩展名）自动生成。

6. 示例

（1）北京大学的某一篇学位论文：

✓ 学位论文这个复杂对象—urn：CALIS：211011－ETD/S02024

✓ 前 16 页—urn：CALIS：211011－ETD/S02025.P.PDF

✓ 对应论文全文—urn：CALIS：211011－ETD/S02025.T.DOC

（2）北大古文献的古籍资源：

✓ 古籍这个复杂对象—urn：CALIS：211011－rarebook/R03n67

✓ 古籍图像（存档级）—urn：CALIS：211011－rarebook/R03n98.A.TIF

✓ 古籍图像（网上浏览、中精度）— urn：CALIS：211011－rarebook/R03n98.M.JPG

✓ 古籍图像（网上浏览、缩略图）— urn：CALIS：211011－rarebook/R03n98.S.JPG

✓ 古籍图像全文（电子书）—urn：CALIS：211011－rarebook/R03n99.REB.CEB 从上面可以看出，该古籍的复杂对象与简单对象的 CollectionName、ObjID 没有继承关系。这种情况在下面北大名师的例子中表现尤为突出。

（3）北大古文献的舆图资源：

✓ 舆图这个复杂对象—urn：CALIS：211011－ atlas/

Tnksd0202

　　√ 舆图图像（存档级）—urn：CALIS：211011－atlas/Tnksd0203．A．TIFF

　　√ 舆图图像（网上浏览、缩略图）— urn：CALIS calis：211011－atlas/Tnksd0203．S．JPG

　　√ 舆图图像（网上浏览、大图发布）— urn：CALIS：211011－atlas/Tnksd0203．L．MrSID

（4）北大名师库中的某位名师：

假设北大为了建设名师库，另外建了一些资源库，如书目库、图片库、视频库、音频库等这些数字资源。

　　√ 名师这个复杂对象—urn：CALIS：211011－teacher/Teacher0452

　　√ 该名师的照片（网上浏览，中精度）— urn：CALIS：211011－picture/pic219．M．JPG

　　√ 该名师的照片（网上浏览，缩略图）— urn：CALIS：211011－picture/pic219．S．JPG

　　√ 该名师的著作（电子书）—urn：CALIS：211011－ebook/book156．REB．CEB

　　√ 该名师的一段录像（流式播放）— urn：CALIS：211011－video/video67．VM2．RM

　　√ 该名师的一段音频（本地播放）—urn：CALIS：211011－audio/audio23．L．MP3 从这个例子可以看出，为了建设名师库，其数字资源可以来自不同的库，为了避免出

现一个数字资源有多个CALIS－OID，仍旧采用该数字资源原来的CALIS－OID。

附录 2：CALIS 元数据命名规范

一、设计原则

（一）元数据命名规则

元数据中英文名称的命名请参照《信息资源名称规范列表》，其中中文名称沿用资源的中文名称，英文名称的命名格式为：*metadata of* 资源英文全称。

（二）元数据格式命名规则

1. 元数据格式表：TabMetaFormat

字段名	字段类型	中文名称	说　明
MetaPrefix	varchar2（100）	元数据前缀	元数据格式的前缀
XMl_Namespace	varchar2（150）	命名空间	元数据格式的命名空间 URL 地址
XML_Schema	varchar2（150）	XML 模式	元数据格式的模式定义 URL 地址
MetaFormatID	varchar2（40）	格式 ID	元数据格式的标识
RID	varchar2（100）	仓储 ID	若当前表空间只有一个仓库，则可以省略为空。
RecordsTableName	varchar2（30）	记录表名	元数据记录所在的数据库表名
HasSet	Number（1）	支持 Set	是否支持 set

Harvestable	Number（1）	是否可收割	
LocalPrefix	varchar 2（20）	Local 前缀	用于拼接元数据记录的完整 OAI－Identifier 该前缀可以是一级，也可以是多级，各级之间用":"分割。

[注]：安全访问机制可以对每种元数据格式进行访问控制。具体方案也分两种：

- ✓ 方案一：基于 XML 配置文件（暂略）
- ✓ 方案二：基于用户管理系统（暂略）

2. 元数据格式命名规则

说明：下表"格式前缀的命名规则"栏目中的"元数据名"采用《信息资源名称规范列表》中资源名称的英文简称。

通常，一种元数据可以支持 5 种元数据格式，命名规则如下：

格式类型	格式前缀的命名规则	说　明
完整元数据格式名称	国际标准元数据名 CALIS_元数据名 单位简名_元数据名	格式的版本号体现在其命名空间和模式定义中
简要元数据格式名称	国际标准元数据名_SIMPLE CALIS_元数据名_SIMPLE 单位简名_元数据名_SIMPLE	上述格式中的部分元数据项

限定的 DC 格式名	国际标准元数据名_DC CALIS_元数据名_DC 单位简名_元数据名_DC	采用限定的 Dublin Core 标准
标准 DC 格式名	DC	采用 Unqualified DC
标准 OAI_DC 格式名	OAI_DC	采用 Unqualified DC，用于 OAI-PMH

例：北大古籍元数据前缀：

◆ PKU_RAREBOOK_MARC

◆ PKU_RAREBOOK_MARC_SIMPLE

◆ PKU_RAREBOOK（XML 格式）

◆ PKU_RAREBOOK_SIMPLE（XML 格式）

◆ PKU_RAREBOOK_DC（XML 格式）

（三）元数据名称空间（namespace）命名规则

格式：主机/metadata_ns/版本/schema 文件名主机：http://www.calis.edu.cn

路径：metadata_ns

例：学位论文元数据 Schema 地址：http://www.calis.edu.cn/metadata_ns/1.0/etd.xsd

（四）元数据仓储的命名规则

1. 仓储定义表：TabRepositoryIdentity

字段名	字段类型	中文名称	说　明
Protocol-Version	char（30）	协议版本	仓储支持的 OAI 协议的版本。 如：OAI－PMH2.0
RepositoryName	varchar2（250）	仓储名	英文名称
RepositoryCnName	varchar2（100）	仓储中文名	中文名称
AdminEmail	varchar2（50）	Email	仓储管理员 EMail 地址
Description	varchar2（250）	仓储描述	仓储详细描述
BaseURL	varchar 2（250）	仓储 URL	仓储 BaseURL 地址
RID	varchar 2（100）	仓储 ID	仓储唯一标识符
deletedRecord	varchar2（10）	删除类型	三种值： no：系统不维护删除状态 persistent：长期保存删除状态 transient：不确定
granularity	varchar2（25）	时间粒度	YYYY－MM－DD 或 YYYY－MM－DDThh：mm：ssZ
charcode	varchar2（25）		Unicode2 GBK10646

注：通常，一个数据库表空间中只存放一个仓储，这种情况下，上述表只

含一条记录。

2. 元数据仓储唯一标识符的命名规则

CALIS 有关的仓储唯一标识符定义规则：

oai－identifier ＝ scheme "：" namespace－identifier "："

local－identifier scheme ＝ " oai"

namespace－identifier ＝ DomainName－word "．"

DomainName DomainName ＝ DomainName－word

［"．" DomainName］DomainName－word ＝ alpha *

（alphanum ｜ "－"）

local－identifier ＝ 1 * uric

按上述规则，对于高校图书馆中的资源仓库的唯一标识符，其命名规范如下：

- ◆ oai：lib. 高校域名．edu. cn：仓库简名（推荐）
- ◆ oai：馆代码．calis. cn：仓库简名（推荐）

说明：对于高校图书馆，若采用馆代码，则应区分高校内外以及不同部门的代码。仓库命名应具有全国乃至全球范围内的唯一性，为多个仓库的联合奠定基础。例：北大学位论文仓库唯一标识符：

- ∨ oai：lib. pku. edu. cn：etd，或者
- ∨ oai：211010. calis. cn：etd
- ∨ oai：pul. calis. cn：etd

3. 安全访问机制

- ∨ 方法一：采用 XML 配置文件，定义一组收割方的 IP 地址以

及帐号、密码。

√方法二：采用通用的用户管理系统对收割方进行身份认证。（暂略）

二、具体实例

下面给出 CALIS 推荐使用的 11 种元数据的相关命名实例。

学位论文元数据：以 CALIS 高校学位论文数据库为例	
元数据英文名称	metadata of thesis & dissertation
元数据前缀	CALIS_ETD
Schema 地址	http://www.calis.edu.cn/metadata_ns/1.0/etd.xsd
对应集合名称	ETD
对应仓储的中文名称	CALIS 高校学位论文数据库
对应仓储的英文名称	CALIS's Electronic Thesis & Dissertation Database
仓储 URL	http://etd.calis.edu.cn
仓储唯一标识符	oai：calis.cn：etd

学位论文元网络资源元数据：以 CALIS 重点学科导航库为例	
元数据英文名称	metadata of web sites & pages
元数据前缀	CALIS_ResourceNav
Schema 地址	http://www.calis.edu.cn/metadata_ns/1.0/ResourceNav.xsd
对应集合名称	ResourceNav

对应仓储的中文名称	CALIS 重点学科导航库
对应仓储的英文名称	CALIS's Resource Navigation Database of Key Disciplines
仓储 URL	http：//navigation.calis.edu.cn
仓储唯一标识符	oai：calis.cn：resourcenav

期刊论文元数据：以 CALIS 外文期刊目次数据库（CCC）为例	
元数据英文名称	metadata of journal articles
元数据前缀	CALIS _ JNArt
Schema 地址	http：//www.calis.edu.cn/metadata _ ns/1.0/JNArt.xsd
对应集合名称	CCC
对应仓储的中文名称	CALIS 外文期刊目次数据库
对应仓储的英文名称	CALIS's Current Contents of western journals
仓储 URL	http：//ccc.calis.edu.cn
仓储唯一标识符	oai：calis.cn：ccc

古籍元数据：以北大古籍资源库为例	
元数据英文名称	metadata of rarebooks
元数据前缀	CALIS _ RAREBOOK
Schema 地址	http：//www.calis.edu.cn/metadata _ ns/1.0/rarebook.xsd

对应集合名称	Rarebook
对应仓储的中文名称	北京大学古籍资源数据库
对应仓储的英文名称	Digital library of Rarebooks of Peking University
仓储 URL	http://lib.pku.edu.cn/rarebook
仓储唯一标识符	oai:lib.pku.edu.cn:rarebook

舆图元数据：以北大舆图资源库为例	
元数据英文名称	metadata of ancient atlas
元数据前缀	CALIS_ATLAS
Schema 地址	http://www.calis.edu.cn/metadata_ns/1.0/altas.xsd
对应集合名称	Atlas
对应仓储的中文名称	北京大学舆图资源数据库
对应仓储的英文名称	Digital Library of Ancient Atlas of Peking University
仓储 URL	http://lib.pku.edu.cn/atlas
仓储唯一标识符	oai:lib.pku.edu.cn:atlas

拓片元数据：以北大拓片资源库为例	
元数据英文名称	metadata of rubbings
元数据前缀	CALIS_RUBBING

Schema 地址	http：//www.calis.edu.cn/metadata _ ns/1.0/rubbing.xsd
对应集合名称	Rubbing
对应仓储的中文名称	北京大学拓片资源数据库
对应仓储的英文名称	Digital Library of Rubbings of Peking University
仓储 URL	http：//lib.pku.edu.cn/rubbing
仓储唯一标识符	oai：lib.pku.edu.cn：rubbing

会议论文元数据：以 CALIS 联合目录中的会议论文库为例	
元数据英文名称	metadata of conference papers
元数据前缀	CALIS_CONFPAPER
Schema 地址	http：//www.calis.edu.cn/metadata _ ns/1.0/confpaper.xsd
对应集合名称	ConfPaper
对应仓储的中文名称	CALIS 联合目录会议论文库
对应仓储的英文名称	CALIS Union Catalog of Conference Papers & Proceedings
仓储 URL	http：//cucc.calis.edu.cn/confpaper
仓储唯一标识符	oai：calis.cn：cucc：confpaper

家谱元数据	
元数据英文名称	metadata of genealogy

元数据前缀	CALIS_GENEALOGY
Schema 地址	http://www.calis.edu.cn/metadata_ns/1./genealogy.xsd
对应集合名称	Genealogy
对应仓储的中文名称	
对应仓储的英文名称	
仓储 URL	
仓储唯一标识符	oai:calis.cn:genealogy

地方志元数据	
元数据英文名称	metadata of chorography
元数据前缀	CALIS_CHOROGRAPHY
Schema 地址	http://www.calis.edu.cn/metadata_ns/1.0/chorography.xsd
对应集合名称	Chorography
对应仓储的中文名称	
对应仓储的英文名称	
仓储 URL	
仓储唯一标识符	oai:calis.cn:chorography

电子图书元数据	
元数据英文名称	metadata of e-books

元数据前缀	CALIS_EBOOK
Schema 地址	http：//www.calis.edu.cn/metadata_ns/1.0/ebook.xsd
对应集合名称	Ebook
对应仓储的中文名称	
对应仓储的英文名称	
仓储 URL	
仓储唯一标识符	oai：calis.cn：ebook

音频元数据	
元数据英文名称	metadata of audio
元数据前缀	CALIS_AUDIO
Schema 地址	http：//www.calis.edu.cn/metadata_ns/1.0/audio.xsd
对应集合名称	Audio
对应仓储的中文名称	
对应仓储的英文名称	
仓储 URL	
仓储唯一标识符	oai：calis.cn：audio

三、OAI 元数据记录存储规范

（一）元数据唯一标识符 Identifier

用于在仓库中表示元数据记录的唯一性 ID。

字段名	字段类型	中文名称	说　明
RecID	NUMBER（8）	记录 ID	元数据记录的内部 ID。主键
MetaID	varchar2（20）	记录标识符	用于外部表示的元数据记录唯一标识符 ID

1. MetaID 定义规则：

◆ 方案一：前缀（4）＋年份（4）＋月份（2）＋流水（6）

◆ 方案二：前缀（6）＋流水（8）

◆ 方案三：学号（若干位），可用于学位论文。

2. 完整的元数据记录的 OAI－Identifier 为：

仓库 OAI－Identifier＋"－"＋LocalPrefix＋"/"＋应用系统内部元数据标识其中 LocalPrefix 为应用系统本地前缀例：

√ 北大学位论文仓库唯一标识符：oai：pku.edu.cn：etd

　　◆ 某条学位论文记录：oai：lib.pku.edu.cn：etd－ETD/innerMetaId

　　◆ 其中 innerMetaId 可以是学号。

√ 北大古文献仓库唯一标识符：oai：lib.pku.edu.cn：ancient

　　◆ 古籍类的某条记录：oai：lib.pku.edu.cn：ancient－rarebook/innerMetaId

　　◆ 拓片类的某条记录：oai：lib.pku.edu.cn：ancient－rubbings/innerMetaId

　　◆ 舆图类的某条记录：oai：lib.pku.edu.cn：ancient－altas/innerMetaId

（二）元数据记录表：TabMeta_XXXX

其中：XXXX 为完整的元数据格式名称。

说明：为提高存储效率，不同元数据存放在不同的表中。

字段名	字段类型	中文名称	说　明
RecID	NUMBER（8）	记录 ID	NOT NULL
RecordValue	BLOB	记录值	存放元数据记录的详细内容
DATESTAMP	Date	更新时间	元数据记录的最新更新时间
RecordType	NUMBER（2）	记录类型	记录的类型（可选）
Usable	NUMBER（1）	是否可用	1—可用，0—不可用
RecordStatus	NUMBER（1）	操作状态	1—created；2—updated；0—deleted 支持 deletion 操作。

（三）元数据 Set 定义表：TabSetDefine

字段名	字段类型	中文名称	说　明
SetID	NUMBER（8）	SetID	可采用 SEQUENCE 分配，表内唯一性
SetName	varchar2（20）	Set	Set 唯一名称（英文）
Description	varchar2（250）	Set 描述	
ParentSetID	NUMBER（8）	父 SetID	

ChildrenSetIDs	varchar2（1024）	子 SetID 组	
SetSpec	varchar2（1024）		

说明：set 可以表示对记录的单级或多级分类。

> SetSpec：表示仓库中 set 的唯一标识符，它由一组用冒号［:］分隔的字符串组成，这代表 set 的路径。该路径中的每个字符串不应再包含冒号。若 set 路径只包含一级（即单级分类），则 setSpec 不包含任何冒号［:］。

（四）元数据记录 Set 内容表：TabSetRecords

说明：某个 set 内

字段名	字段类型	中文名称	说明
SetID	NUMBER（8）	SetID	该记录所属 Set 之 SetID
RecID	NUMBER（8）	RecID	元数据记录的内部 ID

附录3：信息技术 信息处理用蒙古文词语标记集

范围

本标准规定了信息处理用蒙古文词语标记集，只包括某种语文现象或单位的标记符号。

本标准适用于蒙古文的各种语料库、词汇集－词典、语文知识库等。

术语和定义

下列术语和定义适用于本标准。

蒙古文信息处理 Mongolian information processing

用计算机对蒙古文形、音、义等信息进行输入、排序、存储、输出、统计、提取等。

标记单位 tagging unit

蒙古文信息处理中使用的词汇、词法、正字法及其他单位，如单词、复合词、固定词、习用语、成语、缩略语、构形附加成分、连接元音、字母、数字、标点符号等。

词类 parts of speech

词的语法分类，根据词法形态、句法功能、语义特征划分出来的类型。

不确定词 ambiguous word

无法确定词性的词或词素,包括:

①无法确定词性的同形兼类词(如,没有上下文环境的形式)

②不能单独使用的复合词成分:üy(üy olan),tomsi(tog_a tomsi ügey),say(ga? ar say ügey),xu(xu luubang)

③形容词最高级形式:ub(ub ulagan),xab(xab xar_a)等。

复合词 compound words

由两个实词(有时也包括辅助意义的词)组成,语法和词汇上都构成一个单位的固定短语。

固定词 fixed expressions

由一个实词和一个虚词组成,连用成型且未转义的固定短语。

习用语 habitualusage

由一个转义形容词和一个实词组成,主谓结构且表达一个词汇意义的固定短语。

成语 idiom

由三个或三个以上词组成,充当一个句子成分的固定短语。

缩略语 abbreviation

专有名词或常用语的简缩形式。

构形附加成分 morphological forms

只增加语法意义的词法形态。

连接元音 connectivevowel

辅音结尾的词干后，加接以"S，G，N，M，R，L，Y"辅音开头的附加成分时，词干后增加的元音或音节。

标记 tag

对文本中标记单位的类别进行标注的代码。

标记集的内容

本标准包括词类、复合词、固定词、习用语、成语、缩略语、构形附加成分、连接元音、字母、数字、标点符号等的标记符号。

标记代码的制定原则

本标准标记集包括四级标记。

《第一级标记》的命名方法

用大写英文字母标记第一级。如：

A（来自 adjective）：形容词

S（来自 sula）：语气词

《第二级标记》的命名方法

用小写英文字母标记第二级。如：

Qn（来自 noun）：名量词

Qc（来自 čag）：时间量词

Qv（来自 verb）：动量词

《第三级标记》的命名方法

用数字标记第三级。如：

Fa0：形容词级附加成分的原级

Fa1：形容词级附加成分的比较级

《第四级标记》的命名方法

用数字标记第四级。如：

Fa11：形容词级附加成分的比较级1

Fa12：形容词级附加成分的比较级2

标记集

以下是标记集内容。右上角的数字表示该项所包含的构形附加成分或连接元音数。"－"表示与词干分写的构形附加成分。"…"表示省略。为了简化分类，将"动态词尾"放在"连接元音"部分。

本标记代码分为词类标记代码、构形附加成分标记代码、其他标记代码。

词类

词类标记代码见表1。

表1　词类标记代码

序号	标记代码			词类名称	代码说明	语文现象/单位
	第一级	第二级	第三级			
1	N			名词	noun	
2		Ne		普通名词	eng	
3			Ne1	可数名词		sirege
4			Ne2	不可数名词		usu
5		Nt		专有名词		tusxay
6			Nt1	人名		batusüxe
7			Nt2	地名		xöxexota
8			Nt3	机构名		öbör monggol － un yexe surgaguli

9			Nt4	其他专有名词		dagur
10	A			形容词	adjective	
11	Ac			性质形容词	činar	yexe
12		Ax		关系形容词	xaričag_a	olǰatay
13		Ai		区别形容词	ilgaxu	moritu
14	M			数词	numeral	nige
15	Q			量词	quantity	
16		Qn		名量词	noun	ǰüsüm
17		Qc		时间量词	čag	ǰil
18		Qv		动量词	verb	daxin
19	O			时位词	oron	
20		On		名词性时位词	noun	dooraxi
21		Oa		形容词性时位词	adjective	emünetü
22		Od		副词性时位词	adverb	inagsi
23	R			代词	pronoun	
24		Rb		人称代词	bey_e	bi
25		Rj		指示代词	ǰigaxu	egün
26		Ra		疑问代词	asaguxu	xamig_a
27		Ro		返身代词	öber	öber
28		Rx		范围代词	xüriy_e	yamarba

29	Rt		不定代词	todorxay	xen ču
30	Ri		区别代词	ilgaxu	jarim
31	Rv		动作代词	verb	inggi, tege
32	V		动词	verb	
33	Ve		普通动词	eng	
34		Ve1	及物动词		jalgamjila
35		Ve2	不及物动词		tačigina
36	Vt		代动词	tölögen	tege
37	Vx		联系动词	xolboxu	xemen
38	Vz		助动词	"助动词"的	
39		Vz1	第一类助动词		irexü
40		Vz2	第二类助动词		bay
41	T		时间词	time	xabur
42	D		副词	adverb	
43	Dx		程度副词	xiri	neng, masi
44	Dc		时间副词	čag	xaya, daruy
45	Db		状态副词	bayidal	xag_a, balba
46	Do		地点—方向副词	oron	nasi, emün_e
47	Dd		摹拟副词	daguriyaxu	tung tang
48	Dq		情态副词	排列	ünexer

49	H		情态词	排列	lab
50	U		摹拟词	dürsülexü	
51		Ub	状态摹拟词	bayidal	gilas gilas
52		Ud	声响摹拟词	dagu	ser ser
53	G		后置词	排列	
54		Ga	比较后置词	adalidxaxu	metü, sig
55		Gc	时间后置词	čag	tursi, dagus
56		Go	地点方向后置词	oron	dagaw, tal_a
57		Gx	范围后置词	xüriy_e	bolgan, büri
58		Gs	原因后置词	šiltagan	tula, bolxor
59		Gj	目的后置词	jorilg_a	tölöge
60		Gb	限定后置词	排列	xürtel_e
61		Gg	估量后置词	排列	garuy
62		Gt	论述后置词	tuxayilaxu	tuxay
63		Gd	递进后置词	dabsiguraxu	tutum, tusum
64		Gm	共同后置词	xamturaxu	xamtu
65	S		语气词	sula	
66		Sa	疑问语气词	asaguxu	üü
67		Sb	肯定语气词	batulaxu	yum
68		Su	否定语气词	ügeyisxexü	bisi
69		Sx	强调语气词	xüčula	
70		St	猜测语气词	tösögelexü	bije

71		Sd	提示语气词	排列	bol
72		Sf	返身语气词	"返身"的 f	mini
73		Sj	允许语气词	jöbsiyerexü	ja̋
74		Sg	给予语气词	ög	ma
75		Sq	欠缺语气词	"欠缺"的 q	čU
76		Sh	呼叫语气词	"呼叫"的 h	a
77		Ss	叙述语气词	state	bile
78		Sc	重复语气词	排列	basa
79	C		连接词	conjunction	
80		Cj	并列连接词或式	jergečegülxü	ba
81		Ca	递进连接式	axigulxu	—bar baraxu ügey … basa
82		Cz	选择连接词或式	排列	buyu
83		Cd	对立连接式	排列	xu—ača bisi … bi-si
84		Cr	转折连接词或式	ergixü	xarin
85		Cb	假定连接式	bol joxu	xerbe … bol
86		Cv	原因连接词	učir	učir ni
87		Cx	归纳连接词	xuriyangguy-ilaxu	tegebel
88		Cc	进层连接式	排列	xedüy … bol tedüy

89	I	感叹词	interjection	
90	Is	情感感叹词	sedxilge	xa
91	Id	叫唤感叹词	dagudaxu	ma

构形附加成分

构形附加成分标记代码见表2。

表2 构形附加成分标记代码

序号	构形附加成分	标记代码				构形附加成分名称	代码说明
		第一级	第二级	第三级	第四级		
1		F				构形附加成分	suffix
2			Fp			数范畴	plural
3				Fp1		数范畴1	
4	−nar²				Fp11		
5	nar²				Fp12		
6	−ud²			Fp2		数范畴2	
7	−nugud²			Fp3		数范畴3	
8	čud²			Fp4		数范畴4	
9	čuul²			Fp5		数范畴5	
10	d			Fp6		数范畴6	
11	s			Fp7		数范畴7	
12			Fc			格范畴	case
13	零形式			Fc0		主格	
14				Fc1		属格	
15	零形式			Fc10		属格0	

16	—yin^5		Fc11	属格1	
17	u^4		Fc12	属格2	
18	ay^2		Fc13	属格3	
19			Fc2	与格	
20	零形式		Fc20	与格0	
21	—du^4		Fc21	与格1	
22	—dur4		Fc22	与格2	
23	—_a2		Fc23	与格3	
24	da2		Fc24	与格4	
25	du2		Fc25	与格5	
26	dur2		Fc26	与格6	
27			Fc3	宾格	
28	零形式		Fc30	宾格0	
29	—yi2		Fc31	宾格1	
30	yi		Fc32	宾格2	
31		Fc4		从格	
32	零形式		Fc40	从格0	
33	—ača^2		Fc41	从格1	
34	ča^2		Fc42	从格2	
35	—dača^4	Fc43		从格3	
36		Fc5		工具格	
37	—bar4		Fc51	工具格1	
38	bar2		Fc52	工具格2	
39		Fc6		共同格	
40	—tay2		Fc61	共同格1	
41	tay2		Fc62	共同格2	

42				Fc7	联合格	
43	—lug_a2			Fc71	联合格1	
44	lug_a2			Fc72	联合格2	
45	n			Fc8	定格	
46			Fx		领属范畴	xamiyadagulxu
47			Fx1		反身领属	
48	—ban4			Fx11	反身领属1	
49	ban2			Fx12	反身领属2	
50	—nayixan2		Fx2		属格领属	
51			Fx3		与格领属	
52	—dagan4			Fx31	与格领属1	
53	dagan4			Fx32	与格领属2	
54	—yugan2		Fx4		宾格领属	
55	—ačagan2		Fx5		从格领属	
56	—tayigan2		Fx6		同格领属	
57		Fa			形容词级范畴	adjective
58	零形式		Fa0		原级	
59			Fa1		比较级	
60	xan2			Fa11	比较级1	
61	btur2			Fa12	比较级2	
62	bir			Fa13	比较级3	
63	bor，bur，bür			Fa14	比较级4	
64		Fm			数词变化形式	numeral
65	零形式		Fm0		基数词	
66	gad2		Fm1		概数词	
67			Fm2		序数词	

68	dugar2			Fm21	序数词1	
69	daxi2			Fm22	序数词2	
70	dagči2			Fm23	序数词3	
71	gula2		Fm3		集合数词	
72	ta2		Fm4		次数词	
73		Fb			祈使式	bey_e
74			Fb1		第一人称	
75	y_a2			Fb11	第一人称1	
76	sugay2			Fb12	第一人称2	
77	su2			Fb13	第一人称3	
78			Fb2		第二人称	
79	零形式			Fb20	第二人称0	
80	gtun2			Fb21	第二人称1	
81	garay2			Fb22	第二人称2	
82	gači2			Fb23	第二人称3	
83			Fb3		第三人称	
84	g			Fb31	第三人称1	
85	tugay2			Fb32	第三人称2	
86	gasay2			Fb33	第三人称3	
87	gujay2			Fb34	第三人称4	
88		Fs			陈述式	state
89			Fs1		过去时	
90	čay4			Fs11	过去时1	
91	či2			Fs12	过去时2	
92	čuxuy4			Fs13	过去时3	
93	ba2			Fs14	过去时4	

94	bay2			Fs15	过去时5	
95				Fs2	现在将来时	
96	n_a2			Fs21	现在将来时1	
97	muy2			Fs22	现在将来时2	
98	mu2			Fs23	现在将来时3	
99	nam2			Fs24	现在将来时4	
100	yu2			Fs25	现在将来时5	
101				Fs3	界限时	
102	l_a2			Fs31	界限时1	
103	lug_a2			Fs32	界限时2	
104	lay2			Fs33	界限时3	
105			Fn		副动词	nöxöčel
106	ču4			Fn1	并列副动词	
107	gad2			Fn2	分离副动词	
108	n			Fn3	联合副动词	
109				Fn4	立刻副动词	
110	magča2			Fn41	立刻副动词1	
111	naran2			Fn42	立刻副动词2	
112	laran2			Fn43	立刻副动词3	
113				Fn5	跟随副动词	
114	xular2			Fn51	跟随副动词1	
115	xunar2			Fn52	跟随副动词2	
116	xul_a2			Fn53	跟随副动词3	
117	xun_a2			Fn54	跟随副动词4	
118				Fn6	前提副动词	
119	manjin2			Fn61	前提副动词1	

120	man2			Fn62	前提副动词2	
121	majin 2			Fn63	前提副动词3	
122			Fn7		假定副动词	
123	bal2			Fn71	假定副动词1	
124	basu2			Fn72	假定副动词2	
125			Fn8		让步副动词	
126	bacu2			Fn81	让步副动词1	
127	yău2			Fn82	让步副动词2	
128	tal_a2		Fn9		迎接副动词	
129			FnA		目的副动词	
130	xar2			FnA1	目的副动词1	
131	xuy_a2			FnA2	目的副动词2	
132	r_a2			FnA3	目的副动词3	
133			FnB		趁机副动词	
134	ngg_a2			FnB1	趁机副动词1	
135	ngguta2			FnB2	趁机副动词2	
136	gsagar2		FnC		延续副动词	
137	run2		FnD		准备副动词	
138	ngxan2		FnE		情感副动词	
139			Ft		形动词	temdeg
140			Ft1		表示时间	
141	gsan2			Ft11	表示时间1	
142	xu2			Ft12	表示时间2	
143	xuy2			Ft13	表示时间3	
144			Ft2		表示体	
145	dag2			Ft21	表示体1	

146	g＿a2			Ft22	表示体2
147	gaduy2			Ft23	表示体3
148			Ft3		表示特征
149	mar2			Ft31	表示特征1
150	m＿a2			Ft32	表示特征2
151	gči2			Ft33	表示特征3
152	gusitay2		Ft4		表示值得、应当
153	xuyiča2		Ft5		表示程度或者可能性
154		Fd			名动词排列
155	ltay2		Fd1		名动词1
156	l－tay2		Fd2		名动词2
157			Fd3		名动词3
158	l－ügey			Fd31	
159	lgüy			Fd32	
160	lg＿a－tay2		Fd4		名动词4
161	lg＿a－ügey2		Fd5		名动词5
162	lta－tay2		Fd6		名动词6
163	lta－ügey2		Fd7		名动词7
164	sitay2		Fd8		名动词8
165	si－tay2		Fd9		名动词9

166	si－ügey			FdA	名动词A
167		Fe			态范畴	xeb
168	零形式		Fe0		自动态
169			Fe1		使动态
170	gul2			Fe11	使动态1
171	lg_a2			Fe12	使动态2
172	g_a2			Fe13	使动态3
173			Fe2		被动态
174	gda2			Fe21	被动态1
175	da4			Fe22	被动态2
176	ldu2		Fe3		同动态
177	lča2		Fe4		互动态
178	čag_a4		Fe5		众动态
179		Fi			体范畴排列
180	零形式		Fi0		普通体
181	sxi		Fi1		暂短体
182			Fi2		完成体
183	čix_a2			Fi21	完成体1
184	či			Fi22	完成体2
185	gatax_a2		Fi3		请求完成体
186	jana2		Fi4		瞬间体
187		Fh			附属排列
188			Fh1		附属1

189	一xi				Fh11		
190	xi				Fh12		
191					Fh2	附属2	
192	一xin				Fh21		
193	xin				Fh22		
194	一daxi⁴			Fh3		附属3	
195	一xini			Fh4		附属4	
196	一duni⁴			Fh5		附属5	

其他

其他标记代码见表3。

表3 其他标记代码

序号	标记代码				类别名称	代码说明	语文现象/单位
	第一级	第二级	第三级	第四级			
1	E				字母	temdeg	
2		Em			蒙古文字母	monggol	
3		Eg			非蒙古文字母	gadagadu	文字，language
4		Et			数字	tog_a	
5			Et1		蒙古文数字		
6			Et2		阿拉伯数字		
7				Et21	阿拉伯数字1		1，2，3
8				Et22	阿拉伯数字2		①，②，③
9				Et23	阿拉伯数字3		(1)，(2)，(3)

10			Et3		罗马数字		
11				Et31	罗马数字1		
12				Et32	罗马数字2		
13	J				固定词	排列	damjig ügey
14	K				成语	排列	
15		Kn			名词性成语	noun	ündege darugsan sibagu sig
16		Kv			动词性成语	verb	dalan bulc ̆ irxay — ban togalaxu
17	L				缩略语	排列	ömo ye surgaguli
18	W				标点	排列	
19		Wp			标点符号	punctuation	
20			Wp1		蒙古文标点符号		
21			Wp2		非蒙古文标点符号		
22		Wu			其他符号	universal	
23	X				习用语	xebsil	

24		Xn		名词性习用语	noun	xalagun c imege
25		Xa		形容词性习用语	adjective	nidün — dü xalagun
26	Y			复合词排列		
27		Yn		复合名词	noun	ǰul ǰirgal
28		Ya		复合形容词	adjective	sayin sayixan
29		Yr		复合代词	pronoun	eyimü teyimü
30		Yo		复合时位词	oron	emün _ e xoyin _ a
31		Yv		复合动词	verb	magtan say-isiyaxu
32		Yd		复合副词	adverb	yab čab
33	Z			连接元音排列		
34		Zv		连接元音	vowel	
35			Zv1	连接元音1		u^2
36			Zv2	连接元音2		a^2
37		Zs		连接音节	syllable	
38			Zs1	连接音节1		gü
39			Zs2	连接音节2		bü
40			Zs3	连接音节3		du

41			Zs4	连接音节4		ye
42		Zx		动态词尾	xödelxün	
43	P			不确定词	排列	üy

附录 4：CALIS 数字资源类型编码规范

一、图书相关资源类型

图书相关资源类型一览表：

资源名称			资源英文标识
一级	二级	三级	
图书			book
	元数据		book.metadata
	封面		book.cover
	目次		book.toc
		图片目次	book.toc.picture
		文本目次	book.toc.txt
	摘要		book.abstract
	试读		book.sample
	全文		book.fulltext
	评论		book.commentary
	馆藏		book.holding
		本馆馆藏	book.holding.local
		所有馆藏	book.holding.all
	相关资源		book.relation
		相关课程	book.relation.course
	动态馆藏		book.dynholding

图书资源元数据格式前缀为：CALIS_book、CALIS_ebook

元数据规范 Schema 位于：

http://www.calis.edu.cn/metadata_ns/1.0/book/book.xsd

http://www.calis.edu.cn/metadata_ns/1.0/ebook/ebook.xsd

CALIS API 接口图书资源服务代码：

接口服务名称	CALIS 接口服务代码（servicecode）
图书获取服务 calis.book.api	

二、期刊相关资源类型

中文期刊相关资源类型一览表：

资源名称			资源英文标识
一级	二级	三级	
中文期刊			journal.cn
	元数据		journal.cn.metadata
	封面		journal.cn.cover
	评论		journal.cn.commentary
	馆藏		journal.cn.holding
		本馆馆藏	journal.cn.holding.local
		所有馆藏	journal.cn.holding.all

西文期刊相关资源类型一览表：

资源名称			资源英文标识
一级	二级	三级	
西文期刊			journal.wt

			journal.wt.metadata
	元数据		journal.wt.metadata
	封面		journal.wt.cover
	摘要		journal.wt.abstract
	全文链接		journal.wt.fulltext
	馆藏		journal.wt.holding
		本馆馆藏	journal.wt.holding.local
		所有馆藏	journal.wt.holding.all

期刊资源元数据格式前缀为：CALIS_book

元数据规范 Schema 位于：

http：//www.calis.edu.cn/metadata_ns/1.0/book/book.xsd

CALIS API 接口期刊资源服务代码：

接口服务名称	CALIS 接口服务代码（servicecode）
中文期刊获取服务	calis.journal.cn.api
西文期刊获取服务	calis.journal.wt.api

三、期刊文章相关资源类型

期刊文章相关资源类型一览表：

资源名称			资源英文标识
一级	二级	三级	
期刊文章			article
	元数据		article.metadata

	摘要		article.abstract
	全文链接		article.fulltext
	馆藏		article.holding
		本馆馆藏	article.holding.local
		所有馆藏	article.holding.all
	参考文献		article.reference
	所属期刊的 CALIS 控制号		article.journaluuid

期刊文章资源元数据格式前缀为：CALIS_ccc_cntv2、CALIS_JNArt 元数据规范 Schema 位于：

http://www.calis.edu.cn/metadata_ns/2.0/ccc_content/CALIS_ccc_cntv2.xsd

http://www.calis.edu.cn/metadata_ns/1.0/JNArt/JNArt.xsd

CALIS API 接口期刊文章资源服务代码：

接口服务名称	CALIS 接口服务代码（servicecode）
期刊文章获取服务	calis.article.api

四、学位论文相关资源类型

学位论文相关资源类型一览表：

资源名称			资源英文标识
一级	二级	三级	
学位论文			dissertation

			元数据		dissertation.metadata
			摘要		dissertation.abstract
			电子资源链接		dissertation.links
			馆藏		dissertation.holding
				本馆馆藏	dissertation.holding.local
				所有馆藏	dissertation.holding.all
			前16页		dissertation.first16
			参考文献		dissertation.reference

学位论文资源元数据格式前缀为：CALIS_ETD_V2

元数据规范Schema位于：

http://www.calis.edu.cn/metadata_ns/2.0/ETD/ETDv2.xsd

CALIS API接口学位论文资源服务代码：

接口服务名称	CALIS接口服务代码（servicecode）
学位论文获取服务	calis.dissertation.api

五、课件相关资源类型

课件相关资源类型一览表：

资源名称			资源英文标识
一级	二级	三级	
课件			courseware

	元数据		courseware.metadata
	全文链接		courseware.fulltext
	评论		courseware.commentary
	馆藏		courseware.holding
		本馆馆藏	courseware.holding.local
		所有馆藏	courseware.holding.all

课件资源元数据格式前缀为：CALIS_courseware

元数据规范 Schema 位于：

http://www.calis.edu.cn/metadata_ns/1.0/courseware/courseware.xsd

CALIS API 接口课件资源服务代码：

接口服务名称	CALIS 接口服务代码（servicecode）
课件获取服务	calis.courseware.api

六、视频相关资源类型

视频相关资源类型一览表：

资源名称			资源英文标识
一级	二级	三级	
视频			video
	元数据		video.metadata
	评论		video.commentary

			video.holding
		本馆馆藏	video.holding.local
		所有馆藏	video.holding.all

视频资源元数据格式前缀为：CALIS_video

元数据规范 Schema 位于：

http：//www.calis.edu.cn/metadata_ns/1.0/video/video.xsd

CALIS API 接口视频资源服务代码：

接口服务名称	CALIS 接口服务代码（servicecode）
视频获取服务 calis.video.api	

七、音频相关资源类型

音频相关资源类型一览表：

资源名称			资源英文标识
一级	二级	三级	
音频			audio
	元数据		audio.metadata
	评论		audio.commentary
	馆藏		audio.holding
		本馆馆藏	audio.holding.local
		所有馆藏	audio.holding.all

音频资源元数据格式前缀为：CALIS_audio

元数据规范 Schema 位于：

http：//www.calis.edu.cn/metadata_ns/1.0/audio/audio.xsd

CALIS API 接口音频资源服务代码：

接口服务名称	CALIS 接口服务代码（servicecode）
音频获取服务	calis.audio.api

八、古文献相关资源类型

古籍相关资源类型一览表：

资源名称			资源英文标识
一级	二级	三级	
古籍			ancient.rarebook
	元数据		ancient.rarebook.metadata
	评论		ancient.rarebook.commentary
	馆藏		ancient.rarebook.holding
		本馆馆藏	ancient.rarebook.holding.local
		所有馆藏	ancient.rarebook.holding.all

古籍资源元数据格式前缀为：CALIS_rarebook

元数据规范 Schema 位于：

http：//www.calis.edu.cn/metadata_ns/1.0/rarebook/rarebook.xsd

舆图相关资源类型一览表：

资源名称			资源英文标识
一级	二级	三级	
舆图			ancient.atlas
	元数据		ancient.atlas.metadata
	评论		ancient.atlas.commentary
	馆藏		ancient.atlas.holding
		本馆馆藏	ancient.atlas.holding.local
		所有馆藏	ancient.atlas.holding.all

舆图资源元数据格式前缀为：CALIS_atlas

元数据规范 Schema 位于：

http：//www.calis.edu.cn/metadata_ns/1.0/atlas/atlas.xsd

拓片相关资源类型一览表：

资源名称			资源英文标识
一级	二级	三级	
拓片			ancient.rubbing
	元数据		ancient.rubbing.metadata
	评论		ancient.rubbing.commentary
	馆藏		ancient.rubbing.holding
		本馆馆藏	ancient.rubbing.holding.local
		所有馆藏	ancient.rubbing.holding.all

拓片资源元数据格式前缀为：CALIS_rubbing

元数据规范 Schema 位于：

http：//www.calis.edu.cn/metadata_ns/1.0/rubbing/rubbing.xsd

家谱相关资源类型一览表：

资源名称			资源英文标识
一级	二级	三级	
家谱			ancient.genealogy
	元数据		ancient.genealogy.metadata
	评论		ancient.genealogy.commentary
	馆藏		ancient.genealogy.holding
		本馆馆藏	ancient.genealogy.holding.local
		所有馆藏	ancient.genealogy.holding.all

家谱资源元数据格式前缀为：CALIS_genealogy

元数据规范 Schema 位于：

http：//www.calis.edu.cn/metadata_ns/1.0/genealogy/genealogy.xsd

地方志相关资源类型一览表：

资源名称			资源英文标识
一级	二级	三级	
地方志			ancient.chorography

	元数据		ancient.chorography.metadata
	评论		ancient.chorography.commentary
	馆藏		ancient.chorography.holding
		本馆馆藏	ancient.chorography.holding.local
		所有馆藏	ancient.chorography.holding.all

地方志资源元数据格式前缀为：CALIS_chorography

元数据规范 Schema 位于：

http://www.calis.edu.cn/metadata_ns/1.0/chorography/chorography.xsd

CALIS API 接口古文献资源服务代码：

接口服务名称	CALIS 接口服务代码（servicecode）
古文献获取服务	calis.ancient.api

九、人物名师相关资源类型

人物名师相关资源类型一览表：

资源名称			资源英文标识
一级	二级	三级	
人物名师			cup
	元数据		cup.metadata
	相关资源		cup.relations
	评论		cup.commentary

	肖像		cup.portrait

人物名师资源元数据格式前缀为：CALIS_CUP

元数据规范 Schema 位于：

http://www.calis.edu.cn/metadata_ns/1.0/CUP/cup.xsd

CALIS API 接口人物名师资源服务代码：

接口服务名称	CALIS 接口服务代码（servicecode）
人物名师获取服务	calis.cup.api

十、教参信息相关资源类型

教参信息相关资源类型一览表：

资源名称			资源英文标识
一级	二级	三级	
教参信息			iri.info
	元数据		iri.info.metadata
	摘要		iri.info.abstract
	评论		iri.info.commentary
	馆藏		iri.info.holding
		本馆馆藏	iri.info.holding.local
		所有馆藏	iri.info.holding.all
		所使教参书	iri.info.references

	教学大纲		iri. info. outline

教参信息资源元数据格式前缀为：CALIS_IRIINFO

元数据规范 Schema 位于：

http：//www. calis. edu. cn/metadata_ns/2.0/IRI/IRIINFO. xsd

CALIS API 接口教参信息资源服务代码：

接口服务名称	CALIS 接口服务代码（servicecode）
教参信息获取服务	calis. iri. info. api

十一、核心扩展资源相关资源类型

核心扩展资源相关资源类型一览表：

资源名称			资源英文标识
一级	二级	三级	
核心扩展资源			coreex
	元数据		coreex. metadata
	评论		coreex. commentary
	馆藏		coreex. holding
		本馆馆藏	coreex. holding. local
		所有馆藏	coreex. holding. all

核心扩展资源元数据格式前缀为：CALIS_Core_EX

元数据规范 Schema 位于：

http：//www.calis.edu.cn/metadata _ ns/1.0/CoreEx/CALIS _ Core _ EX.xsd

CALIS API 接口核心扩展资源服务代码：

接口服务名称	CALIS 接口服务代码（servicecode）
核心扩展资源获取服务	calis.coreex.api

参考文献

参考书目

1. 张璐璐."双一流"背景下高校图书馆创新服务研究[M].天津:天津科学技术出版社,2018.

2. 包瑞.高校图书馆服务与资源开发[M].长春:吉林大学出版社,2017.

3. 赵国忠,张创军.高校图书馆社会化服务概论[M].北京:国家图书馆出版社,2016.

4. 斯·劳格劳.蒙古语依存语法自动分析研究[M].呼和浩特:内蒙古大学出版社,2016.

5. 阮可等.公共文化服务协调机制研究 以浙江拱墅"三联模式"为样本[M].杭州:浙江大学出版社,2015.

6. 海银花.面向信息处理的蒙古语名词语义研究[M].呼和浩特:内蒙古人民出版社,2015.

7. 陈维.数字图书馆特色资源共享与服务研究[M].杭州:浙江工商大学出版社,2015.

8. 金胜勇.图书馆信息资源共建共享理论[M].北京:人民出版社,2015.

9. 苏坤.信息资源共建共享研究进展[M].北京:中国言实出版社,2014.

10. 王宇.高校图书馆社会化服务研究[M].北京:中国社会科学出版社,2014.

11. 套格敦白乙拉,宝音乌力吉,佟金荣.实用蒙古语语法[M].呼和浩特:内蒙古出版集团,内蒙古人民出版社,2013.

12. 德力格尔玛,高莲花,其木格.蒙古语与汉语句法结构对比研究[M].北京:民族出版社,2013.

13. 特图克,达o宝力高.现代蒙古语句法研究[M].呼和浩特:内蒙古大学出版社,2011.

14. 刘海涛.依存语法的理论与实践[M].北京:科学出版社,2009.

15. 中国民族图书馆编.民族图书馆学研究第十次全国民族地区图书馆学术研讨会论文集[M].沈阳:辽宁民族出版社,2008.

16. 纳·格日勒图.蒙古语词形变化和词之间的意义搭配规则[M].呼和浩特:内蒙古人民出版社,2008.

17. 巴·达瓦达格巴.蒙古句法研究[M].呼和浩特:内蒙古人民出版社.2008.

18. 达胡白乙拉.面向信息处理的蒙古语动词短语结构规则研究[M].呼和浩特:内蒙古人民出版社,2008.

19. 额尔敦朝鲁.面向信息处理的蒙古语动词语义研究[M].呼和浩特:内蒙古人民出版社,2008.

20. 孙宏开,胡益增,黄行.中国的语言[M].北京:商务印书馆,2007.6:3.

21. 德·青格乐图.现代蒙古语固定短语语法信息词典详解[M].呼和浩特:内蒙古教育出版社,2005.

22. 内蒙古大学蒙古学学院蒙古文研究所.现代蒙古语[M].呼和浩特:内蒙古人民出版社,2005.

23. 冯志伟.计算语言学基础[M].北京:商务印书

馆，2001.

24. B. Purbuwcir. 现代蒙古语句法［M］. 乌兰巴托. 2001.

25. 清格尔泰. 现代蒙古语法：修订版［M］. 呼和浩特：内蒙古人民出版社，1999.

26. 那顺乌日图. 蒙古文信息处理［M］. 呼和浩特：内蒙古大学出版社. 1999.

27. 纳·格日勒图. 蒙古书面语语法研究［M］. 呼和浩特：内蒙古大学出版社，1998.

28. 冯志伟. 自然语言的计算机处理［M］. 上海：上海外语教育出版社. 1996.

29. 涛高、援朝、图力古尔等. 现代蒙古语［M］. 通辽：内蒙古少年儿童出版社，1993.

30. 那森柏、哈斯额尔敦、斯琴等. 现代蒙古语［M］. 呼和浩特：内蒙古教育出版社，1991.

31. 确精扎布. 蒙古语语法研究：第一册［M］. 呼和浩特：内蒙古大学出版社，1989.

32. B. Purbuwcir. 现代蒙古语句法组合体系［M］. 乌兰巴托. 1988.

33. 高等学校教材. 现代蒙古语法［M］. 呼和浩特：内蒙古教育出版社，1983.

参考论文

1. 程远. 大数据时代高校图书馆一流学科建设服务探究［J］. 知识文库. 2020（11）

2. 武红. 高校图书馆大流通服务模式探讨［J］. 内蒙古电大

学，2020（03）：60—64．

3. 蔡富莲．凉山彝族典籍文献《尔迪尔疵》与彝族的污秽/洁净观［J］．中央民族大学学报（哲学社会科学版）．2020（05）

4. 俞婷婷．近十年国内高校图书馆特色馆藏资源建设研究综述［J］．兰台内外．2020（14）

5. 张晓莉．高校图书馆特色馆藏资源的开发和利用［J］．河南图书馆学．2020（01）

6. 董同强，马秀峰．融合与重构：一流学科建设中高校图书馆智慧型学科服务平台的设计［J］．国家图书馆学刊．2019（03）

7. 李秋平．智慧图书馆背景下高校图书馆特藏资源建设探析［J］．情报探索．2019（02）

8. 王蕴洁，李大莉，罗玲，刘海昕．做好地方本科高校图书馆特色馆藏资源建设工作研究［J］．办公室业务．2019（21）

9. 常飞．高校图书馆学科服务与智库协同创新机理研究［J］．图书馆理论与实践，2019（10）：61—65．

10. 魏亨．图书馆数字资源建设的困境与对策探讨［J］．科教导刊（下旬）．2019（02）

11. 李俊岭．医学院校图书馆智库服务模式探究［J］．漯河职业技术学院学报，2019，18（06）：93—95．

12. 朱帅．我国高校智库运行机制研究［D］．辽宁：大连理工大学，2019．

13. 王莉．大数据背景下图书馆发展战略研究［J］．赤峰学院学报：自然科学版，2019（7）：126—127．

14. 王傑．大数据背景下的图书馆信息化建设［J］．中国高新科技，2019（16）：113—115．

15. 刘淑华，鞠红耘，周明璇．公共图书馆社会服务能力建设与实践——以赤峰市图书馆为例［J］．图书情报工作．2019，63（01）：125－132．

16. 娜丽莎．面向新型智库建设的高校图书馆服务与发展研究［J］．科技传播．2018（21）

17. 王立杰．台湾地区院校图书馆特色馆藏建设与启示［J］．高校图书馆工作．2018（06）

18. 陈斌．基于"双一流"学科建设的高校图书馆特藏建设研究［J］．内蒙古科技与经济．2018（20）

19. 李立国．"双一流"高校的内涵式发展道路［J］．国家教育行政学院学报．2018（09）

20. 祁兴兰．民族地区高校图书馆特色资源数据库建设现状、问题及对策［J］．图书情报工作．2018（16）

21. 闫守轩，郭超华，王少奇．"双一流"建设的理性审思［J］．教育理论与实践．2018（21）

22. 杨昭．大数据时代高校图书馆世界一流学科评价服务研究［J］．图书与情报．2018（05）

23. 胡琳．面向一流学科建设的高校图书馆资源建设方式探讨［J］．河南图书馆学刊．2018（05）

24. 黄尤精．大数据环境下数字图书馆的安全问题及对策分析［J］．办公室业务．2018（05）

25. 刘雪梅．"互联网＋"移动数字图书馆服务模式之探究［J］．内蒙古科技与经济．2018（19）

26. 奚朝辉．我国"双一流"高校图书馆特色数字资源建设调查与思考［D］．安徽：安徽大学，2018．

27. 祁兴兰. 民族地区高校图书馆特色资源数据库建设现状、问题及对策 [J]. 图书情报工作, 2018, 62 (16): 111—119.

28. 郑荣, 阿热依古丽. 新疆地区高校图书馆少数民族语言文献数字化建设研究 [J]. 情报科学, 2018 (5): 41—46.

29. 阮凤娟. 中国特色新型高校智库建设研究 [D]. 安徽: 安徽大学, 2017.

30. 冯用军. 中国特色世界一流民族大学和民族学学科专业建设进展评价研究 [J]. 民族高等教育研究, 2017, 5 (5): 1—8.

31. 王明亮. 浅谈党校图书馆数字资源建设 [J]. 中国管理信息化. 2017 (01)

32. 蒋映霞. 智库视角下高校图书馆服务转型探索 [J]. 兰台世界. 2017 (05)

33. 乙青. 面向一流学科建设的高校图书馆资源保障策略研究 [J]. 图书馆学刊. 2017 (10)

34. 李燕, 魏群义, 孙锐, 王英. 高校图书馆面向一流学科建设的资源保障策略与服务模式探索 [J]. 图书馆建设. 2017 (09)

35. 唐妮, 王文丽, 易晓燕. 大数据环境下图书馆个性化深度服务探讨 [J]. 电脑知识与技术. 2017 (10)

36. 赵洪波. 大数据环境探讨数字图书馆建设的发展战略 [J]. 科技创新导报. 2017 (11)

37. 常广炎. 数字图书馆信息资源整合探究 [J]. 电脑编程技巧与维护. 2017 (05)

38. 黎建辉, 沈志宏, 孟小峰. 科学大数据管理: 概念、技术与系统 [J]. 计算机研究与发展. 2017 (02)

39. 王曰芬, 李冬琼, 靳嘉林, 陈必坤. 近十年图书情报领域

的研究状况及其大数据时代的研究趋向[J].情报资料工作.2017（01）

40．方莹，包佰弘，刘九菊．基于GIS的辽宁地区朝鲜族村落分布与空间特质研究[J].城市建筑.2017（23）

41．冯云．民族地区公共图书馆特色数据库建设现状调查分析——以我国民族八省区为例[J].山东图书馆学刊，2017，（4）：38－43．

42．孟春．数字资源建设标准化流程设计——以国家公共文化数字支撑平台资源共享系统为例[J].内蒙古教育.2017（04）

43．胡珊珊．网络化环境下公共图书馆数字资源建设策略[J].长江丛刊.2017（15）

44．王明亮．浅谈党校图书馆数字资源建设[J].中国管理信息化.2017（01）

45．蒋映霞．智库视角下高校图书馆服务转型探索[J].兰台世界.2017（05）

46．大数据环境下图书馆个性化深度服务探讨[J].唐妮，王文丽，易晓燕．电脑知识与技术.2017（10）

47．数字图书馆信息资源整合探究[J].常广炎．电脑编程技巧与维护.2017（05）

48．科学大数据管理：概念、技术与系统[J].黎建辉，沈志宏，孟小峰．计算机研究与发展.2017（02）

49．基于GIS的辽宁地区朝鲜族村落分布与空间特质研究[J].方莹，包佰弘，刘九菊．城市建筑.2017（23）

50．冯云．民族地区公共图书馆特色数据库建设现状调查分析——以我国民族八省区为例[J].山东图书馆学刊，2017，

(4): 38-43.

51. 国内外高校图书馆特藏资源组织现状探析 [J]. 孙文佳, 常娥. 图书情报工作. 2017 (19)

52. 探讨图书馆特色馆藏资源建设 [J]. 谷参. 中国管理信息化. 2017 (01)

53. 面向产业智库需求的行业特色高校图书馆信息保障策略研究 [J]. 张善杰, 陈伟炯, 陆亦恺, 燕翔. 图书馆建设. 2016 (01)

54. 于新国. 高校图书馆智库建设中的影响因素研究——以智库文献信息资源建设为例 [J]. 福建图书馆理论与实践. 2016 (03)

55. 王露露, 徐军华. 语义网环境下的数字图书馆服务创新 [J]. 图书馆理论与实践. 2016 (01)

56. 王红. 数据挖掘在数字化图书馆中的应用研究 [J]. 农业图书情报学刊. 2016 (01)

57. 王欣. 图书馆数字资源建设的困境与变革 [J]. 河南图书馆学刊. 2016 (08)

58. 吴高. 地方公共数字文化特色资源建设现状调查与思考——以全国文化信息资源共享工程省级分中心特色数字资源建设为例 [J]. 图书馆建设. 2016 (01)

59. 段瑞梅. 大数据环境下高校图书馆服务模式浅析 [J]. 图书馆工作与研究. 2016 (09)

60. 哈斯, 布音其其格. 基于蒙古语名词语义网的同形词歧义消除研究 [J]. 中文信息学报, 2016 (6)

61. 张建红. 基于语义关联的海量数字资源知识聚合与服务研究 [J]. 图书馆工作与研究. 2016 (08)

62. 王萍, 黄新平. 基于关联开放数据的数字文化资源语义融

合方法研究——欧洲数字图书馆案例分析［J］．图书情报工作．2016（12）

63．余显红．试析大数据时代数字化图书馆的建设与发展［J］．中国管理信息化．2016（13）

64．谭影虹．从数字图书馆到数据图书馆——大数据时代的图书馆服务范式转变［J］．图书与情报．2016（03）

65．李进．公共图书馆缩微文献资源建设的帕累托最优［J］．数字与缩微影像．2016（01）

66．潘卫荣．民族地方文献的开发与利用——以百色市为例［J］．百色学院学报．2015（02）

67．吴金星．蒙古语语料库加工集成平台的构建［D］．呼和浩特：内蒙古大学，2015

68．王兴华，林媛媛．民族地方文献的开发与保护——以广西桂林图书馆为例［J］．桂林师范高等专科学校学报．2015（03）

69．罗天．试论少数民族地区地方文献的收集与保护——以广西桂林图书馆为例［J］．河南图书馆学刊．2015（04）

70．陈胜利．公共数字文化资源建设的宏大实践——全国文化信息资源共享工程资源建设的现状与发展［J］．图书馆杂志．2015（11）

71．隋林晶．全国文化信息资源共享工程地方特色资源建设探析［J］．农业图书情报学刊．2015（05）

72．董媛媛，胡敬华．图书馆数字资源建设及利用对策［J］．黑龙江档案．2015（02）

73．吕淑仪．文化共享工程省级中心地方特色资源建设现状分析与思考［J］．现代情报．2015（04）

74. 张承宏. 大数据时代数字化图书馆的建设［J］. 新媒体研究.2015（20）

75. 罗曲. 对彝族文献研究现状的思考［J］. 文史杂志.2015（03）

76. 李燕, 王宁. 数字化时代少数民族地区公共图书馆发展方向的一点思考——以延边朝鲜族地区图书馆为例［J］. 内蒙古科技与经济.2015（02）

77. 白蓉. 大数据环境下的数字图书馆服务模式［J］. 科技情报开发与经济.2015（07）

78. 白蓉. 大数据环境下数字化图书馆的应用研究［J］. 计算机光盘软件与应用.2015（02）

79. 鲁昉. 大数据环境下的数字图书馆关键技术研究［J］. 中国管理信息化.2015（06）

80. 方嘉珍, 姜雷. 地方高校图书馆特色馆藏资源推广探索［J］.阜阳师范学院学报（社会科学版）.2015（04）

81. 袁芳. 大数据环境下图书馆文献资源建设模式的变革［J］. 图书情报工作.2015（18）

82. 王葵. 浅析大数据环境下图书馆关键技术的应用［J］. 知识经济.2015（07）

83. 祝婷婷. 中国东北朝鲜族文献整理与研究［J］. 出版广角.2015（11）

84. 索南吉. 藏族文献电子资料库建设的意义探析［J］. 城市地理.2015（02）

85. 胡海鹰. 大数据背景下地方文献数字化探讨［J］. 河南图书馆学刊.2015（05）

86. 陈国兰. 如何利用大数据构建图书馆新型知识服务体系 [J]. 现代情报. 2014（09）

87. 朱宁, 常彦峰. 美国大学图书馆的特藏文献管理与读者服务工作 [J]. 图书馆学研究. 2014（11）

88. 齐小玉, 石懿. 数字图书馆服务模式的变化 [J]. 文学教育（下）. 2014（11）

89. 赵闯. 中国朝鲜族文献整理研究 [J]. 长春工程学院学报（社会科学版）. 2014（04）

90. 朱明信, 聂凤伟. 浅谈延边朝鲜族地方文献的收集与保护 [J]. 延边大学学报（社会科学版）. 2014（06）

91. 翁建锋. 彝族传统体育学术论文之核心期刊内容分析法 [J]. 攀枝花学院学报. 2014（03）

92. 崔德志. 中国民族数字图书馆建设探讨 [J]. 内蒙古民族大学学报, 2014（1）: 122-124.

93. 覃远菊. 民族地方文献开发利用之我见 [J]. 图书情报论坛. 2014（03）

94. 马丽. 我国民族地方文献研究论文的计量分析 [J]. 科技情报开发与经济. 2014（19）

95. 乌兰, 达胡巴乙拉, 关晓炟等. 蒙古语短语结构树的自动识 [J]. 中文信息学报. 2014（9）

96. 覃远菊. 浅谈民族地方文献开发和利用 [J]. 理论建设. 2014（05）

97. 哈斯. 蒙古语名词词汇语义网的构建 [D]. 呼和浩特: 内蒙古大学. 2013.

98. 汪聪, 杨晓晴. 高校图书馆社会化服务的调查与思考 [J].

图书馆工作与研究, 2013 (11): 31—33.

99. 徐晓莹. 对图书馆特色馆藏资源建设的研究 [J]. 河南图书馆学刊. 2013 (03)

100. 陈思梅. 少数民族地区文献资源现状研究与利用：以凉山彝族文献收集与利用为例 [J]. 四川图书馆学报. 2013 (02)

101. 苏俊. 试析彝族古籍的保护 [J]. 才智. 2013 (28)

102. 崔文娟. 浅谈高校图书馆的人性化发展 [J]. 内蒙古图书馆工作. 2013 (04)

103. 张葳. 特色信息资源建设与地方哲学社会科学机构的可持续发展 [J]. 大庆社会科学. 2012 (06)

104. 王世伟. 再论智慧图书馆 [J]. 图书馆杂志. 2012 (11)

105. 韩卫红. 藏族口述文献资源的开发与永久保存研究 [J]. 图书馆理论与实践. 2012 (07)

106. 陈思梅. 凉山彝族地区图书馆服务新农村有效模式研究 [J]. 四川图书馆学报. 2012 (02)

107. 李红梅. 浅谈民族地区图书馆的文献资源建设 [J]. 四川民族学院学报. 2012 (02)

108. 崔晨光. 浅析少数民族地区数字图书馆建设 [J]. 西域图书馆论坛, 2012 (1): 42—44.

109. 宝晓红. 浅谈如何加强少数民族地区公共图书馆的特色馆藏资源建设 [J]. 内蒙古图书馆工作, 2012, (004): 49—51.

110. 李红梅. 浅谈民族地区图书馆的文献资源建设 [J]. 科技致富向导. 2012 (03)

111. 斯·劳格劳, 华沙宝, 萨如拉. 基于统计方法的蒙古语依存句法分析模型 [J]. 中文信息学报, 2012 (3)

112. 王玮. 试论民族地方文献的开发与利用［J］. 鄂尔多斯文化. 2011（03）

113. 试论湘西文化影响下的民族地方文献形成及分布［J］. 殷黎. 新世纪图书馆. 2011（11）

114. 那顺乌日图. 蒙古语语言知识库的建立与应用［J］. 中文信息学报，2011（6）

115. 达胡白乙拉. 现代蒙古语句法结构树库的建设［J］. 内蒙古大学学报，2011（6）

116. 富涛. 面向信息处理的蒙古语简单谓动句句模研究［D］. 呼和浩特：内蒙古大学. 2011

117. 李东方. 集群协同创新系统特色信息资源中心的建设——以中部六省各类图书馆特色信息资源为例［J］. 情报杂志. 2011（02）

118. 郑春汛，谢萍. 上海大学图书馆特色信息资源建设成果与展望［J］. 上海高校图书情报工作研究. 2011（03）

119. 郑春汛，谢萍. 上海大学图书馆特色信息资源建设实践与理论探索［J］. 农业图书情报学刊. 2011（03）

120. 王岚. 图书馆特色馆藏资源数据库建设研究［J］. 理论建设. 2011（06）

121. 李沛. 浅论民族地区图书馆地方文献资源建设［J］. 图书馆理论与实践. 2011（03）

122. 王利. 公共图书馆盲文文献资源建设和服务［J］. 图书馆学刊. 2011（02）

123. 聂晶. 对市级公共图书馆地方文献资源建设的思考［J］. 图书馆工作与研究. 2011（02）

124. 徐文贤，张文兵．深圳市公共图书馆文献资源建设法制环境研究［J］．图书馆．2011（04）

125. 胡海燕．东盟文献资源建设与开发研究［J］．图书情报论坛．2011（Z1）

126. 陈继兰．美国图书馆信息服务社会化模式及其启示［J］．图书情报工作，2010，54（01）：143－146．

127. 岳凤芝．论西藏高校图书馆藏学文献专题数据库的构建［J］．西藏大学学报（自然科学版）．2010（02）

128. 郑学梅．浅议网络环境下高校图书馆的发展［J］．福建图书馆理论与实践．2010（02）

129. 傅爱红，王威．宁波大学园区图书馆数字化程度评价［J］．图书馆研究与工作．2010（01）

130. 张德云，陈晓兰．民族地方文献特色数据库建设实施策略研究［J］．科技情报开发与经济．2010（36）

131. 包萨仁图雅．蒙古语简单句句法结构树库的建设［D］．呼和浩特：内蒙古大学 2010．

132. 中国电子标准化研究所，内蒙古大学等．信息技术－信息处理用蒙古文词语标记集（GB/T26235－2010）［C］

133. 马昀．高校图书馆电子资源的建设［J］．科技信息．2010（14）

134. 王永忠，牛淑红．浅谈高校图书馆社会化服务的现状和保障［J］．图书馆理论与实践，2009（11）：98－99．

135. 顾炎．浅析民族地区数字图书馆建设是时代发展的必然［J］．赤峰学院学报，2009（8）：197－199．

136. 谢丽娟，郑春厚，吴庆伟．中美高校图书馆社会服务比较研究［J］．图书馆建设，2009（02）：64—67．

137．王应忠．浅谈黔西北彝族古籍整理与开发利用［J］．人口·社会·法制研究．2009．

138．包和平．中国少数民族文献学研究［M］．北京：国家图书馆出版社，2009．

139．斯·劳格劳，构建"基于依存语法的现代蒙古语树库"的设想［J］，社会科学研究（香港）2009．

140．刘渝松．对楚雄彝族文献开发利用的思考［J］．楚雄师范学院学报．2008（06）

141．何林．美国机构知识库发展现状对我国发展机构知识库的启示［J］．图书馆论坛，2008（03）：101—103＋148．

142．金以明．图书馆特色馆藏资源建设［J］．大学图书馆学报．2008（06）

143．李宇红，杨媛，李云峰．西部高校图书馆藏族图案文献收藏之可操作性报告［J］．图书馆理论与实践．2008（04）

144．苏恩芳．浅谈民族地区图书馆文献资源建设［J］．大众文艺：理论．2008（04）

145．阿尔斯兰·吉力力．新疆经济发展与民族特色经济相互关系［J］．商场现代化．2008（36）

146．李万梅．关于构建少数民族数字图书馆的思考［J］．社科纵横，2007（8）：20—21．

147．张桂荣．民族地区建设数字图书馆的方法与途径［J］．图书馆工作与研究，2007（2）：61—62．

148．吴发容．关于民族地区数字图书馆建立的思考［J］．湖北民族学院学报，2007（3）：116—120．

149. 张桂荣. 民族地区建设数字图书馆的方法和途径 [J]. 图书馆工作与研究. 2007（02）

150. 于俊凤, 赵燕清, 姜树明, 王蕾. 区域科技创新体系中特色馆藏资源的建设 [J]. 科技情报开发与经济. 2007（05）

151. 张晓红. 论图书馆特色信息资源建设 [J]. 佳木斯大学社会科学学报. 2007（06）

152. 刘鸣亚. 图书馆特色服务与人文精神 [J]. 现代情报. 2007（01）

153. 龚菲. 我馆民族地方文献资源建设工作研究 [J]. 图书馆. 2006（01）

154. 崔永红, 张民. 青海省文化产业的资源秉赋与优势项目探寻 [J]. 青海民族学院学报. 2006（02）

155. 德·萨日娜. 蒙古语格框架研究 [D]. 呼和浩特：内蒙古大学. 2006

156. 杨芹. 行业院校图书馆特色信息资源建设 [J]. 图书馆工作与研究. 2006（06）

157. 邹文勇. 试论高校图书馆的数字化特色馆藏资源建设 [J]. 甘肃科技. 2006（03）

158. 论高校图书馆特色信息资源建设 [J]. 李娅. 河南教育学院学报（哲学社会科学版）. 2006（05）

159. 吴海洋. 公共图书馆地方文献资源建设 [J]. 辽宁工程技术大学学报：社会科学版. 2006（03）

160. 张劲松, 郑双怡, 王梅源, 李超峰, 薛春芳. 西部少数民族信息资源管理及开发利用研究 [J]. 科技情报开发与经济. 2006（17）

161. 白真淑，崔永鹤．论少数民族地区图书馆民族文献信息资源建设与共享［C］．//中国图书馆学会．第九次全国民族地区图书馆学术研讨会论文集．2006：202－204．

162. 金成玉．探究特色型朝鲜族图书馆发展的模式［J］．林区教学．2006（08）

163. 许芳芹．高校图书馆如何提高对于高等继续教育的服务［J］．内蒙古民族大学学报．2005（01）

164. 华沙宝．蒙古语宾述短语的自动获取研究［A］．南京师范大学、清华大学智能技术与系统国家重点实验室．全国第八届计算语言学联合学术会议（JSCL－2005）论文集［C］．南京：南京师范大学，清华大学智能技术与系统国家重点实验室，2005．

165. 达胡白乙拉，华沙宝．对蒙古语语料库基本名词短语的定界与统计分析［J］．中文信息学报，2005（5）

166. 左爱玲．论高校图书馆电子资源之建设［J］．沿海企业与科技．2005（04）

167. 李全喜．试论高校图书馆素质教育职能［J］．内蒙古图书馆工作．2005（01）

168. 李全喜．浅议读者在高校图书馆中的地位和作用［J］．内蒙古图书馆工作．2005（02）

169. 张沛黎．试论兵团综合性大学图书馆的特色信息资源建设［J］．情报资料工作．2004（S1）

170. 毛燕梅．高校图书馆特色信息资源的开发与实践——以北方工业大学图书馆考研专栏为例［J］．图书馆建设．2004（06）

171. 包和平，刘斌．中国民族数字图书馆建设研究［J］．图书情报工作，2003（12）：102－106．

172. 华沙宝. 蒙古语语料库建设现状分析和完善策略［A］. 哈尔滨工业大学计算机科学与技术学院，清华大学智能技术与系统国家重点实验室. 2003.

173. 华沙宝. 蒙古语短语标注策略［J］. 中央民族大学学报：哲学社会科学版. 2003（5）

174. 额尔敦朝鲁. 蒙古语动词与名词之语义结合［J］. 蒙古学研究. 2003（2）

175. 周强. 汉语句法树库标注体系［J］. 中文信息学报. 2003，18（4）

176. 章小萍. 谈民族地方特色文献资源开发［J］. 图书馆理论与实践. 2003（05）

177. 香翠真. 简议新疆地区民族文献的开发与利用［J］. 新疆教育学院学报. 2002（03）

178. 那顺乌日图. 关于面向信息处理的蒙古语语义研究［J］. 内蒙古大学学报：人文社会科学版. 2002（05）

179. 那顺乌日图. 蒙古语语法信息词典框架设计［D］. 呼和浩特：内蒙古大学. 2002.

180. 普驰达岭. 彝族古文献与传统医药开发国际学术研讨会在云南楚雄召开［J］. 民族语文. 2001（05）

181. 金成玉. 朝鲜族图书馆消息二则［J］. 图书馆建设. 1999（04）

182. 袁勤俭，邵波，倪波. CERNET华中、华南、西南地区网络特色信息资源（下）［J］. 图书馆杂志. 1999（11）

183. The evolution of the concept of special collections in American research libraries. Joyce WL. Rare books & manuscripts librari-

anship.1988.

184.少数民族历史文献开发利用的思考[J].章达.图书馆工作与研究.1998（01）185.清格尔泰.关于句法结构分析－根据蒙古语材料[J].内蒙古大学学报：哲学社会科学版.1986（2）

186.特图克.关于蒙古语句子以谓语为中心问题[J].民族语文.1995（4）

187.曾顺松.深受朝鲜族读者欢迎的朝文阅览室[J].图书馆学研究.1984（02）

188.磐石县朝鲜族小学图书室办得好[J].图书馆学研究.1983（04）

189.南润根.延边地区图书馆事业三十年[J].图书馆学研究.1982（01）

190.王梅堂.介绍《北京现存彝族历史文献的部分书目》[J].图书馆学通讯.1982（04）

图书在版编目(CIP)数据

少数民族地区图书馆特色资源建设/楠丁，张瑞卿，春艳主编．－－呼和浩特：远方出版社，2020.5
ISBN 978-7-5555-1471-8

Ⅰ．①少… Ⅱ．①楠… ②张… ③春… Ⅲ．①少数民族－民族地区－图书馆事业－资源建设－研究－中国 Ⅳ．①G259.21

中国版本图书馆 CIP 数据核字(2020)第 085494 号

少数民族地区图书馆特色资源建设

SHAOSHU MINZU DIQU TUSHUGUAN TESE ZIYUAN JIANSHE

主　　编	楠　丁　张瑞卿　春　艳
责任编辑	王　叶
责任校对	王　叶
装帧设计	苏　晗
封面摄影	石玉平
出版发行	远方出版社
社　　址	呼和浩特市乌兰察布东路 666 号　邮编 010010
电　　话	(0471)2236473 总编室　2236460 发行部
经　　销	新华书店
印　　刷	内蒙古爱信达教育印务有限责任公司
开　　本	170mm×240mm　1/16
字　　数	430 千
印　　张	34.5
版　　次	2020 年 5 月第 1 版
印　　次	2020 年 11 月第 1 次印刷
标准书号	ISBN 978-7-5555-1471-8
定　　价	98.00 元

如发现印装质量问题，请与出版社联系调换